Wenn es verletzt, ist es keine Liebe

Chuck Spezzano

Wenn es verletzt, ist es keine Liebe

Die Gesetzmäßigkeiten erfüllter Partnerschaft

Weltbild

*Ich widme dieses Buch meiner Tochter J'aime.
Sie inspirierte uns mit ihrem Namen schon vor ihrer Geburt –
und seitdem durch die Art, wie sie aus diesem Namen lebt.*

Genehmigte Lizenzausgabe
der Verlagsgruppe Weltbild GmbH,
Steinerne Furt, D-86167 Augsburg

Originaltitel:
If it Hurts, it isn't Love

Umschlaggestaltung: F2 Design, Augsburg
Umschlagmotiv: Fotolia/Angie Lingnau
Gesamtherstellung: GGP Media GmbH, Pößneck
Printed in the EU
ISBN 978-3-8289-5275-1

2009 2008
Die letzte Jahreszahl gibt die aktuelle Lizenzausgabe an.

Einkaufen im Internet: *www.weltbild.de*

Vorwort

Stellen Sie sich vor: Sie müßten sich in einer wildfremden Stadt zurechtfinden, aber der Stadtplan in Ihren Händen zeigt nur eine weiße Fläche. Sie betreten neues, manchmal gefährliches Territorium... So beginnen die meisten Menschen ihr Leben und nicht selten bleibt es ein Leben lang so.

Dr. Chuck Spezzano, durch das Buch *Kurs in Wundern* tief berührt, ist Visionär und Begründer einer neuen psychologischen Bewegung. Wer Chuck von seinen Seminaren her kennt, weiß, mit wieviel Humor und Liebe er mit sich selbst und mit anderen Menschen umgeht.

Durch ein vertieftes Verständnis der eigenen Beziehungskonflikte und durch ein immer wieder ehrlich empfundenes JA zum anderen wird aus einer Beziehung ein *Weg* – ein Weg, der uns größtmögliches spirituelles und persönliches Wachstum ermöglicht. Chuck ist diesen *Weg der Beziehung* zusammen mit seiner Frau Lency gegangen.

Psychology of Vision ist, aus der Tiefe dieser Lebens- und Liebeserfahrung entstanden, eine Landkarte, die uns sicher durch das unwegsame Gelände zwischenmenschlicher Beziehungen führt. Gerade in Krisensituationen – in Momenten der Erschütterung, des Verlustes und der Ausweglosigkeit – steckt ein unerwartet großes Wachstumspotential. Meist bleibt es ungenutzt. Dieses Buch hilft Ihnen, Vertrauen in die Krise zu entwickeln und zu lernen, wie Beziehungen, mit all ihren Höhen und Tiefen, als eine Quelle der Liebe, Energie und Kreativität erlebt werden können. Chuck verrät uns bereits im Titel seines Buches: Wir mögen uns noch so verletzt fühlen, wir mögen uns noch so im Recht wähnen... „wenn es verletzt, ist es keine *Liebe*".

Dr. med Christian Larsen

Einleitung

Dieses Buch stellt eine Sammlung von Prinzipien dar, die allesamt heilend wirken. Sie gründen sich auf das, was sich für mich persönlich und für meine Arbeit als Therapeut über einen Zeitraum von mehr als 20 Jahren als hilfreich erwiesen hat und auch auf meine mehr als elfjährige Tätigkeit als Eheberater.

Einige der Lektionen mögen allzu einfach, geradezu banal erscheinen. Sie haben, nach meiner Auffassung, nun einmal die Einfachheit grundlegender Erkenntnisse. Für mich gilt ohne jede Einschränkung, daß diese Prinzipien wirksam werden, wenn man sich nur auf sie besinnt. Einige dieser Prinzipien gehören zum Kern der „Psychology of Vision", die ich seit meiner Doktorarbeit immer weiter entwickelt habe. In meiner Arbeit als Therapeut habe ich ungezählte Situationen erlebt, in denen mir die Erfahrung tiefgreifender Veränderungen und wundergleicher Ereignisse vergönnt war. Immer und immer wieder strebe ich danach, diese Prinzipien zu leben, vor allem dann, wenn ich im Alltag vor Probleme gestellt werde.

Dem Leser wird bald deutlich werden, daß viele dieser Prinzipien über das allgemein Erfahrbare hinausgehen. Genau das sollen sie! Mir sind viele dieser Prinzipien in überaus erstaunlichen, verstandesmäßig kaum faßbaren Erfahrungen bewußt geworden. Sie stellen, zumindest teilweise, meine Erkundung des Unterbewußten dar. Obgleich da noch unendlich viel zu erkunden bleibt, stellt das bisher Erkannte doch einen guten Beginn dar.

Dieses Buch ist uneingeschränkt spirituell. Es spiegelt, wie ich immer wieder bestätigt gefunden habe, Wesentliches des menschlichen Geistes und menschlicher Erfahrung.

Ob du, lieber Leser, nun an das im Buch Dargestellte glaubst oder nicht, ob dich mein Buch anspricht oder nicht – es kann dir eine Hilfe sein, wenn du seine Anregungen beherzigst.

Abschließend sei gesagt, daß dies Buch ein Geschenk sein will, nämlich die Welt in einer Weise zu erfahren, die Schmerzen heilt. Ich habe eine Fülle seelischen Schmerzes in meinem Leben gesehen, und ich gehe inzwischen davon aus, daß die meisten Schmerzen, wenn nicht gar jeder Schmerz, absolut vermeidbar sind. Dies ist mein Geschenk an dich – der ernstgemeinte Wunsch, daß du in deinem Leben die Liebe und das Glück finden wirst, die du verdienst.

In vieler Hinsicht ist dies Buch auch ein Geschenk an mich selbst; ich denke dabei an die Inspiration, die ich von allen Lehrern, Therapeuten und Menschen voller Weisheit und Herz empfangen habe, die mir helfen zu lernen und umzulernen. Dieses Buch ist Ausdruck meines tiefempfundenen Dankes an sie alle.

Wie man mit diesem Buch umgehen sollte

Dieses Buch wurde im Blick auf vielbeschäftigte Menschen geschrieben. Wenn du wenig Zeit hast, lies einfach eine Lektion pro Tag und setze die Übungen um. Solltest du mehr als einen Tag benötigen, um eine Übung abzuschließen, laß dir ruhig die Zeit, die du brauchst. Nach meiner Vorstellung ist es jedoch nicht sinnvoll, länger als eine Woche auf eine einzelne Lektion zu verwenden.

Wenn du Hilfe bei einem bestimmten Problem suchst, wähle intuitiv eine Zahl zwischen 1 und 366 und wende die gefundene Lektion auf deine besondere Situation an. Wenn du mit Freunden, Bekannten oder Arbeitskollegen zusammentriffst oder auch wenn du gemeinsam mit deinem Partner, mit Freunden oder Familienmitgliedern nach Lösungen für Probleme suchst, kann jeder Anwesende eine Zahl nennen oder einfach das Buch an einer beliebigen Stelle öffnen, um die Frage zu entdecken, die ihn am stärksten beschäftigt.

Wenn du das Buch in etwa einem Jahr durchgearbeitet hast, wirst du wahrscheinlich den Wunsch verspüren, die Lektionen als einen täglich heranzuziehenden Führer zu nutzen. Du könntest dich dann entscheiden, die Lektionen in der Reihenfolge zu wiederholen, in der du sie im Buch findest, oder aber du wählst die Lektion aus, die am besten geeignet scheint, dir an einem bestimmten Tag zu helfen.

1. Zwischenmenschliche Nähe vermag alles zu heilen

Was dich auch immer in einer Beziehung belasten mag, was immer Zweifel aufkommen läßt oder Schmerzen bereitet, um welches Problem es sich auch immer handelt, die Antwort stellt sich ganz sicher ein, wenn du wahrhaft auf deinen Partner zugehst. Diese von Liebe getragene Bewegung auf den Partner hin bedeutet keinesfalls Aufgabe der eigenen Position oder der eigenen Werte. Auf den Partner in Liebe zuzugehen, würde schon ausreichen, all die Erstarrung, all die Zweifel, all die Leere zu überwinden, die sich manchmal in eine Beziehung einschleichen. Dich auf deinen Partner zuzubewegen kann bedeuten, daß du mit der Langeweile, der Angst, dem Gefühl, nicht genügend beachtet zu werden, fertig wirst, denn sich auf den Partner einzulassen, eine neue Ebene der Zusammengehörigkeit zu finden, das könnte und würde alles heilen.

Also, nimm dir heute ein wenig Zeit und beschäftige dich mit dem Problem, das zwischen dir und deinem Partner steht. Dann stelle dir vor, wie du auf deinen Partner zugehst, spüre, wie du ihm näher und näher kommst. Wenn du dies in der beschriebenen Weise tust, erreichst du den Punkt, an dem du mit deinem Partner eins wirst, dann bist du jenseits des Problems, jenseits der Erstarrung, jenseits der Zweifel und jenseits der Angst. Du hast deinen Partner erreicht.

Wenn du mit irgend jemandem zur Zeit eine Auseinandersetzung auszutragen hast, so gehe auf ihn zu. Wenn du heute spürst, daß zwischen dir und einem anderen Menschen eine zu große Distanz liegt, überbrücke sie. Du kannst dabei direkt auf den anderen zugehen oder ihn anrufen oder einen Brief schreiben. Laß den anderen teilhaben an der Wahrheit deiner eigenen Gefühle; versuche nicht, deine Gefühle zu ändern, sondern sage:

„Ich möchte nicht, daß dies zwischen uns steht. Ich möchte dir die Hand reichen. Mir ist dieser Schritt überaus wichtig. Du bist mir wichtiger als das Problem."

Laß dich heute dabei von nichts aufhalten. Liebe zählt mehr als alles andere. Betrüge dich nicht selbst. Verhilf dir selbst zu der Wohltat, den anderen zum Verbündeten zu haben, ihn zum Partner zu machen, zu deinem Freund, zu einem geliebten Menschen und, schließlich, zu deinem Retter.

2. Jedes Verhalten, das nicht Liebe zum Ausdruck bringt, ist ein Schrei nach Liebe

Schau dich heute aufmerksam um. Betrachte all die verschiedenen Verhaltensweisen, die die Menschen um dich zeigen. Welche sind von Liebe bestimmt? Welche nicht? Jedes Verhalten, das nicht von Liebe geprägt ist, ist ein Schrei nach Liebe, ein Schrei, der besonders nach deiner Liebe verlangt. Jeder Angriff auf dich, wann und wo er auch erfolgt, entspringt der Sehnsucht nach deiner Liebe. Deine Bereitschaft, auf dieses Verhalten zu reagieren, und zwar nicht durch eine Abwehrhaltung, sondern durch eine Öffnung gegenüber dem Angreifer, bringt dir einen Verbündeten, der dir treu verbunden ist und dir in schweren Zeiten den Rücken decken wird. Jetzt aber ist die Zeit, zu der er dich braucht!

Du weißt genau, wie man sich fühlt, wenn man der Hilfe dringend bedarf. Du weißt, wie häufig du nach Hilfe gerufen hast, ohne dich deutlich erkennen zu geben und ohne von deiner Notlage zu sprechen. Menschen in Not teilen dir genau das ständig mit. Verhalten, das nicht Liebe ausdrückt, ist ein Ruf nach Liebe. Manche Menschen sind in Erstarrung gefangen, andere in aggressivem Verhalten. Schau dich um. Wer ruft dich, weil er auf deine Reaktion wartet? Wer ruft dich, weil er möchte, daß du auf ihn zugehst? Wer ruft dich, weil er deine Hilfe braucht?

Denke an den Menschen, der in deinem Leben die größte Bedrohung darstellt. Stelle dir vor, daß du mit diesem Menschen zusammen bist und offen und aufgeschlossen auf ihn zugehst, weil dir bewußt ist, daß sein aggressives Verhalten nichts anderes ist als der Ruf nach deiner, ausdrücklich deiner Hilfe. Von welcher Art ist die Hilfe, die er von dir erwartet? Auf welche Weise kannst du ihm behilflich sein? Frage dich, auf welchem Weg du auf seinen Ruf eingehen willst. Hast du das Gefühl, daß ein Anruf angemessen wäre? Ein paar Zeilen? Ein Geschenk? Ein Gespräch? Wenn du anderen Menschen Hilfe gewährst, wird dir aufgehen, daß dies genau die Menschen sind, die Antworten für dich bereithalten, vielleicht nicht zum gegenwärtigen Zeitpunkt, aber doch in der Zukunft, vielleicht nicht unmittelbar und direkt, aber doch dadurch, daß sie, weil sie nun einmal zu deiner Welt gehören, einen Teil deines Bewußtseins beeinflussen.

3. *Vergebungsbereitschaft verändert deine Wahrnehmung*

Das Schönste an der Vergebungsbereitschaft ist, daß sie dich von Verhaltensmustern befreit, in denen du gefangen bist. Sie bewahrt dich davor, Opfer zu sein oder in eine unangenehme Situation zu geraten. Das Schönste an der Vergebungsbereitschaft ist, daß sie deine Wahrnehmung verändert. Sobald du die Dinge unter einem anderen Blickwinkel betrachtest, verändern sie sich tatsächlich. Grundsätzlich gilt, daß jeder Heilungsprozeß mit einer Änderung der Wahrnehmung einhergeht und damit, daß die Dinge in einem neuen Licht gesehen werden. Deine Vergebungsbereitschaft gestattet es dir, dich über die konkrete Situation zu erheben – und die Situation damit grundsätzlich zu verändern.

Wenn du das Gefühl hast, auf irgendeinem Gebiet nicht voranzukommen, oder wenn irgend jemand dir Schwierigkeiten bereitet, dann ist Vergebungsbereitschaft gefordert. Sie verändert sowohl dich selbst wie auch die Situation beträchtlich. Versuchungen, Verwirrungen, jede Geschäftigkeit, die nichts anderes ist als Ausrede und Ausflucht, all das stellt sich ein, weil wir vor tiefgreifender Veränderung zurückschrecken. Schuldgefühle weisen darauf hin, daß wir Veränderungen fürchten. Vergebungsbereitschaft würde den Durchbruch ermöglichen.

Es gibt genügend Menschen, die die Befürchtung hegen, Vergebungsbereitschaft könne die Veränderung einer Situation erst recht verhindern, aber das ist nichts anderes als die Zurschaustellung eines Opfers, die übersieht, daß Vergebungsbereitschaft keine Schranken kennt.

Beschäftige dich heute mit deinem Leben. Betrachte die Bereiche, die konfliktbelastet sind. Es gibt Bereiche, in denen du auf der Stelle trittst und Angst vor dem Voranschreiten hast. Beschäftige dich mit dem, was du als Mangel in deinem Leben ansiehst. Gerade auf diesen Gebieten würde Vergebungsbereitschaft dich freimachen.

Übe dich heute einmal pro Stunde in der Bereitschaft zu vergeben, entweder in bezug auf eine Person oder eine Situation. Sage dir selbst: „In dieser Situation vergebe ich dir (nenne dabei den Namen), so daß ich selbst frei werde. In dieser Situation(benenne dabei die Situation) vergebe ich den Umständen, so daß ich selbst frei werde." Unangenehme, bedrohliche Situationen lassen sich auf bestimmte Menschen zurück-

führen. Sei bereit, den Menschen zu verzeihen, auf daß die Situation sich ändere. Jedes deiner Leiden, jede deiner Wunden verdeckt eine Situation, in der du die Entscheidung trafst, einem anderen Menschen nicht zu vergeben. Nimm dir die Zeit, über die Natur deines Leidens nachzudenken. Rufe dir ins Gedächtnis, wem du nicht vergeben hast, unabhängig davon, wer es ist und um wie viele Menschen es sich handelt, und sprich dabei diese Worte: „Ich verzeihe dir, so daß ich selbst frei sein kann." Ein Augenblick der höchsten Aufrichtigkeit beim Sprechen dieser Worte kann dich von der bedrängenden Situation befreien. Investiere diese Zeit in dich; du verdienst es.

4. Vergebung ist nichts, das du selbst tust, sondern etwas, das durch dich getan wird

Vergebungsbereitschaft ist eine Wahlmöglichkeit, die dir offensteht, um dich selbst frei zu machen, die Situation frei zu machen und die Menschen um dich herum frei zu machen. Aber es ist nichts, das du selbst tust, und auch keine Handlung, die du zum Abschluß bringst. Es ist eine Wahlmöglichkeit, und durch sie, durch die Bitte, daß sie dir geschenkt werde, wird es der Gnade möglich, dich zu durchdringen und der Situation eine neue Gestalt zu geben. Daraus folgt, daß Vergebung nicht getan werden, sondern nur erbeten werden kann. In Situationen, die voll und ganz jenseits deiner Einflußnahme zu liegen scheinen oder in denen du völlig festgefahren bist oder in höchstem Schmerz und größter Verzweiflung, bitte deine „Höhere Macht", dir Vergebungsbereitschaft zu schenken und deinen Unwillen und deine Furcht zu überwinden. Gestatte deiner „Höheren Macht", all dies für dich zu tun.

Lehne dich zurück. Einmal am Morgen, einmal am Nachmittag und einmal am Abend wähle eine Situation, die dir unüberwindlich vorkommt, die angesichts deiner schwachen Kräfte unveränderlich scheint. Setze dich, denke an diese Situation, bitte deine „Höhere Macht", dich zu erfüllen und die Situation zu verändern. Bitte um Hilfe. Bitte um Vergebungsbereitschaft. Bitte darum, daß dieser Tag der Tag deiner Befreiung werde.

Dann gestatte der segensreichen Kraft der Vergebung, dich zu durchdringen. Diese Gnade wird dich frei machen und dir die Einsicht ermöglichen, daß es nichts gibt, das nicht durch die Gnade deiner „Höheren Macht" getan werden könnte.

5. Freiheit und Bindung gehören untrennbar zusammen

Wie weit du zu hingebungsvollem Einsatz für eine eingegangene Bindung bereit bist, zeigt sich an dem Maß, mit dem du in einer beliebigen Situation von dir selbst gibst. Viele Menschen schrecken davor zurück, weil sie gründlich mißverstehen, was mit Bindung gemeint ist. Sie glauben, dahinter verberge sich eine Form der Sklaverei, ein Verlust an Freiheit. Es ist deshalb nicht überraschend, daß die meisten Menschen Angst vor einem derartigen Einsatz haben, weil sie immer noch von dem als Kind erfahrenen Mangel an Freiheit beeinflußt sind oder auf den unbefriedigenden Zustand ihrer zwischenmenschlichen Beziehungen reagieren, in denen sie immer wieder sich selbst verleugneten, nur um auf diese Weise die Anerkennung anderer zu erlangen. Dies ist eine Art des Aneinander-Verhaftetseins, mit dem sich jeder von uns in Beziehungen auseinandersetzen muß. Echte Bindung löst eine falsch verstandene abhängige Verbindung auf.

Bindung bedeutet nicht Versklavung, auch nicht Opfer, sondern schafft Freiheit. Es gibt zwei unterschiedliche Formen der Freiheit. Die eine ist die bindungslose Freiheit, eine Freiheit *von* den Dingen, eine Freiheit, in der du dich von den Dingen absetzt, die dich belasten. Wahre Freiheit aber kommt von innen. Es ist eine Freiheit *für* etwas, auf etwas hin, eine Freiheit, die du in jeder Situation in dir spürst dank der Intensität deines Einsatzes, dank deiner Bereitschaft zu geben.

Man könnte sich fragen: „Gibt es überhaupt noch „Leben“, nachdem man tiefe, auch verpflichtende Bindungen eingegangen ist?“ Die grundsätzliche Antwort auf diese Frage muß lauten, daß es eine Freiheit gibt, die überhaupt erst aus hingebungsvollem Einsatz für eingegangene Bindungen entsteht. Diese Freiheit verschafft dir den Raum zum Atmen in einem Maße, wie du das niemals zuvor erlebt hast, und macht es dir möglich, beschenkt zu werden, wie es vorher nicht einmal denkbar war. Du wirst spüren, daß du mit dir und anderen zunehmend im Frieden lebst, und du wirst wesentlich weniger ausweichen oder wegrennen müssen. Was du gibst, schafft diese Freiheit. Bindung, so verstanden, hilft dir, dich auf das für dein Leben Wichtige zu konzentrieren, anstatt ziellos umherzuirren. Sie hilft dir, dein Leben sinnvoll zu gestalten. Nimm an, du seist in einem Beruf tätig, in dem du dich unfrei fühlst, der dir Opfer abverlangt, weil du verpflichtet bist, bestimmte Dinge zu tun. All die Freude und Fähigkeiten, die du empfangen könntest, werden dir genommen, weil du das Gefühl hast, die Möglichkeit der freien Entscheidung verloren zu haben. Dabei steht dir diese freie Entscheidung immer offen. Selbst in einer schwierigen Situation kannst du dich entscheiden, standzuhalten und dich voll einzubringen. Deine Entscheidung wird dir gestatten, wirkliche Freiheit zu verspüren. Schränke dich weder durch eine Beschreibung deiner Tätigkeit noch durch irgendwelche Rollen ein.

Sei bereit jedermann zu geben, wer auch immer es sei, der in dein Leben tritt, und sei ebenso bereit, dich diesem Menschen zu widmen. Setze dich dafür ein, das Leben des anderen zu verbessern, weil das Ausmaß, in dem sein Leben besser wird, auch den Grad deiner eigenen Befreiung bestimmt. Hingebungsvoller Einsatz ist untrennbar mit deinem Geben verbunden – und die eingegangene Bindung ist deine Freiheit.

Fühle dich heute aufgerufen, dich einem Menschen oder einer Sache ganz zu widmen. Du bist aufgerufen, ihretwegen und für sie eine Entscheidung zu treffen, denn es ist deine Entscheidung, die ihnen nützt. Um wen oder was handelt es sich? Handelt es sich um eine Situation, in die du heute mehr von dir selbst einbringen sollst? Ist es ein Mensch? Was auch immer oder wer auch immer es ist, bedenke, daß deine Freiheit und auch deine Fähigkeit zu empfangen, von dem kommt, was du gibst.

6. Der andere, zu dem eine Beziehung besteht, gehört zu dir, zu deiner Mannschaft.

Welche Haltung nimmst du eigentlich denen gegenüber ein, zu denen du eine Beziehung unterhältst, besonders gegenüber dem Menschen, der dir am nächsten steht? Ist dir eigentlich bewußt, daß sie Teil deiner eigenen Entwicklung sind, daß auch von ihnen abhängt, ob du erfolgreich bist? Ist dir aufgegangen, daß ihr Erfolg auch deinen eigenen Erfolg begünstigt? Hast du dich möglicherweise die ganze Zeit über so verhalten, als seien dir diese Menschen fremd? Hast du dich verhalten, als handele es sich um Feinde? Hast du die ganze Zeit mit ihnen darüber gestritten, wessen Bedürfnisse zuerst zu erfüllen seien? Hat dein Verhalten die Schlußfolgerung zugelassen, daß ihre Niederlage, ihr Versagen als dein persönlicher Erfolg in einem geheimen Wettbewerb zu werten sei?

Deine Einsicht, daß der andere zu deiner Mannschaft gehört, macht es dir möglich, von ihm zu empfangen. Von ihm kann sehr wohl ein heilender Einfluß ausgehen, er kann dir helfen. Er kann dir etwas geben, so wie du ihm etwas zu geben hast.

Wähle schon am Morgen einen Menschen aus, unter deinen Arbeitskollegen oder auch aus dem Familienkreis, von dem du immer geglaubt hast, er gehöre nicht wirklich zu dir. Heute, und zwar den ganzen Tag über, solltest du dich ihm gegenüber so verhalten, als gehöre er zu deinem Team. Beginne damit, dich in deinen Gedanken mit diesem Menschen zu beschäftigen, nimm dann dein Gefühl hinzu, darauf dein Verhalten; behandele ihn, als gehöre er zu deinem Team.

Heute abend wählst du einen Menschen aus, den du wahrhaft liebst – deinen Partner oder jemanden, dem du dich sehr verbunden fühlst – und denke auch an ihn als zu deinem Team gehörend. Wenn er gewinnt, gewinnst auch du, sein Erfolg ist dein Erfolg. Achte darauf, daß dieser Mensch sich heute abend deiner Unterstützung wirklich sicher sein kann. Laß all deinen Einfallsreichtum spielen und überlege dir, auf welche Weise du diesem dir nahestehenden Menschen Hilfe und Unterstützung gewähren kannst.

7. Es ist nicht die Aufgabe deines Partners, deine Bedürfnisse zu befriedigen

Es ist nicht die Aufgabe deines Partners, deine Bedürfnisse zu befriedigen. Sehr häufig sind wir im ersten Stadium einer Beziehung von einem unbeschreiblichen Gefühl erfüllt. Wir gehen davon aus, diese Beziehung müsse im Paradies geschmiedet worden sein; wir sind sicher, einen Menschen gefunden zu haben, der alle unsere Bedürfnisse erfüllen wird! Andererseits sind wir für den Fall, daß dies nicht eintritt, ebenso fest davon überzeugt, diese Beziehung komme aus der Hölle. Einer der größten Fehler, die wir begehen, ist der, daran zu glauben, unser Partner müsse für alles sorgen, er müsse gleichzeitig unser herzallerliebster Papa sein, unsere fürsorgliche Mama, und alle unsere Bedürfnisse müßten ihm gleichermaßen am Herzen liegen. Darin liegt gewiß nicht der Sinn einer Beziehung.

Die Erwartung, dein Partner habe deine Bedürfnisse zu befriedigen, wird ganz sicher die Beziehung belasten; du wirst unvermeidlich eine Abneigung entwickeln, unabhängig davon, ob dein Partner den Erwartungen gerecht wird oder nicht. Schließlich wendet sich unser Gefühl gegen jeden, den wir als überlegen empfinden, eben weil er unsere Bedürfnisse erfüllt. So gesehen, hat dein Partner keine Chance. Sobald du ein ungutes Gefühl verspürst, wirst du davon ausgehen, dein Partner sei schuld. Sobald eines deiner Bedürfnisse nicht erfüllt wird, wirst du von deinem Partner ein Opfer erwarten, um dich zufriedenzustellen. Darin kann nicht der Sinn einer Beziehung liegen.

Der Sinn einer Beziehung liegt darin, dich glücklich zu machen. Dein Glücksgefühl kommt von *deiner* Fähigkeit, mit anderen Menschen in Verbindung zu treten, zu geben und zu empfangen, Unterschiede zu überbrücken und damit eine neue Ebene des Vertrauens, der Beziehung zu schaffen.

Wenn du feststellst, daß du heute nicht glücklich bist, so überprüfe deine Einstellung gegenüber deinem Partner. Er ist nicht dazu da, deinen Bedürfnissen gerecht zu werden. Also, ändere deine Grundeinstellung. Sei bereit, diesen Fehler hinter dir zu lassen. Sei bereit, eine anders geartete Entscheidung zu treffen. Sei offen für die Einsicht, daß dein Partner nicht da ist, um deinen Bedürfnissen gerecht zu werden, sondern gemeinsam mit dir Neues zu schaffen, die gemeinsame Verbindung mit Leben zu erfüllen, mit dir zu kommunizieren, zum gemeinsamen Voranschreiten beizutragen, Hand in Hand, und gemeinsam mit dir Wunden zu heilen, bis ihr beide wirklich und wahrhaftig glücklich sein könnt.

8. Je mehr du deinen Partner zu beherrschen suchst, um so reizloser wird er dir erscheinen

Wenn wir eine neue Beziehung eingehen, fühlen wir uns von unserem Partner stark angezogen, und ein aufregender Reiz geht von ihm aus. Mit der Entwicklung der Beziehung wird genau das, was uns so positiv erregt hat, zu einer Bedrohung. Wir versuchen unseren Partner zu kontrollieren, seine besonders anziehenden Eigenschaften gegenüber anderen Menschen abzugrenzen und sie für uns zu reservieren. Aber wir kommen damit nicht zum Ziel. Anziehungskraft, die auf bestimmten Gebieten eingeschränkt wird, wird auch auf allen anderen Gebieten vermindert. Wer seinen Partner kontrolliert, um ihn für sich selbst zu „sichern", macht ihn auch reizloser, schafft ungewollt Eintönigkeit und Langeweile.

Deine Bereitschaft, alle Kontrollmechanismen außer Kraft zu setzen und deinem Partner alle Attraktivität zu lassen, wird zunächst die in dir vorhandene Furcht verstärken, den Bereich, auf dem du dich bedroht fühlst. Laß dich bewußt darauf ein, denn auf diese Weise wird der verlorengegangene Reiz zurückkehren. Wenn diese Erfahrung dich zu sehr bedrängt, sprich darüber, denn daraus kann Heilung entstehen. Aber versuche nicht, deinen Partner einzugrenzen. Seine Attraktivität ist ein Geschenk an alle.

Heute ist der Tag, an dem du beginnen wirst, die Kontrolle über deinen Partner aufzugeben. Wahrscheinlich ist es auch notwendig, mit deinem Partner über die Befürchtung zu sprechen, daß du ihn verlieren könntest, und auch über seine besonderen Begabungen und Fähigkeiten, die dich beunruhigt haben. Heute ist der Tag, an dem du all dies mit deinem Partner besprechen solltest; laß ihn wissen, wie sehr du ihn schätzt und wie dankbar du seine besonderen Gaben anerkennst. Verzichte auf jede Kontrolle, verzichte auf jede Erpressungsmethode, laß deinen Partner so sein wie er nun einmal ist – und sei froh und glücklich über ihn.

9. Du kannst dir nur dann zurückgewiesen vorkommen, wenn du versuchst, etwas an dich zu reißen

Jeder seelische Schmerz läßt sich auf eine Situation zurückführen, in der wir versuchen, von unserem Partner etwas zu bekommen. Wenn du dich getroffen, zurückgewiesen oder zutiefst verletzt fühlst, betrachte die Situation sorgfältig. Gibst du etwa nur, um zu nehmen? Du kannst dich nur zurückgewiesen fühlen, wenn dir jemand auf die Finger schlägt, weil du unter der Maske des Gebens dir heimlich etwas anzueignen suchst.

Ganzheit kennt keine Ansprüche. Wenn du gibst, um zu geben, kann dich niemand zurückweisen. Niemand kann dich zurückweisen, wenn es nichts gibt, das du unbedingt haben möchtest. Wenn du vorangehst und dabei aus vollem Herzen gibst, kannst du nicht zurückgestoßen werden, denn es gibt nichts, das dir widerstehen könnte. Das Verhalten des anderen spielt dabei überhaupt keine Rolle, weil dein Bemühen nicht darauf ausgerichtet ist, ihn dazu zu bringen, etwas in deinem Sinne zu tun oder ihn deine Bedürfnisse befriedigen zu lassen. Du willst ja nichts anderes, als ihm zu geben. Und das kannst du auch aus weiter Entfernung tun. Niemand kann sich deiner Liebe in den Weg stellen oder sie gar aufhalten. Niemand kann dich am Geben hindern. Nur wenn du gibst, um zu nehmen, kannst du dich verletzt fühlen.

Deine heutige Übung wird es sein, das loszulassen, was du zu nehmen versuchtest, und bereitwillig zu geben, deine Unterstützung zu gewähren, ohne zu erwarten, daß irgend etwas an dich zurückgegeben werde. Wenn du wahrhaft gibst, wirst du wahrhaft empfangen. Dein Geben, und nichts als das, wird dich voranbringen, wird dich öffnen, dich größer machen, dich besser machen. Geben ist weder eine Form der Beeinflussung noch ein Opfer, um von einem anderen eine Gegengabe zu erhalten. Wenn du wahrhaft gibst, wirst du die Früchte deines eigenen Gebens ernten können – reine Liebe!

10. Verbindende Nähe neu zu erschaffen, bedeutet Liebe, Vergebung und Glückseligkeit

Der ganz natürliche Zustand ist eine innere Verbundenheit, die wir nicht eigentlich neu schaffen. Wir müssen nur begreifen, daß sie längst da ist. Wenn wir die illusionäre Vorstellung durchschritten haben, daß alles voneinander getrennt sei, erschließt sich uns eine ganz andere Sicht: daß alles miteinander in Verbindung steht. Nur wenn wir wirklich mit anderen verbunden sind, können wir Liebe wie auch die Art des bereitwilligen Gebens erfahren, in der Vergebung liegt. Je stärker du mit anderen verbunden bist, um so stärker fließen dir von dort Energien zu, um so stärker fühlst du dich unterstützt, um so stärker spürst du die in dir liegende Quelle.

Eine Form der Heilung setzt lediglich voraus, zu der ursprünglichen Wahrnehmung eines Schmerzes zurückzugehen und sich wieder mit anderen zu verbinden. Mit dem vollen Verständnis für diesen Zusammenhang stellt sich auch die Einsicht ein, daß die Auffassung, die Dinge seien getrennt voneinander, falsch war und daß die innere Verbundenheit immer da war. Es war lediglich so, daß eine fehlgesteuerte Wahrnehmung eine Gelegenheit zur Heilung verstellte und Schmerz und scheinbare Trennung auslöste.

Überdenke heute diesen Zusammenhang, und wo du Distanz gesehen hast, sieh nun die wirklich vorhandenen Verbundenheit. Vielleicht hast du bisher hauptsächlich das Gefühl des Getrenntseins empfunden.

Heute nun gehe darüber hinaus, halte Ausschau danach, wo du dich mit anderen verbunden fühlst, was du mit ihnen gemeinsam hast, wo du dich als eine Einheit mit ihnen empfindest. Sobald du an einem Beispiel eine wirkliche Verbundenheit identifiziert hast, wirst du auch andere Bindungen erkennen können.

Wenn du heute in irgendeine schwierige Lage gerätst, so führe dir vor Augen, was dich mit dem anderen verbindet; nur so kann es dir gelingen, die Verbindung, die Heilung, die Liebe und die Glückseligkeit als real vorhanden zu erkennen, und nur so kannst du dich der Fülle und der Liebe wirklich erfreuen.

11. Ein gebrochenes Herz ist immer der Versuch, einen anderen mit Hilfe von Schuldgefühlen zu beherrschen

Dein gebrochenes Herz weist darauf hin, daß du auf der Verliererseite eines Machtkampfs stehst. Im Grunde ist dein gebrochenes Herz der Versuch, den anderen dazu zu bringen, sich schuldig zu fühlen, so daß er auf deine Bedürfnisse eingeht oder sich so verhält, wie du es willst. Dein gebrochenes Herz ist eine raffinierte Erpressungsmethode. Dieser Versuch, den anderen unter Kontrolle zu bringen, wird dir weder das ersehnte Glück noch die Befriedigung deiner Bedürfnisse bringen. Es wird lediglich einen noch heftigeren Machtkampf auslösen.

Sei heute bereit, auf deinen Partner zuzugehen, anstatt dich von ihm abzuwenden. Verzichte bewußt darauf, dein Gefühl als Machtmittel einzusetzen, um deinen Partner dazu zu bringen, dir zu Willen zu sein. Statt eine Auseinandersetzung mit deinem Partner zu suchen und verschiedene Formen der Manipulation einzusetzen, mache ihm heute ein Geschenk. Dies kann materiell oder auch emotional sein, aber es muß aus freien Stücken gegeben werden und aus vollem Herzen kommen. Das Ausmaß der inneren Befreiung, die du spüren wirst, hat sehr viel mit dem Wesen deines Geschenks zu tun. Wenn jemand mit dir gebrochen hat, könnte ein materielles Geschenk als Manipulation aufgefaßt und deshalb zurückgewiesen werden. Deshalb solltest du unter solchen Umständen ein immaterielles, aus deinem Inneren kommendes Geschenk machen, wie es in Vergebung, Loslassen, Dankbarkeit oder herzlichen Grüßen deutlich wird.

12. Unter abwehrender Haltung verbirgt sich alter Schmerz

Immer wenn wir selbst eine abwehrende Haltung einnehmen oder wenn ein anderer Mensch sich entsprechend verhält, spricht das für alten Schmerz, den wir auf keinen Fall erneut aufbrechen lassen wollen. Das Schlimme daran ist, daß uns diese Haltung nicht immer vor dem Schmerz bewahren kann, wohl aber unweigerlich die guten Dinge von uns fernhält.

Die Zeit ist gekommen, den unter der Abwehrhaltung liegenden Schmerz zu erfahren, sich ihm mutig zu stellen und ihn als Illusion zu entlarven. Bemühe dich heute zu erkennen, wo du oder andere eine Verteidigungsstellung eingenommen haben. Wo eine solche Haltung auftritt, da sind Schmerz und Bedürfnisse nicht fern. Sobald du nun herauszufinden suchst, was diesen Menschen fehlt, und sobald du auf ihre Bedürfnisse eingehst, wirst du bemerken, daß sie bereit sind, ihre Verteidigungsstellung aufzugeben und auf dich zuzugehen.

Schaue in dich hinein, erkenne das Gefühl, das du zu verbergen trachtest. Verschaffe dir Klarheit über Situationen, die dich zur Flucht oder zum Angriff veranlassen – die zwei beliebtesten Formen abwehrender Haltung. Nimm deinen Mut zusammen, und mache dich bereit, dieser Emotion nachzuspüren. Sei entschlossen, sie zu durchschreiten und ihr standzuhalten. Keine Empfindung ist größer als du es bist. Nimm dir fest vor, dieser Empfindung so lange nachzuspüren, bis sie vorübergegangen ist. Und dann stelle dich darauf ein, die Empfindungen zu spüren, die unter der ersten Empfindung liegen, bis du einen Ort des Friedens erreichst. Danach wirst du es nicht mehr nötig haben, ständig einen Schutzpanzer zu tragen. Du wirst bemerken, daß die früher für die Abwehr verschwendete Energie dir nun ebenso zur Verfügung steht wie die aus der wirklich gefühlten Empfindung erwachsene. – Dies bringt dich wieder zurück in den Fluß des Lebens, und du kannst wieder empfangen.

13. Du übst Kontrolle aus, weil du es einfach nicht ertragen kannst, wenn etwas gut ist

Alle Kontrolle, die wir ausüben, zielt darauf ab, uns selbst zu schützen. Aber Kontrolle bewahrt und erweitert unsere Angst, daß andere uns Schmerz zufügen könnten. Unter dieser Angst liegt die Befürchtung, daß die Dinge sich nach Aufgabe der Kontrolle so großartig entwickeln könnten, daß wir nicht mehr in der Lage wären, ihnen standzuhalten. Alles wäre dann so gut, daß geradezu eine „Kernschmelze" unvermeidlich wäre, daß wir dabei völlig die Richtung verlören. Oder aber alles wäre so gut, daß es kein Lebensziel mehr gäbe und unser Leben damit beendet wäre. Dabei ist es lediglich dein Ego, das dir die Schrekkensvision vom Tod vorgaukelt. Dein Leben wird damit nicht zu Ende gehen. Nur dein Ego würde sterben, und dabei würdest du dich fühlen, als seist du von irdischen Leiden erlöst und in den Himmel aufgestiegen. Genau das wird sich ereignen, weil du von heute an bereit bist, auf Kontrolle zu verzichten.

Wirf einen Blick auf dein Leben. Welche von Kontrolle belasteten Situationen springen dir ins Auge? Übersieh nicht, daß wir sehr wohl in der Lage sind, andere zu benutzen, indem wir sie dazu bringen, Kontrolle über uns auszuüben. Das ist ebenso eindeutig wie es unberücksichtigt bleibt; wir treffen Vorsorge, um überwältigende, glücklich machende Gefühle zu verhindern, nur weil wir glauben, ihnen nicht standhalten zu können. Verzichte auf Kontrolle, und eine unfaßbar große Belohnung wartet auf dich. Heute ist der Tag, an dem du in einem ungeheuren Ausmaß beschenkt wirst.

14. Um zu bekommen, was du dir von einer Beziehung versprichst, habe immer vor Augen, was es ist, das du dir wünschst

Die Fähigkeit, genau vor Augen zu haben, was wir wollen, zu spüren, was wir wollen, ja sogar zu hören, was wir in einer Beziehung erreichen wollen, das ist es, was die gewünschten Verhältnisse tatsächlich schaffen kann. Unsere Vorstellungskraft ist ungemein schöpferisch. Wenn Heilung eintritt, stellen sich häufig Nebenwirkungen ein, an denen uns nicht gelegen ist. Wenn wir aber die Heilung, die wir wollen, nicht aus den Augen verlieren, und wenn wir alles dazu tun, das zu fühlen und zu erkennen, was uns vorschwebt, können wir das angestrebte Ziel schneller und leichter erreichen. Wir sind uns des Ziels immer bewußt und wissen, wo die Wahrheit liegt – und wenn das, was wir wollen, keine wahre Größe besitzt, handelt es sich nicht um eine wesentliche Wahrheit.

Heute sollte es dein Ziel sein zu fühlen, was du von einer Beziehung erwartest. Stelle dir klar vor Augen, was du wirklich willst. Was könnte sich auf dieser Grundlage ereignen? Fühle es, und laß es los. Betrachte es, und laß es los. Halte nichts von dem fest, was du siehst, aber wisse, daß dies deinen Geist programmiert. Dies hilft dir, genau die gewünschte Situation zu manifestieren und zu schaffen.

Wenn du etwas nach deinen eigenen Vorstellungen gestaltest, scheint sich manchmal alles zum Schlechten zu wenden. Erschrick nicht, denn wenn sich etwas verschlimmert, liegt es manchmal daran, daß ein Heilungsprozeß schon eingesetzt hat und dabei verborgene Gifte an die Oberfläche gelangen. Verliere auch in dieser Situation nicht aus dem Auge, was du von der Beziehung erwartest, und sprich die entsprechenden Vorstellungen offen aus. Gib nicht auf, was dir vorschwebt, und beteilige den anderen an deinen Vorstellungen, wenn das irgend möglich ist. Das wird dir helfen, dich auf den Punkt zuzubewegen, an dem Heilung eintreten kann. Nichts kann sich der Macht deines Geistes entgegenstellen. Nichts kann die Wahrheit aufhalten. Und zur Wahrheit gehören Freude und Glück und Liebe.

15. Wenn du ein Bedürfnis erfüllt haben möchtest, gib selbst genau das, was du brauchst

Unsere Bedürfnisse machen sich schmerzhaft bemerkbar, denn Schmerz entsteht aus Angst, und was uns schreckt, ist die Angst, etwas zu verlieren, oder das Gefühl, daß es uns an etwas Wesentlichem mangelt. Dies schafft einen Widerstand, der seinerseits Schmerz verursacht. In manch einer Situation kann das wahre Bedürfnis nicht klar genug erkennbar sein. Du gehst beispielsweise davon aus, mehr Sex täte dir gut, und du bist überzeugt, daß du jederzeit dazu bereit bist. Tatsächlich könntest du aufgerufen sein, mehr sexuelle Energie zu geben anstatt den Sexualakt selbst. Dieses höhere Maß an Geben würde genau das ermöglichen, was du dringend benötigst.

Sei heute bereit, ein wenig tiefer in deine eigenen Bedürfnisse zu schauen. Was eigentlich benötigst du? Gib genau das an denjenigen weiter, von dem du es haben möchtest. Wenn du das Gefühl hast, eher etwas Allgemeines, Umfassendes zu benötigen, gib es in genau dieser Weise; wenn du aber spürst, daß dein Bedürfnis auf etwas ganz Bestimmtes gerichtet ist, gib diesem Menschen etwas ganz Bestimmtes.

16. Das Bedürfnis zu dominieren, gründet sich auf Angst

Wenn jemand versucht, in einer bestimmten Situation die Führung an sich zu reißen, dann geschieht dies, weil er Angst hat. Wenn ein Kind in deiner Nähe deutliche Zeichen von Furcht zeigte, in welcher Weise würdest du auf dieses Kind eingehen? Wenn ein anderer Mensch versucht zu dominieren, steckt vermutlich ein verängstigtes Kind in ihm. Gehe darauf ein. Bemühe dich zu stützen und zu bestärken, und dein Gefühl, unterdrückt zu werden, wird sich gar nicht erst einstellen.

Wenn du an dir selbst feststellst, daß du irgend jemanden beherrschen willst, dann liegt das daran, daß ein Teil deines Wesens verängstigt ist. Wie wäre es, wenn du mit anderen über deine Angst sprächest? Offen über deine Angst zu sprechen, wäre eine große Gabe für den anderen Menschen und würde in vielen Fällen die Angst von dir nehmen.

Wo oder wann sich auch immer das Bedürfnis bemerkbar macht zu dominieren, da ist Angst im Spiel. Die Bereitschaft, offen über die Angst zu sprechen, kann heilen. Vergebung kann dich von der Angst befreien und heilen. Und deshalb solltest du heute jedesmal, wenn eine Situation von deinem Wunsch zu dominieren belastet ist, die Hand nach dem anderen ausstrecken, mit ihm kommunizieren und vergeben.

17. In jedem Konflikt arbeiten die Beteiligten gegeneinander, fühlen aber ein und dasselbe

Dies ist der Schlüssel, mit dem sich jeder Konflikt beilegen läßt: Du und dein Partner mögen zwar gegeneinander arbeiten, der Punkt aber, an dem ihr euch trefft, ist der, daß ihr beide tatsächlich dasselbe fühlt. Beispielsweise kann Angst eine Auseinandersetzung oder auch eine Fluchtbewegung auslösen, Schuldgefühle können zum Zurückweichen oder zu aggressivem Vorangehen führen. Die Gefühlslage der am Konflikt Beteiligten ist dieselbe. Wenn du zu Beginn des Kommunikationsprozesses deinem Gefühl Ausdruck verleihst, läßt sich eine Atmosphäre erreichen, in der die Bereitschaft, Gemeinsamkeiten zu sehen, vorhanden ist. Sobald ein Gesichtspunkt gefunden ist, über den Übereinstimmung herrscht, beginnt die Situation sich zu entspannen und zu entfalten. Hier liegt deine Chance, den anderen zu verstehen, seine Gefühle und Überzeugungen zu teilen. Was du auch immer erlebst, du kannst deine eigenen Erfahrungen als Barometer für die Erfahrungen der anderen nutzen, auch wenn deren Verhalten das genaue Gegenteil deines eigenen Verhaltens zu sein scheint. Wenn dieses Geheimnis erst einmal begriffen ist, kann die Lösung des Problems gefunden werden.

Mache dir heute bewußt, zu welchen Menschen du ein belastetes Verhältnis hast, und nimm dir die Zeit, darüber nachzudenken, was du in dieser Situation empfindest. Wenn du deinen Gefühlen wirklich auf die Spur gekommen bist, sei bereit, dem anderen das zu geben oder zu senden, was nach deiner Überzeugung dieses Gefühl heilen könnte. Sei bereit, dem anderen Gutes zu wünschen.

18. Segnen ist das Gegenmittel gegen Opfersein

Wenn wir glauben, uns in einer Situation aufopfern zu müssen, tun wir das, weil wir uns unwert fühlen. Wir fühlen uns nicht gut genug, fühlen uns der Situation nicht gewachsen, und so gehen wir davon aus, uns selbst aufgeben und etwas für den anderen tun zu müssen. Segnen bedeutet das Gegenteil von Opfer, denn es sagt: „Ich habe Kraft." Segnen sagt auch: „Ich habe in dieser Situation etwas zu geben, und meine Bereitschaft zu geben wird die Lage verbessern. Ich brauche mich nicht zu opfern. Ich kann einem anderen eine Wohltat erweisen." Segnen, das ist dein Verlangen, daß die Dinge sich zum Guten wenden mögen, zugunsten eines Menschen und zugunsten der Situation.

Indem du deine Kraft, deine Liebe und deine besten Wünsche einsetzt, daß die Dinge gut laufen, veränderst du sogar die Situation, in der du glaubst, den Gedanken nicht überwinden zu können, dich selbst aufzugeben.

Erweise heute anderen Menschen Wohltaten, vor allem in Situationen, in denen du versucht bist, über andere zu urteilen. Verzichte auf Urteile, mache dich frei von der Versuchung, dich in eine Opferhaltung zu begeben, und segne diejenigen, mit denen du zusammentriffst.

19. Unsere wahre Realität heißt Verbundenheit

Wir leben in einer Welt der illusionären Täuschung, in der wir alle voneinander getrennt scheinen. Aber wir sind wie Inseln im Meer. Könnte man das Meer trockenlegen, würden wir sehen, daß alles Teil desselben Himmelsgewölbes, derselben Erde ist. In vergleichbarer Weise empfinden wir uns alle als Einzelwesen, und doch, in dem tiefsten Bereich unseres Geistes, gibt es eine große Gemeinsamkeit. Da ist alles Geist. Es ist der Geist der Liebe. Wer Erleuchtung erfahren hat, der weiß, daß die ganze Welt eins ist. Wer auch nur flüchtige Blicke auf den Himmel werfen konnte, versteht, daß Einheit, Vereinigung und Einssein Wahrheiten einer höheren Bewußtseinsstufe sind. Das ist der Grund, warum der Zusammenschluß und die Überwindung des Trugbildes des Getrenntseins der Menschen die Heilung der Welt bedeuten.

Nimm dir heute, schon am Morgen, etwas Zeit und schließe deine Augen. Stelle dir vor, du seist ein Baby in den Armen deiner Mutter, während dein Vater und alle anderen Mitglieder deiner Familie dich anschauen. Öffne dich, erfahre, wie sehr sie dich lieben. Öffne dich, spüre ihre Dankbarkeit dafür, daß es dich gibt. Vielleicht fehlten damals gewisse Dinge, wie Geld oder ein gemütlich eingerichtetes Zuhause, aber du bist hier, und sie sind dankbar dafür, sie fühlen sich dir verbunden, sie empfinden Liebe für dich. Spüre – ungeachtet dessen, was du empfindest oder glaubst –, daß sie dich wirklich lieben und dich brauchen.

Gönne dir am Abend die Zeit, dir vorzustellen, daß du in Gottes Armen ruhst. Alle Belastungen, alle Sorgen, alles, was dich bedrängt hat, kannst du vergessen und dich wie ein Kind halten und beschützen lassen. Spüre die Liebe, die dich mit Gott verbindet. Du kannst diese Kraft spüren, die dich umgibt. Du kannst diese Liebe spüren, die dich durchdringt, die ganze Welt erreicht und die ein Beziehungsnetz aufbaut, ein Netz des Lichts. Spüre, daß du einen sicheren Platz gefunden hast, ein Zuhause. Du mußt nichts tun, du mußt nirgendwo hingehen, es gibt nur dich, das Kind, dem all diese Liebe zufließt.

20. Wenn du dich mit einem anderen in seiner Einsamkeit verbindest, vermag er zu heilen, und dir wird ein Geschenk zuteil

Die Erfahrungen, die wir im Leben machen, sind manchmal so schmerzlich, daß wir uns in uns selbst zurückziehen und uns von anderen abkapseln. Jedes Problem, mit dem wir im Leben zu kämpfen haben, ist die Folge dieses Rückzugs. Erkenne, daß die Menschen um dich herum, die sich zurückgezogen haben, dich brauchen. Finde den in ihnen liegenden Ort, an dem sie sich versteckt halten, stehe außerhalb jener Höhle, gieße deine Liebe auf sie aus, lächle, weil deine Liebe groß genug ist herauszufinden, wohin sie sich verkrochen haben. Wenn du ihnen nahe bist, wird diese Liebe sie über die Schwierigkeiten hinwegtragen und die heilenden Kräfte stärken. Diese Kräfte werden sie befähigen, wieder voranzugehen. Im Vorwärtsschreiten, in der Reaktion auf deine große Fürsorglichkeit, werden sie ihre Isolation, ihre Krankheit, ihren Schmerz hinter sich lassen, und das wird auch dir zum Geschenk werden.

Ganz bestimmt gibt es heute einen Menschen, auf den zuzugehen du aufgerufen bist, einen Menschen, der sich zurückgezogen und abgekapselt hat. Laß ihn klar vor deinem geistigen Auge erstehen, und bevor du dich tatsächlich, in welcher Weise auch immer, auf ihn zubewegst, bewege dich in Gedanken auf ihn zu. Erfahre, was es bedeutet, ihm nahe zu sein. Dein Mitgefühl, deine Liebe, deine Offenheit kann eine grundlegende Veränderung für den anderen bedeuten. Und dieselbe Wirkung wird es auch auf dich haben.

21. Schöpferischer Umgang mit den Dingen führt zur Erfüllung aller Bedürfnisse

Unerfüllte Bedürfnisse schränken unseren Gesichtskreis ein. Sie lassen uns glauben, daß uns etwas fehle und daß dieser Mangel nur in einer ganz bestimmten Situation behoben werden könne. Auf diese Weise schränken wir die Fülle möglicher Reaktionen ebenso ein wie die Vielfalt der Vorsätze oder der Wege, die zur Erfüllung der Bedürfnisse führen könnten. Sich auf die schöpferischen Kräfte zu besinnen, bedeutet, den eigenen Blickwinkel zu erweitern. Diese Kräfte reichen weit, weil sie aus dem Strom deiner Liebe zu einem anderen Menschen oder zu vielen Menschen gespeist werden.

Heute wartet etwas Neues auf dich, ein schöpferisches Vorhaben, etwas, das dich aus deiner Enge herausführt und dich aus einer Mangelsituation befreit. Worum handelt es sich bei dieser schöpferischen Tat oder diesem schöpferischen Vorhaben? Welche Form wird die Kreativität annehmen, die du dir zu eigen machen könntest, die dich befreien, dir und der ganzen Erde etwas geben könnte? Deine schöpferischen Kräfte einzusetzen, das ist deine Liebesgabe an die Welt. Wem wirst du dieses Geschenk noch heute machen?

22. Nicht die Ufer sind von entscheidender Bedeutung für den Strom einer zwischenmenschlichen Beziehung, sondern die Brücke. Mit dem Bau einer Brücke gewinnst du beide Ufer.

Immer wieder beschleicht uns der Gedanke, daß wir in dem Augenblick unseren Standpunkt aufgeben, unsere Argumente entwerten, in dem wir auf unseren Partner zugehen und seine Auffassung voll und ganz teilen. Eine Brücke zu unserem Partner zu errichten, bedeutet in Wahrheit, daß unser Standpunkt sich auf ihn überträgt, eins mit ihm wird. Der entscheidende Punkt ist also ganz und gar nicht der Kampf für unser Ufer, sondern der Bau einer Brücke zum anderen Ufer. Sobald das geschieht, sind beide Partner von dem Gefühl erfüllt, gehört worden zu sein und eine angemessene Reaktion erfahren zu haben. Beide werden sich bereichert fühlen, weil die neue Form die Wahrheiten beider Ufer vereinigt und dabei einen ständigen und überaus intensiven Austausch zwischen beiden herstellt.

Denke an jemanden, zu dem du ein sehr distanziertes Verhältnis hast, und stelle dir vor, daß du von deinem Ufer aus eine Brücke über den gähnenden Abgrund errichtest. Sobald die Brücke das jenseitige Ufer erreicht, wirst du sehen, spüren, daß der andere sich auf den Weg über die Brücke macht, um auf deine Seite des Flusses, zu dir zu gelangen, und du wirst spüren, wie du dich ebenfalls aufmachst, um ihm entgegenzugehen. Spüre, wie die Energie von der anderen Seite dich erreicht, und wie die Energie von deiner Seite dem Menschen auf der anderen Seite zufließt. Spüre, wie gut diese Erfahrung tut. Sei bereit, die Auswirkungen des beginnenden Austauschs zwischen dir und dem anderen wahrzunehmen, und sei ebenfalls bereit wahrzunehmen, wie dies den bestehenden Zustand verändert. Es ist überaus töricht, wenn ein Ufer gegen das andere kämpft, obwohl sie unbestreitbar Teil desselben Flusses sind.

23. Was du an deinen Eltern ablehnst, wirst du in deinem eigenen Verhalten ausleben

Wer, glaubst du, tut jetzt genau die Dinge, die du an deinen Eltern verurteilt hast? Eine bestimmte Verhaltensweise der eigenen Eltern zurückzuweisen, führt unweigerlich dazu, daß man sich selbst genau so verhält, auf diese Weise aber auch verstehen lernt, was sie dazu brachte, sich so und nicht anders zu verhalten.

Viele von uns, die ihre Eltern nicht so akzeptierten, wie sie nun einmal waren, bezahlen dafür in unterschiedlicher Weise. Es kann sein, daß wir genau das gegensätzliche Verhalten zeigen, gewissermaßen als eine Art Wiedergutmachung für die Verhaltensweise unserer Eltern. Aber die Beurteilung, die wir für unsere Eltern gefunden haben, entspricht im Grunde dem Urteil, das wir über uns selbst gesprochen haben. Aus unserer Einschätzung und Beurteilung unserer Eltern haben sich Rollen ergeben, die uns dazu veranlassen, unseren Kindern oder unseren Partnern gegenüber in gewisser Weise Opfer zu sein. Es sind genau dieselben Dinge, die wir an unseren Eltern zurückgewiesen haben, mit denen wir nun nicht klarkommen.

Mache dir klar, was es war, das du an deinen Eltern nicht akzeptieren konntest, und erkenne, ob du genau so handelst wie sie oder ob dein Verhalten auf Kompensation abzielt. Erkenne, ob du möglicherweise eine Rolle eingenommen hast, die dich zwar gute Dinge tun läßt, dir aber nicht gestattet, Gutes von anderen zu empfangen. Diese Haltung muß dich schließlich und endlich kaputtmachen. Dein Verständnis für das, was damals vor sich ging, und deine Bereitschaft, ihnen zu vergeben, wird beide Seiten befreien.

Öffne dich, um ihnen mit Gottes Hilfe zu vergeben. Sage aus vollem Herzen:

„In der Liebe Gottes stehend, vergebe ich dir, Mutti.
In der Liebe Gottes stehend, vergebe ich dir, Papa.“

24. Wenn du an einem anderen Menschen etwas auszusetzen hast, entschuldige dich bei ihm, als ob du selbst schuld an der Situation wärest

Bemerkenswert an jedem Groll, den wir gegenüber anderen verspüren, ist, daß wir uns im Recht fühlen. Und weil wir wirklich sicher sind, im Recht zu sein, werden wir unbeweglich und kommen nicht mehr voran. Was es auch immer ist, das unseren Groll erregt, wir kommen nicht mehr davon los; es ist fast so, als ob wir, getrieben von einem Haß gegenüber Gorillas, uns mit einem Gorilla in einem Käfig einschlössen. Unter jedem Groll liegen Schuldgefühle verborgen, und wenn wir Groll empfinden, dann projizieren wir in einen anderen Menschen genau das, weswegen wir uns schuldig fühlen. Die wirkungsvollste Methode, diesem Geheimnis auf die Spur zu kommen, ist, sich ernsthaft und wahrhaftig für das zu entschuldigen, von dem man glaubte, die anderen fügten es uns zu. Ganz plötzlich wird dir aufgehen, daß tatsächlich niemand anders als du selbst die Ursache deines Grolls war – du spürst, wie die entsprechende Empfindung sich erneut einstellt, und mit ihr kommt die Einsicht in das, was du getan, aber vor dir selbst verborgen hast.

Zähle drei Menschen auf, zu denen du ein gestörtes Verhältnis hast; triff dich mit ihnen, schreibe ihnen oder rufe sie an, um dich bei ihnen zu entschuldigen, gerade so, als ob du derjenige seist, der ihnen angetan hat, was du glaubtest, von ihnen erlitten zu haben. Du wirst Erleichterung in deiner Entschuldigung finden.

Wir haben dafür gesorgt, daß bestimmte Menschen bestimmte Rollen spielen, die unseren Ärger und unser aggressives Verhalten rechtfertigen. Wir tun das, um recht zu behalten, um an einem bestimmten Glaubenssystem festhalten zu können. Unglücklicherweise tun wir all dies, um an einem Glaubenssystem festzuhalten, das uns Schmerzen und Schaden zufügt. Denke heute darüber nach, was sich aus deinem Bemühen, recht zu behalten, ergibt, und löse dich davon.

25. Wenn du dich am Ende deiner Kraft fühlst, liegt das an einer Rolle, die du spielst

Viele von uns geraten plötzlich in überaus anstrengende Situationen, in denen wir uns ausgebrannt fühlen. Könnten wir davon absehen, unser Verhalten am Bild dessen zu orientieren, wie wir glauben, sein zu müssen, würden wir kaum in derartige Situationen geraten. Wenn wir aus unseren Rollen, Regeln und Pflichten heraus handeln, dann mögen wir dabei das Richtige tun, aber wir tun es aus dem falschen Grund. Wir handeln aus der Gewohnheit, nicht auf Grund einer freien Entscheidung. Eine frei getroffene Entscheidung gibt uns Kraft. Wenn du dich also am Ende deiner Kraft fühlst, setze dir kleine, erreichbare Ziele. Mit dem Erreichen eines jeden kleinen Ziels wird dir zusätzliche Energie zufließen. Wenn du das Gefühl nicht abschütteln kannst, am Ende zu sein, entscheide bewußt, was du zu tun gedenkst. Manchmal wirst du bemerken, daß du Überflüssiges tust oder daß dein Handeln abhängig ist von deinem Wunsch, bestimmte Gefühle zu vermeiden oder zu verhindern, daß dir Gutes getan wird. Eine Rolle kann in eine Quelle der Energie verwandelt werden, wenn du dich entscheidest, das zu tun, was du willst, anstatt etwas zu tun, weil du es tun solltest. Sei willens, das Richtige aus dem richtigen, dem angemessenen Grund zu tun.

Beschäftige dich mit einem Bereich, in dem du dich am Ende fühlst. Stelle dir vor, dieses erschöpfte Selbst sei in Wirklichkeit eine Art Maske oder Verkleidung. Lege die Maske ab und schau nach, wen du darunter findest. Es könnte ein Familienmitglied darunter auftauchen oder auch ein Monster – alles ist möglich. Frage dich, wie du diesem Menschen beistehen kannst, und lasse dich auf sein Bedürfnis ein. Vielleicht findest du ein kleines Kind oder auch einen Menschen, der dir selbst gleicht, einen Menschen, der der Hilfe bedürftig ist und der mit schmerzlichen Empfindungen kämpft. Stelle dir vor, daß du es bist, der das Kind hält, dich selbst hält, dich selbst unterstützt, dich selbst betreut und anleitet.

26. Wenn du dich abhängig und bedürftig fühlst, so löse dich von diesen Gedanken und habe Vertrauen

Du darfst die Dinge und dich selbst nicht zu ernst nehmen! Die schrecklichste Vorstellung, die derjenige haben kann, der sich abhängig und bedürftig fühlt, ist die, genau das loszulassen, was er zu benötigen glaubt. Genau das aber würde Erfolg bedeuten, denn das Aufgeben einer dich knebelnden Anhänglichkeit macht es möglich, daß du auf eine andere Ebene der Attraktivität und Partnerschaft gelangst. Je abhängiger du wirst, um so weniger anziehend wirst du. Du wirst von deinem Partner zunehmend als Belastung empfunden, und obwohl du alles tust, um deinen Partner zu halten, stößt du ihn von dir weg. Immer dann jedoch, wenn du losläßt, hebst du euere Beziehung auf eine neue Ebene, auf der der Zauber wirksam wird, ohne den es keine innige Verbindung gibt, und auf der das Beglückende einer solchen erfüllten Verbindung erneut spürbar wird. Wenn dir die Beziehung zu deinem Partner wirklich etwas bedeutet, so sei bereit loszulassen. Gehe von der Gewißheit aus, daß, sobald du mit leeren Händen dastehst, etwas Besseres kommen und deine Hände füllen wird. Da du genau das losläßt, was du meinst, unbedingt haben zu müssen, kannst du es nun wahrhaft empfangen. Sobald du nicht mehr nach ihm verlangst, kann es dir gegeben werden. Achte darauf, daß dir deine eigene Abhängigkeit nicht den Weg versperrt. Jede Abhängigkeit ist ein Versuch des Nehmens ohne die Fähigkeit des Empfangens. Sei bereit loszulassen, damit du schließlich empfangen kannst.

Stelle dir vor, du könntest all das, was du ersehnst und zu benötigen glaubst, in die Hände Gottes legen; laß dann deinen Höheren Geist entscheiden, ob und was du empfangen willst. Vertraue. Gehe davon aus, daß gute Dinge auf dich zukommen. Deine Bereitschaft zu vertrauen wird dir das Voranschreiten ermöglichen.

27. Was du an einem anderen ablehnst, wird unverändert bestehenbleiben, bis du es akzeptierst

Was du ablehnst, wird fortbestehen. Der Grund liegt darin, daß dies eine Aufgabe ist, die du lösen mußt. Je weiter du dich von dem entfernst, dem du dich widersetzt, um so stärker bist du in dieser Situation gefangen. Auch wenn du vor einem bestimmten Menschen fliehst, es bleibt dein Widerstand, der dich zurückhält. Wenn du akzeptierst, wogegen du dich wendest, kannst du dem anderen vergeben und ihm die Hand reichen.

Stelle dir den Menschen vor, dem du den größten Widerstand entgegensetzt. Spüre, wie du den Raum überbrückst, der zwischen dir und ihm liegt. Wenn du spürst, daß sich dein Licht mit dem seinigen vereinigt, verharre in diesem Frieden. Überprüfe, ob dieses Gefühl, Frieden zu haben, den Tag über anhält. Wenn dieser Friede gestört wird, so kann das bedeuten, daß du in einen anderen Bereich deines Widerstandes vorstoßen mußt; nimm dir die Zeit, um zu spüren, wie du dich erneut aufmachst, um dich mit der Lichtenergie des anderen zu vereinen, bis du wieder einen Ort höchsten Friedens erreicht hast.

28. Fülle stellt sich ein, wenn wir bereit sind zu empfangen

Wir alle sagen, daß wir bestimmte Dinge begehren, die wir nicht haben. Wüßtest du aber, was in einer tieferen Schicht deines Geistes angelegt ist, ginge dir auf, daß du das, was dir fehlt, eigentlich gar nicht möchtest. Du möchtest es nicht, weil du, aus welchen Gründen auch immer, Angst davor hast, es zu besitzen. So sagt dein Glaubenssystem zum Beispiel, daß ein guter Mensch nicht reich sein sollte, nicht im Überfluß leben und auch nicht ein ungewöhnlich hohes Maß an sexueller Befriedigung haben sollte. Überprüfe deine Glaubenssysteme und den Grad deiner Angst – was auch immer du zu benötigen glaubst und nicht erhältst. Es ist gut möglich, daß du dich selbst im unklaren darüber hältst, was du willst. Je mehr du dich darüber beklagst, etwas nicht zu haben, um so stärker wirst du Angst davor entwickeln, genau das zu besitzen, das du angeblich haben möchtest. Schau nach innen, und du wirst erkennen, daß das Problem nicht in deiner Lebenssituation oder einer bestimmten, dir nahestehenden Person liegt, sondern einzig und allein in dir selbst. Nimm dein Leben in die Hand, du bist verantwortlich für dich selbst. Sei willens, deine Haltung zu ändern, Mut zu zeigen und dich zu öffnen, um eine neue Ebene zu erreichen. Finde, was du vor dir selbst versteckt, verborgen gehalten hast, und setze dich mit deinen Glaubenssystemen auseinander. Jetzt ist es an der Zeit, daß du dich öffnest. Du hast einer Idee oder einem bestimmten Gefühl – möglicherweise Schuld oder Furcht – übergroßes Gewicht gegeben, anstatt das dankbar anzuerkennen, was du, von dir selbst unbemerkt, schon hast.

Heute solltest du einfach so tun, als ob du das nicht wolltest, was du nach deinen eigenen Worten willst. Wie soll das geschehen? Laß dir all die belastenden Überzeugungen ins Bewußtsein kommen, die dich von dem entfernt halten, was du willst. Trenne dich von den Überzeugungen und Gefühlen, die verhindern, daß du fähig bist zu empfangen. Stelle dir vor, daß du von dem erfüllt bist, das du haben willst.

29. Es ist nicht die Wahrheit, wenn nicht beide Seiten Erfolg haben

Wenn du mit anderen Menschen im Wettbewerb stehst oder um Macht und Einfluß kämpfst und dabei den Sieg davonträgst, während ein anderer in deiner Nähe eine Niederlage einstecken muß, ist es nur eine Frage der Zeit, wann er zurückschlägt. Die einzige Situation, für die das nicht gilt, ist die, in der beide Seiten erfolgreich sind. Nun sage nicht einfach, derartiges sei unmöglich; es ist möglich durch die Verwandlung von Energie in eine höhere Form. Beide Seiten in einem Machtkampf besitzen Energien, wenn nicht gar eine Form der Wahrheit; die Vereinigung dieser Energien führt zu etwas ganz Neuem: zu harmonischer Übereinstimmung und Ganzheit – und das entspricht dem Wesen der Wahrheit. Wahrheit ist die harmonische Verbindung aller Betrachtungsweisen zu einem neuen Bild. Gib dich deshalb mit nichts Geringerem zufrieden als dem bei allen Beteiligten spürbaren Gefühl, Erfolg gehabt zu haben. Brich den Meinungsaustausch oder die Verhandlung nicht vorzeitig ab, und akzeptiere keine Halbheiten. Wenn du das doch tust, werden beide Seiten das Gefühl nicht abschütteln können, verloren zu haben und ein Opfer gebracht zu haben.

Deine Aufgabe wird es heute sein, dich intensiv um die Menschen zu bemühen, die sich dir widersetzen, und zwar so lange, bis beide Seiten davon ausgehen können, einen neuen Vorsatz, eine neue Betrachtungsweise erreicht zu haben – einen Punkt, der beide gleichermaßen voranbringt.

30. Schmerz tritt da auf, wo wir die Bande der Verbundenheit gekappt haben

Schmerz tritt da auf, wo wir uns von jemandem zurückgezogen haben, von jemandem abgewandt oder gar die Bande enger Beziehungen gekappt haben. Da uns nicht gefiel, was ein anderer tat, oder weil uns die Situation zu schwierig vorkam, entschlossen wir uns, eine Beziehung nicht länger als wertvoll aufrechtzuerhalten. Daran leiden wir nun, und selbst Jahre später verspüren wir Schmerzen, wenn wir in irgendeiner Weise mit Situationen in Berührung kommen, in denen wir die Verbindung mit alten Freunden und Familienmitgliedern oder mit Teilen unserer selbst zerschnitten haben.

Welche Menschen kommen dir heute ins Gedächtnis zurück, mit denen du dich wieder verbinden solltest? Nähere dich ihnen, gib dir große Mühe, so daß du den immer noch wirkenden Schmerz, ob er dir nun bewußt ist oder nicht, überwinden kannst. „Sollten alte Verbindungen wirklich auf immer vergessen sein und nie wieder bewußt erneuert werden?“ Spüre die Verbindung mit all diesen Menschen, und gehe auf sie zu.

31. Gehe ein emotionales Risiko ein, um die Langeweile zu überwinden

Fühlst du dich müde? Abgespannt und ausgebrannt? Tot? Hast du das Gefühl, es habe keinen Sinn, deinen Partner einzubeziehen, weil der ja soooo langweilig ist? (Natürlich sind wir selbst nie schuld an unserer Langeweile, unserem Überdruß, obwohl sie, wie alle anderen unserer Emotionen, direkt mit uns zu tun haben.) Was eigentlich halten wir zurück? Auf welche Weise halten wir uns in bestimmten Situationen zurück? Vor welchem Risiko schrecken wir zurück? Vor welcher Mitteilung an die anderen haben wir Angst?

Genau das mitzuteilen, wovor wir üblicherweise Angst haben, schafft einen neuen, aufregenden Reiz und geht einher mit einer neuen emotionalen Energie. Wenn wir offen über genau die Dinge sprechen, von denen wir angenommen haben, daß sie unsere Beziehung zerstören würden, dann erst wird uns bewußt, daß uns das Nicht-Aussprechen voneinander entfernt gehalten und begonnen hat, die Beziehung zu zerstören. Um erfolgreich gegen Langeweile und Überdruß vorzugehen, mußt du bereit sein, emotional etwas zu wagen, dich durch das durchzuarbeiten, dem du nun einmal nicht ausweichen darfst, Verantwortung für dein eigenes Erleben zu übernehmen und dich nach vorne zu bewegen und auf deinen Partner zuzugehen.

Halte dir vor Augen, was du bisher zurückgehalten hast. Das ist es, was du heute mitteilen, weitergeben sollst. Beende diesen Austausch nicht, bevor nicht beide Seiten das Gefühl haben, gehört worden zu sein, bevor nicht beide Seiten das Gefühl haben, erfolgreich gewesen zu sein, bevor nicht beide Seiten Frieden verspüren und bevor nicht beide Seiten das Gefühl haben, gemeinsam voranzugehen.

32. Sex ist Kommunikation und erschöpft sich nicht im Geschlechtsakt

Eine geschlechtliche Beziehung setzt mehr voraus als die Ausführung irgendeiner handwerklichen Arbeit. Im Zentrum ihres Wesens liegt Austausch und Verständigung. Welches Bild vermittelst du in diesem Zusammenhang deinem Liebespartner und den anderen dir verbundenen Menschen? Wenn deine Botschaft nicht „Liebe“ ist, dann erfährst du selbst auch keine Liebe. Was immer du anderen übermittelst, ist genau das, was du selbst erfahren wirst. Wenn deine sexuellen Erfahrungen lediglich auf eine Art Entspannung beschränkt sind und der Befriedigung deiner Bedürfnisse dienen, dann verringerst du die Fülle der möglichen Erfahrungen auf einen verschwindend kleinen Anteil. Wenn die in der Begegnung mit deinem Liebespartner steckende Energie dir nichts anderes bedeutet als zu tun, was dir verboten wurde, hat sie gerade einmal den Reiz einer verbotenen Frucht. Und wenn du nicht wagst, sowohl dieses Tabu zu überwinden als auch über das Gefühl hinauszugehen, das aus der Überwindung des Tabus erwächst, beschränkst du die körperliche Liebe auf ihre niedrigste Stufe.

Sex ist eine überaus kraftvolle Möglichkeit, Kontakt und Kommunikation zu begründen. Kommunikation ist eines der wirksamsten Heilmittel, das hilft, Machtkämpfe durchzustehen und die Verbindung zu deinem Partner wiederherzustellen. Kommunikation führt dich aus Meinungsverschiedenheiten heraus und schafft eine neue Wahrnehmung der Wirklichkeit, des partnerschaftlichen Verhältnisses, der Erleichterung, des Voranschreitens. Kommunikation heilt. Dasselbe gilt für körperliche Liebe. Kommunikation kann dich aus erstarrten Gefühlen herausführen. Dasselbe kann die körperliche Liebe, wenn sie mehr ist als die bloße Erfahrung des Körpers des anderen. Sex schließt das Emotionale, das Spirituelle und alles an Verbindung ein, das deiner Erfahrung zugänglich ist. In ihr liegt eine Verbindung, wie du sie tiefer nicht erreichen kannst, und du wirst ganz tief erfahren, wer das wirklich ist, mit dem du gemeinsam Liebe erfährst. Wenn du mit deinem Partner im Liebesakt verbunden bist, wirst du ihn vollständig empfangen und dich selbst dabei vollständig geben. Du wirst deinen Partner zu deiner eigenen Freude und Bereicherung vollständig erfahren.

Überlege sorgfältig, was du deinem Liebespartner bisher vermittelt hast. Möglicherweise hast du dich von der körperlichen Begegnung zurückgezogen. Welches ist die Botschaft, die du der Welt übermittelst? Welches ist die Botschaft, die du Gott mit deinem Verzicht auf Sex vermittelst? Mach dich auf, wieder die Nähe anderer zu suchen, die Tür zur körperlichen Liebe zu öffnen, um eine völlig neue Einstellung sichtbar werden zu lassen. Gib dich aber nicht mit Sex zufrieden, sondern gestatte es der Liebe, dich zu formen, dich zu gestalten.

33. In jeder Beziehung ist einer der Partner der „Problemfinder" und der andere der „Problemlöser"

In jeder Beziehung nehmen die Beteiligten gegensätzliche Positionen ein, die aber beide der Beziehung nützen. Beide Pole, wie die positiven und negativen Pole an einer Batterie, sind unabdingbar, damit sich das Fahrzeug voranbewegen kann. Ein Partner wird stärker pessimistisch erscheinen, obwohl er sich selbst realistisch nennen wird. Er besitzt im allgemeinen die Gabe, den Meinungsaustausch zu fördern, kann seine Gefühle gut einschätzen und ist in der Lage, feine Unterschiede herauszufinden und zu benennen. Seine Hauptbegabung liegt darin, die Probleme oder mögliche Probleme in der Beziehung zu finden.

Sein Partner spielt üblicherweise eine eher positive Rolle, und er hat eher etwas von einem Idealisten an sich. Er verhält sich im Meinungsaustausch eher diplomatisch, während der „Problemfinder", der „negativ" eingestellte Partner, eher der Zuspitzung zuneigt.

Obgleich er etwas naiv erscheinen mag, ist der „positiv" Eingestellte in der Lage, Situationen völlig zu verändern. Während er sich spontan auf eine Sache einläßt, auch wenn sie über seine Kräfte hinausgehen könnte, weiß der „Negative" ganz genau, wieviel Energie, wieviel Geld und wieviel Zeit für eine bestimmte Sache aufzuwenden sind. Auf Grund ihrer Bereitschaft zur Zusammenarbeit bilden die beiden so unterschiedlich eingestellten Partner ein großartiges, erfolgversprechendes Team. Der „Negative" kommt den Problemen auf die Spur, der „Positive" kann sie verwandeln. Wenn dem „Positiven" aufgeht, daß der „Negative" eine für die gemeinsame Beziehung eminent wichtige Aufgabe erfüllt, und wenn der „Negative" den „Positiven" in gleicher Weise anerkennt, können beide als eine Einheit nach vorne schauen.

Beschäftige dich mit deiner wichtigsten Beziehung. Bist du der „Problemfinder" oder der „Problemlöser"? Erkennst du die Aufgabe voll und ganz an, die der andere auch für dich tut? Wenn du bereit bist, den Wert deines Partners anzuerkennen, kannst du heute einen wirklichen Schritt nach vorne tun. Zeige ihm deine Anerkennung für das, was er für eure Beziehung tut. Lerne, seine Leistung richtig und dankbar einzuschätzen, denn ohne ihn könntet ihr beide nicht vorankommen.

34. Geben heißt empfangen

Geben zu können, das ist eines der schönsten Gefühle, das man im Leben haben kann. Wenn du gibst, fühlst du deine eigene Bedeutung. „Geben“ muß sorgfältig von „sich aufopfern“ unterschieden werden, weil das „Sich-aufopfern“ das Empfangen ausschließt. Was du auch gibst, es eröffnet dir ohne weiteres Zutun die Möglichkeit, dich wohlzufühlen und im gleichen Augenblick selbst zu empfangen. Das ist der Grund, weshalb so viele prähistorische Völker und Stämme so gebefreudig waren. Sie fühlten die Größe ihres Geistes, wenn sie gaben. Geben ist wahrhaft eine Form des Empfangens. Die Intensität, mit der du einem anderen gibst, entspricht dem Ausmaß der Liebe, das dir von ihm zufließt und das du spüren kannst. Ein anderer mag dir bereitwillig seine ganze Liebe schenken, aber wenn du nicht auch gibst, wirst du nicht offen genug sein aufzunehmen, was er dir gibt. Mache dir klar, daß das Ausmaß deines Gebens dich auch bereit macht zu empfangen. Beim Geben erkennst du, was alles die ganze Zeit schon in dir war. In dieser Erkenntnis liegt die Besonderheit des Empfangens. Du wirst bereit, genau die Gabe oder das Gefühl zu empfangen, das du selbst gibst.

Deine heutige Aufgabe soll es sein, dir vorzustellen, du könntest über alle Möglichkeiten der Welt gebieten und die Menschen mit all dem beglücken, dessen sie nach deiner Einschätzung dringend bedürfen. Stelle dir vor, du könntest wie ein Riesennikolaus in deinen Sack greifen und ihnen das ersehnte Geschenk machen. Nimm dir heute die Zeit, den ganzen Tag über bestimmte Menschen zu beschenken. Gehe heute über die Grenzen hinaus, die dir gezogen scheinen. Unterstütze die Menschen in deiner Nähe. Gib ein bißchen mehr, lächle ein bißchen mehr, laß dich ein bißchen mehr auf die Menschen ein. Laß einen Menschen vor deinem inneren Auge erscheinen, dem du ein ganz besonderes Geschenk machen solltest, aus keinem anderen Grunde als dem, daß es dir selber Freude macht. Stelle dir vor, daß du die Menschen in deiner Nähe den ganzen Tag lang mit deinen Gaben erfreust und glücklich machst.

35. „Erwarte alles, und alles scheint nichts zu sein. Erwarte nichts, und irgend etwas scheint alles zu sein.“ (Sam Hazo)

Erwartungen bedeuten Einschränkungen – aber Erwartungen bedeuten auch Ansprüche. Sobald du etwas forderst, davon ausgehst, ein Recht auf etwas zu haben, kann das, was auf dich zukommt, bedeutungslos erscheinen. Wenn du aber keine Erwartungen hast, kann alles eine Gabe, ein Geschenk sein. Alles kann Staunen bewirken und dich mit neuen Denkansätzen beschenken. Wenn du ein festes Bild davon hast, wie etwas sein sollte, wird deine Erwartung zu Enttäuschung und Frustration führen.

Wie reagierst du, wenn du spürst, daß man von dir etwas fordert? Manchmal gibst du, was von dir verlangt wird, aber wenn du nur ungern gibst, fühlst du dich unter Druck gesetzt. Manchmal, wenn etwas von dir verlangt wird, verweigerst du dich völlig. Jede deiner Erwartungen ist eine solche an einen anderen gerichtete Forderung. Allein deine Bereitschaft, auf all deine Erwartungen zu verzichten, dich von den Bildern zu lösen, die dir sagen, wie jemand sein sollte oder wie die Dinge beschaffen sein sollten, eröffnet die Möglichkeit der Bewegung.

Nimm heute bewußt einen Bereich in deinem Leben wahr, der von Frustration und Enttäuschung bestimmt ist. Sei bereit, diesen Bereich loszulassen, so daß du vorangehen und zum Erfolg gelangen kannst. Sei bereit, deine Vorstellungen loszulassen, die dir einflüstern, wie etwas sein sollte.

36. Das Ausmaß deiner Erwartungen bestimmt das Maß des Stresses, den du zu ertragen hast

Unsere Ansprüche, die gleichbedeutend mit unseren Erwartungen sind, entspringen dem Gefühl der Unzulänglichkeit und der „Bedürfigkeit". Wir versuchen, mit unseren Bedürfnissen klarzukommen, indem wir die Situation, in der wir stehen, oder uns selbst unter Kontrolle halten – und auf diese Weise richten wir dieselben Forderungen und Ansprüche an uns selbst, die wir an alle anderen richten. Unsere Erwartungen lösen Belastungen aus. Alle unsere Erwartungen legen beredtes Zeugnis davon ab, wie sehr wir unter dem Diktat all der bedrängenden Floskeln stehen: Ich sollte ..., ... bin verpflichtet, ... kann nicht anders, ..." – all der zahlreichen Formen der „Muß-Erwartungen", die uns der Möglichkeit berauben zu empfangen. Eine hohe Zahl an Erwartungen führt dazu, daß wir sehr schwer und angestrengt arbeiten und sehr wenig empfangen. Je näher wir der Erfüllung einer Erwartung kommen, um so stärker fühlen wir einen inneren Widerstand, sie zu erreichen. Je näher wir aber einem wirklichen Ziel kommen, um so stärker zieht es uns in seinen Bann.

Denke über Gebiete nach, auf denen du einen Widerstand dagegen spürst, etwas zu beginnen oder voranzugehen. Der Grund, der dich zurückhält, mag in einer an dich selbst oder die Situation gerichteten Erwartung liegen. Diese Erwartung abzulegen, könnte eine Möglichkeit sein, auch die davon ausgehende Belastung abzuwerfen. Überdenke alle unfertigen Projekte. Laß die Projekte fallen, die nicht länger zu dir passen, setze neue Ziele für die anderen Projekte, und gehe Schritt für Schritt voran. Dasselbe kannst du in einer Beziehung tun, indem du dir kleine Ziele setzt, die dich vorankommen lassen, kleine Ziele, die der Heilung dienen, kleine Ziele, die dazu beitragen, daß die Dinge sich zum Besseren wenden. Es ist ganz und gar nicht ungewöhnlich, daß die Geschäftigkeit, die dein Leben bestimmt, Streß auslöst. Du setzt alle verfügbaren Kräfte ein, ohne aber einen Erfolg zu verzeichnen, weil du nicht empfangen kannst. Heute wirst du verstehen, was es heißt, loszulassen und dich in den Fluß des Lebens zurückzubegeben, sich diesem Fluß anzuvertrauen, ohne den Versuch zu unternehmen, bestimmte Dinge zu erzwingen. Dieses Bemühen, Dinge zu erzwingen, steht zwischen dir und deiner Fähigkeit zu empfangen.

37. Erwartungen sind Zeitbomben, die nur darauf warten hochzugehen

Je mehr du erwartest, desto weniger wirst du empfangen. Erwartungen sind identisch mit deinen Vorstellungen von dem, was dich glücklich machen würde. Aber selbst dann, wenn du haargenau das bekommst, was du dir gewünscht hast, bleibt dir das Gefühl wirklichen Glücks versagt. Glück läßt sich nicht einfach einfordern, auch nicht, wenn die Situation günstig scheint, sondern du mußt es aus deinem Inneren schaffen. Glück kann dir sehr wohl geschenkt werden, aber du kannst es niemals beanspruchen. Deine Erwartungen verhindern den Blick auf deine verborgenen Bedürfnisse. Du gibst vor, deine Bedürftigkeit, deine Unzulänglichkeit in einer bestimmten Situation habe nichts mit dir, sehr wohl aber mit deinem Partner zu tun. Begreiflicherweise führt das zu Auseinandersetzungen und Machtkämpfen. Immer wenn deine Haltung von Erwartungen bestimmt ist, dann ist dein Gespräch mit dem Partner auf unwichtige Gesichtspunkte beschränkt oder du konfrontierst ihn mit Ansprüchen. Es darf dich eigentlich nicht wundern, daß letzteres Widerstände in deinem Partner auslöst, und da dieser Widerstand ständig anwächst, ist es nur eine Frage der Zeit, bis eine Explosion oder eine Trennung, in welcher Form auch immer, nicht mehr vermeidbar ist.

Erwartungen sind Zeitbomben, die jederzeit explodieren und deine Beziehungen zu anderen Menschen schwer schädigen können. Deine Bereitschaft, deine Erwartungen über Bord zu werfen, wird dir eine erwartungsfrohe Haltung schenken. Diese Erwartungsfreude ist eine positive Empfindung, die sich auf das Kommende richtet, im wissenden Vertrauen, daß es gut für dich sein wird, obgleich du nicht wissen kannst, was genau es sein wird. Laß deine Erwartungen los zugunsten dieser vertrauensvollen Erwartungsfreude. Verlange nicht, lade ein. Erwarte nicht, sondern wisse, daß das Beste deinen Weg kreuzen wird. Mit dieser Haltung lädst du alle guten Dinge ein, auf dich zuzukommen.

Beschäftige dich heute intensiv mit Bereichen, in denen du nicht empfängst und in denen du dringend positiver Erfahrungen bedarfst. Dies sind üblicherweise die Bereiche, die von deinen Erwartungen bestimmt sind. Entschließe dich, deine Erwartungen loszulassen, und vertraue darauf, daß das auf dich Zukommende dich voranbringen wird.

38. Erwartungen zerstören Erfahrungen

Erwartungen zerstören Erfahrungen und Erlebnisse, weil sie die Situation mit einer Forderung belasten, die auf die Erfüllung deiner Bedürfnisse gerichtet ist. Selbst wenn die Situation weitgehend dem Bild entspricht, das du dir gemacht hast, werden deine Bedürfnisse wahrscheinlich von deinem Bild nicht zu erfüllen sein. Deine Vorstellung, wie eine Erfahrung auszusehen habe, ist eine Art ritueller Tötung all der Inspiration, die in einem Ereignis liegen kann. Es ist gut und richtig, sich Ziele zu setzen und sich in der entsprechenden Richtung zu bewegen; und wenn du ein Ziel nicht erreichst, setzt du es eben neu. Anders verhält es sich, wenn sich eine Erwartung nicht erfüllt; dann gehst du mit dir selbst hart ins Gericht und trägst dazu bei, den Glauben an dich selbst zu verlieren, was dir nicht gerade hilft voranzukommen. Sei auf der Hut vor Erwartungen! Sei entschlossen, auf Vorstellungen, wie etwas zu sein habe, zu verzichten, und laß dich von deinem Höheren Geist belehren, welches der beste Weg für dich ist. Ganz tief unten, auf dem denkbar schlechtesten Punkt, wendet sich alles zum Besten, und zwar im Hinblick auf das, was wirklich für deine Heilung und deine Entwicklung notwendig ist.

Trenne dich also von deinen Vorstellungen, wie eine bestimmte Sache beschaffen sein sollte, und nimm an, was dir für deine Heilung und dein Wachsen gegeben wird. Wenn du erst einmal bereit bist, eine Erfahrung so zu nehmen, wie sie nun einmal ist, und alle Möglichkeiten zu nutzen, Verbindungen zu anderen Menschen zu knüpfen, wirst du dem Glück viel näher kommen.

Wenn ein Ereignis auf dich zukommt, von dem du möglicherweise etwas erwartest, so stelle dir das Ereignis als eine große Stadt am Ende eines schönen, smaragdgrünen Flusses vor. Stelle dir vor, wie du ein kleines Boot in diesem friedlichen Fluß ins Wasser läßt. Während das Boot mit der Strömung dahingleitet, kannst du dich zurücklehnen, entspannen und die vorbeiziehende Landschaft betrachten. Der Fluß trägt dich flußabwärts auf die Stadt zu. Du wirst ohne dein Zutun deinem Ziel nähergebracht, und alles ist leicht und selbstverständlich. Keine Anstrengung ist notwendig. Und dann winkt dir das Ziel, es gibt nichts zu tun – entspanne dich und genieße.

39. Was du verdrängst, werden deine Kinder ausleben

Als Kinder erfahren wir manche Situation als schmerzlich oder gar traumatisch, und wir trennen uns von den Teilen unserer selbst, die wir verdächtigen, Probleme heraufbeschworen zu haben. Es handelt sich dabei um die Bereiche, die uns Schmerzen bereitet haben, und deshalb wenden wir uns von ihnen ab, unterdrücken und verdrängen sie. Dabei geraten sie in Vergessenheit, und dann vergessen wir, daß wir sie vergessen haben.

Jeder Bereich, auf dem du versagst, ist ein Bereich, auf dem du etwas verdrängt hast. Diese verdrängten Teile deiner selbst werden in den Menschen um dich herum sichtbar, besonders in deinen Kindern, weil das Verdrängte in sie hineinprojiziert worden ist. Wenn du, zum Beispiel, einen Teil deiner Sexualität unterdrückt hast, mag dein Kind sehr wohl den Eindruck erwecken, sexuell frühreif zu sein. Wenn du etwas in dir unterdrückt hast, das du als unehrlich empfandest, wirst du möglicherweise dein Kind für einen Lügner halten. Was wir auch immer unter den Teppich gekehrt haben, werden unsere Kinder hervorholen und für uns, an unserer Stelle, ausleben; auf diese Weise wird uns die Möglichkeit eröffnet, dies zu verzeihen und uns selbst in diesem Akt der Verzeihung von unserer verborgenen Schuld zu befreien. Die Teile unserer selbst, die uns zuwider sind, zeigen sich in unserer Familie. Die Teile, ohne deren Integration wir weder wachsen noch gesund werden können, werden an unseren Kindern sichtbar. Da wir uns nicht von unseren Kindern scheiden lassen können, sind wir immer darauf bedacht, alle Probleme unserer Kinder aufzuarbeiten, zu lernen, sie zu verstehen und zu akzeptieren, und uns selbst zu heilen, indem wir ihnen vergeben. Sobald es dir gelingt, dich deinen Gefühlen wieder zu stellen und aus dir selbst wieder eine Einheit werden zu lassen, wird auch dein Kind frei werden.

Greife ein Problem heraus, mit dem dein Kind zu kämpfen hat. Wenn du keine Kinder hast, wähle einen Menschen, der dir sehr nahe steht. Wähle eine Eigenschaft an diesem Menschen, die dir ganz und gar nicht zusagt. Stelle dir vor, wie du dich durch Zeit und Raum zurück an jenen Punkt tragen läßt, an dem du diese Eigenschaft zum ersten Male ablehntest. Wie alt warst du damals? Wer war bei dieser Gelegenheit in deiner

Gesellschaft? Was trug sich zu jener Zeit zu, das dich veranlaßte, diesen Teil deiner selbst als schlecht und falsch zu beurteilen? Bemühe dich ernsthaft, diesem Teil näherzukommen. Da ist wirklich nur ein kleines Kind, das nicht versteht, warum du es von dir weist. Nimm dies Kind auf deinen Schoß und halte es. Gib ihm, was es braucht, nähre es. Und spüre, wie dieses Kind in dich fließt, mit dir verschmilzt und in dir aufgeht. Alles Negative fällt ab, wie das immer geschieht, wenn die Vereinigung verschiedener Teile zu einem harmonischen Ganzen eintritt, und die Energie fließt zusammen in die nach vorn gerichtete, dem Wachsen dienende Bewegung.

40. Je mehr du dich selbst liebst, um so mehr wirst du erkennen, daß du geliebt wirst

Eines der größten Probleme in dieser Welt ist, daß die meisten von uns sich ungeliebt fühlen. Selbst wenn wir in unserer Familie und im Freundeskreis geliebt werden, können wir diese Liebe nur schwer erfahren, wenn wir keine Liebe für uns selbst empfinden. Der Wert, den du dir selbst beimißt, gestattet anderen, ihn zu erkennen. Wenn du dich nicht selbst anerkennst, werden auch andere es nicht tun. Wenn du dich nicht selbst liebst, übermittelst du jedermann die Botschaft: „Ich bin es nicht wert, geliebt zu werden." Dies schreckt andere Menschen begreiflicherweise ab.

Tu heute etwas, in dem sich deine Liebe zu dir selbst ausdrückt. Dabei darf es sich nicht lediglich um einen Akt der Milde, der Nachsicht handeln, denn dies ist nicht geeignet, dich spüren zu lassen, daß du geliebt wirst, sondern wird dir nur noch stärker zusetzen, wie das auch für einen Akt der Aufopferung gilt. Beginne, indem du sorgfältig über dich selbst nachdenkst. Auf welchem Gebiet kannst du dich stärker als auf anderen annehmen? Wo kannst du dir selbst Anerkennung nicht versagen? Wo kannst du dich gelten lassen? Wo kannst du wirklich Zugang zu dir selbst finden? Was könntest du tun, das ein Geschenk für dich selbst wäre? Entwickle und fördere die in diesen Fragen deutlich werdende Einstellung.

Viele von uns gehen wesentlich unduldsamer mit sich selbst als mit anderen Menschen um. Heute ist der Tag, an dem du dir selbst eine Ruhepause gönnen und anerkennen solltest, wieviel du verdienst. Wenn heute das Gefühl in dir aufsteigt, du seist wertlos und würdelos, laß es auf dich wirken und halte ihm stand, bis es verschwindet. Wende dich von diesen und ähnlichen Gefühlen nicht ab und versuche auch nicht, sie vor dir zu verbergen. Sei bereit, sie zu spüren, bis sie sich auflösen. Unter ihnen verborgen, lassen sich unter Umständen noch verhaßtere Gefühle finden. Halte auch diesen Gefühlen stand, bis sie verschwunden sind. Die einfachste Heilmethode ist es, diesen Gefühlen nachzuspüren, ihnen standzuhalten. Wenn sie verschwunden sind, wird sich an dieser Stelle eine Öffnung auftun, durch die du die Liebe anderer empfangen und deine eigene Liebe für dich selbst spüren kannst.

41. *Offenzubleiben und deine Gefühle wahrhaft zu empfinden ermöglicht Heilung*

Wenn wir uns angegriffen fühlen, ob nun der Angriff ein Körnchen Berechtigung hat oder nicht, dann steigen häufig genug schmerzliche Gefühle in uns auf: Schuld, Verärgerung, Furcht, Kränkung, Frustration oder was es auch immer sein mag. Wenn sich Gefühle dieser Art einstellen, ergreifen wir vor ihnen die Flucht oder rücken von ihnen ab, oder wir unternehmen einen Gegenangriff. Die beste Reaktion in einer solchen Situation besteht darin, keinerlei Verteidigungsanstrengungen zu unternehmen. Verhalte dich so offen wie möglich, nur so kannst du die Gefühle, die in dir aufsteigen, wirklich wahrnehmen. Fühle dich in sie hinein. Gefühle sind weder richtig noch falsch, sie sind ganz einfach wahr, weil du sie so und nicht anders erlebst. Darüber hinaus müssen sie nicht unbedingt eine über die Situation hinausreichende Wahrheit enthalten. Spüre deinen Gefühlen nach, bis sie vollständig vergangen sind. Dies mag durchaus dazu führen, daß du ganz entsetzliche Gefühle empfindest. Laß auch diese Gefühle auf dich wirken, bis sie verschwinden. Laß dir soviel Zeit wie nötig, um all den unangenehmen Gefühlen nachzuspüren, bis sie sich auflösen. Danach wirst du Frieden und Glück empfinden. Du mußt aber bereit sein, den schlimmen Gefühlen nachzuspüren und ihnen standzuhalten. Du mußt wissen, daß du in dem Augenblick, in dem all die schlimmen Gefühle nicht mehr wahrnehmbar sind, einen Schritt getan hast, der für den Angreifer und dich selbst wichtig ist und der eure Beziehung voranbringen wird.

Unternimm heute so wenig Verteidigungsanstrengungen wie möglich und habe den Mut, deine Gefühle wirklich zu erfahren. Allein darin liegt die heilende Kraft, die eine zwischenmenschliche Beziehung voranbringen kann.

42. Versuchung stellt sich ein, wenn eine neue Stufe der Entwicklung unmittelbar bevorsteht

Versuchung ist eine Ablenkung, die wir nutzen, um uns selbst zu behindern. Alles, was unser Vorankommen behindert, ist Ausdruck unserer ganz persönlichen Verschwörung gegen unsere eigene Größe. Sie dient einzig und allein unserer Angst, und sei es die Angst davor, alles zu haben, alles gut und richtig gestalten zu können.

Eine Versuchung lenkt deinen Geist von dem Schritt ab, den zu tun du bereit bist. Wenn du der Versuchung widerstehst, bereitest du dir selbst den Weg, auf dem du voranschreiten kannst. Wenn du deine Energie wieder in die Beziehung zurückfließen läßt, wird sich das Besondere, das dich in Versuchung führte, innerhalb der nächsten vierzehn Tage in deiner Beziehung entwickeln. Deine Bereitschaft, diese bestimmte Energie ständig und ungehindert in deine ursprüngliche Beziehung hineinfließen zu lassen, wird sie stärker und vollkommener machen.

Manchmal, wenn wir dagegen ankämpfen, einer körperlichen Versuchung nachzugeben, kann unser Geist sich nicht von der besonderen Eigenschaft losreißen, die einem bestimmten Menschen eigen ist und die nach unserer Auffassung unsere Bedürfnisse erfüllen würde. Unser Ego konfrontiert uns mit der Versuchung ausgerechnet in dem Moment, in dem unser Verlangen in der ursprünglichen Beziehung Erfüllung finden könnte. Wenn wir auf die Versuchung eingehen, fühlen wir uns seltsam gespalten, und wir verschwenden unsere Zeit. Wir bewegen uns gleichzeitig in zwei verschiedenen Richtungen. Probleme und Schmerz sind die unvermeidliche Folge.

In persönlichen Beziehungen spielt häufig auch eine sexuelle Anziehungskraft eine Rolle. Oft genug, wenn wir diese Formen von Energie spüren, haben wir nichts Eiligeres zu tun als, manchmal Hals über Kopf, dieser Leidenschaft nachzugeben. Für den Fall aber, daß dein Voran-gehen auf Einheit abzielt, wird sich, sobald eine Beziehung enger wird, eine Liebesenergie einstellen, die die ganze sexuelle Energie gefahrlos werden läßt. Wenn du einem leidenschaftlichen Gefühl nachgibst, ohne wirkliche Einsicht in dein Handeln gewonnen zu haben, geschieht es häufig, daß Schuldgefühle oder sich daraus ergebende Probleme zur Zerstörung dieser Verbindung führen. Jede Art von Zusammengehörigkeitsgefühl ist nur denkbar auf der Grundlage einer kreativen Energie oder eines entsprechenden Ziels, das für beide gleichermaßen von Bedeutung ist.

Beschäftige dich heute sorgfältig mit dem, was dich zur Zeit in Versuchung führt. Sei bereit, diese Energie deiner ursprünglichen Beziehung zuzuführen, die daraus die Kraft gewinnen wird, sich zu entfalten und dir bisher nicht erwartete Geschenke zu machen, bis hin zu genau der Eigenschaft, von der du in Versuchung geführt wirst.

43. Je mehr du erwartest, um so weniger erhältst du

Deine Erwartung verbirgt einen Anspruch deinerseits. Dein Anspruch verdeckt ein Bedürfnis. Dein Bedürfnis will möglichst schnell befriedigt werden. Was auch immer du glaubst haben zu müssen, löst einen Widerstand aus, und so kommt es, daß du unbemerkt von dir wegschiebst, was du zu erreichen versuchst. Je stärker du davon ausgehst, etwas Bestimmtes haben zu müssen, um so sicherer provozierst du selbst den Widerstand, der dich unfähig macht, es zu empfangen, und um so stärker baust du Widerstände gegenüber den Menschen auf, die es dir geben könnten. Je mehr Forderungen du an sie richtest, um so größer ist die Wahrscheinlichkeit, daß sie sich von dir abwenden. Was du forderst, könnte etwas sein, das sie dir geben wollten, bevor du es von ihnen verlangtest. Mit deiner Forderung bringst du sie dazu, sich von dir abzuwenden. Es setzt wirkliche Reife voraus, den Druck der Erwartungen zu spüren und sich nicht abzuwenden. Verzichte darauf, andere mit deinen Erwartungen unter Druck zu setzen, und du schaffst damit die Voraussetzung, empfangen zu können. Sobald du dich von dem Zwang befreist, deine Vorstellungen möglichst umgehend verwirklicht zu sehen, werden dein Partner oder die Menschen in deiner Nähe sich bereitwillig anbieten, die Lücke zu füllen, auf dich einzugehen und dir zu geben, was du benötigst.

Auf wen vor allem richten sich heute deine Erwartungen, und auf welchem Gebiet hast du diese Erwartungen? Stehe dir nicht länger selber im Wege, und laß zu, daß andere dich beschenken.

44. Der Unabhängige in einer Partnerschaft kann die Beziehung voranbringen, indem er den anderen wirklich wertschätzt

Viele unabhängige Menschen, die sich ernsthaft bemühen, die eingegangenen Beziehungen zu pflegen, verstehen nicht, daß sie die Kraft haben, eine Beziehung umzugestalten. Wenn du der Unabhängige in einer Beziehung bist, so lerne, deinen Partner, der sich auf dich verläßt und sich dir unterordnet, wahrhaft zu achten, weil er eine für eure Beziehung überaus wichtige Aufgabe erfüllt. Er ist es, der mit all dem Schmerz und allen anderen Belastungen umgehen muß.Ohne die Gnade Gottes wärest du an seiner Stelle. Sei dankbar, daß er diese ganz besondere Aufgabe für dich wahrnimmt. Mit deiner Achtung hebst du ihn auf deine Ebene, und die Beziehung erreicht eine neue, eine partnerschaftliche Ebene. Daß du deinen Partner auf diese neue Ebene hebst, erhöht auch seine Attraktivität, und das ist unbestreitbar zu euer beider Vorteil. Nachdem ihr diesen neuen Ausgangspunkt erreicht und gebührend gewürdigt habt, schreitet die Beziehung weiter voran, und das nächste Konfliktfeld taucht auf. Erneut bist du in der Position des Unabhängigen und dein Partner in der des Abhängigen. Reiche ihm erneut deine Hand, ziehe ihn zu dir empor, denn sobald und sooft du das tust, bringst du eure Beziehung ein Stück voran. Um den von dir abhängigen Partner erreichen zu können, mußt du dich erst gegen den in dir aufsteigenden Widerstand bis zu deiner eigenen Bedürftigkeit hindurcharbeiten. Aber wenn du es wirklich willst, wird es dir gelingen, auf deinen Partner zuzugehen und ihn auf deine Ebene zu heben. Und jedesmal wird einiges seiner Bedürftigkeit wie auch deine verborgene Bedürftigkeit überwunden werden und von euch abfallen.

Halte heute Ausschau nach einem Menschen in deiner Nähe, der der Hilfe bedürftig ist, reiche ihm bereitwillig die Hand und hebe ihn durch deine Achtung auf eine neue Ebene der Zuversicht und des Vertrauens, und durch deine Anerkennung auf eine neue Ebene des positiven Selbstgefühls.

45. Gestalte eine Beziehung anregend und erregend, indem du ein emotionales Risiko eingehst

Wenn du das Gefühl hast, dich in ausgefahrenen Geleisen zu bewegen, die immer gleichen Verhaltensweisen nicht ablegen zu können, in der Sexualität, in der Kommunikation, in deiner Lebensweise, dann lautet das Gegenmittel: Gehe ein emotionales Wagnis ein. Wenn dir alles eintönig und langweilig vorkommt, liegt es daran, daß du lebensnotwendige Energien unterdrückst. Du bringst dich damit um einen lebenswichtigen Austausch. Was ist es, das du deinem Partner nicht mitteilen möchtest, das ihm, nach deiner Auffassung, Schmerzen bereiten oder gar die Beziehung zerstören würde? Einen Dialog über diese Fragen zu beginnen, könnte eurer Beziehung neues Leben einhauchen. Die Absicht muß sein, den Partner nicht zu verletzen, sondern ihn einzubeziehen, ihn wissen zu lassen, „Ich weiß jetzt, was mich von dir ferngehalten hat, und ich will nicht, daß das so bleibt. Ich übernehme die Verantwortung für dieses Gefühl. Es ist nicht deine Schuld; ich bin entschlossen, meinen Gefühlen wirklich nachzuspüren und dich dabei voll und ganz einzubeziehen, so daß wir es gemeinsam besser machen können.“ Die Feststellung: „Das ist es, was ich empfinde; bitte, hilf mir, es zu ändern.“ löst manchmal eine sehr schmerzliche Reaktion in deinem Partner aus. Wenn das eintritt, mußt du vorangehen und deinen Partner entschlossen stützen. Diese Unterstützung bedeutet für eine Beziehung einen Schritt nach vorn und hebt sie auf eine neue Ebene. Belastendes gemeinsam anzugehen und das zwischen dir und deinem Partner Stehende gemeinsam aus dem Weg zu räumen, eröffnet die Möglichkeit, eure Beziehung auf eine neue Basis zu stellen. Wenn dir diese Beziehung wirklich etwas bedeutet, laß dich darauf ein, ein Wagnis einzugehen, ohne das das erregende Element in der Beziehung nicht am Leben erhalten werden kann. Sei grundsätzlich bereit, dich mit allen belastenden Einflüssen auseinanderzusetzen; nur so kannst du deine Beziehung zu einem anderen Menschen wirklich verbessern.

Deine heutige Aufgabe lautet, das emotionale Risiko einzugehen, das die Verhältnisse verbessern wird. Vor wem hast du dich versteckt gehalten? Wen hast du von deinen Gefühlen und Erfahrungen ausgeschlossen? Mache dir klar, daß du jedem alles sagen kannst, wenn du ihm nur weit genug entgegengehst. Wenn dich mit einem anderen Menschen ein inniges Verhältnis verbindet, gibt es nichts, das er dir nicht abnehmen würde. Er weiß, daß dir wirklich daran liegt, ihm näherzukommen, und daß du nicht beabsichtigst, ihn in ein schiefes Licht zu rücken oder dich gar von ihm abzuwenden.

46. Was wir sehen, ist eine Projektion unserer Gedanken

Was wir auch immer sehen und aufnehmen, stellt eine Projektion dessen dar, was in unserem Geist ist. Vorausgesetzt, ein Film hätte dir ganz und gar nicht gefallen, so würdest du doch sicher nicht zur Leinwand gehen, um den Film zu verändern, sondern in den Projektionsraum und dort eine andere Filmspule auflegen. Der Film entspricht unserem Glaubenssystem, und der Projektionsraum ist unser Geist. Die Menschen um uns herum und alles andere, das uns umgibt, spiegeln das Glaubenssystem. Wenn wir dieses Geflecht von Überzeugungen verändern, räumen wir damit die Beschränkungen weg, die wir anderen auferlegt haben, damit sie genau so seien wie wir. Und wenn wir uns verantwortlich fühlen für das, was wir als den Film unseres Geistes erfahren, dann ergeben sich für uns in einer bestimmten Situation Einflußmöglichkeiten. Schau dir den Spielfilm genau an, den du in deinem Leben gestaltest. Was ist das für ein Film? Eine Tragödie? Eine Komödie? Eine Liebesgeschichte? Eine Abenteuergeschichte? Ist es vielleicht ein Film, den sogar du selbst nur gelangweilt anschauen würdest? Welche Möglichkeit hast du, deine eigene Wahrnehmung zu verändern? Was könntest du tun, um das Genre deines Lebensfilms in einer mutigen Entscheidung neu festzulegen?

Eines der Mittel, das Wahrnehmung verändert, ist Vergebungsbereitschaft. Ein anderes Mittel, das Wahrnehmung verändert, ist deine Bereitschaft, der Frage nachzugehen, wann und wo du ein Ereignis als bedeutsam auswähltest. Eine wesentliche Erfahrung, die du in deinem Leben gemacht hast, ob positiv oder traumatisch, kann dich sehr wohl veranlaßt haben, bestimmte Grundeinstellungen dem Leben oder den Geschlechtern gegenüber festzulegen. Unser Geist kennt viele im Widerstreit miteinander stehende Glaubenssysteme, und zu verschiedenen Zeiten tritt das eine oder andere System bestimmend in Erscheinung.

Beschäftige dich in Gedanken mit deinem Partner. Was müßtest du von ihm glauben, damit du ihn so sehen kannst, wie er ist? Deine Bereitschaft, diese Überzeugung zu ändern und zu erkennen, daß es einen höheren Wert oder eine bessere Überzeugung gibt, wird die Veränderung deiner Wahrnehmung einleiten. Wenn dir aufgeht, daß alles, was du siehst und erlebst, in deiner Verantwortung steht, kann dir auch bewußt werden, was in deinem Projektionsraum vor sich geht, und du kannst bessere Entscheidungen für ein glücklicheres Leben und eine glücklichere Beziehung treffen. Ohne diese Entscheidung, kritisch mit deinen im Unterbewußten liegenden Überzeugungen umzugehen und sie zu ändern, wirst du auch in Zukunft auf der Stelle treten ohne die geringste Chance auf Besserung.

47. Wenn du gibst und dich verletzt fühlst, gibst du, um zu nehmen

Viele von uns gehen davon aus, die besten Jahre ihres Lebens dem oder der „guten alten Dingsda" geopfert zu haben. Wir haben das Gefühl, unser Leben vergeudet zu haben, zwar gegeben zu haben, aber nicht anerkannt und sogar zurückgewiesen und innerlich verletzt worden zu sein. Dabei ist es so, daß man beim Geben nur dann Schmerz empfinden kann, wenn man gibt, um zu nehmen, wenn man den anderen in einer Art Vertrag dahingehend zu binden sucht, daß er in einer uns genehmen Weise zurückzugeben habe. Wenn du gibst, aus freien Stücken und großzügig gibst, kannst du nicht zurückgewiesen werden, weil da nichts ist, das du zu bekommen versuchst. Wenn du nichts benötigst, kannst du nicht zurückgewiesen werden. Wenn du aus deiner reinen Liebe heraus gibst, kann es keine schmerzliche Reaktion geben. Wenn du aus dem Reichtum deines Herzens gibst, wirst du ebenso reich empfangen, und es spielt überhaupt keine Rolle, wie andere auf dein Geben reagieren, denn die im Geben liegende Freude ist die höchste Belohnung.

Denke an jemanden, dem du in der Absicht gegeben hast, etwas zurückzuerhalten, und gib ihm nun aus freien Stücken. Gib etwas, das zu geben du dich aufgerufen fühlst, etwas, das dich aus dieser schlimmen Verstrickung von Geben eigentlich befreien könnte. Gib dem anderen, und lege alle Erwartungen oder Forderungen ab, die sich auf eine ganz bestimmte Reaktion richten; du kannst das tun, weil du weißt, daß im Geben deine Belohnung liegt.

48. Was auch immer uns beunruhigt und plagt, die Gründe dafür liegen woanders als wir denken

Wir verwirren uns häufig selbst, wissen mit unseren Gefühlen nichts anzufangen, machen uns selbst etwas vor und entwickeln unsere eigenen Erklärungsmodelle für das, was mit uns vor sich geht. Wir halten für uns selbst und für die Menschen in unserer Nähe eine bessere Geschichte bereit. Wir verlieren in solchen Situationen so sehr den Bezug zu uns selbst, daß wir, einmal aus dem inneren Gleichgewicht gebracht, die wahren Gründe nicht mehr erkennen können. Was uns die Fassung verlieren läßt, kann aus einer viel tiefer liegenden Schicht unseres Geistes kommen, aus dem Unterbewußten oder Unbewußten. Wenn du also in einer zwischenmenschlichen Beziehung nicht mehr aus noch ein weißt, nimm dir die Ruhe für einen zweiten Blick. Was du empfindest, mag mit dem Ziel ausgelöst worden sein, dich direkt mit Gefühlen zu konfrontieren, die du schon seit geraumer Zeit mit dir herumträgst. Fast all unser Schmerz geht auf Vergangenes zurück. Du brauchtest möglicherweise zum gegenwärtigen Zeitpunkt lediglich einen Auslöser, um den Schmerz herauszulassen, damit er überwunden werden kann. Nimm dir heute wirklich Zeit und schaue genau hin. Wenn du in einem schmerzlichen Augenblick noch Empfindungsfähigkeit für dich selbst aufbringst, wirst du erkennen, daß ein Großteil dieses Schmerzes aus der Vergangenheit stammt. Sobald du darüber zu sprechen beginnst, woher der ursprüngliche Schmerz stammt, kann Heilung einsetzen.

Greife mindestens ein Ereignis heraus, das dich nicht zur Ruhe kommen läßt, und beginne, darüber zu sprechen. Laß einen anderen Menschen erfahren, wie du dies Ereignis siehst, unternimm aber keinen Versuch, den anderen zu verändern. Wenn du alles ausgesprochen hast, was dich belastet, so grabe tiefer und spüre den Gefühlen nach, die unter deinen Leiden verborgen sind. Dringe in immer tiefere Schichten in deinem Inneren ein, nimm möglichst viele Emotionen wahr. Manchmal wird sogar die Situation vor deinem inneren Auge auftauchen, in der diese Emotionen ausgelöst wurden. Bemühe dich, die Emotion zu bewahren, während du über sie sprichst. Je mehr du davon einem anderen Menschen vermitteln kannst, um so stärker befreist du dich hier und heute von diesem aus der Vergangenheit stammenden Schmerz.

49. Hinter Schuldgefühlen verbirgt sich immer Angst

Hinter Schuldgefühlen verbirgt sich immer Angst. Schuldgefühle bezeichnen den Ort, an dem du einem Fehler ein Denkmal errichtet und den Weg des Lebens verlassen hast, um an dieser Kultstätte zu verharren. Schuld ist der Super-Klebstoff des Lebens. Schuld zwingt dich, dich von den Menschen zurückzuziehen, die dich lieben, und hält dich dauerhaft von ihnen entfernt. Ein Grund dafür könnte in deinem Gefühl liegen, in bezug auf deinen Partner einen Fehler gemacht zu haben; deshalb fühlst du dich jetzt schuldig. Genau diese Schuld entzieht ihm die Liebe und die Nahrung, deren er bedürftig ist. Schuld hält dich vom Weg des Lebens fern, so daß du der Notwendigkeit enthoben bist, voranzugehen und den nächsten Schritt ins Auge zu fassen. Diese Bereitschaft aber, den nächsten Schritt ins Auge zu fassen, zerschneidet die Angst in derselben Weise, in der Vergebungsbereitschaft deine an die Adresse anderer Menschen gerichteten Vorwürfe und auch deine verborgene Schuld zerteilt.

Beschäftige dich mit der Frage, wie sehr du deine Schuldgefühle und unangenehme Empfindungen benutzt hast, um dich von anderen entfernt zu halten. Spüre der Frage nach , in welcher Weise du deine Schuldgefühle benutzt hast, weil du die Angst vor der Zukunft nicht loswerden konntest. Mache dir klar, wie du bisher gelebt hast und daß du von der Furcht erfüllt bist, die Zukunft werde wie die Vergangenheit sein. Sobald du deine Schuld abwirfst, wird sich zeigen, daß die sich am Horizont abzeichnenden zukünftigen Möglichkeiten vielfältiger als erwartet sind, und du wirst den Ruf hören, dich dorthin auf den Weg zu machen. Sobald du dich von deinen Schuldgefühlen befreit hast, brauchst du keine Angst mehr vor der Zukunft zu haben.

Entscheide dich heute, nicht länger der Gefangene eines Fehlers zu sein, den du strafend gegen dich selbst gewendet hast. Bemühe dich ganz bewußt, die darin steckende Lektion zu lernen, und höre auf, dich selbst herabzusetzen oder zu glauben, das Leben drehe sich nur um dich. Das ist gewiß nicht so, das Leben hat mit Glück zu tun oder mit der Heilung, die zu Glück führt. Zu glauben, das Leben erschöpfe sich mit dir, wie das für Schuldgefühle in sehr negativer Weise gilt, führt unweigerlich in dein eigenes Unglück. Die Schuld weigert sich, die Lektion zu lernen, stürzt dich statt dessen immer stärker in Selbstbestrafung – und erneuert sich auf diese Weise immer und immer wieder. Schuldgefühle, darüber kann kein Zweifel bestehen, verstärken einen einmal gemachten Fehler.

50. *Zu empfangen heißt zu geben*

Je mehr du empfängst, um so stärker gibst du auch, weil du das Empfangene an all die Menschen um dich herum weitergibst. Wenn du etwas empfängst, empfängst du nicht lediglich für dich selbst, sondern für jeden anderen um dich herum. Bevor wir in einer Partnerschaft nicht die Abhängigkeit voneinander erkennen, können wir die Furcht vor dem Empfangen nicht abschütteln. Partnerschaft aber lehrt uns, wie man empfängt. Unsere Bereitschaft zu empfangen, ist ein wahrhaftes Geschenk an die Menschen in unserer Nähe. Viele Menschen geben gern, es fällt ihnen aber sehr schwer zu empfangen; aus diesem Grund geraten sie immer stärker in eine Opferhaltung, die alle ihre Kräfte aufzehrt. Wir müssen begreifen, was es heißt zu empfangen; dann werden sich die Menschen in unserer Nähe allein wegen dieser Bereitschaft geliebt fühlen. Zu empfangen, das ist eine der schönsten Formen des Gebens. Stelle dir vor, dein Kind kommt zu dir und schenkt dir, aus einem aufrichtigen und innigen Gefühl der Liebe, ein Unkraut, ganz so, als handele es sich um eine wunderschöne Blume. Das Unkraut verwandelt sich allein durch die Liebe des Kindes in ein herrliches Geschenk. Deine Bereitschaft, das Geschenk dankbar anzunehmen, wird zu einem Geschenk an das Kind.

Heute soll es deine Aufgabe sein, deinem Partner und allen anderen Menschen in deiner Nähe bereitwillig das Geschenk zu machen, dich ihrer Gegenwart zu erfreuen und anzunehmen, was immer sie dir geben. Nimm heute bereitwillig, was dir gegeben wird, und nimm bewußt wahr, daß dir viel mehr als sonst gegeben wird. Betrachte den Sonnenuntergang. Betrachte aufmerksam, was immer dir vor Augen kommt, was dir vom Leben geschenkt wird. Laß dich heute bereitwillig beschenken und genieße es.

51. Was du von einem anderen erwartest, das schenkst du dir selbst nicht

Der einzige Grund dafür, daß du von anderen erwartest, dich zu lieben oder anzuerkennen, ist der, daß du all das dir selbst nicht schenkst. Könntest du dich selbst lieben, würdest du es anderen Menschen ermöglichen, dir ihre Zuneigung zu beweisen. Hör auf, Klage darüber zu führen, was andere Menschen dir nicht geben, und schenke es dir selbst. Dann wird dir aufgehen, daß viele Menschen nicht nur die Fähigkeit, sondern auch die Bereitschaft haben, dich zu beschenken.

Führe dir vor Augen, worüber du schon geraume Zeit klagst, weil man es dir nicht schenkt. Heute ist der Tag, an dem du beginnen wirst, dir das Gewünschte selbst zum Geschenk zu machen. Schenke dir selbst Stunde für Stunde, immer wieder neu, was du dir schon lange wünschst. Schenke es dir selbst und mache dir klar: Es geht nicht um die Erscheinungsform, die das Ersehnte annehmen kann, es geht nicht um Sex, Geld usw. Es geht einzig und allein um die Energie, die in den Dingen steckt.

52. Sich in Abhängigkeit zu begeben ist der Versuch, unerfüllte Bedürfnisse der Vergangenheit in der Gegenwart erfüllt zu bekommen

Sich in Abhängigkeit zu begeben heißt, den Versuch zu unternehmen, die Vergangenheit in der Gegenwart neu zu gestalten, ein Versuch, der von vornherein zum Scheitern verurteilt ist. Abhängig zu sein heißt zu nehmen, um dadurch alte Bedürfnisse erfüllt zu bekommen; da es sich aber um alte Bedürfnisse handelt, können sie in der gegenwärtigen Situation nie vollständig erfüllt werden. Nur Einsicht in diese Zusammenhänge, gepaart mit Vergebungsbereitschaft, wird die von der Vergangenheit ausgehende Belastung aufheben können. Befreiung aus Abhängigkeit ist nur möglich, wenn wir die Vergangenheit ebenso loslassen wie den Gedanken an die Erfüllung der alten Bedürfnisse in der Gegenwart.

Denke sorgfältig nach über den Menschen, dessen Anerkennung du gewinnen möchtest, den Menschen, von dem du dich möglicherweise abhängig fühlst – wer war es, ganz ehrlich, dessen Zuneigung du früher einmal zu gewinnen suchtest? Versetze dich in die Lage des Kindes, dem Zuneigung versagt wurde, und dann schenke dem Elternteil oder dem Menschen genau das, was du von ihnen gerne bekommen hättest.

53. Jedes Problem ist Ausdruck der Angst vor dem nächsten Schritt

Wenn in einer Beziehung ein Problem auftaucht, ist es ein Zeichen deiner Angst vor dem nächsten Schritt. Wenn du wirklich bereit bist, den nächsten Schritt zu tun, löst sich das Problem möglicherweise auf oder es nimmt eine leichter zu handhabende Form an – aber es ist nichts mehr, wovor du Angst haben müßtest.

Im Grunde genommen ist ein Problem der Teil deines Geistes, den du den anderen nicht gibst. Wenn du dich beispielsweise zu 75 Prozent einbringst, dann werden sich die restlichen 25 Prozent in Problemen bemerkbar machen, die sich dir in den Weg stellen und deine Pläne durchkreuzen. Zwischen diesen beiden Teilen deines Geistes siedelt sich die Angst an. Deine Bereitschaft, voranzugehen und den nächsten Schritt zu tun, verändert deine Angst grundlegend, schafft die Grundlagen für die Vereinigung der beiden Teile deines Geistes und läßt das Problem verschwinden.

Wie groß das Problem auch immer sein mag, es ist nichts als die Form, die deine Angst vor dem nächsten Schritt annimmt. Sage „Ja" zum nächsten Schritt, und du kannst vorangehen. Rufe dir ähnliche Situationen ins Gedächtnis, und du wirst erkennen: Immer wenn du wirklich den nächsten Schritt getan hast, fiel dir das Leben leichter. Das ist diesmal nicht anders. Sei bereit voranzugehen. Es ist die einfachste Methode, dich auch von wirklich schwierigen Problemen zu entlasten.

54. Wenn deine Beziehung auf der Stelle tritt, so liegt es daran, daß du Angst vor den Folgen einer Weiterentwicklung hast

Jedes Gebiet, auf dem du nicht mehr in der Lage bist zu empfangen, ist eines, auf dem du Angst vor dem Empfangen hast. Wenn deine Beziehung irgendwie auf der Stelle tritt, ist der Grund darin zu suchen, daß du seit einiger Zeit Angst hast zu empfangen.

Beschäftige dich mit den Gebieten, in denen du nicht vorankommst, mache dir klar, was es ist, das zu empfangen dir Angst einjagt.

Du hast dieses Gebiet unter Kontrolle gebracht, es den Blicken entzogen, und vermutlich hast du deinen Partner dafür verantwortlich gemacht, daß er dir auf diesem Gebiet nichts gibt. Was aber würde sich ereignen, könnte es auf diesem Gebiet wieder vorangehen? Welches Bild deiner selbst müßtest du aufgeben? Welche Verhaltensweisen müßtest du ablegen? Welche Gefühle könntest du nicht länger für wahr halten und folglich nicht mehr für alle sichtbar mit dir herumtragen? Frage dich selbst, welcher Sinn sich dahinter verbirgt, daß dir dies oder das nicht zur Verfügung steht. Hast du etwa Angst, daß du, vorausgesetzt dir würde auf diesem Gebiet etwas gegeben, dir selbst nicht trauen könntest? Fürchtest du etwa, daß es dich übermannen würde, einfach weil es dir so gut täte? Hast du Bedenken, du könntest deiner eigenen Integrität nicht trauen? Halten dich deine Schuldgefühle oder der Gedanke, unwürdig zu sein, davon ab zu empfangen? Du bist das Zentrum dieser gegen dich gerichteten Verschwörung, die dich daran hindert zu empfangen; du hast, allein durch deine Bereitschaft, die bisher ausgeübte Kontrolle aufzugeben, die Kraft, jedes Gebiet zu verändern, auf dem deine Beziehung gestört ist. Tu es noch heute.

55. Dein Schmerz sagt dir, daß du dabei bist, einen Fehler zu machen

Als wir im Kindesalter zum erstenmal unsere Hand ins Feuer hielten, zogen wir sie zurück und lernten, das nie wieder zu tun. Andererseits haben wir alles, was mit unserer Gefühlswelt zu tun hat, in das sprichwörtliche Feuer gehalten, ohne dabei unsere Lektion zu lernen. Schmerz ist ein Thermometer, an dem wir ablesen können, daß wir dabei sind, irgendwie einen Fehler zu machen. Hier liegt eine noch zu lernende Lektion. Unser Schmerz läßt uns wissen, daß da etwas ist, das unsere Aufmerksamkeit verdient. Wenn wir diese Aufmerksamkeit aufbrächten, könnten wir damit beginnen, mehr und mehr über das Verborgene zu erfahren und es zu heilen.

Heute ist der Tag, an dem du begreifen kannst, daß der Schmerz, den wir empfinden, uns etwas lehren will, das uns aus dem Schmerz herausführen wird. Weisheit entsteht nicht durch Leiden, Weisheit entsteht, wenn wir die Lektion lernen, die das Leiden heilt. Mache dir bewußt, daß du einen Fehler gemacht hast und daß du dich selbst heilen könntest, wenn du über das hinausgingest, was du gerade erlebst – und wenn du dabei deine Lektion lerntest. Sei bereit, heute deine Lektion zu lernen. Öffne dich. Schenke dir heute zehn Minuten der Meditation über ein Gebiet, das dir Schmerz bereitet, und bitte deinen Höheren Geist, dir zu helfen, die Lektion zu verstehen. Bitte darum, daß dir der Weg gezeigt werde.

56. Wir versuchen Kontrolle auszuüben, wenn wir Zuversicht und Selbstvertrauen verloren haben

Kontrolle ist eine Reaktion auf Angst. Wir versuchen uns selbst oder andere oder die Situation unter Kontrolle zu bringen, weil wir Angst davor haben, gekränkt zu werden, wie wir das schon häufig erlebt haben. Im Unterbewußten, unter unserem Bedürfnis, Kontrolle auszuüben, liegt immer alter Herzenskummer. Herzenskummer aber führt zum Verlust von Vertrauen und Zutrauen. Jede Situation, in der du Kontrolle auszuüben versuchst, verrät einen Mangel an Vertrauen und Zuversicht. Vertrauen auch in eine schwierige Situation einzubringen, würde unsere Zuversicht neu entstehen lassen und uns die Kraft geben, auf jede Art von Kontrolle zu verzichten, und damit Bewegung und Entwicklung ermöglichen. Unser Vertrauen ist die Kraft unseres Geistes, die nur dann entsteht, wenn alle seine Teile zusammengehalten werden und ein gemeinsames Ziel anstreben. Wenn wir Vertrauen auch in tragisch oder negativ erscheinenden Situationen einsetzen, würden sie sich entfalten und sich zu unseren Gunsten auswirken allein wegen der in unserem Geist angelegten Kraft.

Spüre heute in jeder unangenehmen Situation der Frage nach, was du zu kontrollieren suchst. Laß dein Vertrauen in dieser Situation wirksam werden. Beginne, dir selbst zu vertrauen. Mache dir bewußt, daß alle Probleme aus einem Mangel an Zuversicht herrühren; deine Bereitschaft, fest und zuversichtlich daran zu glauben, daß du selbst und die Menschen um dich herum das wirklich Beste tun wollen, bewirkt, daß sich alles zu deinen Gunsten auswirken wird. Vertrauen hat nichts mit Naivität zu tun, wohl aber damit, die Kraft deines Geistes zu nutzen, um eine Situation aufzubrechen und die in ihr liegenden heilenden Kräfte wirksam werden zu lassen.

57. Unsere Erfahrungen und Erinnerungen sind Wahrnehmungen, nicht die wirklichen Ereignisse

In jeder beliebigen Situation ist das, was wir erfahren, nichts als das Filter, durch das uns das eigentliche Geschehen erreicht. Auf Grund unserer Haltungen und Einstellungen sehen wir häufig die Dinge ganz anders als andere Menschen. Diese Filter sind auch verantwortlich dafür, daß wir nur eine ganz schwache Vorstellung davon haben, wie unsere Kindheit wirklich war. Wir denken uns vielmehr Geschichten aus, die zu unseren gegenwärtigen Lebensumständen und zu unserem gegenwärtigen Handeln passen. Da wir wachsen und uns verändern, verändert sich auch unsere Einstellung gegenüber unserer Vergangenheit, und damit verändert sich auch die Art, in der wir unsere Vergangenheit erfahren. Sehr häufig, wenn wir uns selbst heilen, stellen wir fest, daß unsere Einstellungen, etwa zu unserer Mutter oder unserem Vater oder unseren Geschwistern, ganz und gar verändert werden. Sobald wir zu einem umfassenden Verständnis irgendeines Ereignisses gelangen, einschließlich aller unterbewußten Elemente, erkennen wir, daß wir niemandem eine Schuld nachsagen können, auch uns selbst nicht, und damit fällt die von der Situation ausgehende seelische Kränkung von uns ab. Jede Art von Heilen hat etwas damit zu tun, daß wir unsere Wahrnehmung so verändern, daß sie richtiger, wahrer wird. Wir wissen, es ist die Wahrheit, weil keinerlei Schmerz mit ihr verbunden ist. Die Wahrheit gehört nun einmal zu einer Ebene des Verstehens, die von jedem Schmerz befreit.

Wenn du einen Konflikt erlebst oder Schmerzen durchmachst, beginne darüber zu kommunizieren. Die meisten Mißverständnisse und Schmerzen lassen sich in klärenden Gesprächen überwinden. Nutze heute den Austausch mit anderen als ein Mittel, Mißverständnisse und verfälschte Wahrnehmung richtigzustellen und zu erfahren, wie der andere dasselbe Geschehen wahrnimmt. Kommunikation führt euch beide zu vollem Verständnis.

58. Wenn dein Partner dir ablehnend gegenübersteht, bist du aufgerufen, nach einer neuen Lebenseinstellung zu suchen

Zwei Menschen, die eine enge Beziehung eingegangen sind, bilden auch im geistigen Sinne eine Einheit. Deshalb ist es selbstverständlich, daß dein Partner zur Wahrheit gehörende Teilbereiche aufwirft, die sowohl für euer Zusammenwachsen als Paar als auch für dich als Einzelwesen sehr bedeutsam sind. Wenn dein Partner dir ablehnend gegenüberzustehen scheint oder Vorstellungen oder Antworten entwickelt, die in vermeintlichem Gegensatz zu deinen eigenen stehen oder von dir gar als Bedrohung empfunden werden, dann will dir das Leben sagen, daß es Zeit wird voranzugehen, von der Art zu lernen, in der dein Partner die Dinge angeht, und einen Weg zu finden, der, auf einer höheren Ebene, die beste Lösung für euch beide darstellt. Die Vereinigung beider Wege führt euch zu einer neuen Ebene der Partnerschaft; euch beide wird nun ein höheres Maß an Zuversicht auszeichnen, und ihr werdet viel eher in der Lage sein zu empfangen.

Mache dir folgendes bewußt: Obwohl das Verhalten deines Partners von dem deinen abweichen mag, ist es wichtig für deine eigene Entwicklung und für deine eigene Lebenskraft, für Veränderung und Wachstum offen zu sein und aufzunehmen, was dein Partner anderes als du einbringen kann; erkenne dankbar an, daß dieser Unterschied im Laufe eures Zusammenwachsens für mehr Flexibilität, eine erweiterte Perspektive und ein erfolgreicheres Vorgehen im Leben sorgen wird. Dieser Unterschied wird deine Lebensenergie vergrößern und dir gestatten, zu empfangen, wo du nie zuvor empfangen hast. Das Neue, das sich durch die Einbeziehung des Standpunkts deines Partners ergibt, könnte deinem eigenen Standpunkt gleichen oder auch ganz und gar unterschiedlich davon sein. Wie es auch immer beschaffen sein mag, es wird in jedem Fall eine neue Ebene eurer Partnerschaft und Erfolg für euch beide bedeuten.

59. Wenn dein Partner eine genau gegensätzliche Position einnimmt, so gilt es, durch Integration beider Positionen eine neue Ebene zu erreichen

Heilungsprozesse haben immer, mehr oder weniger stark ausgeprägt, mit Integration zu tun, mit dem Finden verlorengegangener Teile. Wenn dein Partner eine gegensätzliche Position einnimmt, steckt darin auch der an dich gerichtete Aufruf, die Schranken zu überwinden und dich auf eine höhere Ebene der Partnerschaft zu begeben. Wenn du einen Gegensatz aufnimmst und in deine Position integrierst, läufst du keineswegs Gefahr, seine negativen Aspekte aufzunehmen, sondern dir wächst ausschließlich seine Kraft und Energie zu. Die Integration wird in der höchsten möglichen Form sichtbar werden, und sie wird euer beider Energie enthalten, so daß ihr beide davon ausgehen könnt, vorangekommen zu sein und zu den Siegern zu gehören.

Stelle dir ganz ernsthaft vor, daß du deinen Partner, der einen Teil der Wahrheit verkörpert, stark verkleinert in einer Hand hältst. Stelle dir weiter vor, du hältst dich selbst, stark verkleinert, in der anderen Hand, und auch du stellst einen Teil der Wahrheit dar. Nun nimm die Figuren, die du in den Händen hältst, schmelze sie ein, bis sie nichts als reine Energie sind, bis du nichts als die grundlegenden Bausteine des Universums, nämlich Energie und Licht, in deinen beiden Händen hältst. Laß die Einsicht auf dich wirken, daß es keinen Unterschied zwischen der Energie in der einen und der Energie in der anderen Hand gibt. Nun bringe die beiden Energien zusammen; sobald sich deine Finger beim Vereinen der Energien begegnen, kannst du sehen, daß ein neues Bild, ein neues Symbol, eine neue Form aus all dieser Energie aufsteigt oder daß all diese Energie sich untrennbar vereint. Laß zu, daß dieses Neue in dein Leben kommt und dich und deinen Partner wahrhaft zusammenführt.

60. Du kannst dich nur dann zurückgewiesen fühlen, wenn du derjenige bist, der andere von sich stößt

Sobald du etwas zurückweist, fängst du an, dich gekränkt zu fühlen. Wenn ihr beide etwas zurückweist, werdet ihr euch beide gekränkt fühlen. Wenn dein Partner ein ganz bestimmtes Verhalten zeigt, um auf diese Weise zur Erfüllung seiner Bedürfnisse zu gelangen, und wenn du sein Verhalten ablehnst, wirst du derjenige sein, der sich zurückgewiesen fühlt. Mache dir bewußt: Du selbst hast es in der Hand, ob du Kränkung empfindest oder nicht. Du selbst hast es in der Hand, ob du Zurückweisung und seelischen Schmerz erfährst. Du fühlst dich gekränkt oder verletzt, weil du dich gegen andere sträubst und sie zurückstößt. Bist du aber bereit, auf deinen Partner zuzugehen, unter welchen Umständen auch immer, und bist du bereit, auf die ständige Beurteilung und Verurteilung anderer zu verzichten und statt dessen Austausch und Verständigung zu suchen, bist du bereit, ihnen ohne Vorbedingung zu geben, so wird das Gefühl, gekränkt oder verletzt worden zu sein, verschwinden.

Wenn du dich auf bestimmten Gebieten abgelehnt und gekränkt fühlst, gehe auf den anderen zu und gib ihm, ohne irgend etwas dafür zu erwarten. Du bist für deine Gefühle selbst verantwortlich. Niemand sonst hat dich gekränkt. Heute solltest du alle Gefühle, die mit Zurückweisung zu tun haben, in positive Gefühle verwandeln, wie sie sich beim Geben einstellen – und dabei spielt es keine Rolle, wie sich die anderen verhalten. Es kann dir dabei einsichtig werden, daß die Zeit gekommen ist, Entscheidungen zu treffen, wie die Situation sie nun einmal verlangt, ohne dabei Position gegenüber dem anderen zu beziehen oder ihn zurückzuweisen. Es mag sein, daß du dich gegen den Verlust bestimmter Wunschvorstellungen wehren wirst. Es mag sein, daß du mit einer Enttäuschung fertigwerden mußt, aber sich von Illusionen zu befreien, ist immer eine sinnvolle und hilfreiche, wenn nicht gar beglückende Erfahrung. Von Illusionen kannst du nicht leben. Wenn du dich einem bestimmten Menschen, einer Situation oder einer Erfahrung verweigerst, löst du damit eine dich selbst belastende Erfahrung aus. Widerstehe heute der Versuchung, Menschen, Situationen und Erfahrungen abzulehnen.

61. Der andere in eurem Machtkampf verfügt über das fehlende Stück, das du brauchst, um dich selbst zu vervollständigen

Ein Machtkampf bietet die Gelegenheit, ein verlorengegangenes Stück deiner selbst zurückzugewinnen. Das verlorengegangene Stück wird von demjenigen verkörpert, der im Gegensatz zu dir steht. Wenn du dich auf ihn zubewegst und aufhörst, ihn zu verurteilen, kannst du eine Verbindung zu ihm herstellen, die Hilfe für ihn zuläßt. Wenn das geschehen ist, verfügt er über ein höchst wichtiges, dir fehlendes Teil, das dich auf eine vollständig neue Ebene der Entwicklung heben kann. Sobald du die Hand ausgestreckt und die Tür geöffnet hast, durch die er treten kann, wird sich das, was er bereithält, als überaus hilfreich erweisen.

Stelle dir vor, ein vermeintlicher Gegner steht vor dir; du weißt, daß dein Widersacher einen verlorengegangenen Teil deiner selbst darstellt. Stelle dir weiter vor, daß du seine Maske und die übrige Verkleidung herunterreißt und nun den verlorengegangenen Teil deiner selbst zu sehen bekommst. Betrachte, was du siehst, und frage dich selbst: „Wie kann ich dir helfen?" Strecke deine Hand aus, um diesem Teil deiner selbst wirklich zu helfen, ihn zu lieben, zu halten und ihn zurückzugewinnen. Deine Anerkennung und deine Bereitschaft zu geben wird noch etwas anderes auslösen: Du wirst bemerken, daß er, wenn es sich zum Beispiel um einen Teil deiner Kindheit handelt, zu wachsen und zu reifen beginnt, bis er deinen tatsächlichen Entwicklungsstand erreicht. Und wenn dieser wiedergefundene Teil deiner selbst genügend unterstützt und anerkannt worden ist, wird er in dich zurückfließen und mit dir verschmelzen.

62. Einsamkeit ist die Folge deines Versuchs zu beweisen, daß du etwas Besonderes bist

Alle Verhaltensweisen, mit denen wir uns von anderen absetzen, erwachsen aus unserem Wunsch, irgendwie als etwas Besonderes zu gelten. Wenn wir uns aber von anderen absetzen, werden wir einsam. Unsere Einsamkeit rührt also tatsächlich von dem Verlangen her zu beweisen, daß wir etwas Besonderes sind. Einsamkeit wird als besonders hart und bitter empfunden, wenn wir ganz allein für uns leiden und uns unsere Besonderheit schmerzhaft bewußt wird. Und dennoch ist es uns lieber, etwas Besonderes zu sein, als mit anderen Menschen in unserer Umgebung Verbindung aufzunehmen. Die Vorstellung, etwas Besonderes zu sein, löst immer Schmerz aus. Es ist immer eine Form der Abwendung von anderen, der Absonderung, der Suche nach besonderen Bedürfnissen, die erfüllt werden sollen. Einsamkeit ist die Folge einer Entscheidung, die wir selbst getroffen haben. Keiner von uns ist einsam, ohne daß wir es auf einer tiefen Ebene in uns so wollen.

Beschäftige dich mit Gebieten, auf denen du eine besondere Behandlung erwartest. Du verlangst danach, anders als andere behandelt zu werden, aber du hast Angst vor deinem eigentlichen und innersten Wesen und deiner Einzigartigkeit; beides sind die Gaben einer Führungspersönlichkeit. Deine Einsamkeit rührt her von dem Wunsch anders zu sein. Fühle dich heute aufgerufen, diese Maske der angeblichen Besonderheit fallenzulassen, diese Maske, die dir doch nur beständig Schmerzen bereitet, fast unmerklich oder auch merklich; statt dessen bemühe dich, in Kontakt mit den Menschen in deiner Umgebung zu treten. Wenn du erst einmal dein Bedürfnis hinter dir gelassen hast, etwas Besonderes zu sein, wirst du spüren, wie sehr du anerkannt und geschätzt wirst und daß du eine ganz natürliche Anziehungskraft besitzt.

63. Wenn du dich vor dem Empfangen fürchtest, schaffst du selbst Probleme, die sich als Störfaktoren von außen bemerkbar machen

Bist du jemals in einer Situation gewesen, in der du kurz davor standest, etwas zu empfangen und in der sich urplötzlich ein Problem so störend bemerkbar machte, daß du unfähig dazu warst? Wenn es dir so geht, daß du nicht empfangen kannst, weil sich Probleme störend dazwischenschieben, bemühe dich intensiv herauszufinden, welche Furcht diese Probleme auslöst.

Schließe die Augen und versenke dich in dich selbst. Betrachte das Gebiet, auf das sich deine Wünsche richten, und verweile dort. Verschaffe dir eine Vorstellung von der Furcht. Sobald du einen Zugang zu dir selbst gefunden hast und es dir gelungen ist, deine Gefühle und Empfindungen freizulegen, warte geduldig ab, bis dir bewußt zu werden beginnt, wo du dich, vielleicht nur geringfügig, bedroht oder überwältigt fühlst, oder wo du das Gefühl hast, ein Opfer bringen zu müssen, um eine Schuld zu begleichen. Empfinde dieses Gefühl so intensiv wie nur möglich und halte ihm stand. Fühle es, bis es verschwindet, denn erst dann wirst du frei sein zu empfangen. Es mag sein, daß immer wieder neue, starke Schichten dieses Gefühls an die Oberfläche treten, so daß du ihm den ganzen Tag über geduldig nachgehen mußt, bis es verschwunden ist. Widme heute deine Zeit dem Versuch, die Ursache aufzuspüren, die es dir unmöglich macht zu empfangen.

64. Wenn du Angst davor hast, das Leben könne wirklich gut und schön sein, so schaffst du Probleme

Stelle dir vor, du müßtest das Drehbuch für deine eigene Lebensgeschichte schreiben, du wärest derjenige, der letztendlich verantwortlich ist für den Gang, den dein Leben nimmt. Beschäftige dich mit deinen Problemen. Du bist es, der deine eigenen Probleme schafft. Kannst du erklären, warum du dir selbst Steine in den Weg legst? Weshalb eigentlich lenkst du selbst so viele Probleme auf dich?

Einer der Hauptgründe, der Menschen dazu bewegt, Probleme zu schaffen, ist ihre Angst zu empfangen. Sie fürchten, nicht würdig zu sein für das, was auf sie zukäme, oder daß sie dem, was sie dann empfangen könnten, nicht gewachsen wären.

Betrachte alle die Probleme, die dich beschäftigen. Gehe davon aus, daß du selbst sie geschaffen hast; auf der Ebene des Unterbewußten ist das sicher der Fall. Sie alle sind deine Probleme. Stelle dir vor, daß Furcht das Zentrum besetzt hält, Furcht, die entscheidende Triebkraft hinter jedem Problem. Bleibe ruhig sitzen und denke sorgfältig über dein Problem nach, bis deine Furcht aufzusteigen beginnt. Spüre ihr von diesem Moment an nach, halte ihr stand, bis sie verschwindet.

65. Deine Beziehung ist der schnellste Weg zu Wachstum und Entwicklung

Wir schätzen nicht immer alles, was eine Beziehung so mit sich bringt. Häufig genug beklagen wir uns über all die negativen Gefühle, die wir zu ertragen haben, all die Verantwortung, Last, Opfer und all die Lektionen und Denkzettel, die uns verpaßt worden sind. Manchmal denken wir: „Ich habe mich auf diese Beziehung eingelassen, um glücklich zu sein, und seit die Flitterwochen vorbei sind, bin ich weit davon entfernt." Eines hält eine Beziehung ständig für dich bereit: Sie ist der schnellste Weg zu deiner eigenen Entwicklung. Sie wird nie müde werden dafür zu sorgen, daß jeder der Heilung bedürftige Teil deiner selbst, der zwischen dir und deinem Partner steht, zur Sprache gebracht wird. Deine Beziehung stellt eine ständige Einladung zur Reife dar. Wenn negative Gefühle in dir aufsteigen, spüre ihnen nach, bis sie verschwunden sind, sprich darüber, bis sie verschwunden sind, vergib, bis sie verschwunden sind, und du wirst eine neue Art des Vertrauens in dir finden, eine neue Qualität der Bindung an den Partner, eine neue Art, etwas von dir selbst weiterzugeben, und eine neue Fähigkeit zu empfangen. All das wird von deiner Beziehung immer wieder aufs neue ausgelöst.

Laufe heute nicht vor den Scherben deiner Beziehung davon. Nimm dir einen Tag Zeit, deine Beziehung voll und ganz zu würdigen; eine Beziehung veranlaßt uns nun einmal, uns mit Dingen zu beschäftigen, denen wir aus dem Weg gehen würden, wären wir allein. Erkenne dankbar an, daß deine Beziehung, wenn sie auch schwierig und schmerzlich sein kann, doch einen Pfad darstellt, der dich einlädt, als Mensch zu reifen, zu wachsen und dich zu entwickeln. Deine Beziehung fordert dich heraus, den Prozeß der Entwicklung in Gang zu halten und zu einem höheren Maß an Einsicht, tieferem Bewußtsein und Mitgefühl voranzuschreiten. Nimm dir heute die Zeit, deinen Partner anzuerkennen und alle diejenigen in deiner Nähe, die dir geholfen haben zu reifen, indem sie dir ermöglichten, Teile in dir selbst zu finden, die, miteinander vereinigt, zur Heilung führen.

66. Um eine Auseinandersetzung beizulegen, verändere sie in deinem Inneren

Jeder Konflikt, den wir mit anderen auszutragen haben, ist Ausdruck eines inneren Konflikts. Oft genug läßt sich der äußere Konflikt überwinden, indem wir nach innen gehen und die zwei Teile unseres Geistes finden, die im Unfrieden miteinander sind. Was um uns herum in der Welt geschieht, ist wie ein Wachtraum, der widerspiegelt, was in den tieferen Schichten unseres Geistes abläuft.

Schließe deine Augen und fühle, wie du dich entspannst. Fühle, wie all der Kummer, all die Sorgen der Woche sich auflösen, in dir immer tiefer sinken, dich durch die Füße verlassen und im Boden verschwinden. Jetzt denke an einen Konflikt, der dich beschäftigt. Fühle, wie du dich durch Zeit und Raum zurück zu dem Punkt treiben läßt, an dem dieser Konflikt begann. Wie alt warst du, als das geschah? Wer war mit dir zusammen? Welche Entscheidung über dich selbst trafst du? Welche Entscheidung, das Leben betreffend, trafst du? Welches waren die anderen Entscheidungen, die du trafst und die heute Teil deines Glaubenssystems sind? Dieses System bestimmt, ja, schafft deine Realität. Wenn du mit dem damaligen Ereignis, das dir jetzt vor Augen steht, nicht einverstanden bist, kannst du es ändern. Mache dir klar, daß du dieses Drehbuch verfaßtest und daß du es für einen bestimmten Zweck schriebst. Was war denn eigentlich die Absicht, die hinter dem Schreiben dieser Szene stand? Da du nun erwachsen und erfahren bist, könnte es doch wohl einen viel besseren Weg geben, um in dieser Angelegenheit zum Erfolg zu kommen. Was würdest du, angesichts des Wissens, das du nun besitzt, an dieser Szene ändern? Obwohl du jene Erfahrung durchgemacht und verinnerlicht hast, wird doch das, was du an dieser Szene änderst, Spuren in deinem Geist hinterlassen und zu einem anderen Verhaltensmuster führen.

Die Entscheidung, die du triffst, wird deine Realität bestimmen. Was also möchtest du nun beschließen? Es spielt überhaupt keine Rolle, wie die Situation beschaffen war oder wie irgend jemand handelte; wenn du in Liebe voranschreitest, wirst du die Bedingungen verändern. Du mußt wissen: Wenn irgend jemand aus Kälte und Lieblosigkeit handelt, ist Liebe sein dringendstes Bedürfnis. Wenn Liebe schon zu Beginn eines

Ereignisses gegeben wird, bevor es schmerzvoll wird, tritt das Problem gar nicht erst auf.

Die in dieser Weise vollzogene Änderung vergangener Ereignisse macht es dir möglich, unterbewußte Programmierabläufe zu verändern. Dies kann äußere Konflikte auflösen. Wenn der äußere Konflikt sich weiterhin bemerkbar macht, bedeutet das, daß eine tieferliegende Konfliktsituation in deinem Inneren nach wie vor besteht.

67. Je länger du dich festklammerst, um so mehr verlierst du

Je länger du dich festklammerst, um so mehr verlierst du. Es ist ungemein wichtig zu wissen, zu welchem Zeitpunkt klammernde Anhänglichkeit gelöst werden muß, um einen neuen Anfang zu ermöglichen. Es gilt für jede Beziehung, daß du deine eigene Attraktivität um so stärker verlierst, je stärker du dich an deinen Partner klammerst, und je stärker du verlierst, was dich anziehend macht, um so stärker wirst du zu einer Last für deinen Partner. Eure Beziehung kann eine neue Ebene des partnerschaftlichen Umgangs erreichen, wenn du bereit bist, all deine Erwartungen aufzugeben, daß bestimmte Dinge so und nicht anders sein müssen. Manchmal ist es geboten, völlig loszulassen, dann nämlich, wenn in deiner Bereitschaft loszulassen die einzige Möglichkeit der Entwicklung für eine Beziehung liegt.

Schaue dich um und erkenne, woran du dich zum gegenwärtigen Zeitpunkt festklammerst. Handelt es sich um einen Menschen, eine alte Liebschaft, handelt es sich um einen Verstorbenen oder um ein Projekt? Laß los, worum es sich auch handelt, und gib dir selbst ein paar Tage Zeit, um zu sehen, was zu dir zurückkommt. Wenn du losläßt, bemühe dich, etwas zu finden, das außerhalb deiner selbst liegt und dir den Weg weisen kann. Und mache dir immer wieder klar: Auch wenn in einer Beziehung der betreffende Mensch zu dir zurückkommt, denke daran, ihn immer wieder loszulassen, damit sich durch deinen Verzicht auf klammerndes Festhalten die Beziehung weiter entfalten und deine Anziehungskraft wachsen kann.

68. Wenn du losläßt, machst du immer den Weg für Besseres frei

Wenn du losläßt, wirst du vorangetragen. Wenn du dich an etwas geklammert hast, hast du dich selbst um die Möglichkeit gebracht zu empfangen. Sobald du losläßt, wird etwas viel Besseres auf dich zukommen. Entweder wird es die dir vertraute Beziehung auf einer neuen Ebene sein, oder es wird etwas Besseres sein, etwas, das für dich echt und wahr ist und dich glücklicher machen wird.

Heute ist der Tag des Loslassens und des Willkommenheißens, ein Tag, der mit einer gewissen Erwartungshaltung erlebt werden will. Wenn du den Mut aufgebracht hast, mit leeren Händen dazusitzen, im festen Wissen, daß das Universum einen leeren Raum einfach nicht zulassen kann und deshalb bemüht ist, ihn umgehend zu füllen, so warte hoffnungsvoll, wohl wissend, daß etwas Gutes auf dich zukommen wird.

69. Jeder Machtkampf soll dich an eine Kränkung erinnern

Unter jeder heftigen Auseinandersetzung, unter jedem Machtkampf verbirgt sich seelischer Schmerz. In einer solchen Auseinandersetzung spielt dein Partner einen Teil von dir, den du vernachlässigt hast, den du von dir gewiesen hast oder gegen den du einen Schutzwall aufgebaut hast, weil er dich zu verletzen schien oder dich in Schwierigkeiten zu bringen drohte. Du kannst den nächsten Schritt in deinem Leben nur tun, wenn du diesen wieder annimmst, ihn integrierst. Der Grund, warum du diese Auseinandersetzung auszufechten hast, liegt in deinem Versuch, die alte, immer noch schmerzende Wunde zu schützen, damit du nicht erneut verletzt werden kannst. Die neue Konfliktsituation dient als Auslöser, der dir helfen soll, dich an die alte Wunde zu erinnern, damit sie geheilt werden kann. Die Heilung dieses Machtkampfs ist in Wahrheit die Heilung eines früher erlittenen seelischen Schmerzes.

Wenn du heute in einer heftigen Auseinandersetzung stehst, so bemühe dich, alle negativen Gefühle als der Vergangenheit angehörend zu empfinden. Fühle sie, spüre ihnen nach, bis sie vergangen sind und nichts mehr zwischen dir und deinem Partner steht. Fühle sie so lange, bis du deinen Partner wahrhaft als denjenigen Menschen umarmen kannst, der dir immer wieder ein Stück deines eigenen Herzens zurückgibt.

70. Deine Gefühle wirklich zu fühlen, das ist die wichtigste, die grundlegende Form des Heilens

Uns allen geht es von Zeit zu Zeit schlecht. Aber was wir auch immer als nicht kraftvoll und nicht von Liebe bestimmt und nicht gut empfinden, ist in Wahrheit eine Gelegenheit zur Heilung. Unsere Bereitschaft, bedrängende Gefühle zu fühlen, bis sie vergangen sind, führt dazu, daß sie wegbrennen, fast wie Butter in einer heißen Bratpfanne.

Empfinde, erfahre deine Gefühle; du darfst dabei ruhig übertreiben, um sie zu durchschreiten. Es kann gut sein, daß du Schicht um Schicht negativer Gefühle finden wirst. Es können dir Gefühle voller Leblosigkeit, Gleichgültigkeit und Kälte begegnen oder auch Gefühle, die von der Versuchung begleitet sind, deinem Leben ein Ende zu setzen. Fühle sie, halte ihnen stand, bis sie verschwunden sind. Stelle dich auch Gefühlen der Erstarrung, der Empfindungslosigkeit und der Leere. Welches Gefühl es auch immer sein mag, fühle es, aber wisse, daß es nicht die Wahrheit ist. Deine Gefühle zu fühlen, ist die wichtigste Form der Heilung. Fürchte dich auf keinen Fall vor deinen Gefühlen. Mit deiner Bereitschaft, dich wieder mit deinen eigenen Gefühlen zu verbinden, lernst du auch, ein wahrer, echter Partner zu sein. Du lernst, wie du dich öffnest, um zu empfangen, und du begreifst, was es heißt, eine Bindung einzugehen und sich für eine Partnerschaft zu engagieren. Laß dich darauf ein und fühle deine Gefühle!

71. Vergib deiner Mutter, um das augenblickliche Problem in deiner Beziehung zu klären

Mütter sind großartige Sündenböcke. Wir können sie für alles verantwortlich machen, das uns versagt blieb. Es ist unbestreitbar, daß all das Negative, das deine Beziehung zum gegenwärtigen Zeitpunkt belastet, in der einen oder anderen Weise eine Art Vorwurf an deine Mutter ist, weil sie dir nicht gab, was sie dir, nach deiner Auffassung, hätte geben sollen. Deine Bereitschaft, deiner Mutter zu vergeben, ist identisch mit deiner Bereitschaft, deine Beziehung hier und heute auf eine bessere Grundlage zu stellen.

Dies ist deine Aufgabe. Beschäftige dich mit dem Problem, das deine Beziehung belastet. Du könntest so weit gehen, eine ganze Reihe von entsprechenden Problemen aufzuschreiben. Schreibe neben jedes Problem eine Antwort auf die Frage: „Was genau ist es, das ich meiner Mutter nicht vergeben habe?" Beziehe, in der letzten Spalte deiner Aufstellung, die folgenden Fragen auf jeden einzelnen Vorwurf, den du gegen deine Mutter vorbringst: „Würde ich mir dies auch selbst zum Vorwurf machen? Würde ich dies zum Anlaß nehmen, um jetzt die Beziehung aufzukündigen?" Wenn du die Fragen verneinen mußt, dann bist du frei, deine Mutter ist frei, und deine Beziehung ist frei.

72. In jeder Erwartung steckt Angst vor der Zukunft

Erwartungen und Ansprüche kommen aus einem Gefühl der Unzulänglichkeit. Auf einer Ebene, die deinem Blick entzogen ist, erfüllt deine Unzulänglichkeit die Aufgabe, dich vor der Zukunft zu bewahren. Mit all deinen Erwartungen hetzt du auf die Zukunft zu, aber du hast eine nur geringe Fähigkeit zu empfangen – wenn dir diese Fähigkeit überhaupt zur Verfügung steht. Du forderst, aber du bist unfähig zu empfangen, zu genießen. Oder aber du bewegst dich, weil du deine Ansprüche zu hoch geschraubt hast, überhaupt nicht voran. Du weißt, nichts könnte deiner Erwartung gerecht werden; warum also solltest du dir Mühe mit dem Vorangehen machen? Jede dieser beiden Verhaltensweisen – das Vorwärtsstürmen in die Zukunft oder das völlige Desinteresse an der Vorwärtsbewegung – ist eine Methode, sich gegen das Voranschreiten zu wehren. Wie stark du auch immer vorwärtsstürmst, ein Fuß ist gewissermaßen am Boden festgenagelt, und deshalb gehst du im Kreise, glaubst aber, daß zumindest du selbst weißt, wohin du gehst. Jede Erwartung ist Ausdruck einer Angst vor der Zukunft.

Stelle dir heute vor, daß du deine Zukunft in die Hände Gottes legst, und laß dies den ganzen Tag über deine Bestätigung sein: „Ich lege meine Zukunft in Gottes Hände." Lege jedes Problem, das sich an diesem Tag bemerkbar macht, in Gottes Hände. Sei dir bewußt, daß du gut betreut wirst und daß sich alles ganz in deinem Sinne entwickeln wird. (Ganz bestimmt? Ganz bestimmt!)

73. Sich zurückgewiesen zu fühlen, kann ein Schutz vor Schuldgefühlen sein

Eine der Absichten, die hinter dem Gefühl stehen, zurückgewiesen worden zu sein, ist die, Schuldgefühle zu verbergen. Wir können auf diese Weise deutlich zeigen, daß wir verletzt worden sind, und uns selbst bemitleiden, ohne daß uns letztlich bewußt ist, daß wir das Gefühl, zurückgewiesen und benachteiligt worden zu sein, benutzt haben, um in uns aufsteigende Schuldgefühle zurückzudrängen. Unser Schuldgefühl mag sich auf etwas beziehen, das wir kürzlich getan haben, oder es mag auch aus weiter zurückliegender Zeit herrühren. So läßt sich beispielsweise ein großer Teil des in der Kindheit auftretenden Gefühls, nicht genügend beachtet zu werden, zurückführen auf das kindliche Schuldgefühl, sich von dem einen Elternteil besonders angezogen zu fühlen, nämlich dem, das dem anderen Geschlecht angehört. Von diesen Gefühlen ausgehend, nimmt das Kind an, zurückgewiesen oder ausgegrenzt zu werden, um sich auf diese Weise dem ständig vorhandenen Gefühl zu entziehen, schlecht oder schuldbeladen zu sein.

Nimm bewußt wahr, daß das Gefühl, zurückgewiesen und benachteiligt zu werden, in Wirklichkeit eine Art Verteidigungsposition ist, ein Schutzmantel, der Gefühle der Unwürdigkeit verbergen soll. Mache dir klar, daß Gefühle der Unwürdigkeit Schuldgefühle verbergen. Kommt dieses Schuldgefühl aus der Vergangenheit, der Gegenwart oder aus beiden Zeitebenen? Wenn du irgendwie wissen könntest, was das war, das dir das Schuldgefühl gegeben hätte, dann müßte es wahrscheinlich mit dir und einer anderen Person zu tun haben. Und wenn du irgendwie wissen könntest, was da zwischen dir und dieser Person geschehen sein muß, damit du jetzt dieses Schuldgefühl hast, das dich einschränkt, was könnte es gewesen sein? Warte nicht länger, sondern nimm deine Schuld und lege sie in Gottes Hände. Wenn Gott dich als unschuldig ansehen würde, wäre es vermessen von dir, dich selbst als schuldig anzusehen. Du würdest deine Schuld lediglich nutzen, um dich selbst am Voranschreiten zu hindern, dich vom nächsten Schritt abzuhalten. Heute ist der Tag, dir selbst zu vergeben und dich von dem Gefühl zu befreien, schuldig zu sein und zurückgewiesen und mißachtet zu werden.

74. Der Grad deiner Unabhängigkeit entspricht dem Maß, mit dem du deine Abhängigkeit verleugnest

Mit Unabhängigkeit läßt sich eine Entwicklungsstufe bezeichnen, die wir erreichen, wenn wir Abhängigkeit hinter uns gelassen haben und wir uns nicht mehr binden wollen. Es ist ganz typisch, daß wir den Zustand der Unabhängigkeit anstreben, weil wir so sehr an gebrochenem Herzen leiden oder so eifersüchtig sind, daß es für uns einfach unerträglich wäre, im Zustand der Abhängigkeit zu verharren. Oder aber wir waren ausgebrannt, hatten nach vielen Opfern, die wir für andere gebracht haben, alle Kraft verloren, und entschlossen uns deshalb unabhängig zu werden, um weitere Manipulation und zukünftigen Mißbrauch zu verhindern und um nie wieder in die Lage zu kommen, zurückgewiesen zu werden. Das Maß unserer Unabhängigkeit bestimmt auch das Maß, in dem wir uns von unseren Gefühlen abtrennen. All das hat damit zu tun, daß wir den Zustand der Abhängigkeit nicht wirklich verarbeitet haben, sondern einfach die Flucht ergriffen. An der Stärke deiner Neigung, dich von Menschen zu distanzieren, die bedürftig sind, kannst du ablesen, wie ausgeprägt deine Unabhängigkeit ist. Das Maß, in dem du angesichts bedürftiger Menschen ein Gefühl des Widerwillens spürst, ist das Maß, in dem du dich von deiner eigenen Bedürftigkeit angewidert fühlst. Ein Mensch, dem Bindungen nichts bedeuten, hat die Entscheidung getroffen, sich von Gefühlen nicht mehr leiten zu lassen, so daß er nicht gezwungen ist, sich mit Situationen auseinanderzusetzen, in denen er wieder gekränkt oder verletzt werden könnte.

Setze dich mit der Frage auseinander, in welchem Maß du als ungebunden oder auch als unabhängig zu gelten hast. Wenn du unabhängig bist, wirkst du im allgemeinen anziehend auf die Menschen, die abhängig sind und die diesen Teil deines Geistes für dich widerspiegeln. Gehe auf diese Menschen zu, nicht aus einer Opferhaltung, sondern aus der Position des Gebens. Nimm wahr, daß du dir selbst hilfst, wenn du ihnen gibst und wahrhaft auf sie zugehst. Jetzt kann dir das Ausmaß deiner eigenen Abhängigkeit bewußt werden. Die Hilfe, die du ihnen gewährst, nutzt auch dir selbst.

75. Das letzte Stadium der Unabhängigkeit ist die Todeszone

Im Laufe unserer Bildung hat man uns beigebracht, daß Unabhängigkeit das letzte Stadium der Entwicklung ist – in Wahrheit aber ist Unabhängigkeit nichts als eine Entwicklungsstufe auf dem Weg zu Interdependenz oder Partnerschaft. Um Interdependenz, gegenseitige Abhängigkeit, erreichen zu können, müssen wir uns auf ein vollständig neues System von Leitlinien und Regeln einlassen, die auch umreißen, was das Leben für uns bedeutet. Was uns im Stadium der Ungebundenheit und Unabhängigkeit sehr viel Erfolg brachte, wird sich im Stadium der Interdependenz als hemmend erweisen. Das letzte Stadium der Unabhängigkeit, diese überaus wichtige Stufe der Entwicklung, die anzustreben wir gelernt haben, ist eine Zone der Leblosigkeit, der Erstarrung – die ich die Todeszone nenne. In dieser Todeszone tun wir Dinge, weil man sie von uns erwartet, nicht aber weil wir sie wirklich tun wollen.

Unabhängige Menschen, das sind im Leben die großen Rebellen, die es zu verhindern wissen, daß man sie vereinnahmt. Bis zu welchem Grad du ein Rebell sein kannst, hängt davon ab, inwieweit du den Versuch widerstehst, dich vereinnahmen zu lassen. In der Todeszone fühlst du Kraftlosigkeit und eine bleierne Müdigkeit, und zwar deswegen, weil du im Zustand der Unabhängigkeit unfähig zum Empfangen warst.

Unabhängigkeit bedeutet, daß deine weibliche Seite noch nicht völlig geheilt ist; das ist die Seite in dir, die empfangen kann. Das ist die Seite in dir, die dich nährt und dir die Energie zum Weitermachen zur Verfügung stellt. Das abschließende Stadium der Unabhängigkeit gleicht einem „Festsitzen", als seist du in alten Geleisen festgefahren. In dieser Todeszone fühlst du dich wie ein Versager, ganz gleich, wie sehr andere dich für einen Erfolgsmenschen halten. Und du spürst auch die Versuchung zu sterben, weil du am Ende bist, weil dir alles lästig ist.

Genau hier in der Todeszone liegt die wesentliche Eigenschaft der Unabhängigkeit verborgen, nämlich Wettstreit und Konkurrenzkampf. In diesem Stadium bist du so sehr von dieser Einstellung erfüllt, daß du dich möglicherweise gar nicht mehr mit dem Gedanken abgibst, ganz konkret mit anderen in Konkurrenz zu treten, denn wenn du der Beste bist, warum solltest du da noch den Konkurrenzkampf suchen? Aber das Denken in diesen Kategorien treibt dich immer noch rastlos voran. Es bringt dich dazu, weiter zu arbeiten, aber es hindert dich daran, die Belohnung in Empfang zu nehmen.

Wenn du dich in diesem Stadium der Unabhängigkeit befindest, wird es Zeit, ernsthaft den Übergang zu einer höheren Ebene der Entwicklung zu bedenken. Diese höhere Ebene der Entwicklung hält größere Herausforderungen und höhere Risiken und wichtigere Lektionen für dich bereit – aber sie wird dich aus der Todeszone herausbringen. Triff heute die bewußte Entscheidung: „Ich bin nun endlich bereit, mich auf diese höhere Ebene zu begeben. Ich weiß nicht genau, was ihr Wesen ausmacht. Bitte, unterweise mich, laß mich es lernen.“ Du kannst deinen Höheren Geist oder Gott darum bitten, und deine Bereitschaft wird die Einsicht ermöglichen. Du wirst feststellen, daß sich ganz plötzlich Beziehungen anbahnen, in denen du lernen kannst, was Interdependenz wahrhaft bedeutet.

76. Es gibt keinen Schmerz, den meine Liebesfähigkeit nicht heilen könnte

Meine Liebe hat die Kraft zu verbinden. Meine Liebe hat die Kraft zu helfen. Meine Liebe hat die Kraft, die Welt zu heilen. Jedes Problem ist die Folge einer in vielen Formen auftretenden Trennung. Meine Liebe kann die Brücke darstellen, die das Getrennte verbindet. Meine Liebe kann mich wieder mit dem anderen Menschen verbinden. Meine Liebe kann die Leere füllen, denn hinter meiner Liebe steht die Liebe des ganzen Universums. Hinter meiner Liebe steht die Macht der Wunder. Ich will und werde meine Liebe heute anderen schenken, und die Welt um mich herum wird geheilt werden.

Irgend jemand bittet ausdrücklich um deine Hilfe. Laß diesen Menschen vor deinem geistigen Auge erscheinen, wenn du ihn nicht sehen und nicht mit ihm sprechen kannst. Gieße deine Liebe in ihn, sobald du ihn siehst. Erfülle ihn mit deiner Liebe. Erlebe ihn als glücklich, geheilt und unversehrt. Selbst wenn du keine Worte der Liebe sprichst, kann sich die Liebe des Universums durch dich auf deinen Freund ergießen, der dieser Liebe bedürftig ist.

77. Wenn die Umstände sich verschlechtern, dann mag es daran liegen, daß sie sich zum Besseren entwickeln

Es ist wichtig, daß wir lernen, nicht ständig Beurteilungen und Verurteilungen abzugeben, denn das schränkt unser Bewußtsein ebenso ein wie unsere Möglichkeit, die Wahrheit zu erfahren. Das kann an einem Beispiel verdeutlicht werden. So erscheinen uns Situationen oft als schmerzlicher und unübersichtlicher als zuvor, obwohl der Heilungsprozeß längst eingesetzt hat. Der Augenschein spricht zwar dagegen, aber was da abläuft, ist wirklich und wahrhaftig Heilung. Während eines Geburtsvorgangs sind sehr wohl Schmerzensschreie zu hören, und es muß nicht unbedingt ein schönes Bild sein, das sich uns bietet, und dennoch kommt dabei neues Leben in die Welt. Wenn du auf deinen Partner zugehst, nachdem du wirklich alles Denkbare getan hast, um dich mit ihm zu vereinen, und alles scheint dennoch in die Brüche zu gehen, dann magst du durchaus das Gefühl haben, alles sei umsonst gewesen, und du magst beschließen, es habe keine Sinn, weitere Versuche zu unternehmen. Häufig ist diese explosive Situation ein Anzeichen dafür, daß es dir gelungen ist, die oberste Schicht zu heilen, so daß Sachverhalte, die bisher unterdrückt worden sind, an die Oberfläche kommen und sichtbar werden. Eben weil es dir gelungen ist, deinen Partner zu erreichen, kann der tiefsitzende Schmerz nun in den Vordergrund treten. Wenn sich das ereignet, reiche deinem Partner die Hand, mache ihm deutlich, daß du zu ihm gehörst, und auch das bisher Verdrängte läßt sich nun leicht heilen. Hast du erst einmal den nächsten Gipfel des Erfolgs erreicht, ist es nur eine Frage der Zeit, bis du dich mutig und entschlossen in das nächste Tal des Konflikts begibst, in dem der nächste, von dir und deinem Partner zu heilende Streitpunkt liegt, um dann einen neuen Berggipfel zu erreichen.

Die Zeit ist gekommen, eine neue Haltung gegenüber dem Schmerz einzunehmen. Beschäftige dich viel intensiver als sonst mit allem, was dir heute begegnet, mit allen Erfahrungen, die du heute machst, denn im Kern mag all das eine Geburt, neues Leben bedeuten, einen neuen Heilungsprozeß für deinen Partner und dich selbst oder auch einfach Klärung und Läuterung. Befrage dein Bewußtsein, um festzustellen, ob dein Schmerz eine Form des Widerstands darstellt oder ob eine neue Stufe eines Heilungsprozesses im Gange ist.

78. Das höchste Ziel ist völlige Abhängigkeit von Gott

Die anfänglichen Stadien der Entwicklung sind Abhängigkeit, Unabhängigkeit und Interdependenz. Das höchste Entwicklungsstadium jedoch ist radikale Abhängigkeit, radikale Abhängigkeit von Gott. Es handelt sich dabei um die Form des Bewußtsein, die dich sicher sein läßt, daß Gnade und Wohltaten dir zufließen und daß die Offenheit, mit der du empfängst, dafür sorgt, daß dir viel Segensreiches begegnen wird. Wie die Vögel in der Luft und die Blumen auf dem Feld wirst du ernährt und erhalten werden, geliebt und umsorgt werden, heute und auch in Zukunft.

Der Gedanke an eine solch radikale Abhängigkeit erfüllt uns mit Schrecken. Wir haben schließlich gelernt, unabhängig zu sein und die Dinge unter Kontrolle zu halten. Und nun, im Laufe unserer Entwicklung, werden wir aufgefordert, auf Kontrolle zu verzichten und den Ratschlag zu beherzigen, mehr Vertrauen zu wagen und uns in Gottes Hände zu begeben.

Jedesmal, wenn du heute etwas erreichen willst, laß es für dich oder durch dich getan werden, nicht aber von dir. Jedesmal, wenn du bemerkst, daß du versuchst, dich aus einer schwierigen Situation herauszuarbeiten, behindere dich nicht länger selbst, sondern vertraue darauf, daß es für dich getan werden wird. Es ist Zeit, das Sein dem Tun vorzuziehen. Habe Vertrauen und öffne dich. Gib dich, wie ein kleines Kind, in Gottes Hände, über alles geliebt und in jeder nur denkbaren Weise umsorgt.

79. Wenn du merkst, daß du dich in dich selbst zurückziehst, strecke deine Hand aus und gib einem anderen Menschen

Wir ziehen uns zurück, wenn wir uns unbehaglich, unsicher, gedemütigt, verletzt oder schuldig fühlen, wenn wir verwirrt oder beschämt sind. Und dabei ist es eine der einfachsten Formen der Heilung, einem anderen Menschen die Hand zu reichen, einem Menschen zu geben, weil du dich dazu aufgerufen fühlst. Dies ist ein Leitgedanke für jeden, der verantwortlich mit Menschen umgeht: Der andere ist wichtiger als das Problem, mit dem ich mich selbst quäle. Wenn ich dem anderen meine Hand reiche, bedeutet das Heilung für uns beide.

Wenn du dich tief gekränkt fühlst oder in einer schwierigen Situation steckst, mache dir klar, daß ein anderer einen noch größeren Schmerz erleiden könnte. Frage dich, wer das sein könnte, und nimm wahr, wer plötzlich vor deinem inneren Auge sichtbar wird. Im selben Moment, in dem du die Hände ausstreckst, um ihm zu geben, wirst du dich wieder im Strom des Lebens finden. Dies ist die Haltung der Verantwortung und Liebe, in der du nie von den eigenen Problemen eingeholt und übermannt wirst, weil du weißt, daß die Liebe, die du einem anderen schenken kannst, unendlich wichtiger ist als dein Verlangen, dich in dich selbst zurückzuziehen.

80. Probleme tauchen immer dann in einer Beziehung auf, wenn Angst vor dem nächsten Schritt besteht

Probleme sind ganz häufig nichts als Ablenkungsmanöver, die uns daran hindern, den nächsten Schritt zu tun. Ich habe es erlebt, daß wirkliche Probleme sich in Nichts auflösen, wenn man nur bereit ist, den nächsten Schritt zu tun. Die allereinfachste Methode, ein Problem hinter sich zu lassen, ist die, beim Lösen des Problems auf keinen Fall in Streß zu geraten. Wenn das Problem auftaucht, ist auch die Antwort nicht fern. Deine Bereitschaft, dir dessen bewußt zu sein und voranzugehen, gibt dir die Gewißheit, daß die Antwort da ist und daß sie dir bekannt ist. Hast du den nächsten Schritt erst einmal getan, kann aus dem Problem eine leicht zu handhabende Angelegenheit werden, oder aber es kann sich völlig auflösen, in keinem Fall aber wird es für dich ein Problem bleiben.

Wähle die drei größten Probleme, die du in deinem Leben hast. Nimm dir am Morgen fünf Minuten Zeit, in denen du dich mit dem ersten Problem beschäftigst. Sage dir selbst: „Ich werde mich von diesem Problem nicht zum Narren machen lassen. Ich weiß, daß es die Folge meiner Furcht ist, und ich kann durch diese Furcht hindurchgehen, indem ich den nächsten Schritt tue. Ich bejahe den nächsten Schritt. Ich bin bereit für den nächsten Schritt. Ich weiß, er wird mir gegeben werden. Ich weiß, daß er besser ist als der gegenwärtige Zustand. Ich werde mir meine Freiheit durch dieses Problem nicht nehmen lassen. Dieses Problem ist nicht die Wahrheit.“ Wähle am Nachmittag das zweite Problem, und wende ebenfalls fünf Minuten auf, um dich mit ihm zu beschäftigen. Am Abend tue dasselbe mit dem dritten Problem. Du wirst glücklich über die Auswirkungen deiner Entscheidungen sein, nämlich den nächsten Schritt zu tun und darauf zu vertrauen, daß dir die Antwort gegeben werde.

81. Deine Erwartungen kompensieren verborgene Bedürfnisse

Deine Erwartungen entspringen deinen Forderungen, und deine Forderungen wiederum sind zurückzuführen auf deine Bedürfnisse. Deine Erwartungen stellen einen Schutzwall gegenüber deinen Bedürfnissen dar. Sie ermöglichen eine Handlungsweise, die den Eindruck erweckt, du seist nicht abhängig. Du handelst als (scheinbar) Unabhängiger und verlangst, daß die Situation sich auf das Bild hin bewege, das du von der Realität hast. Du übersiehst dabei, daß jede Art von Abwehrhaltung, Erwartungen eingeschlossen, immer zum Versagen führt, und daß jede Abwehrhaltung unweigerlich genau das zustandebringt, was sie zu verhindern sucht. Deine Erwartungen werden dich schließlich und endlich zu Frustration oder Enttäuschung führen, dich zwingen, deine eigenen Bedürfnisse und deine eigene Bedürftigkeit zu erfahren.

Übe dich heute darin, deine Forderungen aufzugeben und mit anderen ehrlich darüber zu sprechen, was du brauchst. Die Aussprache über das, was du brauchst, befriedigt häufig schon dein Bedürfnis. Selbst wenn die Aussprache nicht zu dem gewünschten Erfolg führt, sie also deine Bedürfnisse nicht befriedigt, wird sie dir doch die notwendige Zuversicht geben, dich offen mit ihnen auseinanderzusetzen, ohne daß der sonst übliche Versuch unternommen wird, andere unter Kontrolle zu bringen. Deine Forderungen sind der Schlüssel zur Erkenntnis deiner Bedürfnisse. Im Grunde genommen, verdecken all diese Bedürfnisse schmerzliche Gefühle, die du früher einmal durchgemacht hast: Traurigkeit, Verlassensein und Mangel an echter Bindung. Deine Bereitschaft, offen darüber zu sprechen, eröffnet dir die Möglichkeit, wieder intensive Bindungen zu knüpfen.

82. Schmerz und Auseinandersetzungen in einer Beziehung werden von nicht eingehaltenen Regeln ausgelöst

Schmerz und Streit, wie du sie in jeder Beziehung erleben kannst, ergeben sich aus deinem Gefühl, dein Partner habe die von dir gesetzten Regeln gebrochen. Dabei ist es gut möglich, daß du deinem Partner nichts von diesen Regeln gesagt hast, aber wenn er dich wirklich liebte, wenn er dich WIRKLICH liebte, hätte er davon wissen müssen. Wir stellen immer wieder Regeln auf, um uns selbst vor Kränkungen und Verletzungen zu schützen. Wie du weißt, sind Regeln oft dazu da, gebrochen zu werden. Und all der Schmerz ist dazu da, geheilt zu werden. Wie, glaubst du, hängt das zusammen? Dein Partner bricht unbeabsichtigt, vielleicht auch absichtlich, deine Regeln, und zwar zu deinem Nutzen und für deine Gesundung. Sei bereit, deine Regeln aufzugeben, den Schutzwall um dich aufzugeben und den Schmerz zu empfinden, der darunter begraben liegt. Sei bereit, deinem Partner weder vorzuwerfen, daß er deine Regeln gebrochen habe, noch daß er dich nicht liebt, sondern bemühe dich, dankbar anzuerkennen, daß er diesen Schmerz ausgelöst hat; schließlich hättest du dich niemals damit auseinandergesetzt, hätte er nicht gegen deine Regeln gehandelt. Dieser Schmerz muß an die Oberfläche kommen als Grundlage für deine Heilung und deine Entwicklung und damit du Partner auf einer neuen Ebene sein kannst.

Schreibe heute jede Regel auf, die du in bezug auf zwischenmenschliche Beziehungen aufgestellt hast. Jede Regel darüber, wie man dich behandeln sollte, jede deiner Regeln über Sex, jede Regel über Liebe. Dies könnte ein ausgesprochen amüsanter Tag werden, wenn dir nämlich aufgeht, was alles in diesem Regelwerk enthalten ist und daß einige dieser Regeln sich eigentlich gegenseitig ausschließen. Am Ende des Tages, nachdem du deinen Partner, sicher sehr zu dessen Erheiterung, über all diese Regeln aufgeklärt hast, verbrenne sie. Und mit dem Verbrennen trenne dich endgültig von ihnen. Jetzt ist es Zeit, Prinzipien, Leitlinien für deine Beziehung an die Stelle der Regeln zu setzen. Leitlinien erfordern einen Dialog. Leitlinien sind höchst elastisch und flexibel. Sie sind, anders als Regeln, nicht dazu da, gebrochen zu werden, sondern sie sind lebenswichtige und lebenserhaltende Zielvorstellungen.

83. Beide Parteien in einem Konflikt fühlen dasselbe

In jeder Auseinandersetzung zeigen die Beteiligten entgegengesetzte Verhaltensweisen – aber unter der Oberfläche fühlen sie dasselbe. So mag der eine ein Geizhals sein und der andere ein Verschwender. Beide aber empfinden dasselbe, ein Gefühl des Mangels, dieselbe Angst, da könnte nicht genügend dasein. Der Verschwender kompensiert dieses Gefühl, indem er mehr ausgibt, einfach um so über seine Befürchtungen hinwegzukommen. Der Geizhals auf der anderen Seite geizt mit den Pfennigen, um sich vor dem Gefühl des Mangels zu bewahren. In jedem Machtkampf sind beide Beteiligten darauf aus, sich vor demselben Gefühl zu schützen. Wenn dir deine eigenen Gefühle nicht fremd sind, so kannst du auch das Gefühl deines Partners richtig einschätzen, das sich unter seinem gegensätzlichen Verhalten verbirgt. Deine Bereitschaft, den Austausch über dieses Gefühl zu beginnen, gestattet es dir, einen gemeinsamen Nenner zu finden, den Anfang einer euch verbindenden Gemeinsamkeit. Und dies ist der Anfang des Heilungsprozesses – wenn ihr nämlich erst einmal ein Gebiet findet, auf dem eine wechselseitige Beziehung besteht, dann seid ihr auf dem richtigen Weg, dem Weg, auf dem ihr beide vorangehen könnt.

Wähle eine Person, zu der du ein gespanntes Verhältnis hast, und frage dich selbst: „Welches ist das Gefühl, das unter meinem Verhalten verborgen ist?" Beschäftige dich mit dem Verhalten des anderen und bemühe dich herauszufinden, ob nicht sein Gefühl mit dem deinen übereinstimmt. Falls du auf ein Gefühl des Unwillens oder des Zorns stößt, mache dir klar, daß es sich dabei um eigentlich defensive Gefühle handelt, die dem Schutz eines tieferen Gefühls dienen. Von welcher Art dieses tiefere Gefühl auch immer sein mag, sei bereit, durch Offenlegen deines Gefühls den Meinungsaustausch zu beginnen, in der festen Absicht voranzuschreiten.

84. Wenn deine Angst oder dein Widerstand zu stark sind, um auf deinen Partner zuzugehen, bitte um die Hilfe des Himmels

Wir wissen, daß die Lösung jedes Problems darin liegt, auf den Partner zuzugehen, aber es gibt Zeiten, in denen wir so schmerzerfüllt sind, so erschöpft oder so stark von Widerwillen beeinflußt, daß wir das Gefühl haben, keinen einzigen Schritt mehr auf den Partner zugehen zu können. Das ist der Zeitpunkt, zu dem wir um die Hilfe des Himmels bitten sollten. Bitte um neue und zusätzliche Kraft, weil du einen weiteren Schritt in Richtung auf deinen Partner machen willst. In vielen Fällen wird dich diese Kraft genau in das Herz deines Partners tragen. Manchmal wird dein Widerstand oder dein Schmerz so stark sein, daß du die Hilfe des Himmels für jeden einzelnen Schritt immer wieder neu erbitten mußt. Das aber bedeutet, daß du dabei bist, ein schon chronisch gewordenes Verhaltensmuster zu heilen, eine Schicht tiefen Schmerzes. Sei bereit, bei jedem einzelnen Schritt um Hilfe zu bitten. Laß zu, daß die Gnade dich voranträgt und dir Energie spendet.

In jeder Situation, in der es dir heute schwierig vorkommt, voranzugehen oder auf jemanden zuzugehen, bitte um die Hilfe des Himmels, um dich in Richtung auf andere Menschen bewegen zu können, bis du das Gefühl wieder spürst, ihnen nahe zu sein und mit ihnen durch gemeinsame Ziele verbunden zu sein.

85. Jeder Schritt, den du auf deinen Partner zugehst, ist Ausdruck deiner persönlichen Stärke

Jedesmal, wenn du einen Schritt auf deinen Partner zugehst, bestätigst du aufs neue deine eigene Stärke. Siehst du deinen Partner in einer Notlage und gehst auf ihn zu, so tust du diesen Schritt aus der Fülle deines Herzens. Sollte es dir schwerfallen, auf ihn zuzugehen, gehe einen Schritt in seine Richtung und bitte um die Hilfe des Himmels, damit du die weiteren Schritte tun kannst. Jeder Schritt, den du auf deinen Partner zugehst, verleiht dir und ihm zusätzliche Kraft. Selbst in Situationen, die du als schmerzlich empfindest und in denen dein Partner sich offensichtlich stark fühlt, wirst du nur spüren, daß du stärker wirst und beginnst, den Schmerz zu durchschreiten, wenn du auf deinen Partner zugehst. Die Vereinigung mit deinem Partner kann dich vollständig über deinen Schmerz hinausführen und euch beiden Energie zufließen lassen.

Fülle dich heute ganz bewußt mit Energie, indem du unablässig, Schritt für Schritt, auf deinen Partner zugehst.

86. Jeder Held braucht einen Schurken oder jemanden, der sich von ihm retten läßt

Jeder Held braucht einen Schurken oder jemanden, der sich von ihm retten läßt. Wenn du also die ganze Zeit die Rolle des Helden in deiner Beziehung gespielt hast, mache dir klar, daß es dir unmöglich ist, dem Wunsch auszuweichen, immer wieder Situationen zu finden, in denen du deine Größe beweisen kannst, um dich auf diese Weise als erfolgreich zu erweisen. Daraus folgt, daß deinem Partner entweder die Rolle des Bösewichts zufällt oder die Rolle desjenigen, der gerettet werden muß. Toll, oder? Deine Heldenrolle schafft nicht gerade die Voraussetzungen für glückliche Entscheidungen. Da du als Star die Mitte der Bühne beanspruchst, bleibt für deinen Partner lediglich die Rolle dessen, der beständig aus einer Notlage befreit werden muß, oder aber du machst ihn immer wieder neu zum miesen Typ.

Warum überhaupt wolltest du unbedingt in die Rolle des Helden schlüpfen? Frage dich selbst: „Welche Absicht steht dahinter?“ Jede Rolle ist eine Kompensation für dein Gefühl, wertlos oder nicht gut genug zu sein. Sei bereit, einen Blick hinter die Kulissen zu werfen, auf die schlechten Gefühle, die mit dieser Heldenrolle verbunden sind. Andererseits erwächst auch die Rolle des Schufts aus schlechten Gefühlen. Wenn du dich schlecht fühlst, handelst du schlecht. Schlechte Gefühle führen auch in eine Situation, in der sich die Rolle des Opfers ergibt, dessen, der gerettet werden muß. Überlege sorgfältig, ob du eine Situation herbeigeführt hast, in der du die Rolle des strahlenden Helden oder eine der anderen Rollen spielen kannst. Wenn du es lernst, deine eigenen Gefühle und dich selbst besser einzuschätzen, muß niemand eine Nebenrolle in deinem Stück spielen. Wenn du der Star bist, begründest du ständig einen fast unmerklichen, aber raffinierten Wettbewerb, in dem deinem Partner die Nebenrolle zufällt. Deine Bereitschaft, auch deinen Partner für die Rolle des Stars vorzusehen, ist ein aus wahrhafter Bindung erwachsener Schritt, der euch beide voranbringt. Bist du in der Heldenrolle, kannst du nicht empfangen, weil alle lobende Anerkennung von der Rolle geschluckt wird. Sei bereit, diese Rolle aufzugeben, damit du deinen Gefühlen nicht länger als dir fremd gegenüberstehst, damit du wieder empfangen kannst und die Fähigkeit zurückgewinnst, Hand in Hand mit deinem Partner voranzuschreiten.

Beginne heute damit, einen Blick unter dein Heldenkostüm zu werfen. Der Umfang der Heldenrolle zeigt dir an, wieviel an schlechtem Gefühl sich unter ihr verbirgt. Oder betrachte den Schurken oder den Bedürftigen in der Beziehung. An ihm kannst du ablesen, wie schlecht du dich tief innen fühlst; Vergleichbares gilt für deinen Partner. Diese Rolle mag dich seit deiner Kindheit im wahrsten Sinne des Wortes gefesselt haben; dein ganzes Leben lang magst du dich deshalb in wilden Spielen der Fantasie ergangen haben oder dir Situationen voller Not oder Niederträchtigkeit ausgedacht haben, um Erfüllung in der Rolle des Helden zu finden. Sei bereit, in einen offenen Austausch über die Gefühle zu treten, die möglicherweise von deiner Heldenrolle verdeckt werden, so daß du und dein Partner gemeinsam vorankommen können.

87. Du kannst nicht zum Opfer gemacht werden, es sei denn, du versuchst Rachegefühle zu befriedigen

Wir sind alle schon zum Opfer gemacht worden. Das gehört nun einmal zum Menschsein. Da wir nun aber höhere Bewußtseinsebenen erreichen, versuchen wir unabhängig zu werden und auf diese Weise zu verhindern, in die Position des Opfers gedrängt zu werden. Das gelingt nicht immer. Der Weg, der am zuverlässigsten aus der Position des Opfers herausführt, ist der, das Bedürfnis nach Rache zu überwinden. Unter jeder Situation, in der wir zum Opfer werden oder zu werden drohen, liegt, sorgfältig versteckt, eine mächtige Triebfeder: das Verlangen nach Rache. Wir fechten einen Machtkampf aus und wir rechnen mit dem anderen ab, indem wir uns selbst Schmerzen zufügen. Als Kinder kriegten wir manchmal einen Wutanfall und taten uns selbst weh, wenn wir nicht bekamen, was wir wollten. Wir fühlten uns vernachlässigt, zurückgewiesen, und so versuchten wir uns zu rächen. „Mutti und Vati, das wird euch noch leid tun, ich esse überhaupt nichts mehr!" oder „Mutti und Vati, das wird euch noch leid tun, ich höre einfach auf zu atmen!" oder „Ich renne einfach weg und komme nie wieder, und dann werdet ihr bedauern, was ihr mir angetan habt!" Als Teenager, während wir unsere ersten Beziehungen zum anderen Geschlecht erlebten, dachten wir manchmal: „Ich steuere mein Auto mit Vollgas gegen eine Mauer und sterbe dabei, und das wird ihnen leid tun! Dann werden sie endlich begreifen, wieviel ich ihnen bedeutete, aber es wird zu spät sein." Im Grunde genommen, ist es immer noch dieselbe Haltung, die sich bemerkbar macht, wenn wir uns in der Position des Opfers fühlen. Unwohlsein, Kränkung oder Versagen, all das ist nichts anderes als die Befriedigung unseres Bedürfnisses, sich an einem anderen Menschen zu rächen.

Setze dich in Ruhe nieder und rufe dir eine aktuelle Opfersituation ins Gedächtnis, eine Situation, die bestimmt ist von Krankheit, Verlust, seelischem Schmerz oder Unglücksfällen. Frage dich selbst: „An wem räche ich mich auf diese Weise?" Laß dann weitere Situationen dieser Art in dir lebendig werden und frage dich: „An wem übte ich auf diese Weise Vergeltung?" Es ist nur zu wahr, daß Vergeltung ein zweischneidiges Schwert ist, und deshalb betrifft die Antwort hier nicht nur dich selbst. Vergeltung versteckt sich auch unter jeder chronisch gewordenen Opferhaltung. Auch da wird ein anderer benutzt, damit du dich selbst zurückhalten kannst. Begreife, warum Vergeltung tatsächlich eine Form des Ausweichens ist, ein Vermeiden des nächsten Schritts. Du fügst dir selbst Schmerzen zu beim Versuch, einen anderen auf der Ebene des Gefühls zu erpressen. Und das kann und wird nicht gelingen! Selbst wenn dir der Sieg in dem Machtkampf winkt, wirst du möglicherweise so weit gehen müssen, den Opfertod zu erleiden, nur um dich mit deiner Auffassung durchzusetzen.

88. Die Handlungen anderer spiegeln deine Entscheidungen

Diese Einsicht ist ein wesentlicher Schritt zur Reife, zum Verständnis der Kraft deines Geistes und der Natur des Unterbewußten. Wenn uns aufgeht, daß dies wahr ist, sind wir versucht, uns schuldig zu fühlen. Begehe diesen Fehler nicht! Jeder von uns ist grundsätzlich unschuldig, weil es sich um gegenseitige Entscheidungen handelt, und weil jeder irgendwie glaubt, diese oder jene Entscheidung mache ihn glücklich. Wir haben alle schon Fehler in dieser Hinsicht gemacht. Fehler aber dürfen keine Schuldgefühle auslösen, sondern müssen persönliche Bindungen stärken, in denen die Fehler behoben werden können. Schuld ist eine Falle, in die uns das Ego lockt, um uns unserer Energie zu berauben und uns von anderen zu trennen. Es gilt ohne Einschränkung, daß jeder Entscheidungen trifft, die zu den schon genannten Folgen führen. Wenn aber nur einer der Betroffenen sich weigern würde zu glauben, daß dies nun einmal die auf gegenseitiger Zustimmung beruhende Realität sei, dann käme es gar nicht erst zu einer derartigen Situation. Du könntest derjenige sein, wenn du nämlich die Entscheidung triffst, mit der Kraft deines Geistes in Verbindung zu treten.

Daraus folgt, daß du, was deine Beziehung zu einem anderen Menschen angeht, nicht nur verantwortlich bist für dein Verhalten und deine Gefühle, sondern auch für deine Gedanken. Deine Gedanken gestalten das Textbuch einschließlich der Bühnenanweisungen, nach dem deine Beziehung abläuft. Fast immer sind wir uns unserer Gedanken überhaupt nicht bewußt. Auf jedem beliebigen Straßenstück von etwa drei Kilometern Länge, das du entlangfährst, kommen dir im Durchschnitt mehr als zweitausend Gedanken. Wie viele dieser Gedanken sind dir bewußt? Wirst du dir aber deiner Gedanken bewußt, fließt dir Energie zu, und du triffst bessere Entscheidungen. Das Denken ist nie neutral. Es ist immer entweder konstruktiv oder destruktiv.

Beschäftige dich mit deiner Beziehung. Sie ist das Ergebnis der von dir getroffenen Entscheidungen, auch wenn nicht alle dieser Entscheidungen bewußt gewesen sein mögen. Frage dich selbst: „Welche Absicht könnte damit verbunden sein, meinen Partner zu drängen, sich in einer bestimmten Weise zu verhalten? Welche Möglichkeiten eröffnen sich mir dadurch? Was brauche ich nicht zu tun? Wem will ich etwas heimzahlen, wenn ich dafür sorge, daß sich das ereignet? Welche alte Rechnung kann ich dadurch begleichen?" Jetzt ist die Zeit gekommen einzusehen, daß die Erfahrungen, die du in einer bestimmten Beziehung machst, die Folge einer von dir getroffenen Entscheidung sind. Fange endlich damit an, ganz bewußt eine andere Wahl zu treffen, indem du sagst: „Wofür ich mich nun entscheide, ist dies ..." Sprich danach klar aus, was auch immer du jetzt möchtest.

Gehe heute aus von dem gegenwärtigen Zustand deiner Beziehung; das ermöglicht es dir, hinter die Entscheidungen zu schauen, die du in dieser Beziehung triffst. Löse dich von jedem Schuldgefühl, das in dir aufsteigt, und mache dir bewußt, was du in deiner Beziehung anstrebst. Den ganzen Tag über beziehe dich auf die bekräftigende Formel „Ich entscheide mich für ..."; sprich danach aus, was immer du möchtest. Das einmal voller Ernsthaftigkeit und Aufrichtigkeit zu tun, verleiht dir die Energie, sowohl das Unterbewußte als auch das Unbewußte zu verändern. Indem du bewußt deine Wahl triffst, können Gefühle und Überzeugungen auftauchen, die zwischen dir und dem stehen, was du willst. Sei entschlossen, die Wahl erneut zu treffen, ganz gleich, von welchen Gefühlen du in diesem Moment erfüllt bist. Triff die Wahl, und lasse dich dabei nur von dem leiten, was du wirklich willst. Gib dich nicht mit weniger zufrieden.

89. Deine Klagen und Beschwerden sind ein direkter Angriff auf dich selbst

Jedesmal wenn du dich beklagst, sagst du nichts anderes, als daß es nicht in deiner Kraft liegt, einer Situation ein anderes Gesicht zu geben. Und das ist ganz bestimmt eine alberne Behauptung, denn du hast eine Menge Kraft. Wenn du dich beklagst, machst du dich selbst klein und unbedeutend. Du hast Angst davor, ein Risiko einzugehen, und du schreckst vor einer Handlung zurück, die zu tun du aufgerufen bist. Durch deine Klagen wirst du selbst ein Teil des Problems. Du sagst, „Dieses Problem ist wirklich da, ich komme damit nicht voran, und ich kann nichts dagegen tun." Das Gegenteil ist der Fall! Du kannst eine Menge dagegen tun, und zwar gleich heute!

Heute ist der Tag zu begreifen, daß du eine Menge anders machen kannst. Ertappe dich bei jeder Klage, die du vorbringst, und gehe einen Schritt voran, anstatt dich weiter zu bemitleiden; reiche einem anderen Menschen deine Hand oder vergib jemandem oder entschließe dich zu handeln, um die Situation zu verbessern. Wie stellt e.e.cummings in einem seiner Gedichte fest? „Ich würde lieber einen Vogel das Singen lehren als zehntausend Sternen beizubringen, nicht zu tanzen."

90. Jedes Urteil, das du über einen anderen abgibst, ist ein Urteil über dich selbst

Du kannst kein Urteil fällen, wenn du dich nicht aus irgendeinem Grund schuldig fühlst. Wäre das nicht der Fall, würdest du schlicht und einfach davon ausgehen, daß ein Fehler gemacht worden ist, der mit deiner Hilfe leicht zu beheben ist. Wenn du dich aber schuldig fühlst, wegen eines Fehlers oder aus einem Grund, der von dir verdrängt worden ist, wird sich deine Schuld in der Form eines Urteils bemerkbar machen, das du über einen anderen Menschen fällst. Verborgene Schuld läßt dich auf der Stelle treten. Wenn du über einen anderen Menschen urteilst, bleibst du deiner Schuld verhaftet und auch dem, über das du geurteilt hast. Könntest du aber vergeben, müßtest du nicht immer wieder in deinem Unterbewußten nach all der dort versteckten und verborgenen Schuld suchen. Vergebung schenkt nicht nur deinem Partner Freiheit und stellt seine Unschuld wieder her, sie führt auch dich zurück in den Zustand der Unschuld. Was dein Partner getan hat, ist nicht eine Sünde, lediglich ein Fehler. Ein Fehler kann abgestellt und korrigiert werden, bei einer Sünde ist das fast unmöglich. Eine Sünde wird zur Zwangsvorstellung, auf die du immer und immer wieder zurückkommst, bis du schließlich deine Schuld vergräbst, sie aber auf andere projizierst. Natürlich ist dies ein Sachverhalt, der dich von weiterer Entwicklung abhält.

Beschäftige dich mit dem Menschen, über den du häufiger als über andere richtest. Stelle dir für kurze Zeit vor, daß auf dich zutrifft, weswegen du ihn verurteilst. Beschäftige dich weiter mit diesem besonderen Gesichtspunkt, bis du tatsächlich spürst: „Ja, es handelt sich um Schuld, die ich im verborgenen gehalten habe – aber in Wahrheit bin ich ja gar nicht schuldig. Ich werde das meinem Partner nicht vorwerfen, weil ich entschlossen bin, es auch mir selbst nicht vorzuwerfen." Die Augen vor der verborgenen Schuld nicht zu verschließen und sie statt dessen wegzubrennen oder sich einfach zu weigern, sie dem Partner zum Vorwurf zu machen, und sich selbst auf diese Weise zu befreien, das befreit von bedrängenden Umständen und macht Voranschreiten möglich.

91. Das Ausmaß, in dem du zu nachsichtig gegenüber dir selbst bist, ist auch das Maß, in dem du dich aufopferst

Immer wenn dein Verhalten belegt, daß du zu nachsichtig mit dir selbst umgehst, bist du dabei, dir einen Ausgleich für alle die Opfer zu schaffen, die du bringst. Würdest du ganz einfach wahrhaft geben, könntest du auch wahrhaft empfangen, und es bestünde keine Notwendigkeit dafür, so nachsichtig mit dir selbst zu sein. Wir tun uns gütlich an gutem Essen, geben uns der Arbeit hin, frönen dem Sex, dem Alkohol, den Drogen usw. Aber alle Formen dieses Nachgebens und Schwelgens schwächen uns genauso wie unsere Aufopferung. Nachgeben und Schwelgen begründet einen Teufelskreis, der immerfort von übergroßem Nachgeben zur Opferhaltung führt. Nachdem du in der beschriebenen Weise nachsichtig gegenüber deinen Schwächen gewesen bist, fühlst du dich im allgemeinen schuldig deswegen und gerätst in die Haltung, in der du Opfer zu bringen suchst, um die Schuld wieder auszugleichen. Hast du erst einmal eine Zeitlang die Rolle des Opferbereiten gespielt und fühlst dich so richtig ausgebrannt, gehst du davon aus, es sei ganz in Ordnung, dich deiner Leidenschaft hinzugeben, genau das zu tun, was du tun möchtest; bis zu einem gewissen Grad schwingen in dieser Haltung auch Auflehnung und Widerstand, Haß und Unmut gegenüber denen mit, denen deine Opferbereitschaft gilt.

Wirf einen Blick auf die Gebiete, auf denen du Leidenschaften frönst oder wo du abhängig bist. Bist du ein „workaholic“, ein Arbeitstier? Frönst du gutem Essen bis hin zur Abhängigkeit? Verschaffe dir einen klaren Eindruck davon, wo du die Mitte deines Lebens verloren hast; es ist nun einmal so, daß du in eine Opferhaltung gerätst, wo du die Mitte verloren hast, wo du nicht ehrlich und wahrhaftig mit dir selbst umgehst. Strebe wieder die Mitte an, und verbanne leidenschaftliches Frönen und falsche Opfer aus deinem Leben. Gehe davon aus, daß es diese Mitte in dir gibt, einen Ort des Friedens und der Unschuld. Welcher Prozentsatz zwischen 0 und 100 wird dir aus dieser Mitte vermeldet? (Üblicherweise zeigen Werte von 30 % bis 80 % schwere Opfer an, während 80 % bis 100 % Selbstzerstörung durch Aufopferung und Nachgiebigkeit signalisieren.) Welche Erfahrung hat dich aus der Mitte weggeführt? Gehe dorthin zurück, und entscheide dich dafür, dich erneut in der Mitte einzurichten. An diesem Punkt, aus der Mitte heraus, kannst du den Menschen in deiner Nähe das Geschenk machen, dessen sie wirklich bedürfen. Dieses Geschenk ist ein Teil deines wahren Wesens.

92. Zornig zu sein heißt, den anderen für das verantwortlich zu machen, was du meinst, selbst getan zu haben

Jede Art von Verärgerung läßt Ehrlichkeit und Integrität vermissen. Wenn wir verärgert und wütend sind, zeigt sich etwas von dieser Ehrlichkeit im Eingeständnis dessen, was wir gerade erfahren. Dann aber, nachdem wir unsere Verärgerung erkannt haben, ist es wichtig, sie nicht zu benutzen, um die Situation unter Kontrolle zu bringen. Sobald wir unserer Verärgerung zum zweiten- oder drittenmal Ausdruck verleihen, versuchen wir, die Situation unter unsere Kontrolle zu bringen, indem wir unseren Partner oder die Menschen um uns für Dinge verantwortlich machen, die wir für unzureichend halten. Wenn Eltern verärgert über eines ihrer Kinder sind, das sich schlecht verhalten hat, dann sind sie verärgert über Dinge, die sie an sich selbst festgestellt haben, oder aber die Verärgerung wird ausgelöst von der Unsicherheit der Eltern, wie sich das Kind entwickeln und was einmal aus ihm werden wird. Diese Angst wurzelt in Überzeugungen, die die Eltern von sich selbst haben. Wäre der Heilungsprozeß auf seiten der Eltern weiter fortgeschritten, gäbe es in ihrem Verhalten gegenüber dem Kind ein höheres Maß an Anpassungsfähigkeit und Einfallsreichtum, und sie wären in der Lage, das Kind weitaus kreativer und einfühlsamer zu behandeln.

Unser Zorn ist der Versuch, die Gefühle, die wir uns selbst gegenüber spüren, auf einen anderen Menschen zu projizieren und uns dabei vorzumachen, genau die Eigenschaft, die unseren Ärger erregt hat, habe nichts mit uns zu tun und wir seien – na, was denn sonst – unschuldig. In Wahrheit sind es unsere Angst und unsere Schuldgefühle, die als treibende Kraft hinter unserer Verärgerung und Angriffslust stehen.

Sei bereit einzusehen und zuzugeben, daß der andere mit seinem Verhalten dir genau das vor Augen hält, was du als unzureichend empfindest. Die Einsicht in diesen Zusammenhang kann den Beginn eines fruchtbaren Kommunikationsprozesses sowie das Erreichen eines ganz neuen Verständnisses von Wahrhaftigkeit bedeuten. Sieh ein: Wenn ein anderer Mensch nicht aus Liebe handelt, dann ruft er nach Liebe, und wenn wir bereit sind, nicht zu richten, dann können wir Unterstützung in der Form anbieten, die die Situation von Grund auf verändern kann.

93. Jeder Zornausbruch läßt sich zurückführen auf einen Mangel an Vertrauen und auf früher erlittene Kränkungen

Bis zu einem gewissen Grad hat jeder unserer Zornausbrüche mit der Vergangenheit zu tun. Wir bilden uns ein, die augenblickliche Situation sei mit der Vergangenheit identisch, und die Stellen, an denen man uns Schmerz zugefügt hat, seien immer noch dieselben wie in der Vergangenheit. Und so werden wir wütend. Aber wenn wir die Situation mit Vertrauen und zuversichtlicher Erwartung angehen könnten und angesichts der Versuchung, aus der Haut zu fahren, die tieferen Gefühle in uns bereitwillig akzeptieren könnten, würden sich Angst und Schmerz in dem Sinne entfalten, daß heilende Kräfte zur Wirkung kämen. So gesehen, wird der Schmerz zum Träger und Vermittler von Kommunikation, die in der gegebenen Situation eine erheblich größere Belohnung darstellt als der Zornausbruch es je könnte; ein Zornausbruch, das darf nicht übersehen werden, mag uns zwar helfen, die Schlacht zu gewinnen, aber er wird dazu führen, daß wir den Krieg verlieren. Wir verstärken, wogegen wir uns in unserem Zorn wenden. Wogegen wir uns in unserem Zorn wenden, ist das, was unser Vorankommen hindert. Und selbst wenn wir die Überhand gewinnen, zahlen wir einen zu hohen Preis, denn die Niederlage, die unser Partner in der Schlacht erleidet, macht ihn unattraktiv für uns.

Setze deine Zuversicht ein, um zu erkennen, daß die Lage, in der du dich befindest, nichts mit einer vergangenen Situation gemein hat. Deine Lage wird sich zum Besten wenden; auch wenn es scheint, als ob du erneut gekränkt werden solltest, bietet sich hier doch die Gelegenheit, dem alten Gefühl und den eingefahrenen Verhaltensmustern die Stirn zu bieten, so daß du, gestärkt durch eine neue Zuversicht, voranschreiten kannst.

94. Zorn ist immer ein Versuch, mit Hilfe von Schuldgefühlen Kontrolle auszuüben

Ein Wutanfall, begleitet von aggressivem Verhalten und manchmal auch Gewaltanwendung, ist immer ein Versuch, Kontrolle auszuüben. Er ist immer ein Versuch, die Situation zu unseren Gunsten zu wenden und den anderen dazu zu bringen, sich schuldig zu fühlen. So gesehen, ist er immer auch eine Form der Erpressung. Zorn sagt: „Schau, was du mir angetan hast!" Zorn sagt: „Das hättest du besser machen müssen!" Zorn sagt: „Es ist deine Schuld, daß ich so bin, wie ich bin!" Zorn sagt: „Du tust gut daran, dich mehr zu bemühen und dich mehr um mich zu sorgen!" Ein Wutausbruch muß folglich verstanden werden als eine Form der Kontrolle, durch die wir die Schlacht gewinnen, den Krieg aber verlieren können, denn je mehr Schuld wir säen, um so mehr Widerwillen ernten wir. Wir mögen zwar einen Menschen für lange Zeit durch unseren Zorn oder durch seine Schuldgefühle unter Kontrolle halten, schließlich aber wird er sich von unserer Kontrolle in einer heftigen Reaktion befreien, und wir werden ihn dabei verlieren.

Solltest du deinen Zorn als Werkzeug nutzen, um deine Angst nicht sichtbar werden zu lassen, wird es Zeit, über deine Gefühle und Empfindungen zu sprechen, statt bei jeder Gelegenheit zu explodieren, um deinen Willen durchzusetzen. Sprich über deine Angst, damit du zu einem höheren Maß an Zuversicht und wesentlich größerer Befriedigung gelangen kannst. Sprich offen zu deinem Partner über die erste Stufe deines Zorns und über das darunter liegende Gefühl und auch über das wieder eine Stufe tiefer liegende Gefühl, bis du spürst, daß du einen Zustand des Friedens erreicht hast. Deine Bereitschaft, dich auf all das einzulassen, wird dich vorantragen. Manchmal wirst du vielleicht sogar auf die Stelle stoßen, an der der Ursprung der Situation oder des Gefühls zu liegen scheint; die Entscheidung, deinen Partner auch daran teilhaben zu lassen, und die Wirkung, die dies auf dich haben wird, werden die Kraft von heilendem Balsam haben.

95. Zornausbrüche sind eine Form der Kontrolle, um deine Bedürfnisse befriedigt zu bekommen

Wir werden zornig, wenn sich die Dinge nicht so entwickeln, wie wir uns das vorstellen. Manchmal setzen wir unseren Zorn ein, um unseren Forderungen Nachdruck zu verleihen, damit etwas nach unserem Willen geschieht, damit wir im Recht sind oder unsere Bedürfnisse zuerst erfüllt werden. Zorn begründet jedoch ein Verhaltensmuster, das uns in unserer Bedürftigkeit gefangenhält. Wenn wir einen Zornausbruch haben, rechnen wir damit, daß andere Menschen ebenso vom Zorn ergriffen werden, und diese Situation fürchten wir, und Furcht löst Bedürfnisse aus. Deshalb geraten wir in einen Teufelskreis: Bedürfnisse, Wut, Angst und wieder Bedürfnisse. Sind wir aber bereit, auf den Einsatz unseres Zorns als einer Form der Kontrolle zu verzichten und statt dessen das Gespräch zu suchen über unsere Bedürfnisse und über unsere Angst, diese Bedürfnisse könnten nicht befriedigt werden, dann ist es viel wahrscheinlicher, daß wir bekommen, was wir ersehnen. Manchmal werden Bedürfnisse schon befriedigt, wenn man mit anderen Menschen über sie spricht. Dadurch daß wir das im Gespräch liegende Risiko auf uns nehmen, treiben wir unseren eigenen Reifeprozeß voran. Ob sich nun ein bestimmtes Bedürfnis erfüllt oder nicht, wir haben auf jeden Fall einen Schritt voran getan und uns selbst Energie zugeführt.

Überlege ganz genau! Du magst geradezu gewohnheitsmäßig Wutausbrüche bekommen. Und du erreichst damit nichts, weil du genau die Menschen von dir entfremdest, die deine Bedürfnisse befriedigen könnten. Sprich über das, was du empfindest, anstatt mit Wutausbrüchen zu arbeiten, und gehe auf deinen Partner zu, um dich mit ihm zu verbinden.

Finde heute den Menschen heraus, der den heftigsten Zorn in dir auslöst. Stelle dir außerdem den Menschen vor, den du am meisten liebst – vielleicht handelt es sich um denselben Menschen. An diesem Punkt, mit dem Menschen vor Augen, den du am stärksten liebst, richte deine Blicke auf etwas, das weit über seinen Körper, seine Persönlichkeit, seine Fehler hinausgeht, und nimm das Licht wahr, das in ihm leuchtet. Stelle dir vor, daß sich dein Licht und das seine miteinander verbinden. Laß dieses Gefühl des Friedens eine Zeitlang auf dich wirken. Und nun beschäftige dich mit dem Menschen, über den du wirklich zornig bist.

Sieh über seinen Körper hinweg, seine Persönlichkeit und seine Fehler, und richte deine Blicke auf sein innerstes Wesen, jenes Licht und jenen Geist, die in ihm erstrahlen. Spüre, wie sich das zuvor zu einer Einheit verschmolzene Licht, dein Licht und das des am meisten geliebten Menschen, aufmacht, sich mit dem Licht des anderen Menschen zu vereinen. Wenn das geschehen ist, spüre, wie sehr du an diesem Ort des Friedens geborgen bist.

96. Zorn verstellt den Blick für die Gnade

Ist dir jemals aufgefallen, daß du deinem Partner gegenüber wegen jeder Kleinigkeit wütend reagierst, und das gerade dann, wenn er dich mit seiner Liebe überreich beschenken wollte? Wenn du dies mit wachem Bewußtsein betrachtest, wird dir aufgehen, daß du tatsächlich die Wahl hast zwischen deinem Zorn und dem Geschenk der Liebe deines Partners. In unserer Selbstgefälligkeit, die uns daran hindert, offen auszusprechen, was uns den Nerv raubt, entscheiden wir uns oft für den Zorn und erkennen dabei nicht einmal, daß wir eine Gelegenheit versäumen, Freude und Zufriedenheit zu empfinden.

Zorn entsteht, wenn wir beurteilen und verurteilen. Wenn wir unseren Zorn einer kritischen Überprüfung unterziehen, kann uns deutlich werden, daß wir in dieser Hinsicht eine Wahlmöglichkeit haben. Zorn (damit ist hier die normale physiologische Reaktion gemeint) hält etwa viereinhalb Minuten an. Danach ist Zorn etwas, das wir richtig spüren und geradezu hegen. Das im Zorn abgegebene Urteil verstellt die Möglichkeit, Gnade zu erfahren, etwas Übernatürliches, Wunderbares. Gehen wir aber in voller Kenntnis dieses Sachverhalts und guten Willens vor, anstatt über andere urteilen zu wollen, bietet sich uns die Gelegenheit, Hilfe und Liebe anzubieten; auf diese Weise können wir zum Weg werden, auf dem Gnade in die belastete Situation gelangt. Jedesmal wenn wir zum Werkzeug der Gnade werden, geschieht das, weil sie uns selbst widerfahren ist, auf daß wir sie weitergeben. Sobald wir uns für die Gnade entscheiden und gegen den Groll, können wir zum Sendboten völliger Verwandlung und Heilung werden – ein Sendbote des Himmels.

Nimm dir heute vor zu erkennen, wo du dich, nach deiner eigenen Einschätzung, entweder zurückziehst oder zu aggressivem Verhalten neigst. Entscheide dich für Liebe und Gnade. Wirf einen Blick zurück auf entscheidende Phasen deines Lebens, die von Rückzug oder Angriff bestimmt waren, und triff, tief in deinem Inneren, eine neue Entscheidung zugunsten der Gnade. Deine Bereitschaft, Gnade zu erweisen, könnte dazu führen, daß die Situation schließlich völlig verändert wird.

97. Einsatz für eingegangene Bindungen macht dich bereit zu empfangen

Hinter deinem Bemühen, dich für eingegangene Bindungen einzusetzen, steht die bewußt getroffene Entscheidung, dich selbst so umfassend einzubringen, wie du nur irgend kannst. Geben und Empfangen gehören von Natur aus zusammen, und daraus folgt, daß du um so mehr empfängst, je stärker du dich für etwas engagierst, das heißt, je mehr Einsatzbereitschaft du für etwas aufbringst. Je mehr du deinem Partner schenkst, um so stärker erkennst du die Schönheit deines Partners, seine Begabungen und wie wunderbar er ist. Dir geht auf, wie großartig er ist. Weil du ihm gibst, kannst du ihn mit den Augen der Liebe betrachten, die es dir gestatten, ihn so zu sehen, wie er wahrhaft ist. Dein Einsatz – und das heißt: was du einem Menschen gibst – legt fest, wie großartig er ist. Wie bedeutsam eine Situation wirklich ist, auch für dich, hängt davon ab, wieviel von dir selbst du in diese Situation eingebracht hast. Jede Situation, in der du über dich hinausgewachsen bist und das übertroffen hast, was du als die dir gezogenen Grenzen ansahst, führt dich zu einer Veränderung deines Bewußtseins. Dadurch daß du so viel gibst, wirst du selbst offen, große Gaben zu empfangen, in denen höchste Freude, ja Verzückung liegt. Je größer dein Einsatz und deine Bereitschaft zu geben ist, um so mehr kannst du empfangen. Wenn dir eine Beziehung nichts gibt, betrachte das Maß deines eigenen Einsatzes. Erinnere dich: Rollen, Pflichten und Opfer sind unechte Formen der Einsatzbereitschaft und des Gebens.

Beschäftige dich heute mit einem Gebiet, auf dem du mehr empfangen möchtest. Überlege, wie du dich selbst umfassender einbringen kannst. Aufopferung zählt dabei nicht. Vergiß nicht: Aufopferung ist die unechte Form von Einsatz. Die bewußte Entscheidung, dich voll einzubringen, gestattet es dir, eine Situation noch intensiver zu genießen. Je mehr du gibst, um so besser fühlst du dich, und um so mehr empfängst du. Sich verbindlich zu engagieren heißt, sich bewußt für das Geben zu entscheiden.

98. Eine verpflichtende Bindung einzugehen heißt, sich selbst gegenüber treu zu sein

Nur wenn wir uns voll und ganz für etwas einsetzen, beginnen wir zu begreifen, wer wir wirklich sind. Wenn wir uns voll und ganz einsetzen, geben wir so viel von uns selbst, daß wir Schritt für Schritt unser wahres Wesen kennenlernen und begreifen, was wirklich wichtig für uns ist. Dieses Wissen ergibt sich nicht aus der Zurückhaltung und nicht aus Klagen, sondern stellt sich ein, wenn wir mehr geben als die Vereinbarung besagt, wenn wir im Geben weit über das Vereinbarte, über die auferlegte Verpflichtung, über das von uns Erwartete hinausgehen. Sich zu binden und sich für diese Bindung engagiert einzusetzen, bedeutet, den Reichtum und die Tiefe deiner selbst wahrzunehmen. Du lernst das Wesen kennen, das gute Dinge auf sich zieht, und du lernst dich selbst als wertvolles Wesen kennen.

Erinnere dich an einen Zeitpunkt, zu dem du das Gefühl hattest, weit über dich selbst hinausgegangen zu sein, dich selbst voll und ganz, hundertprozentig, gegeben zu haben, ohne auch nur die geringsten Erwartungen zu hegen. Fühle dich wieder in diese Situation hinein. Laß die damaligen Empfindungen wieder auf dich einwirken. Höre, was die Menschen zu dir sagten. Wie empfandest du die Umstände der damaligen Situation? Genieße es, all das erneut zu empfinden. Und nun übertrage dieses Gefühl in deine heutige Situation. Was würdest du am liebsten anders tun? Wieviel mehr von dir selbst würdest du liebend gern in dieser Situation geben? Dieses Gefühl der Freude, das dich durchströmt, wenn du dich voll und ganz gibst, kann dir gehören. Uneingeschränktes Geben schafft die Voraussetzungen, um Gnade und verborgene Begabungen, verborgene Schätze, freizulegen. Dieses uneingeschränkte Geben ist der Stoff, aus dem Wunder gemacht werden.

99. Kein Problem kann deiner Hingabe widerstehen

Jedes Problem verweist auf einen Konflikt in deinem Inneren, wo Teile deiner selbst wetteifern, um verschiedene Bedürfnisse erfüllt zu bekommen. Kein Problem kann deiner Entscheidung widerstehen, all diese Teile in Harmonie zu vereinen. Hingabe heißt, daß du dich selbst hundertprozentig einbringst. Kein Problem kann einer hundertprozentigen Hingabe standhalten. Wenn sich ein Problem bemerkbar zu machen beginnt, bringe dich mit dem vollen Prozentsatz, also mit einhundert Prozent, ein; das wird dich unweigerlich zum nächsten Schritt führen. Wenn du fortfährst, alles einzusetzen, was dir zur Verfügung steht, werden dir neue und immer neue Schritte möglich, und du wirst von einer stetig fließenden Bewegung ergriffen. Wenn du einhundert Prozent von dir selbst gibst, kommt vieles ganz leicht und selbstverständlich zu dir. Tore öffnen sich. Gelegenheiten eröffnen sich. Schicksalsfügungen sind auf deiner Seite. Kein Problem kann der Kraft standhalten, die in deiner Entscheidung liegt, einhundert Prozent von dir selbst zu geben.

Betrachte das schwerwiegendste Problem, dem du dich gegenübersiehst, und frage dich, wieviel du von dir selbst zur Problembewältigung einsetzt. Wann hast du den verbleibenden Prozentsatz zurückgezogen? Geschah es vor langer Zeit, oder liegt es erst kurze Zeit zurück? Heute kannst du die bewußte Entscheidung treffen, in der betreffenden Situation einhundert Prozent von dir selbst einzusetzen. Nichts wird widerstehen können, wenn du soviel von dir selbst gibst. Es liegt in deiner Kraft, deine Erfahrung völlig zu verändern, allein durch deine Hingabe, deinen engagierten Einsatz. Völlige Hingabe und voller Einsatz schaffen einen Zustand visionärer Kraft.

100. Hinter deinem Schmerz steckt möglicherweise Abwehr gegen deine sexuelle Energie

Sehr häufig benutzen wir Schmerz oder Probleme, um unserer sexuellen Energie auszuweichen. Es mag sein, daß wir angesichts unserer sexuellen Energie befangen sind, weil wir uns wegen der Art, in der wir in der Vergangenheit mit ihr umgegangen sind, schuldig fühlen oder überhaupt einfach, weil wir so sexy sind. Wir haben das Gefühl, daß wir mit der Aufmerksamkeit, die wir so erregen, nicht fertigwerden können, daß es uns schwerfällt, nein zu sagen, und daß es zweifellos ein heilloses Durcheinander heraufbeschwören würde, wenn alles, was dem anderen oder auch unserem eigenen Geschlecht angehört, Hunde, Katzen und Pferde eingeschlossen, uns nach Hause folgen würde. Deine eigene Energie zu spüren heißt aber, etwas zu erleben, das reich und heilkräftig ist, etwas, das dich verjüngen und ein Geschenk für deinen Partner darstellen wird. Wie sich dein Bewußtsein erweitert, so wird deine sexuelle Energie wachsen; und es ist notwendig, daß deine sexuelle Energie wächst, damit du in höhere Zonen des Bewußtseins gelangst. Jede Art von Freude enthält diese elektrisierende, erregende Energie.

Du kannst deinen Schmerz heute leicht hinter dir lassen, indem du dich bereitmachst, deine sexuelle Energie zu fühlen. Und du kannst eine sichere Energie aus ihr machen durch das Maß an Liebe, das du mit ihr weitergibst.

101. Herzeleid ist ein Akt der Vergeltung

Großen Kummer durchzumachen heißt, auf der Verliererseite eines Machtkampfes zu stehen. In einer solchen Situation greifen wir oft auf Formen der Erpressung mit Hilfe des Gefühls zurück. Eine der besten Möglichkeiten dieser emotionalen Erpressung ist Herzeleid. An gebrochenem Herzen zu leiden, ist eine Methode, mit der man an einem anderen Menschen Rache nehmen kann. Wir stehen blutend an seiner Türschwelle und sagen: „Dieser Mensch kann nicht gut sein angesichts dessen, was er mir angetan hat. Ich werde für ewige Zeiten als Mahnmal vor seiner Tür stehen und damit beweisen, wie niederträchtig er ist.“ Unser Kummer ist eine Form der Vergeltung.

Erkenne heute ganz bewußt an, daß dein großer (Liebes)Kummer eine Stufe des Machtkampfes ist. Vergeltung markiert das Stadium eines verhärteten Machtkampfes. Unser großer Kummer ist ein Beispiel für diese Art von Verhärtung. Vergib den Menschen, die deinen Kummer verursacht zu haben scheinen – dich selbst eingeschlossen. Benutze nicht andere Menschen, um dich selbst zurückzuhalten.

102. Was du in deiner Beziehung vermißt, ist das, was du ihr vorenthältst

Wovon möchtest du in deiner Beziehung mehr haben? Sind es romantische Erlebnisse? Liebe? Überfülle? Sex? Worauf wartest du eigentlich? Wenn du es möchtest, dann wird es Zeit für dich, deine Beziehung damit zu bereichern. Verschiedene Menschen bringen verschiedene Gaben in eine Beziehung ein. Du magst die ganze Zeit darauf gewartet haben, daß dein Partner etwas ganz Bestimmtes in die Beziehung einbringen würde, obwohl es deine Funktion, deine Aufgabe gewesen wäre, es einzubringen. Wenn du etwas in der Beziehung vermißt, dann bist du offensichtlich derjenige, der aufgerufen ist, es zu tun. Wenn du siehst, daß der Beziehung etwas fehlt, dann ist es offensichtlich deine Aufgabe. Höre also auf, dich zu beklagen, und beginne damit zu geben. Dein Einfallsreichtum, den du für diese Beziehung einsetzt, wird dir eine Menge Freude machen.

Verwirkliche, was du in der Beziehung vermißt, indem du selbst es einbringst, und zwar in einer Weise, wie sie einfallsreicher nicht sein könnte. Das wird dir Freude machen, du wirst dich dabei selbst öffnen, du wirst dich selbst als Gebenden und Empfangenden erfahren, du wirst spüren, wie deine Zuversicht wächst, und die Beziehung wird sich durch das, was du ihr gegeben hast, weiterentwickeln. Sei dir bewußt: Es hängt nicht ab von der Form, in der du gibst; wenn du, zum Beispiel, mehr Sex haben möchtest, dann heißt das nicht, daß du deinem Partner mehr Sex anbieten solltest, sondern ein Mehr an sexueller Energie, um Sex erstrebenswerter zu machen. Wenn dein Partner nicht mehr so recht an Sex interessiert zu sein scheint, dann ist das manchmal ein Anzeichen dafür, daß du selbst das Interesse an Sex verloren hast oder dich gar in dieser Hinsicht von deinem Partner abgewendet hast. Erschließe eine neue Ebene sexueller Energie und inspiriere deinen Partner.

Was scheint deine Beziehung am meisten zu benötigen? Gib jeden Tag der kommenden Woche etwas, das mit diesem Mangel zusammenhängt, und gib in unterschiedlicher und einfallsreich-schöpferischer Form.

103. Was du glaubst, haben zu müssen, ist das, was anderen zu geben du aufgerufen bist

Die einfachste Methode, ein schmerzlich empfundenes Bedürfnis zu heilen, ist die, das zu geben, was du glaubst zu benötigen. Deine Bedürfnisse in einer Beziehung sind haargenau die Dinge, die zu geben du aufgerufen bist. Gewöhnlich haben wir keine größere Beschwerde vorzubringen als die, daß unsere Eltern einige unserer Bedürfnisse nicht erfüllt haben. Aber was wir von unseren Eltern brauchten, ist tatsächlich genau das, was wir ihnen hätten geben sollen. Unsere Überzeugung, daß wir dies von ihnen benötigten, hätte sich aufgelöst, wären wir in der Lage gewesen, es ihnen zu schenken. Einer der folgenreichsten Aspekte der Verschwörung, die wir gegen uns selbst anzetteln, ist darauf zu warten, daß ein anderer unsere Bedürfnisse erfüllt, obschon doch unsere Bedürfnisse klarer als irgend etwas anderes darauf hinweisen, was wir geben sollten.

Beschäftige dich mit dem, was du nach deiner Empfindung brauchst, und fühle dich verantwortlich dafür, es selbst in die Beziehung einzubringen. Wenn es etwas gibt, das du am Arbeitsplatz oder in deiner Familie haben willst, sei du derjenige, der es möglich macht. In dieser Hinsicht die Initiative zu ergreifen, wird dich sehr glücklich machen, denn es versetzt dich in die Lage, Gutes für dich selbst und andere zu tun.

104. Geschäftigkeit ist einer der beliebtesten Tricks, mit dem wir uns selbst in die Rolle des wertlosen Partners treiben

Wir leben in geschäftigen Zeiten. Obwohl moderne Technik und Technologie vorgeben, uns Zeit zu sparen, scheinen uns doch die Projekte, die wir angehen, die Geschäfte und Aktivitäten und Hobbies, mit denen wir uns beschäftigen, die Veranstaltungen, die wir besuchen, über den Kopf zu wachsen. Je mehr Technologie uns zur Verfügung steht, um so gehetzter scheinen wir zu werden. Häufig genug kann diese Geschäftigkeit unsere Beziehungen überlagern, Gewalt über sie gewinnen. Wir hetzen von einer Aktivität zur anderen und nehmen uns nicht mehr die Zeit, einfach zu genießen, für unseren Partner dazusein, zu empfangen und ihn in seiner Einzigartigkeit zu erfahren. Inmitten all dieser Geschäftigkeit, nimm dir Zeit, um dir Klarheit darüber zu verschaffen, was wirklich wertvoll für dich ist, was es ist, das für dich für alle Ewigkeit Bestand haben wird im Gegensatz zu Dingen, die bestenfalls als Strohfeuer oder Eintagsfliegen gelten können.

Beschäftige dich heute damit, welche Dinge du eingesetzt hast, um dich selbst abzulenken, dich selbst daran zu hindern, mit deinem Partner zusammen zu sein. Es mag schon sein, daß ihr Dinge gemeinsam tut, dabei aber nicht wirklich zusammenkommt. Betrachte die Dinge, die den Weg zu wirklich Wichtigem und Bedeutsamem verstellen, die zwischenmenschliche Kontakte verhindern. Sei offen für die Einsicht, daß sie dich sehr wohl davon abhalten, dein Herz zu entwickeln, deinem Leben Schritt für Schritt Sinn zu verleihen. Denke zwanzig Jahre weiter. Was wirst du dann von den Aktivitäten halten, die dich heute beschäftigen? Stelle dir den letzten Tag deines Lebens vor. Werden dir diese Aktivitäten dann immer noch bedeutsam vorkommen, verglichen mit der Zeit, die du mit dem über alles geliebten Menschen hättest verbringen können? Sei bereit, heute auf die unwesentlichen, eigentlich nicht zu dir gehörenden Tätigkeiten zu verzichten und dankbar anzuerkennen, was deine Wertschätzung wahrhaft verdient.

105. Hinter jeder Rolle steckt die Versuchung sterben zu wollen

Rollen verdecken eine Menge. Eine Rolle ist die harte äußere Schale, hinter der sich ein Teil unseres Charakters verbirgt, den wir in einer Situation annahmen, in der wir uns zum Sterben schlecht fühlten. Wir hatten das Gefühl, wertlos zu sein. Wir fühlten uns wie ein totaler Versager. So gaben wir unsere Identität auf und nahmen eine Rolle an. Eine Rolle zu spielen heißt, das Richtige aus dem falschen Grund zu tun. Eine Rolle läßt niemals zu, daß wir empfangen. Ganz gleich, wie erfolgreich wir auch sind, der Erfolg enthält keine wirkliche Belohnung, nährt uns nicht. Eine Rolle kann einem Kind helfen, eine Vorstellung von der Wichtigkeit der Persönlichkeit zu entwickeln und richtig von falsch unterscheiden zu können. Später im Leben wird aus diesen Regeln der Schutzpanzer, der uns niederdrückt, die Last, die uns alle Kraft nimmt, eben weil wir aus dem, was wir tun, nichts Nährendes und Stärkendes gewinnen. Wir tun es, weil wir das Gefühl haben, daß man es von uns erwartet, nicht aber, weil wir es wirklich wollen. Unter jeder Rolle liegt ein gewisses Maß an Müdigkeit, ein Gefühl der Wertlosigkeit in bezug auf unsere eigene Person. Jedermann in unserer Nähe mag überzeugt davon sein, daß wir erfolgreich sind, wir selbst aber fühlen uns ausgebrannt, wie eine leere Hülse oder sogar wie ein Schwindler. Dieses sind die ursprünglichen Gefühle, die uns veranlaßten, eine Rolle anzunehmen, denn zum Wesen der Rolle gehört Kompensation und Abwehr. Rollen können eindrucksvoll sein, aber sie erdrücken und töten uns.

Wenn du von dieser Art von Gefühlen erfüllt bist, mache dir klar, daß du dabei bist, dich durch eine Rolle hindurchzukämpfen. Dies sind Gefühle, die die Rolle bisher kompensiert und verborgen hat. Eine der leichtesten Methoden, eine Rolle hinter sich zu lassen, ist die der bewußten Entscheidung. Anstatt automatisch das zu tun, was andere von dir erwarten, triff eine bewußte Entscheidung: „Dies ist, wofür ich mich entscheide.“ Deine Wahl schafft die Grundlage für eine wahrhafte Form des Gebens, für einen dein Leben bestimmenden Aspekt, der dich heilen und nähren kann. Wahrhaftes Geben, in dem du eben nicht gibst, weil das von dir erwartet wird, sondern weil du es auf Grund einer freien Entscheidung so willst, das muß der entscheidende Punkt für dich sein.

Wenn du an eine Stelle gelangst, an der der Tod für dich eine Verlockung darstellt, ein Gefühl, das jeder unserer Rollen zugrundeliegt, laß dich davon nicht erschrecken. Halte der Verlockung des Todes stand im Bewußtsein, daß der Weg durch dieses Gefühl hindurchführt und daß du am anderen Ende eine für den endgültigen Durchbruch geeignete Stelle finden wirst. Vor dem Sterbenwollen wegzurennen, gibt diesem Gefühl noch mehr Macht über dich. Biete ihm entschlossen die Stirn: Entscheide dich bewußt gegen das Sterben, aber spüre den entsprechenden Gefühlen nach, halte ihnen stand, bis sie sich auflösen. Du wirst die Verlockung des Todes hinter dir gelassen haben, und was eine Rolle war, wird nun für dich Wirklichkeit. Jetzt kannst du die innere Mitte zurückgewinnen, die du vor langer Zeit verlorst.

Ein schneller zum Ziel führender Weg als der, der Verlockung des Todes standzuhalten, bis sie sich verflüchtigt, ist der, dich bewußt für das Leben zu entscheiden und in deiner Phantasie geradewegs auf die Todessehnsucht zuzugehen und durch sie hindurchzumarschieren. Während du das tust, wird die Todessehnsucht von dir abfallen, und du wirst frei sein. Die Sehnsucht nach dem Tode kann dich wirklich nur ein einziges Mal in Angst und Schrecken versetzen, nämlich dann, wenn du dich zum allerersten Mal so verhältst. Wenn es dir notwendig erscheint, bitte einen Freund um Hilfe. Stelle dir vor, die Todessehnsucht sei etwa in der Mitte des Raumes; gehe mit dem dich unterstützenden Freund auf sie zu und durch sie hindurch. Die Erleichterung, die du spüren wirst, ist genau das, was du dringend brauchtest.

106. Wenn du berücksichtigst, wie schwer es doch ist, sich selbst zu ändern, dann ist es albern zu erwarten, daß du einen anderen Menschen ändern könntest

Unser Verlangen, irgendeinen anderen Menschen zu verändern, ist albern, wie du leicht einsehen wirst, wenn du dir vor Augen führst, was du in dieser Hinsicht vorzuweisen hast. Selbst wenn wir wider Erwarten Erfolg haben, verlieren wir dabei, weil der von uns Veränderte dabei seine Attraktivität einbüßt. Die einfachste Methode, jemanden zu einer Veränderung anzuregen, ist, dich selbst zu verändern und dich selbst voranzubewegen. Dies stellt einen unwiderstehlichen Aufruf an deinen Partner dar, es dir gleichzutun.

Wer ist der Mensch in deinem Leben, von dem du am stärksten wünschst, er wäre anders? Genau dieser Mensch verkörpert einen Bereich in dir selbst, der verhärtet ist und sich Veränderungen widersetzt. Bitte heute um die Hilfe des Himmels, damit du voranschreiten und genau das geben kannst, dessentwegen du den anderen verändern wolltest, um ihn auf diese Weise zu befähigen, dir umfassend zu geben. Du sollst den Schritt nach vorne tun, du sollst bereit sein zu geben, was du von deinem Partner haben wolltest. Dein Glück steht auf dem Spiel, und es liegt in deinen Händen.

107. *Wie ein anderer dir gibt, genau so möchte er von dir beschenkt werden*

Überlege sorgfältig, was die Menschen, die dir am nächsten stehen, dir geben, wenn sie dir ein Geschenk machen. In welcher Weise unterstützen sie dich? Genau so würden sie liebend gerne unterstützt werden. Beschäftige dich eingehend mit ihnen. Ist dir jemals aufgefallen, daß du von anderen oft die Geschenke erhältst, die sie am liebsten selbst bekämen? Wenn du deinen Partner genau beobachtest, wirst du in die Lage versetzt, ihm in einer Weise zu geben, die ihm das Gefühl vermittelt, wirklich und ehrlich geliebt zu werden. Wenn dir dein Partner beispielsweise immer wieder sagt „Ich liebe dich!" so weißt du, daß du es ihm ebenfalls sagen solltest. Unterstützt dein Partner dich, indem er bestimmte Dinge für dich tut? Gib ihm in derselben Weise, in der er dir beständig gibt. Berührt dich dein Partner häufig? Nun, das ist es, wonach er sich sehnt – berührt zu werden.

Beobachte deinen Partner, beschäftige dich mit ihm. Wenn er dir wahrhaft gibt, gibt er dir, was er gerne hätte. Dies ist eine entscheidende Einsicht, die dazu beitragen kann, daß Menschen sich wirklich geliebt fühlen.

108. Alle Dreiecksbeziehungen erwachsen aus dem Glauben, daß man in einer Beziehung nicht alles haben kann

Wir alle haben Überzeugungen, die uns einschränken und die besagen, daß wir in einer Beziehung nicht alles finden können. Man hat uns klargemacht, daß wir erwachsen werden müssen, daß wir nicht in einer Märchenwelt leben können, in der wir rundherum glücklich sind und alles haben, was wir wollen. Aber die Überzeugung, daß wir nicht alles haben können, speist sich eigentlich aus einer tieferen Quelle, dem Glauben nämlich, daß wir nicht gleichermaßen die Liebe unserer Mutter und unseres Vaters haben können. Dieser Glaube verweist auf das Ungleichgewicht der Familien, in die wir geboren wurden, und auf den mangelnden Zusammenhalt, der uns allen in der Kindheit zu schaffen machte. Unsere Eltern hatten sich in gleicher Weise damit auseinanderzusetzen. Und heute bringt uns der Glaube, daß wir die Liebe unserer Mutter und unseres Vaters nicht gleichermaßen haben können, zu der Überzeugung, man könne nicht alles erdenklich Gute in einer Beziehung bekommen.

Deine Bereitschaft, alles dir Mögliche in die Beziehung einzubringen, würde es ihr gestatten, dir alles zu geben. Wir können sehr wohl jene ursprünglichen Beziehungen nachträglich ins Gleichgewicht bringen und erfahren, daß wir sowohl die Liebe unserer Mutter als auch unseres Vaters haben können.

Es ist ganz typisch, daß wir mit einem Elternteil geradezu verschmolzen und einen Gegenpol zu dem anderen einnahmen. Wir waren uns der Grenzen zwischen dem einen Elternteil und uns selbst nicht bewußt, während wir Wert legten auf eine sehr distanzierte und unabhängige Position von dem anderen Elternteil. Dieses Ungleichgewicht schafft andere Unausgewogenheiten. Deine Karriere mag, zum Beispiel, für dich stärkeres Gewicht haben als eine zwischenmenschliche Beziehung, oder aber du magst Erfolg in deiner Beziehung, nicht aber in deiner beruflichen Laufbahn haben. Die Lehre, die du zum gegenwärtigen Zeitpunkt zu beherzigen hast, ist, daß du alles in einer Beziehung erreichen kannst. Und wenn du es erst einmal begriffen hast, kannst du anderen zum Verständnis verhelfen.

Setze dich ganz ruhig hin, entspanne dich, schließe deine Augen und stelle dir vor, du wärest wieder ein Kind. Stelle dir vor, daß zwischen dir und deinen Eltern alles im schönsten Gleichgewicht ist, ein vollkommenes Dreieck des Lichts, und daß jeder von euch eine Spitze des Dreiecks einnimmt. Stelle dir vor, daß du von beiden Eltern alle Gaben und alle Liebe, deren sie fähig sind, empfängst und daß du alle deine Gaben und all deine Liebe gleichermaßen an beide schenkst. Füge nun deine Geschwister angemessen und ausgewogen in das Bild ein, so daß dir alle ihre Gaben und all ihre Liebe zuströmen können. Stelle dir vor, daß sich in deiner gegenwärtigen Beziehung dasselbe zwischen deinem Partner und dir und euren Kindern, falls ihr Kinder habt, ereignet. Stelle dir eine vollkommen ausgeglichene Form vor, die Gleichgewicht und Harmonie zwischen euch allen widerspiegelt.

109. Wenn du mit einem anderen Menschen symbiotisch verbunden bist, opferst du dich auf

Wenn du mit einem anderen Menschen verschmolzen bist, kennst du die natürlichen Grenzen zwischen dir und dem anderen nicht mehr. Du hast kein Gefühl mehr dafür, wo deine wahre Mitte liegt, und wenn die Beziehung zu diesem Menschen immer enger wird, wirst du in seine Einflußsphäre hineingezogen. Dies reißt dich aus der Bewegung heraus, die auf dein Lebensziel gerichtet ist, und darauf, dein eigenes Leben zu leben. Es ist ganz typisch, daß du das Gefühl hast, den Menschen, mit dem du derart eng verbunden, geradezu unauflöslich vereint bist, dein ganzes Leben schon geliebt zu haben. Du spürst, du möchtest diesem Menschen alles geben, du möchtest für ihn in jeder nur denkbaren Weise sorgen, oder du möchtest für ihn alles besser und immer besser machen. Eine Verschmelzung dieser Art ist möglich mit unseren Eltern, unserem Ehegatten, unseren Kindern. Ganz egal, um wen es sich handelt: Verschmelzung zwingt uns in die Opferhaltung. Wir ermöglichen vieles, aber wir sind doch nur falsche Helfer. Wir helfen und helfen und helfen, und doch ändert sich nichts, und niemand bewegt sich voran. Ihr beide begebt euch lediglich in einen Teufelskreis gemeinsamer Abhängigkeit. Es kann sein, daß du das Gefühl hast, Tausende von Kilometern gehen zu müssen, nur um wegzukommen, um etwas Luft zum Atmen zu haben. Wenn du mit einem Elternteil in der genannten Weise verschmolzen bist, dann kann sich das Gefühl einstellen, weggehen zu müssen, ganz gleich, wie sehr du Vater oder Mutter auch liebst. Bist du mit einem anderen Menschen verschmolzen, befindest du dich in einer Opferhaltung. Du kannst aber den Menschen um dich herum nur dadurch helfen, daß du dein eigenes Leben lebst.

Setze dich still hin und schließe die Augen. Stelle dir vor, in deinen Händen ruht das Schwert der Wahrheit. Dieses Schwert der Wahrheit zerschneidet nur, was mit Illusionen zu tun hat, was nicht der Wahrheit entspricht. Stelle dir vor, wie das Schwert der Wahrheit schneidet, zertrennt und daß dabei nur das Unwahre dahinschwindet; dazu gehören alle Grenzen und Gräben zwischen dir und jedem Mitglied deiner Familie, besonders deinem Partner. Schau zu, wie das Schwert der Wahrheit die durch Verschmelzung und Opferhaltung auferlegten Fesseln durch-

schneidet und das Wahre, das Echte zurückläßt. Stelle dir vor, daß mit dem Abtrennen des Unwahren wahre Liebe und verbindende Kraft wirksam werden können.

Vielleicht gehörst du zu den Menschen, die das fesselnde Band nur einmal zu zerschneiden brauchen und sich damit ein für allemal befreien. Es kann aber auch sein, daß du das fesselnde Band im Abstand von wenigen Tagen immer wieder neu zerschneiden mußt. Du magst den Wunsch verspüren, die Bande zu zerschneiden, die dich mit einer Reihe von Menschen verbinden, mit denen du so sehr verschmolzen bist, daß dir das Gefühl für natürliche Grenzen verlorengegangen ist. Mit dem Zerschneiden des Bandes, das dich an diese Menschen kettet oder an entsprechende Tätigkeiten oder auch Abhängigkeiten, wirst du ein größeres Gefühl der Freiheit empfinden, und mit der Beendigung der Verschmelzung kannst du nun ein vertrauteres und innigeres Verhältnis zu diesen Menschen aufbauen.

110. Symbiotische Verschmelzung stellt sich ein, wenn die verbindenden Kraftströme unterbrochen sind

Wir alle haben ein Bedürfnis nach Nähe, Intimität, Zugehörigkeit und echter Bindung. Wenn unser Sinn für echte Bindung erschüttert worden ist oder wenn es nicht mehr existent zu sein scheint, brauchen wir, um überhaupt überleben zu können, irgendeine Erscheinungsform menschlicher Nähe, und deshalb streben wir nach Verschmelzung mit einem anderen Menschen. Auf diese Weise haben wir zumindest einen Hauch von zwischenmenschlicher Nähe. Verschmelzung bedeutet aber nicht echte Bindung, denn dabei geben wir unsere eigene Mitte und uns selbst preis. Wenn wir uns echt binden, geben wir, dadurch daß wir in unserer eigenen Mitte bleiben, die Gaben, die uns eigen sind, und wir empfangen die Gaben, die das Wesen anderer Menschen ausmachen. Unsere Entschlossenheit, echte, wahrhafte Bindung wiederherzustellen, und zwar auf dem Wege über Vergebungsbereitschaft und die Anerkennung der vorhandenen Liebe, gestattet uns, angemessene Grenzen aufrechtzuerhalten, nein zu sagen, wenn es richtig ist, nein zu sagen, und unser eigenes Leben zu leben.

Setze dich entspannt hin, und stelle dir vor, daß die wahren, die echten Verbindungen, die Bande des Lichts und der Liebe, dich mit all den Menschen verbinden, denen du dich verschmolzen fühlst. Sobald du diese Verbindungslinien erkennen kannst, fallen ganz selbstverständlich die Fesseln der Abhängigkeit und der Opferhaltung von dir ab, weil sie eben nicht der Wahrheit entsprechen.

111. Symbiotische Verschmelzung blockiert Kommunikation

Verschmelzung verhindert Kommunikation, weil du dich dem anderen so eng verbunden fühlst, daß du meinst, ihm bestimmte Dinge einfach nicht sagen zu können. Wenn du zu kommunizieren beginnst, macht sich eine natürliche Hemmung bemerkbar, fast so etwas wie die Abwehr eines Angriffs, weil du das Gefühl nicht überwinden kannst, daß es eine verheerende Wirkung auf dich haben müßte, wenn sich der andere von einer deiner Bemerkungen verletzt fühlen würde. Verschmelzung verhindert Kommunikation, weil Gefühle eine übergroße Bedeutung bekommen. Du bist verletzt, wenn dein Partner verletzt ist. Du leidest, wenn er leidet. Wenn er verärgert ist, entsteht für dich eine kaum zu ertragende Situation. Wenn er über dich verärgert ist, wird die Situation noch explosiver. Diese Über-Nähe hat die Tendenz, verbale Kommunikation zu blockieren. Ihr entwickelt einen Sinn dafür, über alles Mögliche in beiden Richtungen ohne Worte zu kommunizieren. Ein Blick kann aussprechen, wie sehr du deinen Partner liebst oder wie wenig er von dem angetan ist, was du tust. Ihr habt das Gefühl, es ist nicht erlaubt, das Gespräch zu suchen oder die Grundlagen für Heilung durch Kommunikation zu schaffen. Immer wieder sind da lediglich die flüchtigen Blicke, die alles besagen.

Denke an die Menschen in deinem Leben, denen du nur unter allergrößten Schwierigkeiten bestimmte Dinge sagen könntest. Dies sind die Menschen, denen du dich viel zu eng verbunden hast, mit denen du geradezu verschmolzen bist und denen gegenüber du absolut nicht bereit bist, ein Risiko einzugehen. Stelle dir vor, daß du das Schwert der Wahrheit einsetzt, um die Fesseln zu durchtrennen; anschließend kannst du in einen wahrhaften Dialog mit ihnen eintreten. Wenn es Dinge gibt, die du diesen Menschen schon lange sagen wolltest: Heute ist der Tag, es zu tun! Ob du nun mit deinem Geliebten, deinem Ehegatten, einem Elternteil oder deinem Kind eine entschieden zu enge Bindung hast, heute ist der Tag, die Fesseln zu zerschneiden und das Risiko einzugehen, einen Dialog mit ihnen zu beginnen.

112. Symbiotische Verschmelzung ist falschverstandene Liebe

Liebe, daran kann kein Zweifel bestehen, will nichts als das Allerbeste für den anderen Menschen. In der Liebe wächst du weit über dich hinaus, verbindest und bleibst doch unabhängig. Der Zustand der symbiotischen Verschmelzung aber ist gekennzeichnet durch gemeinsame Abhängigkeit. Verschmelzung hält dich davon ab voranzugehen. Wenn du der Helfer zu sein scheinst, hast du Angst, daß es dem anderen besser als bisher ergehen könnte, denn dadurch würde vor allem deine Abhängigkeit bloßgelegt, in der du dich vor dem Voranschreiten fürchtest. Deshalb gibst du dem anderen nur in einer ganz bestimmten Weise, nämlich so, daß er dir verpflichtet bleibt. Verschmelzung hält dich in diesem Zustand der Verpflichtung, während Liebe dir Freiheit schenkt. Wenn du dich irgendeinem Menschen verpflichtet fühlst, dann handelst du aus zu enger Bindung und kannst ihm keine wahrhafte Hilfe sein. Du könntest ihm nie entschlossen gegenübertreten oder zu seinem eigenen Vorteil hart zu ihm sein, nicht einmal dann, wenn dies absolut notwendig wäre. Verschmelzung blockiert diese Art entschiedenen Gedankenaustauschs, und sie legt deine Fähigkeit lahm, das zu sagen oder zu tun, was notwendig wäre, um dem anderen wirklich zu helfen. Verschmelzung verhindert Vertrautsein. Es ist eine Art falscher Nähe, die Interdependenz verhindert. Verschmelzung ist nicht in der Lage, Entwicklung und Heilung zu schaffen und den fruchtbaren Boden zu bereiten; all das schafft die Liebe. Im Zustand der Verschmelzung fühlen sich beide Menschen in gewisser Hinsicht wie (Ver-)Hungernde.

Überprüfe deine Beziehungen. In welchen bist du schon seit einiger Zeit unfähig, dich wirklich frei zu fühlen, weil du deine innere Mitte nicht mehr hast? Hast du dich in diesen Beziehungen aus freien Stücken gegeben oder aus Pflichtgefühl? Benutze das Schwert der Wahrheit, um dich selbst zu befreien und anderen mitteilen zu können, was gesagt werden muß. Dabei verschenke die Gaben und die Liebe, die dir eigen sind und die du verschenken möchtest.

Bitte deinen Höheren Geist, dich und den anderen Menschen zu eurer jeweiligen inneren Mitte zurückzutragen, dahin, wo Liebe und Wachstum ganz selbstverständlich vorhanden sind.

113. Mit einem anderen Menschen symbiotisch verschmolzen zu sein heißt, den Kontakt zum Leben einzubüßen

Wenn wir mit einem Menschen verschmolzen sind, haben wir unsere innere Mitte verlassen, um uns auf ein Ziel zuzubewegen, das kein lohnendes Ziel für uns sein kann. Von falschen Vorstellungen ausgehend, haben wir dem anderen Menschen mehr Bedeutung verliehen als unserem eigenen Sein. Wir haben ihn zum Ziel unseres Lebens gemacht. Es ist sicher wahr, daß wir mit Hilfe der Liebe uns selbst finden können; im Zustand des Verschmolzenseins jedoch werden wir aus unserer inneren Mitte gerissen, gewaltsam vom Strom des Lebens entfernt, und wir selbst hindern uns daran, wahrhaft geben zu können. Wir mögen zwar sehr großzügig erscheinen, aber in Wahrheit sind wir in einer Opferhaltung. Oder wir machen zwar allen möglichen Menschen Geschenke, übersehen aber, wie dringend wir uns selbst beschenken müßten, um eine viel größere Aufgabe erfolgreich bewältigen zu können. Im Zustand der Verschmelzung bist du ein falscher Helfer. Du hast dich zurückgezogen; deine Bereitschaft und verbindliches Engagement würden dich zu deiner eigentlichen Aufgabe zurückführen und zu dem, das dein Leben erfüllen könnte. Verschmelzung blockiert sowohl deine Fähigkeit zu geben als auch zu empfangen, es ist ein Gebiet, auf dem du keinerlei Belohnung bekommst. Du magst eine Menge gesät haben, aber du erntest nur wenig.

Beschäftige dich aufmerksam mit den Bereichen deines Lebens, auf denen du nicht empfängst, weil es genau die Bereiche sind, in denen du nicht wirklich gibst. Diese Bereiche könnten von Verschmelzung bestimmt sein, es könnte sein, daß du das Leben eines anderen lebst oder das Leben, das dir von einem anderen zugedacht worden ist. Begib dich zurück in deine eigene innere Mitte und lebe tatsächlich dein eigenes Leben, damit du nicht in den Nachrufen unter dem Namen eines anderen geführt wirst.

114. Was du in einem anderen siehst, ist das, wofür du dich selbst hältst

Wir vergraben die Dinge, die wir an uns selbst nicht mögen, und projizieren sie dann auf unsere Umgebung. Daraus folgt, daß, was wir in einem anderem sehen, dem entspricht, wofür wir uns selbst halten. Wenn du eine positive Eigenschaft in einem anderen Menschen siehst, sie dir selbst aber nicht zutraust, kannst du davon ausgehen, daß du diese Gabe unterdrückt hast, und zwar auf Grund von Schuldgefühlen oder aus Furcht, deiner eigenen Gabe nicht standhalten zu können. Möglicherweise wolltest du auch vermeiden, den Neid eines anderen auf dich zu ziehen, oder du hattest Angst, auf diesem Gebiet wegen deiner besonderen Fähigkeit anderen weiterhin vorauszusein. Du hast diese Begabung geleugnet, aber sie ruht immer noch in dir und wartet darauf, geweckt zu werden. Wäre es nicht so, würdest du diese Begabung in einem anderen Menschen gar nicht wahrnehmen. In genau derselben Weise handelt es sich bei den negativen Dingen, die du in anderen siehst, tatsächlich um das, was du von dir selbst glaubst. Du weißt um diese Zusammenhänge, denn sobald du dem Negativen in dir selbst vergibst, stört es dich nicht länger an anderen. Wenn das, was du in einem anderen siehst, das ist, was du von dir selbst hältst, mußt du dein Urteil über den anderen ändern. Andernfalls hängst du an dem Bild, das du von ihm hast, und wenn du dich davon nicht lösen kannst, gerätst du in eine Opferhaltung. Sei bereit, dem anderen zu vergeben und deine Urteile zu verändern, so daß eine positive Seite deines Wesens wieder an die Oberfläche gelangen kann.

Drücke einem Menschen, der dich mit seinen besonderen Gaben inspiriert, deine dankbare Anerkennung aus. Danke ihm dafür, daß er das (Wunsch-)Bild dieser Gabe wachgehalten hat; nur so konnte dir deutlich werden, daß diese besondere Fähigkeit überhaupt möglich war – nicht nur in deiner Welt, sondern sogar in dir selbst. Drücke sodann deine Hochachtung für einen Menschen aus, über den du ein Urteil abgegeben hast. Vergiß nicht: Je größer das Risiko, um so größer der Durchbruch, der dir gelingen kann. Anerkennung trägt dich über die Ebene des Urteilens hinaus und führt dazu, daß die Beziehung sich neu entfaltet.

115. Jedesmal, wenn du jemanden als unschuldig erkennst, befreist du dich selbst

Unschuld macht dich frei. Andere als unschuldig zu erkennen, befreit dich auch, weil du von deiner verborgenen Schuld befreit wirst, sobald du andere als unschuldig erkennst. Schuld hält uns in dem Glauben, unwürdig zu sein, sie hält uns in Opferbereitschaft, sie bringt uns immer wieder dazu, uns selbst zu bestrafen. Wenn du einen anderen Menschen für schuldig hältst, bestrafst du dich selbst. Deine Bereitschaft, Fehler zu übersehen und deinen Partner als unschuldig zu betrachten, wird dich befreien. Verstehe, dein Partner hat die ganze Zeit sein Allerbestes gegeben; das gilt vor allem dann, wenn du seine seelische Belastung und die äußeren Umstände berücksichtigst. Unterstützung und freundliche Betreuung sind eine viel größere Hilfe als Klagen.

Führe dir vor Augen, wo du andere Menschen als im Unrecht, schlecht oder schuldig angesehen hast. Frage dich selbst: „Auf welche Weise bestrafe ich mich selbst, wenn ich die anderen so sehe?" Laß dir einen Moment Zeit und nimm aufmerksam wahr, was dir plötzlich in den Sinn kommt. Wenn diese Strafe, die du dir selbst auferlegt hast, nicht dem entspricht, was du willst, so sei bereit, von der Voraussetzung auszugehen, daß die anderen unschuldig sind. „Ich werde mich heute durch eure Unschuld selbst befreien, ich werde mich heute durch meine Unschuld befreien." Gebrauche diese Worte als eine heilkräftige Formel. Sprich den Namen des entsprechenden Menschen aus und sage dann: „Ich sehe dich als unschuldig an, ich sehe mich selbst als unschuldig an, also können wir frei sein und in Zukunft als Verbündete auftreten!"

116. Ärger ist immer ein Deckmantel für ein anderes Gefühl

Erforsche deinen Ärger. Ärger ist ein auf Abwehr gerichtetes Gefühl, das ein anderes Gefühl schützt. Das tiefere Gefühl könnte Traurigkeit oder Verlust oder Kränkung oder Zurückweisung oder Vergeltung sein. Es könnte auch ein Gefühl der Schuld oder des Opfers, der Frustration oder der Enttäuschung sein. Es könnte Teil eines Machtkampfes sein. Vielleicht fühlst du dich auch so restlos fertig, daß du von dem Gedanken ausgehst, ein bißchen Ärger könnte zumindest dazu beitragen, die Dinge etwas in Bewegung zu bringen. Wut ist ebenfalls ein Deckmantel für andere Gefühle. Es macht uns rasend, ein Gefühl der Hilflosigkeit oder Erniedrigung oder Kränkung durchmachen zu müssen. Wir provozieren, ja, produzieren unseren Zorn, um uns vor schwerem Kummer, Eifersucht, Einsamkeit und dem Gefühl der Leere, des Ausgebrannt-Seins zu schützen. Manchmal bringt man den eigenen Ärger schnell hinter sich, indem man sich selbst die Frage vorlegt: „Welches Gefühl liegt eigentlich darunter verborgen?" Wenn du bereit bist, das Gefühl unter dem Ärger zu spüren, wird der Ärger selbst im Nu verschwinden, und du kannst vorangehen, um dich mit dem tieferen Gefühl zu beschäftigen, das den Ärger als Abwehr einsetzt.

Betrachte den Menschen, über den du verärgert bist, der dich rasend macht oder erzürnt, und begreife, daß jede Form des Ärgers, der Wut, des Zorns nichts ist als ein Mittel, dich daran zu hindern, deine Bereitschaft, dich zu verändern, in die Tat umzusetzen. Sei bereit zu erkennen und anderen zu vermitteln, was du unter dem Ärger verspürst; erwarte aber von den anderen keine bestimmte Reaktion. Deine Bereitschaft zur Kommunikation dient deiner eigenen Heilung. Beginne den heilenden Dialog noch heute. Die unter dem Ärger verborgen liegenden Gefühle führen zur wahrhaften Verbindung mit anderen, während die bloße Vermittlung deines Ärgers Kontrollmechanismen oder Machtkämpfe auslösen.

117. Vergeben heißt etwas auszustrahlen

Schuld bringt uns dazu, daß wir uns immer weiter zurückziehen. Wo auch immer wir uns selbst unwürdig finden, uns aufopfern oder uns selbst keinen Wert zugestehen, da ist ein Ort, wo wir uns zurückgezogen haben. In gleicher Weise markiert ein Verlust, den wir erlitten und nicht wirklich verarbeitet haben, eine Stelle, wo wir uns zurückgenommen haben. In der Gegenwart zeigen sich alle diese Verluste wie auch das Gefühl, unwürdig zu sein, in der Form von Werturteilen, die wir über andere Menschen gefällt haben. Wenn wir den Menschen in unserer Nähe vergeben, strahlen wir etwas Besonderes aus. Bereiche in unserem Inneren, die jahrelang vernachlässigt worden sind, können nun wieder fruchtbar gemacht werden. Wie wir säen, so werden wir ernten. Sobald wir erst einmal vergeben, bewegen wir uns vorwärts, zurück in den Fluß des Lebens, und wir können schließlich wieder empfangen. Durch Vergeben und Geben können wir wieder glücklich sein. Vergebungsbereitschaft gestattet es uns, all das Abgestorbene, Tote in uns wieder lebendig werden zu lassen und die abgespaltenen Teile unseres Selbst wieder mit dem Ganzen zu vereinen.

Denke an drei Gesichtspunkte, für die du deinen Partner verurteilst. Gehe davon aus, daß die Gebiete, auf die sich dein Urteil über deinen Partner bezieht, tatsächlich Stellen sind, an denen du deinem Partner nichts gibst oder an denen du ihm deine Unterstützung versagst. Bitte ernsthaft darum, ihm auf diesen Gebieten geben zu können. Bitte aufrichtig darum, dein eigenes Leben auf diesen Gebieten stützen zu können. Wenn du ihn in dieser Weise reich beschenkst, wirst du eine natürliche Vergebungsbereitschaft finden; du wirst außerdem ein ganz selbstverständliches Strömen empfinden und die Fähigkeit, auch auf diesen Gebieten zu empfangen.

118. Der Punkt, an dem sich ein Konflikt entzündet, eröffnet Chancen

Deine Grundeinstellung ist von überragender Bedeutung, weil sie die Richtung festlegt, in der du dich bewegst. Wenn du eine Auseinandersetzung als das mögliche Ende deiner Beziehung ansiehst, dann könnte es für dich tatsächlich so sein. Wärest du aber in der Lage, Konflikte unter dem Blickwinkel zu sehen, daß sie die Chance zur Heilung eröffnen, könntest du eine neue Ebene der Vertrautheit und der harmonischen Übereinstimmung zwischen dir und deiner Umgebung erreichen. Betrachte Konflikte und Auseinandersetzungen als ein Geschenk und nicht als einen weiteren Vorhof zur Hölle auf der Erde. Nimm wahr, daß du unterwegs bist zu einer neuen Ebene enger zwischenmenschlicher Beziehung und daß die bisher erfolgreich zurückgelegte Wegstrecke dir nun ermöglicht, dich dem tieferliegenden Konflikt in dieser Beziehung zuzuwenden. Nur wenn ein Paar eine bestimmte Entwicklungsstufe im vollen Bewußtsein seiner Kraft erreicht hat, kann es sich mit Problemfeldern auseinandersetzen.

Im Inneren eines jeden Menschen sind alle Konflikte dieser Welt vorhanden, aber wir sind lediglich in der Lage, uns zu einem bestimmten Zeitpunkt mit einer beschränkten Anzahl auseinanderzusetzen. Wenn wir in der Lage wären, jeden Konflikt in uns wahrhaft zu heilen, würden auch die Konflikte in unserer Umwelt heilen. Dann hätten wir die Antwort für unsere Freunde und Verwandten und auch für unsere Bekannten. Mit den Fortschritten, die wir machen, wachsen wir über die persönlichen Konflikte in unserer Beziehung hinaus, auch über die Konflikte, die unsere Freunde und Verwandten erleben, und mit zunehmender Reife werden wir in die Lage versetzt, tieferen und immer tieferen Konfliktebenen standzuhalten und dank zunehmender Sensibilität immer mehr dieser Konfliktbereiche erfolgreich anzugehen. Deine Sensibilität sagt dir jetzt, daß du dich mit einer neuen Konfliktebene auseinandersetzen kannst. Mache dir klar, daß dies eine Riesenchance für dich ist zu lernen und zu wachsen und daß dieser Konflikt die ganze Zeit im Inneren vorhanden war und darauf wartete, zum rechten Zeitpunkt an die Oberfläche zu gelangen. Er könnte nicht sichtbar werden, wenn nicht auch die notwendigen Mittel zur Lösung und die Antwort in dir vorhanden wären.

Betrachte einen aktuellen Konfliktbereich, als sei es ein für dich bestimmtes Geschenk. Sobald du deine Grundeinstellung gegenüber diesem Bereich veränderst, wird der Konflikt dir den Weg durch ihn hindurch weisen.

119. Um einen Konflikt zu lösen, strebe ein höheres gemeinsames Ziel an

Jeder, wirklich jeder Konflikt artet in einen Machtkampf aus, wenn du nicht ein höheres gemeinsames Ziel anstrebst. Selbst wenn es dir gelingt, deinen Partner mit Hilfe entsprechender Kontrollmechanismen dazu zu bringen, sich deinen Vorstellungen entsprechend zu verhalten, könntest du doch nicht mit der Erfüllung deiner Bedürfnisse rechnen, und du würdest anfangen, das Interesse an deinem Partner zu verlieren. Hast du aber erst einmal verstanden, daß sowohl in deinem eigenen wie auch im Standpunkt deines Partners jeweils ein für das Puzzle benötigtes Stück vorhanden ist, dann könnt ihr gemeinsam etwas Größeres, Schöneres erreichen. Ihr könnt euch dann einen auf einer höheren Ebene liegenden Zweck und eine wesentlich weiterreichende Lösung des Konflikts vorstellen und ausmalen. Beginne also damit, beide Seiten des Konflikts einer gründlichen Prüfung zu unterziehen. Wie sieht das höhere gemeinsame Ziel aus, das ganz selbstverständlich die beiden Teile des Puzzles in sich vereinigen würde? Wie sieht dieses höhere gemeinsame Ziel aus, das ganz selbstverständlich die Aspekte harmonisch miteinander verbinden würde, die zur Zeit noch miteinander im Streit liegen?

Ohne daß du deshalb unbedingt über die beiden Seiten des Konflikts nachdenken müßtest, gönne dir ungestörte Ruhe und bitte darum, daß dir die Einsicht in den höheren Zweck des Konflikts gegeben werde. Die Antwort mag schon wenige Sekunden, nachdem du all die Sorgen und Probleme des Tages abgestreift hast, urplötzlich in deinem Sinn auftauchen. Mit der gewonnenen Einsicht in den höheren Zweck des Konflikts hat die Konfliktlösung bereits eingesetzt. Was eigentlich hast du zu verlieren, wenn dein Gegner eine Wandlung zu deinem Verbündeten durchmacht?

120. Die meisten negativen Empfindungen haben nichts mit der Gegenwart zu tun

Die meisten negativen Empfindungen haben nichts mit der Gegenwart zu tun. Wir sparen uns normalerweise ein Gefühl auf, mit dem abzuschließen wir nicht den Mut hatten, und schaffen uns dann Erfahrungen in der Gegenwart, die uns die Gelegenheit geben, die in der Vergangenheit erlebte Empfindung freizusetzen. Wenn wir uns ein wenig intensiver mit einer entsprechenden Situation beschäftigen würden, die sich gerade erst in unserem Leben angebahnt hat, würden wir erkennen, daß der größte Teil des Schmerzes, den wir durchmachen, gar nichts mit der aktuellen Situation zu tun hat. Der sich aus der aktuellen Situation ergebende Schmerz stellt nur einen verschwindend kleinen Prozentsatz dar, der aber benötigt wird, Gefühle freizusetzen, die wir seit langer Zeit mit uns herumtragen. Wir sind darauf angewiesen, diese Gefühle auszugraben, damit wir Offenheit gegenüber dem Leben gewinnen, damit wird in die Lage versetzt werden, vom Leben zu empfangen. Wenn diese Gefühle ständig unterdrückt werden, eitern sie in unserem Inneren und werden giftig, schwächen unsere Gesundheit und unsere Bereitschaft, Freude an uns selbst und den Beziehungen zu anderen Menschen zu haben.

Betrachte heute jeden der Konflikte, mit denen du dich zur Zeit herumschlägst, ein wenig genauer. Erkenne, daß es sich bei diesen Konflikten um unerledigte Dinge handelt, die aus alten Situationen herrühren, die wiederum mit Gefühlen belastet sind, mit denen du nie fertiggeworden geworden bist. Ob du dich nun den alten Situationen selbst wieder nähern kannst oder nicht, das ist nicht entscheidend; entscheidend ist allein, daß du die Gefühle, um die es geht, wirklich fühlst, bis sie voll und ganz vergangen sind. Sei willens anzuerkennen, daß dein Partner und die Menschen in deiner Nähe keine Schuld trifft; ganz im Gegenteil: sie helfen dir, so weit zu kommen, daß du dich selbst heilen kannst. Sie helfen dir, dem Leben offener gegenüberzustehen und damit zu empfangen und dein Glück zu genießen.

121. Partnerschaft setzt schöpferische Kräfte frei

Partnerschaft setzt schöpferische Kräfte frei. Wenn du über das Stadium der Machtkämpfe hinausgekommen bist und die Todeszone hinter dir gelassen hast, dann betrittst du ein Gebiet, in dem dir und deinem Partner zunehmend besondere Fähigkeiten zuwachsen, in dem ihr unablässig neue und stärkere visionäre Kraft erhaltet. Dies ist die Entwicklungsstufe in einer Beziehung, die wir Co-Kreativität, gemeinsame Kreativität, nennen. Diese schöpferischen Kräfte, deren größte Triebfeder die Liebe ist, eröffnen dir und deinem Partner Gebiete der Erfüllung und der größeren Befriedigung. Liebe und Kreativität führen zum Glück. Wenn wir uns also in einer wahren Partnerschaft mit jemandem zusammenschließen und uns ihm eng verbunden fühlen, bringen wir eine Art elektrischer Ladung oder elektrischer Ströme in die Beziehung ein, die in der Folge durch neue Fähigkeiten und Talente und Chancen bereichert wird.

Überlege dir heute Mittel und Wege, dich mit deinem Partner zu verbinden. Verbringe den Tag, indem du über einen „Feldzug der Liebe" nachdenkst. Fühle die Verbindung und Liebe, die du für deinen Partner empfindest. Trotz der Trümmer und Ruinen, die den Weg versperren, sind Liebe und das Gefühl der Verbundenheit spürbar. Und das ist es, was in der Beziehung und im Leben wichtig ist. Je mehr du dich um Verbindung bemühst, um so mehr öffnet sich deine Beziehung, um so mehr wird sie erreicht von Fülle, Glück, Liebe und all den guten Dingen im Leben.

122. Sich gegen ein Gefühl zu sträuben führt dazu, daß es Schmerz bereitet

Sobald wir uns von einem Gefühl absetzen und uns sträuben, kommt ein anderes Gefühl nach oben, das vorher nicht unbedingt dagewesen sein muß – ein Gefühl des Schmerzes. Wenn wir also den Versuch unternehmen, dem Schmerz zu entgehen, zwingt uns diese Ausweichbewegung, die doppelte Anstrengung zu unternehmen und zweimal soviel zu verdrängen. Manchmal, zum Beispiel, sind wir nicht bereit, den Verlust eines geliebten Menschen zu durchleiden. Wir vermeiden es, die natürliche Trauer und den natürlichen Schmerz über den Verlust durchzustehen, was wir eigentlich tun müßten, um damit fertigzuwerden. Und während wir so vor diesem Gefühl zurückweichen, sorgen wir tatsächlich dafür, daß ein anderes Gefühl hinzukommt, das der Kränkung oder Zurückweisung. Dasselbe ereignet sich, wenn wir unsere Schuld nicht eingestehen wollen. Während wir uns fluchtartig von Schuldgefühlen distanzieren, ergänzen wir sie durch das Gefühl, verletzt worden zu sein, und dann kostet es uns noch mehr Mühe, das alles wieder zu unterdrükken. Wenn wir uns aber bewußt entscheiden, das Gefühl zu spüren, anstatt es in unserem Inneren zu begraben, wenn wir es voll und ganz aufnehmen und erfahren würden, würde es bald verschwinden. Das würde uns gestatten, neu zu beginnen und Enttäuschungen hinter uns zu lassen, die uns Schritt für Schritt altern lassen und uns niederdrücken.

Nimm heute die Gelegenheit wahr, jedes Gefühl, das in dir aufsteigt, sei es nun positiv oder negativ, wirklich intensiv zu spüren. Mache es zu einer intensiven Erfahrung. Falls es sich um ein negatives Gefühl handelt, wird es schließlich wegbrennen und sich in ein positives Gefühl verwandeln. Und die intensive Erfahrung eines positiven Gefühls kann es nur noch positiver machen.

123. Jedes Problem in deiner Beziehung ist ein Signal, daß ein Geschenk, eine Begabung, eine Chance zutage treten will

In gewisser Hinsicht stellt ein Problem eine Art Ablenkung dar. Es verweist auf einen Mangel an Zuversicht oder aber auf Angst. Aber wovor fürchtest du dich eigentlich? Was auf dich zukommt, ist eine neue Gabe, eine neue Begabung oder eine neue Chance. Hättest du nicht gerne den Mut, dies anzunehmen? Ist dies nicht genau das, was du immer wolltest? Deine Bereitschaft, dich zugunsten der Gabe, der Begabung, der Chance zu entscheiden, ist genau der Auslöser, der es zutage treten und das Problem, das nichts als ein Ablenkungsmanöver ist, verschwinden läßt. Ist das nicht die einfachste Methode, sich deiner Probleme anzunehmen? Betrachte sie in einem neuen Licht. Wann auch immer ein Problem auftaucht, sei dir bewußt, daß eine neue Gabe, eine neue Begabung, eine neue Chance für dich und deine Beziehung zutage treten will. Schau hinter das Problem und nimm wahr, welcher positive Gesichtspunkt sich dort verbirgt. Bringe die Bereitschaft und das Verlangen auf, das Geschenk wirklich haben zu wollen.

Stelle dir vor, wie diese neue Gabe, diese Begabung, diese Chance, vom Himmel kommend, über dich ausgegossen wird. Male dir aus, wie die in dieser Gabe enthaltene Energie auf dich übergeht. Male dir aus, wie die in dieser Gabe enthaltene Energie aus den Tiefen deines Inneren aufsteigt. Wenn du dich nicht gegen die Erkenntnis wehrst, was es mit dieser Gabe auf sich hat, wirst du spüren, wie sie in dir körperliche Gestalt annimmt. Aber selbst wenn du nicht begreifst, was es ist, wirst du doch spüren, wie das Problem von dir abfällt, denn sein einziger Zweck war es, dich aufzuhalten und abzulenken von dem Guten, das dir gegeben werden möchte.

124. Der Mensch, den du am wenigsten schätzt, zeigt dir, was dich zurückhält

Der Mensch, den du am wenigsten schätzt, zeigt dir, was dich zurückhält. Man könnte diesen Menschen eine Schattenfigur nennen. Er verkörpert die Schattenseite deines Wesens – was du in dir selbst versteckt und unterdrückt hast. Menschen, die deine unterdrückten Eigenschaften und Fähigkeiten verkörpern, gehen irgendwann zum Angriff gegen dich über. Blicke hinter deine Abneigung, hinter deine Zurückweisung. Sei dir bewußt, diese Menschen sind da, um dir die Augen zu öffnen und dich das unsichtbare Hindernis wie auch die Selbstverurteilung sehen zu lassen, die deine Weiterentwicklung behindert haben. Hast du jemals die Erfahrung gemacht, daß du kaum von der Stelle kommst, obwohl du sehr hart arbeitest? Eine solche Situation ist das Ergebnis einer Überzeugung, die du von dir selbst hast, oder einer Eigenschaft, die du an dir selbst haßt. Du hast diese Eigenschaft in dir selbst vergraben und sie auf einen anderen Menschen projiziert. Diese Projektion blockiert dich vollständig, indem sie eine unsichtbare Wand gegen deine Fortentwicklung errichtet. Wenn also eine Schattenfigur in deiner Nähe auftaucht oder wenn du eine bestimmte Eigenschaft, die du einfach nicht ertragen kannst, auf deinen Partner projiziert hast, sei dir im klaren darüber, daß du diese Eigenschaft wie einen unsichtbaren Anker mühsam hinter dir herschleppst. Dies ist es, was dich zurückhält. Es ist deine Selbstverurteilung und dein Selbsthaß.

Deine Bereitschaft, deine „Höhere Kraft" für die notwendige Vergebung gegenüber diesem Menschen sorgen zu lassen, würde das unsichtbare Hindernis in deinem Leben aus dem Weg räumen und dir gestatten, noch im selben Augenblick voranzuschreiten. Bitte auch darum, daß dir Selbstvergebung zuteil werde und euch beiden das Gefühl der Unschuld und Unbeirrbarkeit geschenkt werde. Wir kämpfen nur gegen das, was wir zu sein glauben.

125. Das Wesen der Kommunikation liegt in der Einsicht, daß gegenwärtiger Schmerz in einer vergangenen Beziehung wurzelt

Wenn wir beginnen, anderen mitzuteilen, was in einer Beziehung nicht klappt oder was wir als schmerzlich empfinden, geht uns schließlich und endlich auf, daß der Schmerz nicht aus dieser Beziehung stammt, sondern seine Wurzeln in einer ganz anderen Beziehung hat. Wenn dein Partner und du wirklich willens sind, euch gegenseitig zu helfen und zu unterstützen, werdet ihr herausfinden, daß keinem von euch die Rolle des „Schurken" in der Beziehung zugeschrieben werden darf. Der Schmerz ist nichts, das du verursacht hast, aber es ist etwas, bei dessen Auflösung du deinem Partner helfen könntest. Sei bereit, über Mißverständnisse und den früher erlittenen Schmerz zu sprechen. Sprich über die Überzeugungen, die aus früheren Beziehungen entstanden sind, sprich über die Regeln, die du aufgestellt hast, weil du glaubtest, sie zum Überleben zu brauchen. Sei bereit, auf sie zu verzichten, so daß du dich deines Partners stärker erfreuen und ihn inniger lieben kannst.

Rufe dir eine Situation ins Gedächtnis, in der du das Gefühl hattest, dein Partner habe dich verletzt. Stelle genau fest, von wo dieser Schmerz kommt, denn er muß einen Vorgänger gehabt haben, um sich derart in deinem jetzigen Leben bemerkbar zu machen. Sei bereit, deinen Partner an dieser Erkenntnis zu beteiligen. Sobald du ihn diese Dinge wissen läßt, mit der Bereitschaft, sie loszulassen, wirst du deinen Partner viel bereiter finden, mit dir zu kommunizieren und dich zu unterstützen.

126. Die Zurückweisung des Unwahren in einer Beziehung läßt das Wahre zutage treten

Hier ist ein Rat, auf den du immer wieder in deiner Beziehung zurückgreifen kannst: Wenn da etwas Unwahres ist, etwas, das nicht Liebe, Glück oder Fülle ist, brauchst du dafür nicht einzutreten. Du kannst die Kraft deines Geistes, gepaart mit Wahrheit, einsetzen, und wenn etwas nicht Wahrheit ist, kannst du es zurückweisen. Du kannst sagen: „Dies ist nicht die Wahrheit. Ich werde es nicht akzeptieren. Dies gehört nicht zu unserer Beziehung. Ich entscheide mich ganz bewußt für etwas anderes."

Wähle heute mindestens zwei Gebiete in deiner Beziehung, die nicht Wahrheit sind, weil sie weder glücklich noch freudvoll sind. Für die heutige Übung kannst du auch mit deiner Beziehung zusammenhängende Gesichtspunkte wählen, die entweder neutral oder einfach „Quatsch" sind. Nutze die Macht deines Geistes, um zu sagen: „Dies ist nicht die Wahrheit. Ich werde dies nicht akzeptieren. Wofür ich mich entscheide, das ist die Wahrheit. Ich entscheide mich für __________." Manchmal hat dies, nur einmal ganz ernsthaft gesagt, die Kraft, den ganzen Konflikt zu beseitigen oder dich zumindest von einer Schicht dieses Konflikts zu entlasten. Setze das Vorgeschlagene immer wieder ein, so daß es dir als wirksames Prinzip bewußt wird: Wenn es nicht die Wahrheit ist, passe dich ihm nicht an. Gehe keine Kompromisse ein. Wenn es nicht die Wahrheit ist, wähle es nicht. Höre nicht auf, um die Antwort oder die Lösung zu bitten.

127. Ein Problem zu analysieren heißt, sich der Lösung zu widersetzen

Die Antwort auf jedwedes Problem kommt in dem Augenblick, in dem das Problem selbst sichtbar wird. Aus diesem Grund brauchen wir eigentlich keine Zeit damit zu verschwenden, nach der Lösung für das Problem zu suchen. Wir müssen lediglich den Mut aufbringen, die Lösung anzunehmen. Ein Problem zu analysieren heißt, sich der Lösung zu widersetzen, denn Analysieren bedeutet, das Ganze in viele kleine Einzelteile zu zerbrechen und zu glauben, du werdest die Antwort in all den Stückchen finden. Dein Nachdenken hinkt immer den Gegebenheiten hinterher. Die Lösung ergibt sich auf Grund deiner Intuition und Inspiration. Die meisten großen Erfindungen sind in einem Zustand des Tagtraumes gemacht worden, in dem die Antworten sich ganz plötzlich und unerwartet im Geist eines Menschen abzeichneten. So kann auch die von dir gesuchte Antwort dir ganz plötzlich einfallen. Höre auf, über das Problem nachzudenken, und laß zu, daß du die Antwort empfangen kannst.

Nimm dir Zeit und setze dich ganz ruhig hin. Sollte die Antwort auf dein Problem sich nicht während der ersten zehn Minuten ganz plötzlich eingestellt haben, bleibe ruhig sitzen und nimm jeden Gedanken wahr, der in deinem Bewußtsein auftaucht – Dinge, die du tun mußt, sexuelle Phantasien, was es auch immer sei. Kommentiere jeden dieser Gedanken mit der Bemerkung: „Dieser Gedanke spiegelt ein Ziel, das mich von meiner Antwort fernhält." Nachdem du das gesagt hast, wird dich dieser Gedanke in Ruhe lassen. Dann, nach zehn oder fünfzehn Minuten, äußere die Bitte: „Und nun möge mir die Antwort gegeben werden!" Deine Bereitschaft, die Antwort zu empfangen, wird das Durcheinander all deiner Gedanken klären. Und da wird nichts anderes mehr sein als du selbst, deine Bereitschaft, die Antwort zu empfangen, und die Lösung.

128. Vertrauen heilt alles

Vertrauen ist einer der großen Heiler. Es ist die Kraft deines Geistes, die dabei für dich eingesetzt wird. Vertrauen zu haben bedeutet für dich, daß jedes Problem, wie es auch immer beschaffen sein mag, zu heilen beginnt; schließlich ist jedes Problem Anzeichen für einen Mangel an Vertrauen. Sorge dafür, daß Vertrauen in dein Problem hineinwirkt. Fühle und sieh mit positiver Erwartungshaltung. Jedesmal, wenn du an das Problem denkst, nimm bewußt wahr, spüre, höre, wie es sich löst, und damit erreichst du, daß du nicht länger von ihm besessen bist. Wenn du das nicht tust, wird das Problem von deinem Geist verstärkt. Die Kraft deines Geistes kann gar nicht anders als Lösungen zu suchen. Vertrauen ist deine Antwort. Vertrauen heilt alles.

Nimm dir heute etwas Zeit, dich voller Vertrauen mit einem in deiner Beziehung liegenden Problem zu beschäftigen, das dich zurückzuhalten scheint. Vergiß nicht: Deine Beziehung voranzubringen heißt, auch jedes andere Gebiet deines Lebens voranzubringen.

Die Kraft deines Geistes muß sich auf etwas richten. Sie kann in die Richtung des Problems fließen oder auch in die Richtung der Lösung; in jedem Fall liegt die Entscheidung bei dir.

129. Wenn du dich für Unabhängigkeit entscheidest, verbannst du die Leidenschaft

Es gibt zwei Arten von Leidenschaft. Die eine entspringt einem dringenden Bedürfnis, die andere entsteht, wenn man sich selbst vollständig gibt. Wenn du dich für Unabhängigkeit entscheidest, entscheidest du dich, dich von deinen Bedürfnissen und dem Gefühl, sie unbedingt erfüllt zu bekommen, zu entfernen. Aber du hast damit immer noch nicht den Punkt erreicht, an dem du dich selbst zu einhundert Prozent gibst. Dich von deinen Bedürfnissen und deinem Schmerz loszusagen heißt, daß da immer noch unerledigte Angelegenheiten sind, Dinge in deinem Inneren, mit denen du dich nicht beschäftigen möchtest. Diese Stellen ungeprüften, nicht erklärten Schmerzes halten dich davon zurück, dich zu einhundert Prozent zu geben.

Heute ist der Tag, deine Leidenschaft wieder zu entdecken. Verschaffe dir Klarheit über deine Bedürfnisse, gib deine Unabhängigkeit auf, die doch nur auf Abwehr gerichtet ist, und gib deinem Partner, deinem Leben und deiner Arbeit wirklich einhundert Prozent von dir selbst. Gib dich selbst, was auch immer dich zurückhalten mag. Wenn du dich durch die schmerzlichen Gefühle hindurch zu einhundert Prozent gibst, wirst du daraus gestärkt hervorgehen, beschenkt mit einer ganz neuen Vorstellung von Liebe, Kraft und Leidenschaft.

130. Ein Werturteil aufzugeben bewahrt dich davor, mit dem verhaftet zu bleiben, was du be- oder verurteilt hast.

Wenn du ein Urteil abgibst, bleibst du dem verhaftet, was du be- oder verurteilt hast. Über andere zu urteilen gibt dir das Gefühl, im Recht zu sein, aber es bringt dich keinen Schritt voran. Die folgende Feststellung könnte dich in dieser Einsicht bekräftigen: „Ich hoffe, daß ich nicht recht habe, denn wenn ich recht habe, wird sich dies oder das für mich daraus ergeben." Deine Bereitschaft anzuerkennen, daß du im Unrecht bist, ist es, was Weiterentwicklung ermöglicht. Deine Bereitschaft anzuerkennen, daß du nicht auf alles eine Antwort hast, bedeutet, daß du offen für Belehrung bist. Wenn du ein volles Glas Wasser bist, kann nichts in dich hineingegossen werden. Dein Urteil besagt: „Man kann mir nichts beibringen. Ich kenne alle Antworten – und ich trete auf der Stelle." Deine Bereitschaft aber, dein Urteil aufzugeben und anzuerkennen, daß in dieser Situation mehr zu berücksichtigen ist, als mit deinen Augen zu erfassen ist, gibt dir die Möglichkeit, die Dinge unter einem viel weiteren Blickwinkel zu betrachten und dir in dieser Situation den Weg weisen zu lassen. Wenn du die Antwort weißt, kannst du nicht belehrt werden. Es gibt aber immer etwas zu lernen, und dies gilt ganz besonders für Situationen, die von Schmerz oder Erfolglosigkeit bestimmt sind.

Nimm dir die Zeit zu erkennen, welche Folgen dein Urteil auslöst und was dich nicht vorankommen läßt, und entschließe dich, es loszulassen. Schließe deine Augen. Stelle dir vor, du vertrautest dein Urteil einem kleinen Schiff an, das von einem schnell dahinströmenden Fluß bis zum offenen Meer getragen und damit deinen Blicken und Sinnen entzogen würde. Und da, sich dir nähernd, ist schon die Antwort, der nächste Schritt, den du tun mußt. Nur wenn du die Nußschale, in der dein eigenes Urteil ruht, gehenläßt, kann dein Schiff einlaufen.

131. Wenn die Vergangenheit nach wie vor unbewältigt ist, werden die Geister der alten Beziehungen dich ständig in der Gegenwart heimsuchen

Was im Verhältnis zu deinen Eltern, Geschwistern oder in anderen, dir wichtigen Beziehungen nicht aufgearbeitet ist, wird sich mit Sicherheit störend auf deine gegenwärtige Beziehung auswirken. Du förderst Unbewältigtes zutage, das nun als Lektion in deiner jetzigen Beziehung gelernt werden soll. Wenn sich in deiner jetzigen Beziehung Heilung einstellt, werden auch die früheren Beziehungen geheilt, und du wirst sie in einem anderen Licht sehen können. Manchmal aber ist es der leichtere Weg, mit den entscheidenden Menschen von damals Verbindung aufzunehmen, dabei die frühere Situation im Licht inzwischen erreichter Reife zu verstehen, sich bewußt von dem Problem zu trennen und voranzugehen. Wenn die alten Geister sich erst einmal in Nichts aufgelöst haben, werden die Segnungen und guten Erfahrungen der Vergangenheit dich auch in der Gegenwart mit neuer Energie versehen.

Heute ist der Tag, Unerledigtes abzuschließen.

Setze dich mit denen in Verbindung, deren Verhältnis zu dir von unerledigten Mißverständnissen oder heftigen Auseinandersetzungen belastet ist; sei bereit, über dich hinauszureichen und den nächsten Schritt zu tun, dich, wenn nötig, auch zu entschuldigen, um damit voranzukommen. Sollte der Mensch schon tot sein, stelle dir vor, er sei gegenwärtig, sprich mit ihm oder schreibe ihm einen Brief, denn dies kann manchmal eine große Hilfe sein, die Gedanken frei, unbehindert und unzensiert fließen zu lassen.

132. Jede Regel verdeckt Schuldgefühle

Jede Regel, die du aufgestellt hast, verdeckt eine Schuld; wenn du dieses Schuldgefühl nicht hättest, müßtest du nicht aus einer vergangenen Situation eine Regel ableiten. Statt dessen wärest du in der Lage, flexibel und einfühlsam zu reagieren. Der Grund, warum du diese Regel aufgestellt hast, ist der, daß du glaubst, irgendwann einen Riesenfehler gemacht zu haben, und um diesen Fehler nie wieder zu machen, mußt du dein eigenes Verhalten an eine Regel binden. Oft aber wird die Regel nach einiger Zeit zum Problem und steht einer einfühlsamen Reaktion ebenso im Weg wie der Überlegung, was denn in einer bestimmten Situation notwendig ist. Natürlich ist das dieselbe Folge, die sich auch aus Schuldgefühlen ergibt. Schuldgefühle verhindern einfühlsames, der Situation angemessenes Reagieren. Schuldgefühle zwingen dich dazu, in immer derselben, inzwischen zu einem Ritual verkommenen Weise zu handeln.

Beschäftige dich mit den Bereichen deiner Beziehung, in denen du möglicherweise starr und unerbittlich bist, in denen du das Gefühl hast: „So und nicht anders muß es sein!" Erkenne, daß unter jeder deiner Regeln ein Gefühl der Schuld oder die Überzeugung, versagt zu haben, versteckt liegt. Sei bereit, die Regel loszulassen und dich von dem Schuldgefühl loszusagen.

Sei entschlossen, ein Prinzip an die Stelle der Regel zu setzen. Dies wird die Voraussetzungen für fruchtbaren Dialog und für einfühlsames, positiv bestimmtes Reagieren schaffen.

133. Eine Regel ist eine selbst auferlegte Strafe für eine irrige Überzeugung, die du von dir selbst hast

Deine Regeln stellen in der Summe deinen Verhaltenskodex dar; leider aber ist dieser eine Form der Selbstbestrafung und der Selbstzüchtigung. Irgendwo, irgendwann hast du einen Fehler gemacht, du fühlst dich schuldig und bestrafst dich deswegen selbst.

Jede Regel, die du für dich aufgestellt hast, ist ein Ort, an dem du dich selbst bestrafst, denn Regeln verhindern das Empfangen. Wo eine Regel wirksam wird, da kannst du keinen wahrhaften Kontakt mit deinem Partner haben. Da ist etwas, dessentwegen du dich ganz schlecht fühlst – und deine Regel verdeckt dies.

Schreibe jede Regel auf, die du für deine Beziehung aufgestellt hast. Schreibe in einer zweiten Spalte auf, was die Regel für dich persönlich bedeutet. Es ist ganz sicher, daß jede negative Eintragung in der zweiten Spalte dafür spricht, daß du dich in der einen oder anderen Weise selbst bestrafst. Schreibe deshalb in die dritte Spalte, auf welche Weise du diese Bestrafung vornimmst. Wenn du dich sorgfältig mit der Regel, dem zugrundeliegenden Fehler und der dir selbst auferlegten Strafe beschäftigst, könnte es sein, daß du eine neue Entscheidung bezüglich der Regeln treffen möchtest, über die Fehler, die du bei der Einschätzung deiner selbst gemacht hast, und auch über die Art, in der du dich selbst bestrafst. Dein gewachsenes Bewußtsein und neue Entscheidungen sind die Schlüssel zur Heilung.

134. Deine gegenwärtige Beziehung ist der Prozeß, durch den alte Schmerzen geheilt werden können

Die Liebe, die du in deiner gegenwärtigen Beziehung erfährst, gestattet es dir, dich von alten Vorstellungen über dich selbst ebenso zu trennen wie von altem Schmerz. Im Prozeß des gemeinsamen Wachsens wird alles Negative, das zwischen dir und deinem Partner steht, zutage treten und auf diese Weise geheilt werden können.

Wir alle haben wunderschöne Vorstellungen von uns selbst – manchmal aber verbergen sich dahinter sehr düstere Selbstbildnisse. Unter diesen dunklen, uns schmerzlichen Selbstbildnissen liegen kraftvolle, energiegeladene und unschuldige Selbstbilder, Bilder, die von wahrhaft Gutem und Wertvollem bestimmt sind und nicht lediglich als Kompensation für die dunklen Seiten unseres Wesens, so wie wir sie sehen, verstanden werden dürfen.

Heute ist ein Tag der Erkenntnis, wie weit es dir gelungen ist, all diese netten Selbstbildnisse freizulegen, die dich immer wieder am Empfangen hindern. Heute muß der Tag sein, an dem du dich zu den weiter unten liegenden dunklen Selbstbildnissen durcharbeitest, so daß der Heilungsprozeß beginnen kann. Beschäftige dich mit schmerzlichen, problembeladenen Bereichen oder mit Aspekten des Mangels in deinem Leben. Gehe davon aus, dieses seien Gebiete der selbstverordneten Bestrafung für das, was du tatsächlich von dir selbst hältst und was du tatsächlich zu verdienen glaubst.

Nun fühle deine Dankbarkeit für die Beziehung, die diese düsteren Selbstbildnisse an die Oberfläche gebracht hat und die damit Heilung ermöglicht. Stelle dir dann vor, daß alle diesen dunklen Überzeugungen, die du von dir selbst hast, tatsächlich nur einen Zweck erfüllen, nämlich das Gute und Wertvolle in dir zu verbergen: deine Unschuld, dein Können, deine Kraft und Energie. Sobald du dir dieser tiefer gelegenen Ebenen des wahrhaft Guten und Wertvollen bewußt bist, hat die finster-freudlose Abwehrhaltung keine Chance mehr. Du kannst das in dir liegende Gute und Wertvolle erreichen, das dich in die Lage versetzt zu empfangen.

135. Wenn du ein Problem hast, dann deshalb, weil du an altem Schmerz festhältst

Die Wurzeln deiner gegenwärtigen Probleme liegen in früher erlebten Problemen. Selbst wenn du das aktuelle Problem abtrennst, können aus der alten Wurzel neue Probleme erwachsen. Manchmal ist es also wirklich hilfreich, sich bewußt zu machen, wo die Wurzeln dieses Problems liegen und wie es möglich war, daß sich aus ihnen so viele verschiedene, unser Leben belastende Probleme entwickeln konnten.

Schreibe drei Probleme auf, die deine gegenwärtige Beziehung belasten. Notiere dann, mit welchem Menschen, der in deiner Vergangenheit eine Rolle spielte, das jeweilige Problem zusammenhängt. Schreibe daneben hin, welches Problem du mit diesem Menschen hattest. Vertraue den Antworten, die dir auf die gestellten Fragen kommen. Deine Intuition wird Antworten geben, wie sie aus deinem Gedächtnis und durch dein Nachdenken nie kommen könnten, weil sie in geheimem Einverständnis mit deinem Ego stehen und dir nichts geben würden, mit dem das Ego sich nicht zu beschäftigen wünscht. Deine Intuition aber wird dir beständig Antworten schenken. Wenn du dich auf deine Intuition verläßt, können deine Antworten beseelt und erleuchtet sein.

Betrachte nun, was du aufgeschrieben hast. Wenn dieses Problem auf Unerledigtes zurückzuführen ist, möchtest du dann dieses Unerledigte nicht jetzt gleich abschließen? Diese Angelegenheit zu Ende zu bringen, könnte ebenso leicht sein wie den betroffenen Menschen zu vergeben, sie zu segnen oder aber die ganze Angelegenheit als nicht länger wahr loszulassen und damit deutlich zu machen, daß du dich in diesem Stadium deines Lebens nicht von etwas derart Wertlosem zurückhalten lassen willst.

136. Wertschätzung beseitigt Machtkämpfe

Das Problem bei Machtkämpfen ist, daß die beiden Beteiligten sich in verfeindete Lager begeben. Der eine nimmt ein Problem, das zwischen ihm und dem anderen steht, und benutzt es, um damit gegen seinen Partner vorzugehen. Jeder Führungskampf hat einen gemeinsamen Nenner, eine entscheidende Triebkraft: er ist ausschließlich darauf gerichtet, dein Vorangehen zu verhindern. Wenn du also auf etwas zurückgreifst, das dich ganz selbstverständlich voranbringt, kann der Machtkampf beendet werden. Dankbare Anerkennung überwindet Machtkämpfe, denn dankbare Anerkennung läßt dich im Fluß des Lebens vorangehen. Wenn das Verhältnis zu deinem Partner von Konflikten belastet ist, beginne, ihm deine Dankbarkeit und Anerkennung zu zeigen.

Was alles schätzt und liebst du an deinem Partner? Verbringe einige Zeit am Morgen und am Abend mit dem Nachdenken über diese Gesichtspunkte. Welches sind die Dinge, die dir dein Partner gibt? In welcher Weise hat dein Partner eine segensreiche Wirkung auf dein Leben? Im Laufe des Tages, zu einer beliebigen Zeit, sprich zu deinem Partner über diese Dinge. Selbst wenn ihr keinen Machtkampf austragt, nimm dir die Zeit, deinem Partner dankbare Anerkennung zu zollen, ihm von den Dingen zu berichten, die du an ihm schätzt, und anzuerkennen, wie sehr er dir geholfen hat.

Selbst wenn dir nur ein einziger Gesichtspunkt einfällt, über den du lobend und anerkennend sprechen möchtest, diesen einen Gesichtspunkt auszusprechen genügt, dich voranzubringen; dies wird dich segnen und öffnen.

137. Sei bereit, das Bedürfnis loszulassen, den anderen zu vereinnahmen, um dich damit für die Vergangenheit zu entschädigen

Wenn in uns frühere Bedürfnisse versteckt liegen, die von unseren Eltern oder vom Leben nicht erfüllt wurden, haben wir die Neigung, unseren Partner verschlingen zu wollen. Wir würden ihn am liebsten mit Haut und Haaren verschlingen, um alles, ohne Ausnahme alles zu bekommen, das er uns geben kann; wir würden ihn am liebsten überwältigen, ihn an Bedeutung übertreffen, uns mit ihm untrennbar vereinen und ihn ersticken – nur um unsere Bedürfnisse erfüllt zu bekommen. Aber es ist unbestreitbar, daß dieses besitzergreifende Verhalten den Partner abstößt.

Wenn du dich von deinen alten Bedürfnissen lossagst, wirst du in deiner Beziehung ein ganz selbstverständliches und harmonisches Gleichgewicht und ebensolche Offenheit finden. Wenn du aber immer und immer wieder versuchst, deinen Partner in den Griff zu bekommen, wirst du ihn niemals bereit finden, sich auf dich zuzubewegen. Sei also heute willens, endgültig auf jeden nur denkbaren Versuch zu verzichten, die Erfüllung deiner Wünsche im Verschlingen deines Partners oder irgendeines anderen Menschen zu suchen, der für dein Leben wichtig ist. Du könntest dadurch zu der Einsicht gelangen, daß wirklich die Zeit gekommen ist, ihnen zu geben.

Gib dem Menschen, den du, nach deiner eigenen Einschätzung, am stärksten zu verschlingen suchst. Gib nicht, um zu nehmen, sondern auf Grund der heute getroffenen Entscheidung, die Selbstbildnisse, die dich als arm und hilfsbedürftig zeichneten, als nicht der Wahrheit entsprechend aufzugeben. Du bist schließlich kein Kind mehr! Du kannst dich von diesen, deine Bedürftigkeit unterstreichenden Eigenschaften allein deshalb lossagen, weil sie mit der Wahrheit nicht zu tun haben. Achte heute die Wahrheit und dich selbst. Entscheide dich, diese selbstzerstörerischen Selbstbildnisse aufzugeben.

138. Es gibt so etwas wie ein „gebrochenes Herz“ nicht

Ein gebrochenes Herz, das ist nichts anderes als ein Wutanfall, ein Koller. Wir leiden an gebrochenem Herzen, weil die von uns Geliebten sich nicht so verhielten, wie wir das von ihnen wollten. So reißen wir unser Herz heraus und drohen, es zu zerbrechen. Und wollen die von uns Geliebten nicht zuhören, reißen wir unser Herz in tausend Stücke und denken dabei: „Das wird ihnen jetzt aber leidtun.“

Du allein kannst dein Herz brechen. Niemand kann dich dazu bringen, irgend etwas zu empfinden, das du nicht fühlen willst oder in der einen oder anderen Hinsicht schon längst fühlst. Wenn du nur bereit wärest zuzulassen, daß die Situation nun einmal anders ist, als du meinst, daß sie sein müßte, dann könntest du die Fülle an Empfindung, die in dir aufsteigt, annehmen und dadurch, daß du aus diesem Gefühl heraus gibst, einen neuen Geburtsvorgang in deinem Leben einleiten. Du würdest eine völlig neue Ebene der Liebe mit einem neuen Gefühl der Zuversicht und einer neuen Energiefülle betreten.

Heute ist der Tag, an dem du zu dir selbst zurückfindest, an dem du zu den herzzerreißenden Situationen zurückgehst und verpaßte Gelegenheiten neu eröffnest. Stelle dir vor, daß du, anstatt dich von einem Menschen zurückzuziehen oder in eine weitere Runde des Machtkampfes einzutreten, durch all den Schmerz hindurch, trotz all des Schmerzes, zu geben in der Lage wärest, ob dein Partner nun deine Wünsche erfüllte oder nicht.

Auf dieser Ebene könntest du in deinem Herzen und deinem Geist, manchmal auch in deinen Genitalien, Verbindungen aufs neue herstellen, die vor langer Zeit gekappt wurden. Du wirst in dir ein neues Anbranden von Vitalität spüren, und du wirst in einen Prozeß hineingezogen, in dem du dich selbst erneuerst, neu geboren wirst, ein neues Kapitel deines Lebens beginnt.

139. Je weniger liebenswert das Verhalten, um so lauter der Schrei nach Liebe

Wenn du in deiner Partnerschaft, deiner Familie oder am Arbeitsplatz wenig liebenswertes Verhalten antriffst, ist es ganz wichtig zu verstehen, daß diese Verhaltensweisen in Wahrheit ein Ruf nach Liebe sind. Deine Bereitschaft, Menschen durch deine Unterstützung durch die möglicherweise schlimmste Zeit ihres Lebens zu bringen, eröffnet ihnen die Möglichkeit, diese Verhaltensweise hinter sich zu lassen und sich weiterzuentwickeln, weiterzuwachsen.

Mache ihnen deutlich, daß du zwar ihr Verhalten nicht anerkennst oder magst, sie selbst aber, die sie sind und die sie sein werden, durchaus anerkennst. Dies ist ein bedeutsames Kriterium für einen Menschen, der liebt. Es ist der große Aufruf, tätig zu werden, die Führung zu übernehmen: sich als Mensch zu erweisen, der willens ist, eigene Unannehmlichkeiten und Schmerzen zu durchschreiten und einfühlsam auf andere zu reagieren, die mit ihrem ganz und gar nicht liebenswürdigen Verhalten um Hilfe rufen.

Übernimm heute in deiner Beziehung und in deinem Leben wahrhaft die Führung. Suche nach Wegen, auf denen du dir neue Ebenen angemessenen und einfühlsamen Verhaltens zu eigen machen kannst, und zwar sowohl in der Familie als auch im Beruf.

140. Ein Angriff ist ein Hilfeschrei

Wenn wir angegriffen werden, haben wir die Neigung, Verteidigungsstellungen zu beziehen, wegzurennen oder einen Gegenangriff einzuleiten. Wenn wir aber wahrnehmen, daß dieser Angriff ein Hilferuf ist, und wenn wir offen darauf reagieren und auf den anderen Menschen zugehen, werden wir feststellen, daß ihn dies in die Reihe derer einreiht, auf deren Unterstützung wir ständig rechnen können.

Wenn jemand zum Angriff übergeht, macht er gerade eine ganz schlimme Phase durch. Wenn du während des Angriffs einfach deine Liebe in den Angreifer hineinfließen ließest, könntest du bei eurem nächsten Aufeinandertreffen feststellen, daß ihr beide vorangekommen seid. Du würdest außerdem feststellen, daß der Angreifer sich dir irgendwie zugehörig oder mit dir verbunden fühlt. Wenn jemand einen Angriff unternimmt, ist er viel zu verängstigt, um anzunehmen, daß ein anderer in dieser Situation auf ihn zugehen könnte. Wenn aber tatsächlich jemand auf den Angreifer zugeht, muß dahinter ein gewisses Maß an Zuversicht stecken. Wenn jemand den Schritt nach vorne tut, um dem Angreifer zu helfen, spürt er die in dieser Geste liegende Liebe, selbst wenn sonst nichts geschieht. Daraus folgt, daß ein Angriff eine hervorragende Gelegenheit ist, eine Verbindung zu dem herzustellen, der dich angreift.

Einer der hervorragendsten Beweise für Führungsqualität liegt in der Einsicht, daß ein Angriff ein Hilferuf ist. Zeige heute in deiner Beziehung deine Führungsqualitäten.

141. Eine Rolle ist die Verkleidung für einen unbeweinten Verlust

Wenn es uns nicht gelingt, mit einem Verlust so umzugehen, daß wir alle damit verbundenen Gefühle durch und durch erleben, bringen wir uns um die Möglichkeit eines Neubeginns. Statt dessen verkleiden wir den Verlust und stecken ihn in eine Rolle. Diese Rolle mag Abhängigkeit bedeuten: weil wir diesen Verlust erlitten haben, handeln wir so, daß unsere Bedürftigkeit ersichtlich wird. Die Rolle des Abhängigen macht es uns unmöglich zu empfangen. Oder aber wir schlüpfen in die Rolle des Unabhängigen und tun so, als ob uns das alles nichts anginge und es uns nichts ausmachte. Die Aussage aber, daß es uns nichts ausmache, verweist in Wirklichkeit darauf, wieviel es uns ausmacht. Oder wir versuchen, weil wir diesen unbeweinten Verlust erlitten haben, in die Rolle des Helfers zu schlüpfen. Wir werden aber zum unwahren Helfer, der zwar jedem anderen bei seinen jeweiligen Schmerzen hilft, der seine eigenen Schmerzen aber verbirgt. Irgendwie kommen wir deshalb nie so richtig voran. Wenn wir zum unwahren Helfer werden, schränken wir unsere Fähigkeit ein, anderen zu helfen.

Beschäftige dich damit herauszufinden, auf welche Möglichkeit du zurückgegriffen hast, um dich von früher erlittenen Verlusten abzusetzen. Bist du in einem Zustand der Abhängigkeit oder Unabhängigkeit oder in der Rolle des Helfers? Worin bestand der Verlust, von dem du dich noch nicht erholt hast? Laß es zu, daß du die bei einem Verlust auftretenden Gefühle wirklich fühlst, nicht als der Erwachsene, der du bist, sondern, tief drinnen, als das Kind, das den Verlust noch immer betrauert. Laß zu, daß du, als das Kind, den Prozeß des Trauerns abschließt und daß in dir das geboren wird, was von dieser Rolle verdeckt worden war. Sei bereit, über deine Rolle hinauszugehen, um dort, jenseits der Rolle, die Neugeburt zu finden, die dich erwartet.

142. Wahrhaftes Geben befreit dich von unguten Gefühlen

Wenn wir uns unsicher, verwirrt oder kritisiert fühlen, haben wir die Neigung, uns zusammenzuziehen. Würden wir aber in genau dem Augenblick, in dem wir uns schlecht fühlen, geben, würden wir uns erweitern. Wir würden die Grenzen unserer Persönlichkeit durchbrechen und erkennen, daß wir größer sind als vermutet. Der einfachste Weg, ein ungutes Gefühl oder sogar ein unsinniges und albernes Gefühl hinter sich zu lassen, ist der, wahrhaft zu geben.

Stelle dir selbst die Frage: „Wer ist es, der meine Hilfe braucht?" Frage dich dann, wer auch immer dir in den Sinn gekommen ist: „Welches ist die beste Möglichkeit, in der ich ihm helfen kann?" Nimm wahr, was dir auf diese Frage einfällt. Du könntest dem Menschen, der dir in den Sinn gekommen ist, telefonische oder schriftliche Grüße übermitteln oder ihm in irgendeiner Weise deine Unterstützung geben. Vielleicht benötigt er etwas ganz Bestimmtes, und du könntest dir ausmalen, daß das Benötigte, von Gott über dich ausgegossen, dich erfüllt und sich durch dich auf den anderen Menschen ergießt. Sobald du ihm, in welcher Form auch immer, die Hand reichst, wirst du sehen, daß du die unsichtbare Mauer um dich zerbrochen hast; und du fühlst dich wieder gut.

143. Eifersucht ist Vergeltung an dir selbst

Eifersucht ist eine der unangenehmsten Empfindungen, die wir haben können. Sie ist eine Mischung aus Abhängigkeit, Bedürftigkeit, Verärgerung, Befürchtungen, dem Gefühl, etwas verloren zu haben, gekränkt oder abgewiesen worden zu sein, unwürdig und wertlos zu sein. Eifersucht allein reicht aus, einen Menschen in die Unabhängigkeit zu treiben. Eifersucht ist eine Form emotionaler Erpressung. Wir machen dabei den Versuch, einen anderen Menschen durch unsere schlechten Gefühle zu kontrollieren; dabei spielt es keine Rolle, ob sie wissen, was wir empfinden oder nicht. Im Grunde genommen, bedeutet Eifersucht nichts anderes, als daß wir unser Glück an das Verhalten eines anderen geknüpft haben. Daraus ergeben sich unweigerlich Schmerzen für uns. Um dich von deiner eigenen Eifersucht zu befreien, sei bereit, die Kriterien, an denen du deinen Wert mißt, nicht von den Handlungen eines anderen abhängig zu machen. Der andere könnte ja aus seinen persönlichen Gründen, Bedürfnissen und Zwängen heraus tun, was er tut. Sei bereit, dich von der Situation zu lösen und voranzugehen.

Deine heutige Übung ist eine Übung im Loslassen-Können. Eifersucht kann sich nur dann einstellen, wenn du um die Gunst eines Menschen konkurrierst. Wettbewerb in diesem Sinne heißt aber, daß du einen Verlust in Betracht ziehst. Eifersucht heißt, daß du davon ausgehst, du müßtest der Verlierer sein.

Sei bereit, deine übergroße Anhänglichkeit aufzugeben, und gehe voran, weil sich mit deinem Vorangehen die Situation verändern und entfalten wird. Je entschlossener du voranschreitest, um so eher wirst du einen Platz finden, an dem ihr beide gewinnt, du selbst wie auch der andere, weil ihr die euch eigene Einstellung zu eurer Beziehung findet. Wenn der andere nicht derjenige ist, der wirklich für dich bestimmt ist, wirst du jemanden finden, für den das gilt.

Wenn du erst einmal losgelassen hast und vorangeschritten bist, wirst du ein erheblich größeres Maß an Sicherheit und Ruhe in den dir anvertrauten Beziehungen finden, und du wirst bemerken, daß deine Attraktivität wieder zurückkehrt. Dies bedeutet nicht, daß du den anderen aus deinem Leben streichst oder vor einer bestimmten Situation davon-

läufst, sondern lediglich, daß du dich von den Festlegungen löst, die dir sagen, wie die Situation beschaffen sein sollte.

Entdecke die negativen Überzeugungen, die zu dieser unangenehmen Situation führten. Da werden Überzeugungen auftauchen, die dich als den Verlierer im Kampf um einen Menschen zeigen. Überzeugungen dieser Art können verändert werden, wenn du dich in flagranti ertappst und bewußt eine neue Entscheidung triffst. Und wenn du auch Tausende dieser negativen Überzeugungen von deinen Beziehungen hättest, jede einzelne, die du auf Grund einer bewußten Entscheidung veränderst, bringt die Dinge in der richtigen Richtung voran.

144. Das Ausmaß deiner Eifersucht entspricht dem Ausmaß deiner Überzeugung, nicht vertrauenswürdig und wankelmütig zu sein

Eine nur schwer durchschaubare Eigenschaft der Eifersucht ist, daß sie uns dazu bringt, in unseren Partner hineinzuprojizieren, wie wir uns in einer vergleichbaren Situation tatsächlich zu verhalten glauben. Wenn wir also das unbewußte Gefühl haben, daß wir eine ähnliche Situation genüßlich auskosten würden – trotz aller Beteuerungen, das Gegenteil sei der Fall –, dann sind wir so richtig eifersüchtig.

Wenn wir glaubwürdiger werden könnten oder, um es in anderen Worten zu sagen, wenn wir früher erlittene schwere Schmerzen heilen könnten, ein höheres Maß an Vertrauen in uns selbst gewinnen und uns selbst als wertvoller erleben könnten, würden wir auch in die Lage versetzt, uns stärker und engagierter einzusetzen. Wir würden das Gefühl entwickeln, daß wir selbst und andere vollen und engagierten Einsatz eher verdient hätten. Wir würden aufhören, derart wankelmütig zu sein, und wir wären bereit zu empfangen und bereit anzuerkennen, daß wir des Empfangenen würdig sind.

Das Ausmaß, in dem wir uns selbst als nicht vertrauenswürdig empfinden, entspricht dem Ausmaß, in dem wir unseren Partner bestrafen. Wir bestrafen ihn mit unserer Eifersucht, und wir bestrafen uns selbst mit unserer Eifersucht. Der Schlüssel liegt darin, daß du selbst glaubwürdiger wirst – nicht abhängiger. Beginne damit, dich selbst zu schätzen, denn die Wertschätzung deiner selbst erlaubt dir, Bindungen einzugehen und dich engagiert für sie einzusetzen.

145. Jede Phantasievorstellung ist eine Erwartung

Jede Phantasievorstellung ist eine Erwartung, und unter dieser liegt eine Forderung. Eine Phantasievorstellung sagt: „So und nicht anders wäre es, wenn meine Bedürfnisse erfüllt würden." Wir machen uns ein Bild, um etwas Aufbauendes aus einer Situation abzuleiten, in der wir nicht genug empfangen. Je stärker wir aber diese Phantasievorstellung in die konkrete Situation hineintragen, um daraus so etwas wie Befriedigung zu gewinnen, um so weniger anregend wird die Situation. Wir sind darauf angewiesen, unsere Phantasievorstellungen immer und immer stärker „aufzublasen", um mehr und mehr Erregung zu schaffen.

Phantasievorstellungen blockieren das Empfangen in der gleichen Weise, in der das für Erwartungen gilt. Sie blockieren das dich Aufbauende, Stärkende, das dir gegeben werden könnte. Sei bereit, auf Phantasievorstellungen und Wunschbilder zu verzichten, so daß du für die tatsächlichen Gegebenheiten offen wirst und sie genießen kannst. Andernfalls wird dich deine Phantasie in einer Scheinrealität gefangenhalten, angesiedelt an einem Seitenpfad, ein Stück entfernt von deinem Hauptweg, und du wirst dich in dieser Zeit nicht vorwärts bewegen können. Wenn du dich von deinen Wunschvorstellungen lossagst, die Luftschlösser und Hirngespinste hinter dir läßt, wirst du feststellen, daß du mehr empfängst und wirklich voranschreitest.

Überlege genau, wie stark dein Leben von Wunschvorstellungen beeinflußt ist. Denke nach über deine romantischen Vorstellungen, Sex, Karriere, Lotterie usw. Beginne endlich damit, all das hinter dir zu lassen und dich stärker auf die tatsächlichen Gegebenheiten einzustellen und einen intensiveren Kontakt zu deinem Partner zu suchen. Je intensiver du deinen Partner kennenlernst und je stärker du die Kontakte zu ihm ausbauen kannst, um so größer wird die ganz natürliche elektrisierende Spannung der Sexualität in eurer Beziehung sein, und um so stärker wird sich die Beziehung entfalten.

146. Das Ziel jeder Beziehung ist Interdependenz

Sobald wir das romantische Stadium unserer Beziehung hinter uns lassen, nehmen die Partner gegensätzliche Positionen ein: der eine gestattet sich ein größeres Maß an Unabhängigkeit, der andere begibt sich in größere Abhängigkeit. Manchmal ist das Stadium des Machtkampfes in einer Beziehung in erster Linie von der Auseinandersetzung bestimmt, wer der unabhängigere der beiden Partner sein wird. Das wahre Ziel einer jeden Beziehung ist aber Interdependenz, in der die beiden Partner in einem harmonisch-ausgeglichenen Verhältnis zueinander stehen und in der auch innerhalb jedes Partners ein Ausgleich zwischen seinen männlichen und weiblichen Merkmalen herbeigeführt wird; aus diesem Grund weist auch ihr Verhältnis zueinander eine Harmonie zwischen männlichen und weiblichen Energien auf. Dies macht eine ganz natürliche, selbstverständliche Form der Interdependenz möglich.

Wenn du der Unabhängige in eurer Beziehung bist, besteht deine Aufgabe darin, die Hand auszustrecken und deinem Partner zu beweisen, daß du dir seines Wertes bewußt bist. Wenn du der Abhängige bist, muß dein Ziel darin bestehen, deine übermäßige Anhänglichkeit wie auch deinen Schmerz zu überwinden und deine wahren, echten Gefühle zu empfinden, bis du die Beziehung auf eine völlig neue Ebene der Partnerschaft gehoben hast. Unabhängig von der Position, in der du dich befindest, du hast die Kraft, diese zwischenmenschliche Beziehung beständig nach vorne zu bringen.

Nimm dir heute die Zeit, um für deine Beziehung ein Ziel zu formulieren. Wenn du kein Ziel hast, kann es dich überall hin verschlagen, kannst du von wirklich allem aufgehalten und aus der Bahn geworfen werden. Ganz gleich, in welchem Stadium sich deine Beziehung befindet, setze dir das Ziel der Interdependenz. Jedesmal wenn du über deinen Partner oder eure Beziehung nachdenkst oder über Erfahrungen, die du in der Beziehung gemacht hast, verliere das Ziel der Interdependenz und des Gleichgewichts zwischen dir und deinem Partner nicht aus den Augen.

147. Deine Mutter und dein Vater verkörpern die weibliche und männliche Seite deines Wesens

Deine Mutter ist das Weibliche in dir, und dein Vater ist das Männliche. Wenn zwischen deinen Eltern kein harmonischer Gleichklang bestand, wird das Männliche und das Weibliche in dir sehr wahrscheinlich ebenfalls diese Harmonie vermissen lassen. Manchmal, wenn deine Eltern sich im Kriegszustand befinden, wirst du feststellen, daß deine männlichen und weiblichen Wesenszüge ebenfalls im Kampf miteinander liegen. Wenn du die Frau in dir heilst, ist deine Mutter geheilt. Wenn du den Vater oder das Männliche in dir heilst, ist dein Vater geheilt. Sobald du den Wert des Männlichen begreifst und seine Fähigkeit, zu geben und die Initiative zu ergreifen, und sobald du die Kraft des Weiblichen begreifst und seine Fähigkeit zu empfangen und zu nähren, werden die beiden Seiten ganz selbstverständlich in deinem Inneren zu einem harmonischen Ausgleich gelangen.

Wenn du unabhängig bist, ist das Weibliche in dir verletzt, und du mußt lernen, angemessen auf deine Bedürfnisse zu reagieren. Danach wirst du an dir selbst eine wesentlich größere Fähigkeit feststellen zu empfangen, und das Männliche in dir wird sich aus dem Zustand des ungebundenen oder nicht wahrhaft Männlichen befreien und die ihm eigentlich zukommende, auf das Ingangsetzen von Entwicklungen gerichtete Stellung in der Beziehung einnehmen. Wenn das Männliche und das Weibliche in dir nicht im Gleichgewicht ist, wird es auch in deiner Beziehung nicht zu einem harmonischen Ausgleich kommen.

Stelle dir den Mann und die Frau in dir vor. Welcher von beiden braucht Hilfe? Wenn der Mann in dir Hilfe benötigt, laß die Frau die Gnade des Himmels empfangen, um den Mann mit Energie zu versorgen. Wenn die Frau Hilfe benötigt, laß den Mann auf sie zugehen und sie stützen, sie beschützen, sie lieben, sie fördern. Wenn du dich so verhältst, wirst du spüren, daß das Männliche und das Weibliche in dir zu einem stärker ausgeprägten, Heilung ermöglichenden Ausgleich gelangen. Dies wird eine Wirkung sowohl auf deine Eltern als auch auf deine eigene Beziehung haben.

148. Jede alte Liebe aus deiner Vergangenheit, an der du festhältst, hält dich davon ab, in deiner jetzigen Beziehung den nächsten Schritt zu tun

Das Bewußtsein ist schon etwas Komisches. Wenn du deine Phantasie, von irgend etwas angeregt, schweifen läßt, weiß dein Bewußtsein nicht, ob sich das wirklich ereignet oder nur ein Produkt deiner Phantasie ist, weil sich dem Bewußtsein alles als Bild darstellt. Wenn du also über das Gute an einer früheren Beziehung nachdenkst, sagt das Bewußtsein, „He! Wir sind zufrieden, wir haben, was wir wollen! Warum sollten wir uns bemühen, es zu schaffen?" Deine Bereitschaft, alle die guten Dinge loszulassen, die du irgendwann in der Vergangenheit von irgend jemandem empfangen hast, schafft die Voraussetzung dafür, daß das früher Empfangene in deiner jetzigen Beziehung wächst und sich sogar als stärker und fruchtbarer als je zuvor erweist.

Überlege, an welchem dir aus der Vergangenheit vertrauten Menschen du immer noch festhältst. Dieses Festhalten bringt deine jetzige Beziehung um die Möglichkeit, eine neue Ebene zu erreichen, und es hält auch dich davon ab, dich weiterzuentwickeln. Sei bereit, alte Liebschaften loszulassen. Sie sind bedeutende Geschenke des Himmels, aber keine Geschenke, die dazu dienen dürfen, dein gegenwärtiges Glück zu behindern. Sei bereit loszulassen und eine überreiche Gabe dafür zu empfangen.

Du magst das Gefühl haben, daß du nicht so sehr an einer alten Beziehung hängst als an einem einzelnen Aspekt jener Beziehung. Sei heute bereit, gute Eigenschaften früherer Beziehungen in die Hände deiner „Höheren Kraft" zu legen, damit sie diese Eigenschaften für dich losläßt.

149. Wenn du dich von den Bedürfnissen deines Partners übermäßig bedrängt fühlst, werde zu einem Kanal für die Gnade des Himmels

Manchmal fühlen wir uns unglaublich erschöpft, ganz so, als ob wir nicht ausreichten, unseren Partner zufriedenzustellen, ihm wirklich zu helfen oder uns um ihn zu kümmern. Wenn du dich ausgebrannt fühlst, bitte um die Hilfe des Himmels. Stelle dir vor, wie göttliche Energie dich durchströmt und in deinen Partner hineinfließt. Wenn du nicht die Kraft hast voranzugehen, laß zu, daß deine Beziehung dich voranträgt. Laß zu, daß die Liebe des Himmels dich durchströmt und deinen Partner erfüllt. Die Versuche, auf deine eigene Energie zurückzugreifen, führen manchmal dazu, daß du dich schon nach wenigen Minuten leer und kraftlos fühlst. Wenn du aber die göttlichen Kraftquellen für dich erschließt, wirst du genügend Gnade zur Verfügung haben, um jedermann zu nähren.

Denke an jemanden in deiner Umgebung, der hilfsbedürftig ist. Male dir aus, wie göttliche Energie dich durchströmt und ihn erfüllt. Stelle dir vor, daß diese Energie den ganzen Tag über, unablässig, durch dich fließt zum Nutzen all derer um dich, die sie dringend nötig haben. Du wirst feststellen, daß die Energie, die dich durchströmt und andere Menschen erreicht, auch dich erfüllt.

150. Wenn deine Beziehung tot zu sein scheint, halte Ausschau nach dem verborgenen Konkurrenzkampf

Wo es Konkurrenzkampf gibt, da gibt es Trennung. Und wo es Trennung gibt, da herrscht ein Mangel an Kontakt, der wiederum zu Erstarrung und Kälte führt. Alle diese Empfindungen halten dich unbestreitbar zurück. Sei deshalb bereit, all die Gebiete hinter dir zu lassen, die von einer subtilen Form des Konkurrenzdenkens bestimmt sind, und suche nach Möglichkeiten der Zusammenarbeit, damit du gemeinsam und in Harmonie mit deinem Partner voranschreiten kannst.

Denke sorgfältig nach. Auf welchen Gebieten gehst du davon aus, ein bißchen besser zu sein oder ein bißchen mehr recht zu haben? Frage dich selbst: „Auf welchen Gebieten betrachte ich mich als den Besten, der es verdient, stärker und besser unterstützt zu werden?“ Sei bereit, nach einem Ort der Harmonie mit deinem Partner zu suchen und den Ort des mehr oder weniger subtilen Konkurrenzkampfs aufzugeben, der jede Beziehung zerstört.

151. In Beziehungen gibt es keine Schuldigen

Jeder gibt den inneren und äußeren Gegebenheiten entsprechend sein Allerbestes. Wenn wir Beziehungen als schuldfrei betrachten – niemandem ist ernsthaft ein Vorwurf zu machen – beginnen wir, Beziehungen im richtigen Licht zu sehen. Sobald die Schuldfrage aufgeworfen wird, hört eine Beziehung auf, sich zu entwickeln und beginnt zu erstarren. Betrachten wir aber alle unsere Beziehungen als Beziehungen, in denen wir keinen schuldig machen, werden wir immer weiter voranschreiten.

Lege eine Liste all der Gebiete an, die dich veranlassen, Vorwürfe an die Adresse eines anderen zu richten. Du wirst wahrscheinlich feststellen, daß sich irgendein Werturteil oder Vorwurf gegen jeden in deiner Umgebung richtet. Deine Bereitschaft, jeden einzelnen dieser Menschen und auch dich selbst als unschuldig anzusehen, macht es jedem möglich, voranzugehen und mehr zu empfangen.

Triff heute die Entscheidung, alle Beziehungen zu anderen Menschen als schuldfrei zu betrachten. Die Schwächen, die du in deiner Umgebung oder in anderen siehst, sind in Wahrheit die Widerspiegelung der verborgenen (oder auch gar nicht so verborgenen) Schwächen in dir selbst.

152. Alles, was sich in einer Beziehung ereignet, hat zwei Quellen

Häufig genug hegen wir einen Groll gegen unseren Partner, weil wir glauben, daß er uns etwas angetan hat. Würdest du aber dein Unterbewußtsein kennen, wüßtest du, daß niemand dir irgend etwas antut, das du dir nicht schon längst selbst antust. Alles, was sich in einer Beziehung abspielt, ist eine Art geheimer Absprache. Wenn eine Beziehung vor dem Ende steht, treffen beide Partner auf die eine oder andere Weise eine entsprechende Entscheidung. Auf einer unbewußten Ebene treffen sie die Entscheidung darüber, wer von ihnen der Schurke sein wird, der Unabhängige, der keine Bindungen anerkennt, und wem die Rolle des Abhängigen zukommen soll, der den schweren Schmerz und die Abhängigkeit zu tragen hat. Beide Partner wählen die Funktion, die ihnen zur Beendigung der Beziehung am geeignetsten erscheint. Alles, was da geschieht, ist die Folge von Entscheidungen.

Rufe dir drei Situationen ins Gedächtnis, von denen du denkst, daß du sie nicht wolltest. Greife die erste Situation heraus und stelle dir für eine kurze Zeit vor, daß du sie tatsächlich so haben wolltest. Du weißt, daß du dir dieses Wunsches nicht bewußt warst, aber der Grund, daß die Situation eintrat, liegt darin, daß ein Teil deiner selbst, unter Berücksichtigung aller Umstände, sie als die allerbeste Möglichkeit ansah. Sprich mit diesem Teil deiner selbst. Finde heraus, was sich abspielte und was dich zu der getroffenen Entscheidung veranlaßte. Welche Absicht stand hinter diesem Geschehen? Welche Möglichkeiten ergaben sich für dich daraus? Was blieb dir deshalb erspart? Tu einfach so, als wärest du dieser Teil deiner selbst. Höre auf das, was dir in den Sinn kommt, und du wirst die Motivation entdecken, die deiner Mitwirkung an diesem Geschehen zugrundelag. Hast du erst einmal etwas davon durchschaut, wird das Vergeben wie auch das Loslassen leichter. Vielleicht ist die Zeit reif, um all das loszulassen und weiterzugehen und auf diese Weise mehr Glück in deine jetzige Beziehung zu tragen.

153. Das Ausmaß an Anerkennung, das dir zuteil wird, entspricht dem Grad, mit dem du dich selbst anerkennst

Die Anerkennung und Zustimmung, die du findest, hängt damit zusammen, wie stark du dich selbst annimmst. Das Ausmaß an Anerkennung, das dir zuteil wird, ist Selbst-Anerkennung. Andere Menschen spiegeln dir zurück, wie du dich selbst erfährst. Wenn du dich selbst nicht schätzt, wirst du auch das ganze Ausmaß an Anerkennung, das dir zufließt, nicht wahrnehmen. Du magst nach Anerkennung verlangen, sie wird aber immer unter dem Maß liegen, das du zu verdienen glaubst.

Verbringe heute einige Zeit mit der Frage, wieviel Zustimmung oder Anerkennung du von deiner Umgebung zu erhalten scheinst. Verbringe einen Tag damit, dich selbst zu schätzen und dir selbst zu geben.

154. Das Ausmaß an Bestätigung, das dir zuteil wird, entspricht der Menge, die du anderen gibst

Anerkennung oder Freundschaft oder Liebe, die du als Geschenke an andere gibst, werden im gleichen Umfang zu dir zurückkommen. Wenn du gibst, indem du andere anerkennst, wirst auch du anerkannt. Wenn du deine Gaben mit anderen teilst, fühlst du dich beschenkt. Das Ausmaß an Anerkennung, das dir in deinem Leben zuteil wird, entspricht ganz sicher dem Maß, in dem du darauf verzichtest, Urteile über die Menschen in deiner Nähe abzugeben; dank dieses Verzichts kannst du ihnen ganz selbstverständlich geben. Da du ihnen so selbstverständlich gibst, reagieren sie ebenso selbstverständlich mit ihrer Zustimmung, ihrer Anerkennung und ihrer Liebe.

Wenn du in deinem Leben so etwas wie Mangel an Anerkennung feststellst, gib, was du vermißt, an die Menschen in deiner Umgebung. Gib besonders denen, nach deren Anerkennung du dich am stärksten sehnst.

155. Schuldgefühle hindern deine Energie daran, wirksam zu werden

Du kapselst dich in genau dem Maß ab, in dem du dich schuldig fühlst. Wenn du derart verschlossen bist und dich selbst bestrafst, hältst du deine eigene Energie zurück. Wenn du dich schuldig fühlst, fühlst du dich in gewisser Hinsicht schlecht und gehst davon aus, dir selbst nicht gestatten zu dürfen voranzuschreiten, weil sich dabei herausstellen könnte, wie schlecht du bist. Folglich verharrst du in der dir selbst auferlegten Isolation, manchmal wählst du aber auch die Form des Angriffs. Angriff ist aber nichts anderes als eine Form des Beherrschen-Wollens, das deine Kraftlosigkeit und Angst offenlegt.

Nimm deine unguten Gefühle oder Schuldgefühle und lege sie in die Hände Gottes. In Gottes Händen kannst du nur unschuldig sein. Stelle dir vor, daß du deine Schuld auf einem kleinen Schiff ablegst. Während das Schiffchen den schnell dahinströmenden Fluß hinunterschwimmt, reinigt der Fluß deinen Geist von aller Schuld. Dies befreit dich und gibt dir die Möglichkeit voranzugehen. Atme tief durch! Fühle, welch große Menge Luft in deine Lungen strömt. Fühle, wieviel du vom Leben empfangen kannst. Fühle, welche Möglichlichkeiten dir gegeben sind, ganz selbstverständlich du selbst zu sein, dich selbst auszudrücken und deine Energie wirksam werden zu lassen.

156. Jedes Problem außerhalb deiner Beziehung kann innerhalb deiner Beziehung geheilt werden

Was sich auch immer außerhalb deiner Beziehung ereignet, kann innerhalb deiner Beziehung geheilt werden. Jede Erscheinung außerhalb deiner Beziehung kann als eine Metapher oder eine Spiegelung für etwas anderes angesehen werden, das sich im Geist und im Herzen deiner Beziehung ereignet. Wenn du von Mangel umgeben bist, herrscht ein Mangel innerhalb deiner Beziehung; dies bedeutet, es wird Zeit zu geben und wahrhaft zu empfangen. Dies bedeutet nicht einfach Opfer und Ausgebrannt-Sein.

Jedes Problem außerhalb der Beziehung verweist auf einen Punkt innerhalb deiner Beziehung, der noch darauf wartet, mit dem Ganzen harmonisch verbunden zu werden. Wenn das geschieht und du neue Freude in deiner Beziehung findest, wirst du eine neue Ebene der Partnerschaft und der gemeinsamen Kreativität erreichen. Dementsprechend wirst du feststellen, daß auch das Problem außerhalb deiner Beziehung zu heilen beginnt. Eines der tiefsten und mächtigsten Geheimnisse einer Beziehung ist es, daß sie die Kraft hat, Probleme, die dich von allen Seiten bedrängen, zu heilen, und dabei spielt es überhaupt keine Rolle, aus welchen Tiefen sie aufgestiegen sein mögen.

Wähle ein Problem, vielleicht sogar eines, an dessen Bewältigung dein Partner und du gern gemeinsam arbeiten möchten. Nun stelle dir vor, daß das Problem irgendwie zwischen deinem Partner und dir steht. Manchmal wird es dir sogar gelingen, den Bereich in deiner Beziehung zu finden, der noch nicht harmonisch eingebunden worden ist. Wenn du dich bemühst, diese Verbindung herzustellen, wirst du feststellen, daß Kreativität dich und deine Beziehung durchströmt und weiterströmt, um die Welt zu heilen. Sich auf diese Weise mit deinem Partner zu verbinden, kann dazu beitragen, schmerzliche Illusionen in der Welt zu beseitigen.

157. Du hast in deiner Beziehung die Wahl zwischen Dramatisieren oder Kreativität

Dramatische Verhältnisse werden in einer Beziehung aus zwei Gründen herbeigeführt. Entweder befindest du dich in einem Machtkampf, und einer von euch beiden (oder ihr beide) findet dramatische und immer dramatischer werdende Mittel, seinen Standpunkt darzulegen. Oder aber die Beziehung kommt dir langweilig vor, und du führst dramatische Situationen herbei, um die Erstarrung und Leere zu beseitigen. Jeder Machtkampf und jede Form der Erstarrung und Leere in deiner Beziehung ist jedoch nichts anderes als der Versuch, Kreativität zu vermeiden, die in höchstem Maße anregend sein könnte.

Konzentriere dich auf ein Gebiet deiner Beziehung, auf dem du entweder im Widerspruch zu deinem Partner stehst oder auf dem du ein Gefühl der Erstarrung und Leere verspürst. Stelle dir vor, du seist dabei, an dem Konflikt oder der Erstarrung vorbei in eine tiefergelegene Schicht zu schweben. Sinke tiefer und tiefer bis zu einer Stelle, an der etwas Kreatives wartet, das zu tun du aufgerufen bist, etwas, das dir wirklich helfen könnte, Erfüllung zu finden. Fühle, wie die Energie in deinem Inneren zunimmt und herausströmt, um sich auszudrücken. Diese schöpferische Kraft ist dein Leben. Sie verleiht dir Energie. Schöpferische Kraft hilft dir, die Liebe zu spüren, die dein eigentliches Wesen ausmacht.

158. Wertschätzung ist einer der einfachsten Wege, alles zu heilen

Jeder Schmerz, jedes Problem, jede Kränkung ist eine Stelle, an der wir irgendwie stehengeblieben sind. Dankbare Anerkennung leitet den Heilungsprozeß ein, der dich wieder in den Fluß des Lebens zurückführt. Wenn dich heute ein Problem plagt, drücke so vielen Menschen wie nur irgend möglich deine Wertschätzung aus. Sei aufgeschlossen gegenüber deiner Umgebung. Genieße und sei dankbar für die Luft, die du gerade einatmest. Sei dankbar für die Sinne, die dir gegeben sind, damit du das Leben genießen kannst. Zeige den ganzen Tag über, daß du einen wachen Sinn für diese Art dankbarer Anerkennung hast. Wenn die Fülle des Lebens abhandengekommen zu sein scheint, schaffe durch Anerkennung die Voraussetzungen dafür neu. Du wirst mit ungläubigem Staunen feststellen, daß du einen viel größeren Teil des Tages allein auf Grund der Wertschätzung, die du spendest, genießen wirst.

Wenn ein Problem zwischen dir und deinem Partner steht, nenne ihm immer wieder all die Dinge, die du an ihm besonders schätzt und dankbar anerkennst, bis das euer Verhältnis belastende Problem dank deiner Wärme und Dankbarkeit dahinschmilzt. Kein Problem kann der Kraft widerstehen, die in dankbarer Anerkennung liegt.

159. Die Helfer-Rolle erwächst aus dem Glauben, destruktiv zu sein

In der Psychodynamik jedes Menschen, der sich berufen fühlte, eine Rolle anzunehmen, in der er zur Heilung anderer beitragen kann – Arzt, Krankenschwester, Therapeut, Pfarrer, Priester, medial veranlagte Menschen – ist die Überzeugung zu finden, daß er sich vor langer Zeit schuldig gemacht hat, weil er anderen Menschen Schmerzen bereitete. Er fühlte sich irgendwie schuldig, weil er in einer wirklichen Notlage unfähig zur Hilfe war. Vergleichbares gilt für uns alle. Als Kinder haben wir die Neigung, die Schuld für das Destruktive um uns herum, für Krankheit und Tod bei uns selbst zu suchen. Später schlüpfen wir dann in die Rolle des Heilers. Wir alle begeben uns zu bestimmten Zeiten in diese Opfer- oder Helfer-Rolle. Aber diese Rolle entspringt unseren Schuldgefühlen. Das ist auch der Grund, weshalb du manchmal neunundneunzig Menschen helfen kannst und dich, wenn du nur einem weiteren nicht helfen kannst, dennoch so schuldig fühlst, als hättest du bei allen versagt. Dies ist ein sicheres Anzeichen dafür, daß du in der Helfer-Rolle bist, der Rolle dessen, der Dinge ermöglicht, aber dennoch kein wahrhafter Helfer ist.

Der Glaube an deine Schuld ist ein Mißverständnis, von dem das Kind in dir nichts weiß. Die Rolle, die du spielst, ist nichts als der Versuch, Gefühle der Ungerechtigkeit, der Destruktivität, der Schuld zu kompensieren; diese Rolle verhindert, daß du empfängst, und sie hält dich davon ab, voranzugehen und auf diese Weise einer noch größeren Anzahl von Menschen zu helfen. Der beste Weg, anderen zu helfen, ist der, dir selbst wahrhaft zu helfen. Wenn du, in deiner Rolle als Helfer, den Riesenschritt nach vorne tust und zum geheilten Heiler wirst und endlich wahrhaft empfängst, verfügst du damit auch über die Energie und die visionäre Kraft, erheblich mehr Menschen zu helfen, als das zum gegenwärtigen Zeitpunkt der Fall ist. Es gestattet dir, aus Rollen, die du in deiner Beziehung gespielt hast, auszusteigen und aufgeschlossener auf deinen Partner zu reagieren und ein höheres Maß an Liebe und Dankbarkeit von deinem Partner und der Welt zu empfangen.

Setze dich heute, dir selbst und der Welt zuliebe, für deine eigene Unschuld und die anderer Menschen ein.

Beschäftige dich mit den verschiedenen Helfer-Rollen, die du spielst, und frage dich selbst: „Wo fing ich an zu glauben, es sei meine Schuld? Wo fing ich an zu glauben, ich sei hilflos? Wo fing ich an, an meine eigene Destruktivität zu glauben?" Führe deinen Erwachsenen-Geist zurück zu den Plätzen der Kindheit, und betrachte sie erneut. Stelle fest, ob du davon absehen kannst, dich für das Geschehene zu verdammen. Mache dir bewußt, daß du selbst das Gegenmittel für genau das zu sein hast, was du dir selbst zum Vorwurf machtest. Du kannst das aber nur aus deiner inneren Mitte heraus tun, die du vor langer Zeit verlassen hast. Bitte deine Höhere Kraft, dich zu deiner inneren Mitte zurückzutragen. Sende von dort das aus, was die Menschen um dich benötigen. Es wird aus deinem Wesen kommen – wer du bist, nicht was du tust. Die Zeit ist gekommen, die Vergangenheit loszulassen, damit du die visionäre Kraft und Liebe findest, die sich durch dich, so wie du bist, ausdrücken möchte, damit du noch erfolgreicher wirken kannst. Sobald du zum geheilten Heiler wirst, wirst du ganz von selbst wirkungsvoller sein, und du kannst auch beginnen zu empfangen.

160. Jeder Gegner erfüllt den Zweck, ein schon lange verdrängtes Stück deines Geistes zurückzubringen

Gegner können von großem Nutzen für dich sein, wenn du verstehst, daß sie ein Stück von dir verkörpern, das dir vor langer Zeit verlorengegangen ist. Deine Bereitschaft, zu vergeben und auf die Wirkung der Vergebung zu vertrauen, kann den abgetrennten Teil deiner selbst wieder harmonisch in das Ganze eingliedern. Die Kraft, die dein Gegner gegen dich einsetzt, ist immer Energie, die du für deine eigene Heilung nutzen könntest. Wenn du dich der Energie nicht widersetzt, sondern zuläßt, daß sie sich in dich ergießt, kannst du mit einem Sprung auf eine höhere Ebene des Bewußtseins gelangen. Die Energie, die dein Gegner dir entgegenschleudert, führt dir die Menge deiner eigenen Energie vor Augen, die sich auf einer tieferen Ebene deines Geistes gegen dich selbst wendet. In dieser Situation muß es dein erster Schritt sein anzuerkennen, daß dein Gegner dich deutlich auf ein vor langer Zeit verlorenes Stück deiner selbst hinweist, das nun wiedergewonnen werden kann.

Betrachte deinen Gegner aufmerksam. Welches ist die Eigenschaft oder sind die für ihn charakteristischen Eigenschaften, gegen die du zu Felde ziehst? Hast du dich jemals genauso verhalten? Wenn du dich nicht daran erinnern kannst, dich so verhalten zu haben, gab es dann irgendjemanden, der dir nahesteht, der sich derart verhielt? Auf welche Weise könntest du die Überzeugung zu kompensieren suchen, die du von dir selbst hast? Zu kompensieren heißt, genau das Gegenteil zu tun, ohne zu empfangen oder für das Verhalten belohnt zu werden, weil du eben tatsächlich das Gegenteil von dir selbst glaubst. Aus welchem Gefühl heraus würdest du oder ein anderer Mensch so handeln? Wenn du dich mit dem gefundenen Gefühl nicht identifizieren kannst, frage dich selbst, welches Gefühl unter dem Gefühl liegt, das das Verhalten auslöste. Wenn du schließlich bis zu einem Gefühl vorgestoßen bist, mit dem du dich identifizieren kannst, mache es zur Brücke des Mitgefühls und der Gemeinsamkeit, die dich mit dem Menschen verbindet, der früher dein Gegner war. Je häufiger du diese Brücke benutzt, um so mehr verstehst du und um so leichter findest du ein gemeinsames Ziel.

161. Die meisten Konflikte werden allein dadurch geheilt, daß du die damit verbundene Erfahrung deinem Partner verständlich machst

Jeder Konflikt ist eine Form des Mißverständnisses. Um den Konflikt zu überwinden, erkläre deinem Partner umfassend, welche Erfahrung du dabei gemacht hast, und höre aufmerksam zu, wenn er dir seine Erfahrung erklärt und deutlich macht, welche Empfindungen ihn dazu brachten, sich in einer bestimmten Weise zu verhalten. Sobald du die Erfahrung deines Partners vollständig verstehst wie er die deine, wirst du bemerken, wie ihr beide euch ganz selbstverständlich verbindet und voranschreitet.

Nimm dir für heute vor, in jeder nicht restlos geklärten Situation das Gespräch darüber zu suchen, was nach deinem Empfinden vor sich geht. Verschaffe dir auch Klarheit darüber, wie dein Partner das empfindet – welche Bedeutung er dem Geschehen beimißt, warum er ausgerechnet so und nicht anders handelt und fühlt. Versäume nicht, deinem Partner erneut zu versichern, welchen Wert er und die gemeinsame Beziehung trotz des Konflikts haben. Wenn du deine Gefühle erhellst und auch deinem Partner diese Gelegenheit gegeben wird, könnt ihr mit ungefähr fünfundachtzig Prozent aller Probleme fertigwerden. Kläre heute alle Mißverständnisse durch deine Bereitschaft zur Kommunikation.

162. Wenn es dir schwerfällt, eine Beziehung einzugehen, liegt es daran, daß du die Tür zugeschlagen hast

Wenn Beziehungen zu Ende gehen, sind wir so sehr von Schmerz und Ärger erfüllt, daß wir manchmal alle Türen zuschlagen. Wir sperren damit alle Beziehungen aus und verdrängen die Einsicht, daß wir diese Situation geschaffen haben. Nachdem eine gewisse Zeit verstrichen ist, machen wir uns auf die Suche nach neuen Beziehungen, aber wie lange oder wie entschlossen oder in wie vielen Richtungen wir auch suchen, in unserer Nähe scheint kein Mensch dafür in Frage zu kommen. Wir können offensichtlich niemanden finden, der unser Interesse weckt. Der Grund dafür liegt darin, daß wir die Tür zugeschlagen haben. Die gute Nachricht ist, daß du die Tür jetzt sofort öffnen kannst! Heute noch kannst du sie weit aufstoßen und neu beginnen.

Wenn du schon eine Beziehung eingegangen bist, könnte es empfehlenswert sein, sich mit der Frage zu beschäftigen, was dieser Beziehung zu fehlen scheint. Wann hast du die Tür geschlossen und damit eine bestimmte Eigenschaft ausgesperrt? Warum überhaupt hast du die Tür verschlossen? Stelle dir vor, du seist dabei, die Tür weit aufzureißen. Es ist deine Tür; wenn sie also verschlossen ist, was dann? Dreimal darfst du raten! Ganz einfach: Du bist im Besitz des Schlüssels. Mit dem Öffnen der Tür wird dir genau das über den Weg laufen, was du vermißt.

163. Die Wahrheit hilft immer

Wenn du dich in einer völlig verfahrenen oder konfliktbelasteten Situation befindest und nicht weißt, womit du eine Besserung herbeiführen könntest, versuch's mal mit der Wahrheit! Die Wahrheit wird dich aus deiner selbstgewählten Isolation herausholen und wieder voranbringen. Wahrheit ist eine Form des Gebens. Über welche Wahrheit sprichst du nicht? Welche Wahrheit hältst du vor deinem Partner zurück, welche Wahrheit bringst du in eine bestimmte Situation nicht ein? Diese Wahrheit ist jetzt überaus wichtig. Sie wird dich befreien. Bürde deinem Partner nicht einfach alles auf. Genau das würdest du aber tun, wenn du nicht ganz offen und ehrlich zu ihm über deine tieferen Gefühle sprichst.

Befreie dich selbst aus dem Gefängnis. Sage die Wahrheit!

164. Höre nicht auf, die Wahrheit zu sagen, bis jeder Betroffene zu den Siegern gehört

Die Wahrheit ist keine Waffe, die eingesetzt wird, um den Widerstand der Menschen in deiner Nähe zu brechen. Die Wahrheit macht es allen möglich, zu den Siegern zu gehören. Wahrheit ist die Zusammenschau all der verschiedenen Blickwinkel, aus denen eine bestimmte Situation gesehen werden kann. Wenn alle Sichtweisen zusammengefügt werden, ist jeder Betroffene motiviert voranzugehen. Bevor also nicht jeder in deiner Nähe sich zu den Siegern rechnen kann, ist die endgültige Wahrheit nicht gefunden.

Suche den ständigen Gedankenaustausch, bis alle Beteiligten das Gefühl haben, zu den Siegern zu gehören. Laß dich auch von Kompromissen nicht aufhalten, denn sie werden dir das Gefühl vermitteln, in eine Opferhaltung geraten zu sein, und die anderen werden das Gefühl nicht loswerden können, auf der Verliererstraße zu sein. Besonders schmerzlich in einer Situation ist es, wenn die Beteiligten einen Teil der Wahrheit zurückhalten und so verhindern, daß es zum vollen Verständnis und zur Lösung des Problems kommt. Teile dich den anderen mit, bis alle strittigen Fragen geklärt und alle Zweifel beseitigt sind. Wahrheit bedeutet, daß alle ans Ziel kommen und zu den Siegern gehören.

165. Trennung ist das einzige Problem; Liebe heilt Trennung

Wenn du die Probleme auf die ihnen zugrunde liegende Triebkraft zurückführen würdest, würdest du tief unten Furcht und Trennendes vorfinden. Liebe heilt Trennung; von welcher Art das Problem auch immer ist, die Lösung ist einfach: Liebe. Heile die Trennung. Baue die Brücke. Schaffe die Verbindung. Was auch immer das Symptom ist, ob Schuld oder Angst oder Krankheit oder irgendein Konflikt, der uns das Gefühl gibt, vereinzelt zu sein: setze Liebe ein, setze Vergebungsbereitschaft ein, setze zwischenmenschliche Nähe als die Mittel ein, die unauflöslichen Zusammenhalt schaffen und das Problem verschwinden lassen.

Wähle zwei deiner größten Probleme und begegne ihnen mit Liebe. Finde die Stelle, von der die Trennung ausgeht, und gib Liebe, um damit die Trennung zu heilen. Wenn die Trennung geheilt ist, wird sich das Problem auflösen.

166. Engagierter Einsatz eröffnet größere Möglichkeiten, die eigene Persönlichkeit zum Ausdruck zu bringen

Einsatz schafft Sicherheit, Freiheit und innere Ausgeglichenheit. Auf dieser Grundlage hast du wesentlich größere Chancen, deine eigenen Fähigkeiten zu entdecken und sie auszudrücken. Sobald man erst einmal davon ausgehen kann, über das Sicherheitsnetz zu verfügen, das eine erfüllte Beziehung ermöglicht, kann man sich weiterentwickeln und größere Kreativität und angemessenere Formen des Ausdrucks der eigenen Persönlichkeit entdecken.

Zeige heute, wie sehr du deinen Partner wegen der neuen Dinge schätzt, die sich in dir seit Beginn eurer gemeinsamen Beziehung entwickelt haben. Erkenne an, was dein Partner dir gegeben hat. Sage deinem Partner, daß diese neuen Eigenschaften und Fähigkeiten nur auf Grund des engagierten gemeinsamen Einsatzes eine Chance zur Entwicklung hatten.

167. Ein gebrochenes Herz ist nichts anderes als eine nicht erfüllte Erwartung

Ein gebrochenes Herz ist, genau besehen, nichts als die nicht erfüllte Erwartung, ein anderer werde deine Bedürfnisse befriedigen. Du kannst vermeiden, an gebrochenem Herzen zu leiden, wenn du bereit bist, deine Erwartungen und Regeln fallenzulassen, die festlegen, wie dein Partner zu sein hat. Wenn du deine Erwartungen fallenläßt, gewinnst du ein gewisses Maß an Flexibilität.

Beschäftige dich sorgfältig mit Gesichtspunkten, die Schmerzen oder Leid auslösen, oder mit Bereichen, auf denen früher erlittenes Leid immer noch spürbar ist. Mache dir klar, daß der Grund dafür in deiner unausgesprochenen Forderung liegt, die Beziehung habe sich an deine Regeln zu halten und der andere müsse sich ausschließlich an deinen Bedürfnissen orientieren. Sei bereit, all das hinter dir zu lassen, so daß du vorangehen und empfangen kannst. Dies wird dir die Möglichkeit eröffnen, die Liebe zu spüren, die du die ganze Zeit vermißt hast.

168. Wenn du dich von einem Menschen angezogen fühlst, besitzt du ein Geschenk für diesen Menschen

Dich von einem Menschen angezogen zu fühlen, sollte dich erkennen lassen, daß du ein Geschenk für diesen Menschen besitzt. Sehr häufig, wenn wir uns zu einem Menschen hingezogen fühlen, gehen wir davon aus, er müsse uns etwas geben; die wahre Freude aber stellt sich erst ein, sobald uns aufgeht, daß wir ein Geschenk haben, das wir ihm machen können. Unsere Verbindung bietet die Möglichkeit, gemeinsam etwas Schöpferisches, ein kreatives Projekt durchzuführen. Ein kreatives Vorhaben wird sich auf Grund dieser Verbindung für beide ergeben. Wenn wir bereit sind, unser Geschenk voller Rechtschaffenheit und ohne jeden Hintergedanken zu machen, werden wir kreative Verbindungen mit vielen, vielen freudig gestimmten Menschen genießen können.

Überlege, zu welchem Menschen in deiner unmittelbaren Umgebung du dich hingezogen fühlst und frage dich selbst: „Welches ist das Geschenk, das ich ihm geben soll, das ihn wirklich voranbringen würde?" Vielleicht sind es lediglich gute Wünsche oder eine Geste deiner Hilfsbereitschaft. Laß in deiner Gabe deine Ehrlichkeit und Liebe deutlich erkennbar werden und schenke ohne die geringste Erwartung einer Gegengabe.

169. Wenn du aufhörst, recht haben zu wollen, kannst du glücklich sein

Die Überzeugung, im Recht zu sein, beendet die Offenheit einer Situation und verhindert, daß dich weitere Informationen erreichen. Du kennst ja deine Antwort und möchtest deshalb nicht von irgendwelchen Tatsachen verwirrt werden. Nimm dir einen Bereich vor, auf dem du glaubst, im Recht zu sein. Genau da hast du Entfaltung und Entwicklung durch deine eigene Entscheidung angehalten. Recht zu haben, das ist nichts als eine Methode, mit der man verbergen kann, wie sehr man im Inneren das eigene Unrecht fühlt. Du kannst im Recht sein oder du kannst glücklich sein, aber du kannst nicht beides zugleich sein.

Schreibe die Gebiete auf, auf denen du nicht vorankommst und auf denen du nicht empfangen kannst. Schreibe dann neben die Bereiche die verschiedenen Formen, in denen sich in den jeweiligen Situationen dein Rechthaben ausdrückt. Gib diesen vergeblichen Versuch auf, deine Schuldgefühle zu verbergen, und stehe deinem eigenen Glück nicht länger im Wege.

170. Die Belohnung geht an die Rolle, während du in der Opferhaltung bleibst

Eine Rolle markiert einen Bereich, in dem du zwar geben, nicht aber empfangen kannst. In manchen Rollen sorgst du dafür, daß jedermann gute Karten hat, aber du gibst dir selbst keine Karten, nimmst also am Spiel nicht teil. Rollen führen dazu, daß wir uns müde und ausgebrannt fühlen. Was eigentlich versuchst du mit deiner Rolle zu beweisen? Was auch immer es ist, es ist wahrscheinlich längst unbestritten! Weshalb also hältst du es für nötig, es zu beweisen? Laß zu, daß du die Belohnung für all deine Bemühungen erhältst, laß zu, daß du dich deines Partners erfreuen kannst, deiner Familie, deiner Arbeit und deines Lebens. Laß zu, daß du die Luft genießt, die du atmest, die Nahrung, die du zu dir nimmst, und alles, was du tust. Genieße das gute Gefühl, das sich beim Geben ganz selbstverständlich einstellt. Triff die bewußte Entscheidung, das Richtige aus dem richtigen Grund zu tun, weil du es nämlich so willst und nicht, weil es von dir erwartet wird. Wofür du dich entscheidest, es wird zu deiner Aufgabe werden, die deinen Einsatz lohnt. Was aber andere von dir erwarten, das wird zu deiner Rolle. Rollen reißen alle dir zustehenden Belohnungen an sich, während dir lediglich das Ausgebranntsein bleibt.

Beschäftige dich mit irgendeinem Gebiet, auf dem du nichts empfängst und auf dem sich trotz all deiner Bemühungen nichts für dich ergibt. Überprüfe, ob dein Handeln etwa von einer Rolle bestimmt ist und nicht davon, daß du ganz selbstverständlich und auf Grund einer freien Entscheidung gibst. Allein durch eine von dir bewußt getroffene Entscheidung kannst du die Situation zum Besseren wenden. Selbst in einer schwierigen Situation wird dir eine bewußt getroffene Entscheidung neue Kraft und Energie zuführen.

171. Alles Heilen entsteht aus der Vereinigung

Wenn Trennendes im Mittelpunkt jedes Problems liegt, dann kommt alles Heilen aus der Vereinigung. Gehe auf die Menschen zu, und die Situation wird in Bewegung geraten. Anderen Menschen die Hände zu reichen, sich mit ihnen zu verbinden, ist die einfachste Art, auch sehr komplizierte Probleme zu heilen. Gehe auf die Menschen ein und stelle Verbindung her. Wenn du erst einmal eine gewisse Vertrautheit geschaffen hast, wirst du auch den Punkt in der Beziehung finden, an dem sich ein natürlicher, unverkrampfter Umgang ergibt. Übersieh oder überwinde die kleinen Dinge, die sich störend einzumischen scheinen, und du wirst zu einem natürlichen Umgang finden. Wenn du erst einmal zu dieser natürlichen Verbundenheit durchgestoßen bist, spielen kleinliche Beschwerden keine Rolle mehr.

Wähle heute ein großes Problem, das es wirklich in sich hat. Welches sind die entscheidenden Menschen in dieser Situation? Gehe auf sie zu, bis du das Gefühl hast, dich ihnen verbunden zu haben. Was immer notwendig ist, dich ihnen zu verbinden – Kommunikation, Vergebungsbereitschaft, das Verlassen deiner „Position" – es ist diese Mühe wert. Du magst nicht mit allem einverstanden sein, was sie sagen, aber du wirst dich ihnen persönlich nahe fühlen, und dann wird sich eine neue Antwort für beide Seiten durchsetzen.

172. Jeder Neuanfang hat etwas vom Tode

Würdest du mitten in der Nacht aufwachen und würdest gerade geboren, du würdest dich fühlen, als lägest du im Sterben. Jede Geburt, jeder Neuanfang in deinem Leben hat etwas vom Tode. Mache dir deutlich – besonders in aussichtslos scheinenden Situationen –, daß zu der Zeit, zu der ein Aspekt deines Lebens zu Ende geht, ein anderer beginnt. Sei bereit loszulassen, so daß die neue Geburt eintreten kann. Wenn du dem, was wie Sterben aussieht, einfach vertrauen könntest, würde es wahrhaft zu deiner Geburt werden.

Betrachte dein Leben und stelle fest, ob es irgend etwas gibt, das sich dem Ende zuzuneigen scheint, oder ob etwas einem Abschluß zustrebt. Mache dir bewußt, was wirklich abgeschlossen werden muß, damit ein Neubeginn gemacht werden kann. Glaube unbeirrt an den Prozeß des Geboren-Werdens. Vertraue auf die zu einem Abschluß führende Entwicklung; sie läuft ab, damit du neues Leben auf den Ruinen des alten vorfinden und neu beginnen kannst. Ein neues Kapitel steht unmittelbar bevor. Verpasse es nicht, nur weil du fälschlicherweise glaubtest, das Ende des Kapitels sei das Ende von allem.

173. Du hast die Voraussetzungen, in jeder Situation das Notwendige zu tun

Du wirst niemals mit einer Situation konfrontiert, die jenseits deiner Möglichkeiten liegt. Du wirst mit jeder Situation an einem ganz bestimmten Punkt konfrontiert, eben weil du in der Lage bist, über die Situation hinauszugehen und die heilende Antwort zu finden, die für jedermann hilfreich sein könnte. Es gibt in deinem Geist einen Ort, der die Antwort auf alle deine großen Probleme weiß, auch wenn diese Antwort paradox scheinen mag. Wenn du für die nächste Lektion bereit bist, wird sie dir gegeben, und du hast in dir die Voraussetzungen, die Lösung zu finden.

Wähle ein Problemfeld in deinem Leben, das sich jeder Beeinflussung durch dich zu entziehen scheint. Bitte deine Höhere Kraft, die Führung zu übernehmen und das Problem anzugehen. Beobachte, was geschieht. Beobachte während der nächsten vierundzwanzig Stunden, was sich in der gegebenen Situation ereignet. Halte dich heraus, vertraue darauf, daß sich die Lösung einstellen wird, und beobachte, was sich ereignet, während sich die Situation entwickelt. Es kann sein, daß sich das ganze Problem löst oder die nächste Schicht des Problems. Wenn eine Schicht gelöst worden ist, bitte immer weiter um Hilfe, bis jede Schicht des Problems und schließlich das ganze Problem geheilt ist.

174. Schuldgefühle erfährst du nur dann, wenn du jemanden oder etwas benutzt, um dich selbst zurückzuhalten

Schuldgefühle erfüllen den Zweck, dich vor der Furcht zu bewahren, die dich beim Vorangehen überkommen könnte. Schuldgefühle erlebst du aber nur dann, wenn du jemanden oder etwas brauchst, um dich selber an weiterer Entwicklung zu hindern. Wenn dir erst einmal klar geworden ist, daß Schuldgefühle diesen Zweck erfüllen, dann kannst du dich mit Situationen, in denen du dich schuldig fühltest, neu beschäftigen und die bewußte Entscheidung treffen, in deinem Leben voranzugehen.

Weswegen fühlst du dich immer noch schuldig? In welcher Weise nutzt du Schuldgefühle, um dich selbst zurückzuhalten? Es mag gut sein, daß du an einem bestimmten Punkt deines Lebens das Gefühl hattest, mit einer besonderen Begabung oder Fähigkeit oder einer Seite deines Wesens nicht umgehen zu können. Jetzt hast du die Reife und die gewachsene Einsicht, das zu tun. Entscheide dich ganz bewußt für das Vorangehen, und greife nicht länger auf Schuldgefühle zurück, um dich selbst zurückzuhalten.

175. Du bist verantwortlich für deine eigenen Gefühle

Wenn du Gefühlen so richtig nachspürst, wird klar, daß sie nur aus dir selbst, deinem Inneren, kommen können. Niemand sonst kann dich dazu bringen, etwas zu fühlen, das nicht in dir ist. Wenn du sagst, daß ein anderer dich dazu gebracht hat, verärgert oder gekränkt zu sein, sagst du damit auch, jemand könne den oberen Teil deines Kopfes aufschrauben, in dich hineinklettern, den Ärger-Hebel umlegen oder den Schmerz-Knopf drücken. Das entspricht aber nicht den Tatsachen. Du selbst hast die Möglichkeit zu entscheiden, was du empfindest. Es ist eine Entscheidung, die in Bruchteilen von Sekunden getroffen wird, denn die meisten von uns reagieren nun einmal auf äußere Umstände.

Wenn Schmerz uns erfüllt, gibt es natürlich Situationen, die ihn zum Ausbruch bringen. Aber es sind unsere Gefühle, und deshalb sind wir verantwortlich. Wenn wir versuchen, einen anderen für unsere Gefühle verantwortlich zu machen, machen wir uns selbst schlechter, als wir sind, und begeben uns selbst in die Position des Opfers. Wenn wir für unsere Gefühle selbst verantwortlich sind, folgt daraus, daß es auch in unsere Hand gegeben ist, sie zu ändern. Wenn ein anderer für unsere Gefühle verantwortlich ist, müssen wir ihn in der Absicht manipulieren, sich anders zu verhalten, damit wir uns gut fühlen. Das klingt nun wirklich ziemlich kompliziert – die Wahrheit aber ist einfach!

Du bist für deine Gefühle verantwortlich. Du kannst deine Gefühle ändern. Deine negativen Gefühle verweisen auf eine Lektion, die du zu lernen hast, etwas, das zu ändern du aufgerufen bist, oder etwas, das geheilt werden will. Fühle dich verantwortlich für deine Gefühle, und du wirst auf diese Weise die Situation von jeglicher Form der Manipulation und der emotionalen Erpressung befreien.

176. Angst ist gleich Anziehung

Psychologische Tests haben gezeigt, daß mit einem Anwachsen der Angst auch die sexuelle Energie zunimmt. Auf einer tieferen Ebene läßt sich sagen, daß das, wovor wir Angst haben, auch das ist, wovon wir angezogen werden. Wenn jemand Angst vor dem Tod hat, dann läßt er sich auf der einen oder anderen Ebene auf einen Flirt mit dem Tod ein. Wenn du Angst davor hast, daß deinem Partner etwas zustoßen könnte, gibt es irgendwo in dir den Wunsch oder das Verlangen, daß sich genau das ereignen solle. Dies ist einer der verborgensten Teile deines Geistes, und es ist nur zu natürlich, ihn zu verdrängen. Die Angst ist nun einmal ein Verursacher – wie auch die Liebe und der Haß.

Beschäftige dich mit dem, was dich mit Angst erfüllt. Worin liegt die verborgene Anziehung, die du spürst? Spüre deiner Angst nach mit Hilfe eines Ereignisses, dessen Eintreten du wünschst. Was möchtest du geschehen lassen? Bringe deine Furcht ans Licht, um herauszufinden, was du tatsächlich willst. Sei dir bewußt: Wenn du das in der Dunkelheit deines Geistes Liegende ans Licht bringst, schaffst du Heilung.

177. Das Ausmaß deiner Offenheit bestimmt das Maß, in dem du inspirierend auf andere wirkst

Viele von uns fürchten sich davor offenzulegen, wer wir wirklich sind, oder wir lassen andere nur die netten und angenehmen Seiten erkennen. Wären wir willens, den anderen unsere wahren Empfindungen zu vermitteln einschließlich der Gebiete, auf denen wir Angst haben, die uns peinlich sind oder auf denen wir uns schlecht fühlen, dann würden wir bestätigt finden, daß unsere Ehrlichkeit und Wahrhaftigkeit andere inspiriert und sie dazu bewegt, auf uns zuzugehen. Es ist schon paradox! Wir halten eine Seite unseres Wesens verdeckt, damit unsere Mitmenschen uns mögen; tatsächlich aber ist es so, daß erst das Offenlegen der Dinge, die wir an uns selbst nicht schätzen, uns unverfälscht und rein und damit für andere zugänglich machen würde. Dies würde es möglich machen, eine Verbindung zu ihnen herzustellen.

Werde ehrlich und laß heute andere an den Erfahrungen teilhaben, die du tatsächlich machst. Homogenisiere deine Erfahrungen nicht, pasteurisiere sie nicht, hülle sie nicht in schön aussehendes Cellophan. Beteilige andere am Kern deiner Erfahrung, und die Menschen in deiner Umgebung werden sich, nach einem unvermeidlichen anfänglichen Schock, zum Voranschreiten anregen lassen. Beteilige sie nicht an deinen Erfahrungen in der Absicht, sie zu manipulieren oder zu verändern, beteilige sie, um dich selbst zu verändern und um ihnen die Hand zu reichen.

178. Um ein Problem in deinem Werdegang zu beseitigen, vergib deinem Vater

Jedesmal, wenn du bereit bist, deinem Vater zu vergeben, machst du in deiner Entwicklung einen Schritt nach vorne. Viele von uns fühlen sich von ihrem Vater nicht genügend unterstützt, nicht anerkannt, mißverstanden. Wir haben das Gefühl, von unserem Vater bedrängt zu werden. Wir können aber unseren Vater nur dann als Konkurrenten empfinden, wenn wir selbst als Konkurrent auftreten. Wir können das Versagen unseres Vaters nur sehen, wenn wir, auf einer sehr tiefen Ebene, das Versagen unseres Vaters wünschten. Sobald wir unserem Vater Abbitte tun, stellen wir fest, daß alle Autoritätspersonen in einem anderen Licht erscheinen. Sobald wir unserem Vater vergeben, stellen wir fest, daß unsere Entwicklung wieder frei und unbelastet ist. Dein Vater, die männliche Seite deines Wesens, deine Arbeit, deine berufliche Laufbahn, sie sind alle miteinander verbunden.

Beschäftige dich anders als bisher mit deinem Vater. Was du ihm gibst, bedeutet Erfolg für dich. Auch wenn er nicht mehr am Leben ist, du kannst ihm immer noch geben und ihm vergeben. Sobald du ihm gibst, wird der Vater in dir stärker werden, und wo auch immer dein Vater sich befindet, er wird dein Verständnis als Segen empfinden.

179. Beziehungen tragen dazu bei, die zersplitterten Teile wieder zusammenzubringen

Alle die Lehren, die wir nicht aufgenommen haben, verursachten zerbrochene Einzelteile. Jedesmal, wenn wir zerschmettert wurden oder traumatische Erfahrungen machten, bot sich uns tatsächlich die Gelegenheit, eine höhere Ebene der Liebe, des Verständnisses, der menschlichen Bindung zu betreten. Unsere Beziehungen schaffen diese Gelegenheit immer wieder aufs neue, und wir können all diese Prüfungen noch einmal machen. Unsere Beziehung wird so zum Seminar, in dem wir die Lektion noch einmal lernen können und in dem wir alle zerbrochenen Teile wieder zusammensetzen können.

Betrachte eine von Konflikten belastete Situation und verstehe, daß dies tatsächlich eine Situation ist, in der dir eine frühere Prüfungsaufgabe erneut vorgelegt wird. Du bist beim ersten Mal durchgefallen, und nun hast du die Chance, die Prüfung noch einmal abzulegen. Wenn früher nicht Begriffenes uns neu vorgelegt wird, kann sich daraus manchmal eine wirklich unangenehme Prüfung ergeben. Aber wie unangenehm die Situation auch immer sein mag, du hast die Chance, die Prüfung jetzt zu bestehen. Bitte um die Hilfe des Himmels, reagiere auf die Situation mit einem Höchstmaß an Einfühlsamkeit und Gesprächsbereitschaft, entschuldige dich, wenn das notwendig wird – und stelle schließlich dankbar fest, daß du diesmal die Lektion gelernt hast und schon dabei bist voranzuschreiten.

180. Jeder, der zu dir mit der Bitte um Hilfe kommt, kommt eigentlich, um dich zu retten

Wenn jemand zu dir kommt, damit ihm geholfen werde, kommt er, um dir zu helfen, einen Teil deiner selbst zu heilen, von dem du unter normalen Umständen nicht einmal wüßtest, daß er verletzt oder unvollständig ist. Es geschieht häufig, daß wir zwar etwas heilen, das an der Oberfläche liegt, während etwas anderes in unserem Inneren unbewältigt bleibt. Und dann geht uns auf, daß der Ratschlag, den wir geben, dem entspricht, was uns selbst am dringendsten gesagt werden müßte. Höre auf deinen eigenen Ratschlag, und die Situation wird sich für alle zum Guten wenden.

Sei heute besonders dankbar für jeden, der zu dir kommt und Hilfe erbittet. Reagiere einfühlsam auf ihn, weil dir bewußt ist, daß er unbestreitbar ein fehlendes Stück von dir selbst zurückbringt, ein Stück, das dich zu einer neuen Ebene des Erfolgs führen wird.

181. Was du an deinen Eltern zurückweist, wird am Verhalten deines Partners sichtbar werden

Was du an deinen Eltern zurückgewiesen hast, ist so etwas wie eine nicht gelernte Lektion, die in Gestalt deines jetzigen Partners zurückkommen wird. Wirst du die Lektion nun begreifen, oder wirst du warten, bis das Problem noch größer wird? Wie lange eigentlich willst du dich davon plagen lassen? Die Zeit ist reif, die Lektion zu lernen. Deine Eltern stellten deine innere Welt dar. Sie sind Projektionen der zwei wichtigsten Teile deines Geistes, die für deine Heilung zur Verfügung stehen. Deine Eltern spiegeln den unterbewußten Teil deines Geistes, und dasselbe gilt nun ganz selbstverständlich für deinen Partner. Du hast auf deine Eltern wie auch auf deinen Partner Teile deiner selbst projiziert, die dir zuwider waren. Was du zurückweist oder leugnest, wird nicht aufhören, dich zu verfolgen, bis du es vergeben oder wieder mit dem Ganzen harmonisch verbinden kannst, so daß alles Urteilen, auch das gegen dich selbst gerichtete, überflüssig wird.

Heute wirst du diese Lektion lernen. Bitte um ein wenig Hilfe, öffne dich, sei zugänglicher, halte deine Werturteile zurück, fühle, wie dein Herz deinem Partner entgegenfließt, so daß du die Maske herunternehmen kannst, die du ihm aufgesetzt hast. Während du das tust, wirst du in dir selbst einen Bereich finden, der der Liebe bedürftig ist. Wenn du feststellst, daß du nicht länger dir selbst zur Last legen willst, was du deinen Eltern oder deinem Partner angelastet hast, dann wird jeder Beteiligte frei sein.

182. Wenn das Problem in deiner Beziehung jenseits deiner Möglichkeiten zu liegen scheint, bitte um die Hilfe des Himmels, um es zu heilen

Wir haben alle schon vor Problemen gestanden, denen wir uns hilflos ausgeliefert glaubten, oder vor Konflikten, die so schmerzlich waren, daß unsere Mittel nie und nimmer zur Bewältigung auszureichen schienen. Unter diesen Umständen ist es unerläßlich, den Himmel um Hilfe zu bitten. So wie du lernst, dich mit deinem Partner zusammenzuschließen und ihm ein wahrer Partner zu sein, so wirst du lernen, deine eigenen schöpferischen Kräfte und den Himmel zu deinen Partnern zu machen. Die Bitte um die Hilfe des Himmels kann Klarheit schaffen, welchem Problem du dich auch immer gegenübersiehst.

Sei bereit, dich vom Himmel beschenken zu lassen. Bitte um Hilfe, ohne dich um die Größe des Problems zu scheren. Die Zeit ist gekommen, dein Herz zu öffnen und die Gnade zu empfangen, die dich und deinen Partner voranbringen wird.

183. Wenn du das Beste von deiner Beziehung willst, gib der Beziehung dein Bestes

Was du selbst in deine Beziehung einbringst, gestattet dir einzuschätzen, was du in ihr empfängst. Wenn du also das Beste von deiner Beziehung willst, gib das Beste. Das Beste von dir selbst zu geben, gestattet dir, dich am Besten anderer Menschen zu erfreuen. Das Beste zu geben, das in dir vorhanden ist, öffnet Tore, die sich andernfalls nie öffnen würden, und schafft die Voraussetzungen für neue Gaben, neue Freude, neues Vergnügen, die deine Beziehung bereichern werden.

Gib heute dein Allerbestes. Gib dein Herz, gib alles, was du hast, und nimm dankbar zur Kenntnis, welch herrlicher Tag es ist.

184. Schmerz ist die Energie, die benötigt wird, damit du an einem negativen Eindruck von dir selbst festhalten kannst

Wenn du entschlossen bist, deinen Schmerz freizusetzen, werden sich auch negative Gedanken, die du von dir selbst hast, ganz selbstverständlich verändern. Deine Bereitschaft, dem Schmerz standzuhalten, bis er vergangen ist, wird die Energie freisetzen, die dich eingeengt hat. Der Umkehrschluß gilt ebenfalls: Wenn du dich von negativen Bildern befreist, die du von dir selbst hast, wirst du leicht auch deinen Schmerz hinter dir lassen.

Sei heute bereit, dich von dem Schmerz zu trennen, den du benutzt hast, um an einem negativen Eindruck von dir selbst festzuhalten. Mache dir bewußt: Du hast diesen negativen Eindruck benutzt, um nicht vorangehen zu müssen, weil du Angst davor hattest, mit etwas konfrontiert zu werden, das dich ohne jeden Zweifel glücklicher machen wird. Sobald du den Gedanken oder das Bild von dir selbst losläßt, wird dir eine ganz neue Fähigkeit zuwachsen, nämlich zu empfangen und Freude am Leben zu haben.

185. Was dich an einem anderen stört und deinen Widerstand provoziert, dem widersetzt du dich auch, wenn es um dich selbst geht

Was dir an anderen Menschen mißfällt, mißfällt dir auch an dir selbst. Wenn du entschlossen wärest, dich diesem Teil deiner selbst nicht länger zu widersetzen, sondern ihn zu verstehen, würde der andere sich gewissermaßen vor deinen Augen verändern, und du würdest bemerken, daß ihr dabei seid, gemeinsam voranzuschreiten.

Was du an einem anderen zurückweist, kann dir Aufschluß darüber geben, was sich in deinem eigenen Unterbewußten abspielt. Ein Teil von dir widersetzt sich einem anderen Teil, den du verurteilt und verdrängt hast. Erkenne diesen Teil als zu dir gehörend an, spüre ihm in deinem Inneren nach, bis dein Unbehagen in Billigung übergeht. An diesem Punkt wirst du dich frei fühlen, und auch der andere wird dabei seine Freiheit wiedergewinnen.

186. Das Glücksgefühl, das aus dem Inneren kommt, kann nicht verlorengehen

Wenn unser Glück von äußeren Dingen abhängt, kann es leicht zerbrechen, sobald sich die Umstände ändern. Sind wir aber bereit, beständig das aus unserem Inneren kommende Glück zu geben, kann das Glück, das unsere Beziehungen bestimmt, nie verlorengehen. Das Glück, das in unserem Inneren geschaffen wird, kann uns niemand nehmen. Vor allem, wenn du in schwierigen Situationen Liebe und Glück für andere bereithältst, wirst du in einem unbeschreiblichen Ausmaß heilen und wachsen, und auch deine Lebensfreude wird zunehmen.

Denke über eine Situation nach, in der dein Glück von äußeren Gegebenheiten abhängig zu sein scheint. Mit einer kleinen Richtungsänderung müßte es dir gelingen, dieses Glück aus deinem Inneren zu beziehen und weiterzugeben. Und das gilt auch für schwierige Lebenslagen: Wenn du das Glück in deinem Inneren schaffen kannst, werden viele Menschen einen Vorteil davon haben, viele werden davon gestärkt werden und die Kraft daraus ableiten voranzugehen.

187. *Wenn dir alles, was du tust, Anstrengung bedeutet, bist du in einer Rolle gefangen*

Wenn irgendetwas, was du tust, dir wie harte Arbeit vorkommt, dann stimmt etwas nicht, und es ist eine Rolle, die dafür verantwortlich ist. Rollen dienen dazu zu beweisen, wie gut und tugendsam du doch bist, und um die Bewunderung der Menschen in deiner Nähe auf dich zu ziehen, arbeitest du besonders viel und besonders schwer und erklärst immer und immer wieder, wie anstrengend doch alles war und wie du es trotzdem geschafft hast. Mache dir klar, daß du nichts zu beweisen brauchst. In deinem innersten Wesen bist du wahrhaft gut. Laß deine Schuldgefühle hinter dir, und das Problem wird dich nicht mehr quälen. Wenn das, was du tust, für dich Anstrengung bedeutet, bestehst du zu sehr auf deiner Unabhängigkeit und Eigenständigkeit und meinst, alles selbst tun zu müssen. Gestatte den Menschen in deiner Nähe, dir zu helfen. Laß zu, daß himmlische Gnade dich durchströmt und auch die Situation erfüllt. Alles wird so um vieles leichter werden.

Führe dir Umstände vor Augen, die dir schwierig vorkommen, und bitte um die Hilfe des Himmels und die Hilfe der Menschen in deiner Nähe. Gib, was du geben kannst und wozu du aufgerufen bist, aber lade dir nicht alle Last auf die Schultern. Alles auf deine Schultern zu laden heißt auf lange Sicht, die Entwicklung zu behindern. Du bist ein viel reicherer und ergiebigerer Kraftquell, wenn du nicht wie eine Drohne arbeitest. Die Kraft und Offenheit deines Geistes kann zu spielerischer Leichtigkeit und einem hohen Maß an Einfallsreichtum führen, die befreiend auf alle Beteiligten wirken werden.

188. Das größte Geheimnis eines unabhängigen Menschen ist, daß er einen Menschen, der ihm früher viel bedeutete, noch nicht losgelassen hat

Du bist unabhängig, weil du noch immer an einem Menschen aus deiner Vergangenheit hängst. In irgendeiner Ecke deines Geistes ergehst du dich immer noch in Phantasien darüber, daß die Vergangenheit wiederzugewinnen sei oder daß du einen bestimmten Menschen dazu bringen könntest, wieder an deine Tür zu klopfen. Aber, indem du an diesen schönen Vorstellungen aus der Vergangenheit festhältst, verhinderst du natürlich, daß deine Wünsche sich jetzt in der Gegenwart erfüllen.

Möglicherweise bist du auch in negativer Weise mit einem Menschen aus deiner Vergangenheit verbunden. Vielleicht hast du damals schweres Leid erfahren, das du noch immer nicht hinter dir lassen konntest. Der Widerstand, mit dem du gegen diese Erfahrung ankämpfst, blockiert dich, hält dich davon ab, den Weg hin zur Interdependenz zu gehen, die Freude und Glückseligkeit zu erreichen, die eine lebendige und erfüllte gegenwärtige Beziehung bereithält.

Löse dich heute von den Menschen, an die du, positiv oder negativ, gekettet bist. Mit deiner Bereitschaft, sie loszulassen, wirst du dir neue Möglichkeiten eröffnen, Gefühle wiederzuentdecken, die verlorengegangen waren. Die dich quälende Angst und der Schmerz über erlittenen Verlust werden schwinden, und du wirst immer stärker spüren, daß Gutes auf dich zukommt.

189. Jeder Schmerz läßt sich auf übergroße Anhänglichkeit zurückführen

Wir leiden, wenn wir verlieren, woran wir hängen. Was wahrhaft verbunden war, kann nie aufgelöst werden, und die Liebe, die wir gegeben haben, wird nie verlorengehen. Der entscheidende Punkt, der uns vor Schmerzen bewahren kann, ist unsere Bereitschaft, übertriebene Anhänglichkeit und knebelnde Bindungen hinter uns zu lassen. Unsere Entschlossenheit, immer wieder Verbindungen zu knüpfen, ohne uns dabei zu knebeln, macht es uns möglich, einerseits die Menschen, mit denen wir ständig umgehen, wie auch unsere Lebensumstände zu genießen, andererseits aber nicht darunter zu leiden, wenn sich Menschen oder Lebensumstände ändern.

Wo auch immer du an etwas leidest, spüre der Frage nach, woran du dich gekettet hast. Sei bereit loszulassen. Überprüfe auch, ob du zur Zeit an etwas sehr hängst, denn das wird die Quelle zukünftigen Leidens sein. Wenn du bereit bist, deine Anhänglichkeiten aufzugeben, wirst du spüren, daß es wieder vorangeht. Du kannst all das empfangen und genießen, woran du dich nicht gekettet hast. Nicht-Verhaftetsein nimmt deinen Erfahrungen den Schmerz.

190. Wenn es verletzt, ist es keine Liebe

Glaube nicht, was all die Lieder und Geschichten und Kinofilme dir einflüstern! Es ist nun einmal so: Wenn es schmerzt, ist es keine Liebe! Liebe bereitet dir keine Schmerzen, sie entfaltet dich, läßt dich aufblühen. Nicht zu bekommen, was du haben willst, das schmerzt. Liebe kann nicht schmerzen, denn es macht froh, die Verbindung zu anderen Menschen zu spüren. Aber es bereitet Schmerzen, wenn du dich in dich zurückziehst, dich vor anderen verschließt oder dich von ihnen distanzierst. Es bereitet Schmerzen, wenn deine Bedürfnisse nicht befriedigt werden. Es bereitet Schmerzen, wenn irgendetwas in deiner Beziehung alten Schmerz zutage fördert.

Wenn dein Herz vor Freude schwillt, dann mag dieses ein wenig von einem Schmerz an sich haben. Aber dieses ganz besondere, dich ganz ergreifende Gefühl speist sich aus einer anderen Quelle: es ist dein Herz, dessen Fülle, angeregt von Anerkennung und Liebe, noch weiter wächst. Es ist dein Herz, das nach langer Zeit der Lähmung zu tanzen beginnt. Es liegt eine unbestreitbare Süße in diesem Gefühl.

Überdenke Situationen, in denen du versucht hast, deine Liebe an den erlittenen Schmerzen zu messen. Viele von uns haben ihre Bedürfnisse als Liebe ausgegeben und den Versuch unternommen, den anderen zur gewünschten Reaktion zu veranlassen. Sei bereit, auf diese Bedürfnisse zu verzichten, so daß du vorangehen und eine wahre Verbindung zu deinem Partner schaffen kannst, und zwar nicht mit dem Partner, wie du ihn haben willst, sondern mit dem, der er wirklich ist.

191. Je weniger du dich verteidigst, um so sicherer bist du

Jede Verteidigungsstellung provoziert einen Angriff. Je stärker du dich in eine Verteidigungsstellung begibst, um so eher wirst du dafür sorgen, daß du tatsächlich Ziel eines Angriffs wirst. Wir ergreifen Abwehrmaßnahmen, um verdrängten Schmerz zu schützen. Verdrängter Schmerz aber vergiftet uns. Offenheit ist der Kern jeder Kommunikation. Offenheit, das ist die Fähigkeit, zu geben und du selbst zu sein, ohne dich dafür rechtfertigen zu müssen. Wenn du angegriffen wirst, bestimmt das Ausmaß, in dem du dich diesem Angriff ungeschützt aussetzt, in welchem Maß du schließlich und endlich den Sieg davontragen wirst.

Die Wahrheit braucht keine Verteidigung. Nur unser Ego, das allen Schmerz zu verbergen sucht und ständig auf Trennung hinarbeitet, will verteidigt werden. Wenn du angegriffen wirst, habe keine Angst, deine Empfindungen wirklich zu spüren. Der größte Teil dieses Schmerzes stammt ohnehin aus der Vergangenheit. Wenn du dir dessen bewußt bist, wird der Angriff zu deiner Heilung beitragen. Wenn du ungeschützt bleibst, wird dir ein weiteres Geschenk gemacht werden – die Unterstützung der dich umgebenden Menschen.

Erwarte alles, was auf dich zukommt, so offen wie möglich, und unternimm so wenig an Abwehrmaßnahmen wie möglich. Alles, was dir heute begegnet, wird dir Einsichten vermitteln; dank deiner Offenheit wird dies in gütiger und freundlicher Weise geschehen.

192. Furcht ist fast so etwas wie Erregung

Wenn du deiner Furcht nachspürst, wirst du feststellen, daß es sich dabei um eine Energie handelt, die versucht, deinen Körper zu durchströmen. Deine Furcht ist der Widerstand, der den Energiefluß behindert. Bist du aber bereit, diese Energie ungehindert durchströmen zu lassen, wirst du sie als etwas Erregendes, Anregendes erleben. Wir geben Jahr für Jahr Millionen aus, um uns erregen zu lassen. Wir springen aus Flugzeugen, besteigen Berge, springen aus großen Höhen in die Tiefe, schauen uns Horrorfilme an und tun vieles andere, nur um eine Spur Erregung in unser Leben zu bringen. Dabei müßten wir nur eines tun: uns mit dem beschäftigen, das uns in Angst und Schrecken versetzt. Hör auf, dich dieser Aufgabe zu widersetzen, und laß diese Energie zu deinem größten Nervenkitzel werden.

Verbringe heute einige Zeit damit, dich mit dem zu beschäftigen, wovor du Angst hast. Verschaffe dir einen Eindruck davon, wo in deinem Körper die Energie zurückgehalten wird, und sei bereit, diese Energie ansteigen und durch deinen Körper fließen zu lassen, bis sie ganz oben überströmt. Du wirst danach sicher nicht bestreiten wollen, daß dir damit höchst aufregende Erfahrungen zuteil geworden sind.

193. Jeder Verlust ist der erste Schritt zu einem Neubeginn

Verluste sind unvermeidlich und notwendig, damit wir klar Schiff machen können. Sie zwingen uns dazu zu erkennen, daß das, woran wir uns geklammert haben, uns nicht richtig stützen und stärken konnte. Wir sind aufgefordert zu wachsen, zu reifen und weiterzugehen. Verlust ist der erste Schritt in Richtung auf einen Neubeginn. Aber wenn wir nicht aufhören zu trauern, wenn wir uns an das Vergangene klammern, wenn wir uns in Depressionen flüchten, nur um nicht voranschreiten zu müssen, verbauen wir alle Chancen auf einen Neubeginn. Wenn wir die Nacht nicht als notwendig anerkennen, sind wir nicht in der Lage, die Morgenröte zu sehen, die nach der dunklen Nacht aufzieht.

Verlust spricht tatsächlich von einem Neubeginn. Sei bereit loszulassen, was du verloren hast, so daß das Neue in deinem Blickfeld erscheinen und das Gute dich erreichen kann.

194. Aus Kränkung kann Zärtlichkeit werden

Wenn wir uns dem Gefühl, Kränkung erlitten zu haben, nicht widersetzen und wenn wir die Lösung nicht in einem völligen Rückzug in uns selbst suchen, können wir ein wundervolles Gefühl, das der Zärtlichkeit und Güte, erfahren. Schmerz und Kränkung, gegen die du dich nicht wehrst, schaffen eine Öffnung in deinem Herzen, durch die alter Schmerz aufsteigen und geheilt werden kann. Wehre dich nicht.

Laß heute die Lippen deiner Wunden die Lieder deines Herzens singen.

195. *Schuld ist verhinderte Weisheit*

Schuld ist eine Methode, mit der wir uns selbst davon abhalten, eine wichtige Erfahrung zu machen. Wir gehen gegen uns selbst vor und bestrafen uns selbst, um für diesen Fehler zu bezahlen. Was wäre denn gewesen, wenn wir uns als Kinder für jeden Fehler selbst bestraft hätten? Wir hätten, beispielsweise, nie Laufen gelernt. Schuld hemmt uns und läßt uns auf der Stelle treten. Unsere Bereitschaft, die Lektion zu lernen, korrigiert den Fehler, und das vergrößert unser Wissen und unsere Einsichtsfähigkeit. Lektionen werden uns aufgegeben, damit wir sie lernen, und Schuld ist eine ungelernte Lektion. Sie gehört in die Nähe der Weisheit – solange aber die Lektion nicht gelernt worden ist, bleibt Schuld eine Strafe, die du gegen dich selbst verhängst, weil du eine leichte Korrektur nicht vorgenommen hast.

Beschäftige dich mit dem Bereich, auf dem du Schuld spürst, und sei entschlossen, die Lektion zu verstehen, die dir vom Leben aufgegeben ist, damit du frei wirst für ein höheres Maß an Weisheit.

196. Sich Aufopfern ist vorgetäuschte Liebe

Opferbereitschaft hängt zusammen mit dem Verlangen zu geben, sie läßt aber ein wesentliches Element vermissen: dich selbst. Da Aufopfern aus einer Rolle erwächst, die von dir nicht verlangt, daß du dich selbst gibst, wird anderen in gewisser Hinsicht zwar gegeben, aber du kannst nicht wahrhaft empfangen. Deine Opferhaltung betrügt deinen Partner auch insofern, als er dabei die Fähigkeit einbüßt, dir ebenfalls zu geben. Sie bringt deinen Partner auch um den Wert deiner Gabe, denn wenn du dich selbst entwertest, kann er nichts wirklich Wertvolles empfangen. Wenn du dich selbst und deinen Wert richtig zu schätzen weißt, wird dein Opfer sich in Liebe verwandeln und nicht falschverstandene Liebe bleiben. Übersieh beim Geben nicht dich selbst: Dich selbst in dem zu geben, was du gibst, ist das größte Geschenk. Es gestattet dir zu empfangen, was wiederum bedeutet, daß immer mehr und mehr gegeben werden kann.

Beschäftige dich mit den Bereichen, in denen du dich beständig aufopferst, und erkenne, daß dabei ein Teil deiner selbst zurückgehalten wird. Gib dich heute selbst voll und ganz; nur so kannst du auch die dir zugedachte Liebe voll und ganz empfangen.

197. Enttäuschung signalisiert das dringende Bedürfnis nach Befreiung

Enttäuschung ist der erste Schritt auf dem Weg zur Befreiung. Die meisten von uns halten nach der ersten Etappe an, dann nämlich, wenn wir enttäuscht darüber sind, daß die Dinge sich nicht so entwickelt haben, wie uns das vorschwebte. Wären wir aber bereit, die Enttäuschung und das in ihr verborgene Bedürfnis wirklich zu erfahren und anschließend loszulassen, würde uns das aus der Belastung heraus- und in den Erfolg hineintragen. Wir würden uns den Rhythmen des Lebens anvertrauen und nicht krampfhaft versuchen, unsere eigenen Vorstellungen mit Leben zu erfüllen. Unsere Enttäuschung läßt uns wissen, daß unsere Vorstellung vom Leben nicht stimmte. Wenn wir aber loslassen können, können wir belehrt werden. Wir werden dann wie leere Gläser sein, die mit dem gefüllt werden, was das Leben wirklich ausmacht, und wir werden nicht länger gefüllten Gläsern gleichen, die nichts mehr aufnehmen können.

Leere heute dein Glas; schütte alle Enttäuschungen weg und warte, weit geöffnet, auf das, was das Leben dich lehren will.

198. Frustration ist Mangel an Verständnis

Frustration entsteht, wenn die Dinge nicht den Weg nehmen, den wir für den richtigen, den besten Weg halten. Frustration heißt, daß wir eine Enttäuschung hinnehmen mußten, weil unsere Erwartungen nicht erfüllt worden sind. Wenn wir bereit wären, unsere Frustration hinter uns zu lassen, würden wir zu vollem Verständnis der Situation gelangen. Frustration heißt, daß wir lediglich über bruchstückhaftes Verständnis verfügen. Vielleicht ist da etwas, das im Zusammenhang mit unserem Partner oder der Situation oder auch uns selbst steht, etwas, das sich unserem Verständnis weitgehend entzieht. Gib dich mit diesem Zustand nicht zufrieden. Vervollständige den Kreis. Öffne das Gefängnis der Frustration, und ihr werdet gemeinsam vorangehen.

Bemühe dich, tieferes Verständnis in den Bereichen zu gewinnen, in denen du dich frustriert fühlst. Bitte um ein höheres Maß an Bewußtsein, das dich unterweisen könnte. Bewußtsein schafft eine vorwärtsströmende Bewegung, die dich mit sich nimmt. Verstehen ist der Schlüssel dazu, und heute wirst du ihn entdecken.

199. Es ist unmöglich, im gegenwärtigen Augenblick Furcht zu empfinden

Nur der kann Furcht erfahren, der in der Zukunft lebt. Wenn du, in einer schwierigen Situation stehend, fünf Minuten weiterdenkst, kannst du damit eine Menge Furcht auslösen. Wenn du den Versuch unternimmst, die Zukunft jetzt zu leben – ein unmögliches Unterfangen – löst du damit lediglich Belastungen und Furcht aus. In der Zukunft zu leben bedeutet, die Erwartung zu hegen, die Zukunft müsse wie die Vergangenheit sein. Lebst du aber voll und ganz im gegenwärtigen Augenblick, wird sich die Gegenwart erheblich verändern, und auch deine Zukunft wird ein anderes Gesicht bekommen, und die Furcht wird verschwinden. Wenn du wirklich voll und ganz in diesem Augenblick lebtest, ohne dich davon beeinflussen zu lassen, wie schwierig die Situation ist, könntest du keine Furcht mehr empfinden. Dieser Augenblick wäre ein Augenblick der Befreiung, des Gebens. Voll und ganz hier und jetzt zu sein, öffnet das Tor zur Ewigkeit und zur Liebe, und darin liegt das genaue Gegenteil von Furcht.

Beschäftige dich mit Gesichtspunkten, die darauf verweisen, daß du in der Zukunft zu leben suchst und dabei alle möglichen Befürchtungen selbst schaffst. Die Zukunft kann für sich selbst sorgen. Gib deine Zukunft in Gottes Hand. Lebe heute, lebe und erlebe jeden Augenblick bewußt und genieße ihn. Lebe und empfange den Reichtum und die Süße eines jeden Augenblicks.

200. Opfer zu sein, ist eine Form des Angriffs

Wir alle sind ab und zu schon Opfer gewesen. Dies sind für jeden ganz schmerzliche, traumatische Erlebnisse, weil sie sich aus Situationen ergeben, in denen wir überrumpelt oder von einer ungeschützten Seite angegriffen werden. Wir fühlen uns aus einer Ecke angegriffen, aus der wir nie und nimmer einen Angriff erwartet hätten. Wenn es aber richtig ist, daß wir ernten, was wir säen, dann ereignet sich in einer derartigen Situation viel mehr, als bei oberflächlicher Betrachtung sichtbar ist. Da liegt, zum Beispiel, ebensoviel Gewaltbereitschaft bei dem Opfer wie in demjenigen, der das Opfer erzwingt. Wer andere zu seinem Opfer macht, richtet seine Gewalt nach außen, während das Opfer die Gewalt zunächst einmal gegen sich selbst und erst in zweiter Linie gegen einen anderen Menschen wendet. Jedesmal, wenn wir schikaniert und in die Opferrolle gezwungen werden, greifen wir einen Menschen an, der für uns von Bedeutung ist. Es mag sein, daß wir dabei unsere Eltern angreifen, obgleich sie schon lange Zeit tot sind. Aber es geschieht häufig, daß wir auch die Menschen angreifen, die uns tatsächlich umgeben. Opfer zu sein, ist eine Form des Nicht-Bewußtseins und ist ein Ausdruck von Ärger. Auf die tiefste metaphysische Ebene gebracht, drückt sich darin die Einstellung aus: „Ich werde es dir schon zeigen, Gott. Ich werde hier auf Erden nicht glücklich sein. Ich werde ein Opfer sein. Ich werde leiden. Ich werde dir beweisen, daß du kein so guter Gott bist.“ Dies ist unbestreitbar eine Form des Angriffs. Wären wir bereit zu empfangen, wären uns die Fülle des Lebens, Liebe und Unterstützung sicher.

Setze dich hin, nimm ein Blatt Papier und schreibe zehn besonders bezeichnende Erlebnisse auf, in denen du Opfer warst. Schreibe daneben auf, wer in dieser Situation Zielscheibe deines Angriffs war. Und wiederum daneben, schreibe auf, weshalb dein Angriff sich gegen diesen Menschen richtete, und inwiefern deine Opferrolle ein ganz selbstverständlicher Teil eines von dir geführten Machtkampfes war. Entscheide dich ganz bewußt, ob du diesen Angriff auch in der Zukunft fortführen willst. Wenn du denjenigen, dem dein Angriff wahrhaft galt, auch vor dir selbst geheimgehalten hast, dann wirkt ein Teil davon immer noch weiter, hält dich immer noch zurück.

201. Mit Vertrauen läßt sich altes Herzeleid beheben

Für jede Situation, die uns Angst einjagt oder in der ein Problem auftaucht, gibt es eine Lösung: Vertrauen. Vertrauen ist das wichtigste Element beim Aufbau von Zuversicht. Vertrauen heißt die Kraft deines Geistes zu nutzen, um sich für das denkbar Beste zu entscheiden, im Bewußtsein, daß das, was bedrohlich oder schmerzlich erscheint, völlig verwandelt werden wird. Mit Vertrauen läßt sich altes Herzeleid beheben, läßt sich Abgetrenntsein heilen. Vertrauen läßt die Gefühle zurückkehren und schafft die Grundlage für Zärtlichkeit und Sicherheit in unseren Beziehungen. Vertrauen kann alles heilen.

Verwechsle Vertrauen nicht mit Kontrolle haben über die Lösung oder die Art und Weise, in der sich die Antwort zeigen wird. Das ist nicht deine Aufgabe. Deine Aufgabe ist es, dich für die Überzeugung zu entscheiden, daß schließlich alles den bestmöglichen Verlauf nehmen wird. Wenn sich Zweifel oder Schmerzen einschleichen, triff die genannte Entscheidung, die dir Frieden bringen wird. Vertrauen ist nicht naiv, hat nichts Naives an sich. Naivität führt im allgemeinen zu seelischem Leid. Vertrauen sieht sehr wohl die Gesichtspunkte, die zu Schmerz führen können, bestreitet aber, daß sie einen entscheidenden oder dauerhaften Einfluß auf die Situation haben. Vertrauen erkennt an, daß diese Gesichtspunkte auf lange Sicht manchmal wirklich hilfreich sind. Vertrauen ist die Einsicht, wie mächtig du in jeder Situation bist. Vertrauen ist die Mutter, die du immer wolltest. Im Vertrauen liegt die Kraft deines Geistes, der die Dinge akzeptiert, wie sie sind, und sie dann vollständig verändert.

Heute ist ein Tag des Vertrauens, ein Tag, an dem du die Kraft deines Geistes nutzen kannst, um eine beliebige Situation vollständig zu verändern. Überlege sorgfältig, was dieser Veränderung bedarf, und setze die Kraft deines Geistes ein; du weißt, ganz gleich, wie die Situation beschaffen ist, daß Vertrauen die Kraft deines Geistes für dich wirken lassen wird.

202. *Hinter jedem tiefen Schmerz verbirgt sich Konkurrenzkampf*

Tiefer Schmerz ist eine Methode, mit der wir versuchen, unserem Partner etwas zu nehmen. Du kannst nicht an gebrochenem Herzen leiden, wenn du gibst, es sei denn, du gibst nur, um zu nehmen. Wenn wir mit unserem Partner in einer Art Konkurrenzkampf stehen, um unsere Bedürfnisse erfüllt zu bekommen, beginnt einer von beiden bestimmt damit, sich äußerst unabhängig zu gebärden. Wenn unser Partner etwas gegen uns Gerichtetes tut, ziehen wir uns zurück, greifen an oder legen einen Hinterhalt, um bei günstiger Gelegenheit angreifen zu können. Dieser hin- und herwogende Konkurrenzkampf schafft immer größeren Schmerz, bis schließlich und endlich einer der beiden Partner so sehr leidet, daß er glaubt, es nicht mehr ertragen zu können.

Wenn du erst einmal bereit bist zu erkennen, wo du und dein Partner in einem verborgenen (oder auch gar nicht so verborgenen) Konkurrenzkampf stehen, kannst du beginnen, diese auf die Erringung der Vorherrschaft gerichteten Machtkämpfe zu verwandeln, so daß ihr euch beide auf der Siegerstraße befindet und eure Bedürfnisse gleichermaßen befriedigt werden. Das ist möglich durch einen echten Dialog, wie schwierig eine Situation auch immer sein mag. Dich selbst dabei voll und ganz einzubringen und loszulassen, was losgelassen werden muß, das bedeutet die Riesenchance des Geboren-Werdens für dich.

Betrachte Bereiche, auf denen du möglicherweise in einem Konkurrenzkampf mit deinem Partner stehst. Gib deinem Partner heute wahrhaft, und schaffe damit die Voraussetzung dafür, dich seiner wirklich zu erfreuen und dir der Freuden und der Sicherheit der Partnerschaft richtig bewußt zu sein.

203. *Jeder Sabotageakt verbirgt die Furcht vor noch größeren Opfern*

Wenn sich Sabotageakte ereignen, sind wir auf dem Weg zum Erfolg, aber unter hohen Kosten für uns selbst. Während alle anderen uns als erfolgreich ansehen mögen, sind uns die zusätzlichen Kosten, die nicht im Hauptbuch verzeichnet sind, durchaus bewußt. Diese Kosten, die eigentlich Opfer sind, werden allmählich zu hoch für uns. Sabotage wird in dem Moment verübt, in dem wir unmittelbar vor Betreten einer völlig neuen Ebene des Erfolgs stehen – was für uns selbstverständlich ein wesentlich höheres Maß an Opfern bedeutet. Wir spüren, wir können, was wir tun, einfach nicht länger tun, wir können uns nicht noch mehr aufladen, zusätzlich zu dem, was wir uns schon aufgeladen haben. Deshalb bringen wir zur Explosion, was zukünftigen Erfolg verspricht, und wenn der Hasardeur gefunden wird, der die Sprengkörper zur Explosion brachte, werden die überall sichtbaren Fingerabdrücke als die unseren identifiziert. Sabotage ist die Folge unserer Unfähigkeit, den Gedanken an noch größere Opfer zu ertragen. Deine Bereitschaft, deine Opferhaltung aufzugeben und die Karten neu zu mischen und selbst am Spiel teilzunehmen, dir selbst mehr Raum zum Atmen zu verschaffen, das Leben zu genießen, all das wird dir größeren Mut verleihen, den Schritt in die Zukunft zu wagen und auf einer neuen Ebene erfolgreich zu sein.

Laß heute den Gedanken an Aufopferung hinter dir, denn das ist das einzige Hindernis auf deinem Weg zu einer erheblich höheren Ebene des Erfolgs sowohl in deiner Beziehung als auch in deiner persönlichen und beruflichen Entwicklung.

204. Abhängigkeit in der Gegenwart verweist auf Beurteilungen und Verurteilungen in der Vergangenheit

Wo auch immer wir uns in Abhängigkeit befinden, da geben wir Urteile über andere ab. Wir gehen davon aus, daß ein anderer oder auch die Situation unsere Bedürfnisse hätte befriedigen sollen, daß es dazu aber nicht kam. Um die Erfüllung unserer Wünsche in der augenblicklichen Situation zu erreichen, begeben wir uns in Abhängigkeit, im Glauben, daß unsere Bedürftigkeit jemanden veranlassen werde, unsere Wünsche zu erfüllen. Wenn wir aber in der Vergangenheit Urteile gefällt haben, haben wir Schuldgefühle. Bedürfnisse, die aus dem Mangel an echter Bindung, aus der Erfahrung des Verlusts oder aus Angst entstehen, sind verwoben mit Schuldgefühlen. Statt immer wieder zu versuchen, in der Vergangenheit zu leben, könnten wir einfach vorangehen und dabei feststellen, daß unsere Bedürfnisse dann auf ganz selbstverständliche Weise befriedigt werden. Abhängigkeit schafft lediglich ein ungutes Gefühl, das in einen Teufelskreis mündet. „Ich bin bedürftig, ich bin mit mir überhaupt nicht zufrieden. Ich bedarf deiner Zuwendung in einem noch höheren Ausmaß, ich bin noch weniger mit mir zufrieden als zuvor."

Es wird Zeit, daß du dich von den Urteilen darüber löst, wie die Dinge hätten sein sollen oder wie jemand hätte sein sollen. Sei bereit, dem Vergangenen zu verzeihen und den nächsten Schritt offener und bereitwilliger anzunehmen.

205. Jede Beziehung spiegelt dir, wie du mit dir selbst umgehst

Jede Beziehung, in der du stehst, zeigt an, welchen Wert du dir selbst beimißt. Wenn jemand dich schlecht behandelt, so ist das nur möglich, weil du dich selbst schlecht behandelst. Wenn jemand dich kränkt, so deshalb, weil du dich selbst kränkst. Wenn jemand dir Gewalt antut, frage dich, in welcher Weise du selbst Gewalt gegen dich gebrauchst. Betrachte dein Leben ganz sorgfältig. Wenn du mit deinen Beziehungen nicht zufrieden bist, ändere die Art, in der du mit dir selbst umgehst. Wenn die Menschen dich nicht respektieren, frage dich, was an dir der Grund dafür ist, daß du ihre Achtung nicht gewinnst. Die Menschen können dich nur bestrafen, wenn du dich auf der einen oder anderen Ebene schuldig fühlst und davon ausgehst, Strafe verdient zu haben. Was auch immer hinter einer solchen Überzeugung steht, sie ist falsch. Du verdienst das Allerbeste. Behandle dich selbst entsprechend.

Beschäftige dich heute damit, wie du mit dir selbst umgehst. Betrachte die zehn bedeutsamsten Beziehungen und frage dich, worin jeweils das Besondere in der Behandlung liegt, die du in diesen Beziehungen erfährst. Beschäftige dich danach mit der Art, in der du mit dir selbst umgehst. Wenn du dabei auf einen negativen Gesichtspunkt stößt, forsche nach, wo die Ursprünge liegen könnten. Gehe aus von deinem heutigen Wissen und frage dich, in welcher Weise du früher getroffene Entscheidungen oder frühere Verhaltensweisen ändern würdest, die dazu beigetragen haben, das Bild zu formen, das du von dir selbst hast. Welchen Wert besitzt du für dich selbst? Nur das, was du dir selbst an Wert beimißt, wird von deiner Umgebung anerkannt werden.

206. Groll zerstört Beziehungen

Viele Menschen wehren sich dagegen, mit ihren Partnern offen über die Mißstände zu sprechen, derentwegen sie unzufrieden sind, weil sie sich mit all dem Durcheinander und dem Schmerz nicht auseinandersetzen wollen. Das Problem aber liegt darin, daß Groll Beziehungen zerstört. Je länger du zuläßt, daß ein Mißstand unausgesprochen bleibt, um so stärker hältst du dich selbst zurück und um so stärker werden die nicht angesprochenen Mißstände zu einer Trennwand zwischen dir und deinem Partner. Wenn du einen Bereich der Erstarrung in deiner Beziehung ausmachst, versuche es mal damit, deine Klagen offen und ehrlich vorzubringen. Welche Klagen hast du? Welchen Mißstand hältst du seit Beginn eurer Beziehung in deinem Inneren verborgen? Deine Bereitschaft, deine Klagen auszusprechen und sie hinter dir zu lassen, bringt eure Beziehung voran.

Beginne damit, die Mauer zwischen euch beiden einzureißen, Mißstand um Mißstand. Heute ist ein Tag, an dem es um Kommunikation geht, um neue Motivation, die verhindert, daß der Rückstau unausgesprochener Mißstände dich niederdrückt und zermürbt. Heute ist ein Tag, an dem du entschlossen darum kämpfen solltest, hinter all die Beschwerden zu blicken, die du zwischen dir und deinem Partner aufgebaut hast; heute wirst du herausfinden, wer dein Partner wirklich ist. Bei Lichte betrachtet, ist keiner der Beschwerdegründe wahr; er erfüllt lediglich den Zweck, dir Recht zu geben und deine Bereitschaft zum Vorangehen zu lähmen. Jeder Groll schadet dir, und er schadet auch deiner Beziehung.

207. Jedes Trauma eröffnet die Möglichkeit der Entscheidung

Die meisten von uns haben schon traumatische Erfahrungen gemacht. Wir haben aber die Möglichkeit der Entscheidung, welche Bedeutung die entsprechende Erfahrung für uns haben wird. Sie mag uns todbringende Wunden zufügen, die uns schließlich das Leben kosten, weil wir über diese Erfahrung einfach nicht hinwegkommen. Oder sie mag das Staubkorn sein, mit dessen Hilfe wir eine herrliche Perle wachsen lassen. Eine Gabe ist in jedem Trauma verborgen, aber ohne ein hohes Maß an Vorstellungsvermögen und ohne tiefe Einsicht ist sie nicht zu entdecken. Im Blick auf die Heilung, die erreicht werden muß, kann gesagt werden, daß alles auf die bestmögliche Lösung hinarbeitet.

Wenn du frühere traumatische Erlebnisse mit anderen Augen betrachtest, wirst du die Gaben sehen, die in ihnen stecken. Wenn du das im Trauma verborgene Geschenk nicht empfangen hast, wird das Trauma selbst Teil deiner Schutzmaßnahmen, Teil des schützenden Panzers, den du um deine Persönlichkeit legst, um Schmerz von dir fernzuhalten. Aber deine Bereitschaft, das Geschenk zu sehen, wird dir gestatten, den Panzer abzulegen und die Energie frei fließen zu lassen, die sich segensreich auf deine Gesundheit und Lebenskraft, dein Glück und deine Freude auswirken wird. Bevor etwas zum Trauma für dich wird, gibt es die Möglichkeit der freien Entscheidung: „Will ich die zusätzliche Kontrolle, die ein Trauma über mich selbst und möglicherweise auch über andere bringt, oder will ich eine weitere Schicht der Unfreiheit loslassen und dem in mir liegenden Geschenk trauen?“

Stelle dir vor, du seist dabei, eines der traumatischen Erlebnisse, das du irgendwann hattest, in die Hände Gottes zu legen. Stelle dir vor, daß dabei ein Geschenk des Himmels auf dich zukommt. Fühle, wie dieses Geschenk den Weg in dich findet. Mit deiner Entscheidung, dieses Geschenk, diesen Frieden, dieses neue Verständnis anzunehmen, wirst du spüren, daß da, wo Erstarrung und Leblosigkeit vorherrschte, Wachstum und Entwicklung wieder möglich werden.

208. Die Liebhaber-Rolle schränkt wahre Vertrautheit ein

Wenn du die Rolle des Liebhabers spielst, erlegst du der Liebe Schranken auf, denn Liebe entspringt deiner Spontaneität. Sie entspringt deiner Bereitschaft, jeden Tag neu geboren zu werden, nicht länger den alten Rezepten zu folgen, nichts routinemäßig zu tun, sondern der Liebe zu gestatten, dich zu unterweisen und zu entfalten. Wenn du einem Rezept folgst, verhältst du dich so, wie du glaubst, daß das von einem Liebhaber erwartet werden kann; es besteht kein Zweifel daran, daß die Liebhaber-Rolle in mehr als einer Hinsicht Unwürdigkeit verbirgt und das Empfangen verhindert. Die Liebhaber-Rolle zu spielen, kann dazu führen, daß du das Feuer der Liebe nicht länger spürst, das dich verzehrt und heilt und reinigt und dir nicht nur den Weg zeigt, sondern dich in höchste Verzückung und in den Fluß des Lebens führt, wo du viel stärker als je zuvor du selbst sein wirst. Die bloße Rolle des Liebhabers verhindert all das.

Betrachte aufmerksam alles, was du lediglich tust, weil es von dir erwartet wird. Befreie dein Liebesverhältnis von dem Üblichen, all dem, dessen du längst überdrüssig bist. Gib deinem Partner heute etwas, das in ganz besonderem Maße deinem wahren Wesen entspricht, das du selbst bist und das er deshalb nie vergessen wird.

209. Sexuelle Kälte oder eine erstarrte Beziehung können geheilt werden, wenn du einen Ort der Erneuerung, der Geburt anstrebst

Erstarrung ist eine Abwehrmaßnahme, mit der du dich vor deinem Unbewußten schützt. Einer der schnellsten Wege heraus aus der Erstarrung ist es, das starke Gefühl zu finden, das von ihr verdeckt wird. Dieses Gefühl hat eine solche Stärke und Kraft, daß es dich, einmal wirklich und richtig erfaßt, ohne weiteres Zutun zu einer neuen Geburt führen würde. Die Gefühle, die dich auf die Knie zwingen – schwerer seelischer Schmerz, Eifersucht, schreckliche Angst, leidenschaftliche Heftigkeit, Zorn, Leere, Bedeutungslosigkeit, Sinnlosigkeit –, enthalten wirklich und wahrhaftig Situationen, die zu einem solchen Geburtsvorgang führen können.

Wenn du Leere und Erstarrung spürst, bitte darum, daß dir die Situation gegeben werde, die, hinter der Erstarrung verborgen, Geburt verspricht. Wenn du diesen Ort findest, führe dir vor Augen, daß du darum gebeten hast, ihn finden zu dürfen, denn üblicherweise ist mit einem solchen Ort soviel Schmerz verbunden, daß es dir schwerfallen dürfte, weiter bewußt mit den Dingen umzugehen. Noch einmal: Erinnere dich daran, du hast um diese Geburt gebeten. Dies ist ein Ort des aus heiligem Feuer geborenen Schmerzes, ein Ort der Reinigung und der Läuterung – der Ort deiner Geburt. Es gibt nur eines, was an diesem Ort für dich zu tun bleibt, um den Schmerz hinter dir zu lassen und in den Geburtsvorgang hineinzufinden: Du mußt geben.

Normalerweise wirst du an diesem Ort einen solchen Schmerz verspüren, daß du dies vergessen könntest oder daß sich alles in dir dagegen sträubt. Sei dir bewußt, daß dein Geben eine leichte Geburt ermöglicht. Dabei mag es sich um ganz einfache Formen des Gebens handeln: Jemandem Grüße senden, jemanden unterstützen, jemandem in einer ganz einfachen Weise helfen. Allein dieses Geben wird dich zu einer neuen Geburt führen, die Bedeutendes einschließt, wie zum Beispiel ein viel höheres Maß an Liebe, ein höheres Maß an Sexualität, Leidenschaft, Kreativität, Kunst, eine neue Ebene deiner psychischen Fähigkeit, Vitalität, ein neues Verständnis deiner Gesundheit, neue Zuversicht, Kraft, einen stärker ausgeprägten Sinn für Frieden, visionäre Kraft und Sinnhaftigkeit. So viel Schmerz kann immer Zeichen für eine große und umfassende Erneuerung in einem Geburtsvorgang sein, und normalerweise verstellt ein ebenso großes Maß an Erstarrung den Blick auf diese Geburt.

Um aus der Erstarrung herauszukommen, nähere dich dem von ihr verdeckten Gefühl; wenn du dieses Gefühl erreicht hast, beginne zu geben, um auf diese Weise den Schmerz hinter dir zu lassen. Schaffe die neue Geburt durch dein Geben.

210. Depression ist die Furcht, daß etwas Neues sich von dir abwenden wird

Wie wir alle schon erfahren haben, ist Depression nicht so sehr ein in der Vergangenheit erlittener Verlust. Es ist vielmehr ein früher erlittener Verlust, gepaart mit der Angst vor dem Vorangehen. Niedergeschlagenheit, das ist die Furcht, der Verlust werde wieder eintreten. Wir weigern uns weiterzugehen. Wir weigern uns, der Gegenwart oder der Zukunft zu vertrauen. Wir weigern uns, überhaupt noch irgend etwas Glauben zu schenken, weil wir fürchten, unser Vertrauen werde erneut mißbraucht und wir würden etwas sehr Wichtiges verlieren. Wir werden das Gefühl nicht los: „Besser, nie etwas verloren als geliebt zu haben." Wir weigern uns, voranzuschreiten und dabei ein Risiko einzugehen, weil wir die Furcht nicht abschütteln können, wieder zu den Verlierern zu gehören.

Mache dir heute klar, daß deine Depression einen Ort verdeckt, an dem Geburt möglich ist. Lasse die in der Vergangenheit erlittenen Verluste hinter dir und beanspruche die zum Vorwärtsschreiten notwendige Zuversicht, und vertraue darauf, daß das Leben etwas Besseres für dich bereithält. Sobald du losläßt, wirst du feststellen, daß eine neue Geburt auf dich wartet. Die Zeit ist gekommen, loszulassen und eine völlig neue Entwicklung in deinem Leben zuzulassen, ein Wiedererwachen, eine Auferstehung.

211. Erwartungen lassen dich nicht zur Ruhe kommen

Erwartungen lassen uns keinen Moment der Ruhe, weil sie dazu führen, daß uns keine Situation wirklich zufriedenstellt. Unser Mangel an Zufriedenheit spiegelt wider, wie sehr wir mit uns selbst unzufrieden sind, wie sehr wir uns als unzulänglich empfinden. Erwartungen hängen eng mit Perfektionismus zusammen. Für einen Perfektionisten ist alles ein Fehlschlag, wenn es nicht perfekt ist. Wenn es ihm in der letzten Zeit nicht gelungen ist, auf dem Wasser zu wandeln, dann hält er sich höchstwahrscheinlich für einen Versager. Und als Versager gestattet er sich nie eine Belohnung für das, was er tut. Erwartungen bewirken vor allem eines: sie lassen dich nicht zur Ruhe kommen. Wenn du eine Sache abgeschlossen hast, treibt dich dein Perfektionismus schon dazu, die nächste Sache anzugehen; da bleibt keine Zeit, da ergibt sich keine Gelegenheit für Ruhe oder Belohnung. Und weil es nicht zu einer Ruhepause kommt, fehlt dir auch die Vorstellungskraft für einen weiteren und höheren Blickwinkel. So nimmst du ständig lediglich kleine Änderungen vor und siehst nicht, welchen Riesensprung du tun könntest. Du machst dir ständig Sorgen, tust immer wieder die angeblich letzte noch notwendige Kleinigkeit, machst dir immer viel zuviel Arbeit und tust immer zuviel. Manche Perfektionisten bemühen sich erst gar nicht, etwas zu tun. Sie gehen davon aus, daß sie es ja doch nicht perfekt machen könnten. Warum also beginnen? Aber selbst wenn du überhaupt nichts tust, bleibst du, in deinem Inneren, dem Streß und all dem Druck ausgesetzt. Du kommst innerlich einfach nicht zur Ruhe.

Bringe dich heute nicht um die dir zustehende Belohnung. Gestatte dir die Ruhe, die den weiteren und höheren Blickwinkel ermöglicht; gestatte dir die Anerkennung deiner eigenen Leistung, aus der die Motivation für den nächsten Schritt auf die nächste Ebene erwächst. Wirf all deine Erwartungen von dir und spüre, wie dich die Leichtigkeit des Lebens voranträgt.

212. *Unwiderstehlichkeit ist eines der schönsten Geschenke, das du deinem Partner machen kannst*

Unwiderstehlichkeit heißt, daß du deine Attraktivität in einem solchen Ausmaß spürst, daß auch die Menschen in deiner Umgebung deine besondere Ausstrahlung wahrnehmen und zu dir hingezogen werden. Dies ist eine der Gaben oder Taten, die auf eine Führungspersönlichkeit verweisen. Da du die Menschen auch auf Grund deiner Integrität anziehst, kannst du ihnen den nach vorne führenden Weg weisen. Natürlich ist dies auch ein großes Geschenk, das du deinem Partner machen könntest. Dies ist eine Möglichkeit, deinen Partner zu inspirieren. Unwiderstehlichkeit läßt jede Aufgabe leichter von der Hand gehen. Sie ist ausgelassen, spielerisch-heiter und handelt nach der Überzeugung: Ganz gleich, was geschieht, welchen Grund könnte es für die anderen geben, mich nicht zu lieben?

Übe und erprobe heute deine Unwiderstehlichkeit, die ein inneres Wissen darstellt. Sie ist eine Energie, die du an deine Umgebung weitergibst. Die Menschen mögen und schätzen Attraktivität, weil sie ihren Bemühungen die Richtung gibt. Indem du deinen Partner unwiderstehlich anziehst, machst du dir selbst und ihm ein Geschenk.

213. Der Schmerz, den wir empfinden, wenn wir in unserer jetzigen Beziehung zurückgewiesen werden, hilft Schmerz heilen, den wir in uns tragen

Wir müssen in einer Beziehung die Erfahrung der Zurückweisung machen, damit aus früherer Zeit stammender seelischer Schmerz an die Oberfläche gelangt. Der Schmerz der Zurückweisung ist immer älter als das, was sich im gegebenen Augenblick ereignet. Seelischer Schmerz, der uns in unserer Kindheit oder in unseren ersten Beziehungen zusetzte, wirkt sich so lange störend auf unsere jetzige Beziehung aus, bis er geheilt ist. Wenn wir also willens sind, den Schmerz wirklich zu erfahren und wahrzunehmen, daß es sich um einen alten Schmerz handelt, und wenn wir darüber hinaus der Natur dieses alten Schmerzes auf die Spur kommen und unsere Einsicht weitergeben, schaffen wir damit auch ein entsprechend höheres Maß an Einfühlsamkeit in unserem Partner. Unsere Bereitschaft, offen und ehrlich darüber zu sprechen, wo die Wurzeln des Schmerzes liegen, befreit und öffnet uns.

Während du über einen dich zur Zeit quälenden Schmerz nachdenkst, bemühe dich, seine Wurzeln zu finden. Gehe in Gedanken bis zur damaligen Situation zurück und stelle dir vor, wie vom Himmel Kommendes dich durchströmt, um die Bedürfnisse all derer zu befriedigen, die damals betroffen waren. Gestärkt durch himmlischen Mut, der dich durchströmt, laß allen in jener Situation deine Liebe zuteil werden. Nimm wahr, wie sich alles verändert. Nimm wahr, wie leicht du von dem Zwang befreit wirst, soviel Schmerz ertragen zu müssen.

214. Deine sexuelle Begierde kann ein Deckmantel für deinen Schmerz sein

Manchmal benutzen wir unsere sexuelle Begierde als eine Schutzhülle für Schmerz. Sexuelle Begierde kann eine starke Abwehr- und Schutzmaßnahme sein. Wenn wir unseren Partner dazu verführen können, mit uns Geschlechtsverkehr zu haben, sind wir der Notwendigkeit enthoben, uns mit all den schmerzlichen Erfahrungen beschäftigen zu müssen. Manchmal aber, wenn wir die Art sexueller Begierde spüren, die unseren Schmerz überdecken soll, scheint unser Partner nicht bereit zu sein, auf unsere Wünsche einzugehen, oder er ist beschäftigt, oder er ist einfach nicht in der Stimmung. Das ist der Zeitpunkt, um der Frage nachzuspüren, was unter der sexuellen Energie wohl verborgen sein mag.

Wenn deine Lust auf Sex zur Zeit keine Erwiderung zu finden scheint, denke darüber nach, was unter deiner Begierde verborgen liegen könnte. Deine Bereitschaft, den Schmerz oder die anderen Empfindungen, die unter deiner sexuellen Begierde liegen wirklich, zu fühlen und mit ihnen fertigzuwerden, indem du ihnen bis zu ihrem Verschwinden standhältst, würde deinen Partner motivieren, auf dich zuzugehen. Du erhältst verlorengegangene Attraktivität zurück, wenn du Schmerz hinter dir lassen kannst. Deine Bereitschaft, deine Gefühle bis zum Verlöschen brennen zu lassen, kann großen Erfolg gerade da schaffen, wo du ihn am dringendsten brauchst.

215. Dein hingebungsvoller Einsatz gibt dir Gewißtheit, daß die Zeit zur Heilung des Zerbrochenen vorhanden ist

Wenn du dich hingebungsvoll für deine Beziehung einsetzt, liegt ein langer Weg vor dir. Ihr beide, dein Partner und du, strebt ein gemeinsames Lebensziel, gemeinsame Entwicklung sowie das Kommen einer euch beide einschließenden Ganzheit in eurer Beziehung an; das heißt, du ergreifst nicht die Flucht, wenn sich Konflikte anbahnen oder wenn deine Gefühle verletzt worden sind, sondern du gehst voran, um all dies zu heilen. Hingebungsvoller Einsatz gibt dir die Gewißheit, daß du dir keine Sorgen darüber machen mußt, daß jeder sich anbahnende kleine Konflikt der letzte sein könnte. Du spürst, daß da ein Konflikt ist, aber du gehst einfach durch ihn hindurch auf deinem Weg zu größerem Glück und tieferer Liebe. Dein hingebungsvoller Einsatz spiegelt dein Wissen, daß die Zeit zur Heilung des Zerbrochenen vorhanden ist.

Schließe deine Augen und bestätige erneut das Ziel, das du mit deiner Beziehung anstrebst. Was soll sich, nach deinen Vorstellungen, ereignen? Was möchtest du mit deinem Partner erreichen? Wenn du dich irgendwelchen Problemen gegenübersiehst, spüre, wie du ganz selbstverständlich durch diese Probleme hindurchgehst und auf ein höheres Ziel zustrebst. Spüre die Energie deines Partners, der an deiner Seite jede Sperre durchdringt und mit dir jedes Hindernis überwindet auf dem Weg zu diesem endgültigen Ziel. Dies bedeutet einen Zuwachs an deiner Reife und die Verwirklichung von Ganzheit und Größe. Dies bedeutet einen Zuwachs an Liebe und Schönheit in deinem Leben.

216. Eine erstarrte Beziehung kann durch Geben geheilt werden

Erstarrung in deiner Beziehung heißt, daß du auf der Stelle trittst, erschöpft bist, daß du dich seit einiger Zeit in einer Opferhaltung befindest. Wahrhaftes Geben aber bringt dich voran und macht Empfangen möglich. Triff an dieser Stelle eine bewußte Entscheidung. Auf welche Weise könntest du dich mehr einbringen? Auf welche Weise könntest du dich stärker von einigen der dich belastenden Aufgaben lösen, um ehrlichere, tiefere Verbindungen zu anderen Menschen zu knüpfen? Dein Geben ermöglicht es dir, das ganze Ausmaß deiner Großzügigkeit zu spüren. Es ermöglicht dir, die wahrhaft guten Seiten deines Wesens zu spüren. Je mehr du gibst, um so stärker erfährst du, wer du wahrhaft bist. Wenn du manchmal das Gefühl hast, nichts mehr geben zu können, bitte um die Hilfe des Himmels, und du wirst merken, du hast genau das, was benötigt wird, genug, dich voranzubringen und in den Fluß des Lebens zurückfinden zu lassen.

Schließe deine Augen und stelle dir vor, wie Gott Energie und Licht in vielen verschiedenen Formen ausgießt. Während du von dieser Energie erfüllt wirst, spüre, wie du motiviert wirst zu geben, vor allem in ganz bestimmten Bereichen. Um welche Bereiche handelt es sich da? Vielleicht bist du aufgerufen, sehr einfache Dinge zu geben. Auch die einfachen Dinge können Zeichen deiner Liebe sein.

217. Sich in Phantasievorstellungen zu ergehen ist eine Methode, deine Bedürfnisse nicht auszudrücken

Wenn du dich in Phantasievorstellungen ergehst, verbirgst du deine Bedürfnisse. Du malst dir aus, was dich nähren und erregen könnte, was zu deinem Wohlbefinden beitragen könnte, aber all dies in deiner Vorstellung Existierende stellt sich tatsächlich zwischen dich und deinen Partner. Du baust Phantasievorstellungen auf, um einen Ausgleich für das zu schaffen, was deinem Leben fehlt. Dabei kannst du nur dann beginnen, deine Situation zu verändern, wenn du über deine Bedürfnisse offen sprichst und trotz deiner Bedürfnisse nicht zu geben aufhörst. Phantasievorstellungen stärken lediglich den Status quo in deinem Geist. Du suchst Erleichterung in Phantasievorstellungen, während die wahre Erleichterung im Voranschreiten liegt. Wahre Befriedigung ist nicht in Phantasievorstellungen zu finden, weil sie keine der Voraussetzungen für Veränderung in deinem Leben schaffen.

Überprüfe die Phantasievorstellungen, die einen Einfluß auf dein Leben haben. Baust du Luftschlösser, in denen du dir ausmalst, was du später einmal tun wirst oder was du mit deinem Partner tun wirst? Die Zeit ist reif, dich von all diesen Vorstellungen zu trennen, die dir sagen, was du in der Zukunft einmal tun wirst, und es wird auch Zeit, all die Bilder und Ideen aus deinem Kopf zu verbannen, an denen du dich begeisterst. Suche den offenen und tiefen Gedankenaustausch mit deinem Partner. Stelle eine wahrhafte Verbindung her, denn dies ist der Weg, der dich durch deine Bedürfnisse hindurchführt und dir ein neues Verständnis von Zufriedenheit und eine neue Qualität des Empfangens verleiht.

218. Das Maß, in dem dein Herz gebrochen wurde, bestimmt das Maß, in dem du Herzen in deiner Nähe brechen wirst

Wenn dein Herz immer und immer wieder gebrochen wurde, vielleicht auch nur ein einziges Mal, dann aber richtig, so suchst du Unabhängigkeit, um nicht wieder derart verletzt zu werden. Diese Neigung, den anderen aus dem Weg zu gehen, entspringt deinem Widerwillen, dich erneut erobern zu lassen, deinem Widerwillen, erneut in die Opferhaltung gedrängt oder von der Liebe versklavt zu werden. In diesem Widerwillen, dich mit deinen Gefühlen auseinanderzusetzen, nimmst du die Rolle des Unabhängigen ein, und gerade wegen dieser Haltung wirkst du äußerst anziehend auf andere. Diese Eigenständigkeit erhöht deine Attraktivität und zieht die Menschen an, aber sie bringt auch deren Abhängigkeit zum Vorschein. Wenn sich die Folgen dieser Abhängigkeit zeigen, versuchen die betreffenden Menschen natürlich, dich dazu zu bringen, ihre Bedürfnisse zu befriedigen und dich in einer Beziehung festzuhalten – es geschieht also all das, was sich nach deinem Schwur nicht mehr ereignen dürfte. Und natürlich vermeidest du Situationen, in denen du manipuliert werden könntest oder dich mit deinen eigenen Gefühlen auseinandersetzen müßtest – und gerade deswegen beginnen die Herzen in deiner Nähe zu brechen.

Das Maß, in dem dein Herz gebrochen wurde, bestimmt das Maß deiner Unfähigkeit, auf die Bedürfnisse der Menschen in deiner Nähe angemessen einzugehen. Erst wenn du bereit bist, dich mit deinem eigenen Herzeleid auseinanderzusetzen wie auch mit deinen alten Schmerzen und deinen eigenen Bedürfnissen, wirst du in dir selbst eine größere Bereitschaft vorfinden, mit den Menschen in deiner Nähe offen und ehrlich zu sprechen, so daß sie sich nicht selbst Kränkungen zufügen; wachsen wird auch deine Bereitschaft, einfühlsam auf andere zu reagieren. Sprich offen über das, was für dich wahr ist, was du möchtest, achte darauf, daß du dies so einfühlsam tust, daß es für die anderen hilfreich ist und sie auf ihrem Weg durch eigene schmerzliche Erfahrung unterstützt.

Gehe einfühlsam auf einen Menschen in deiner Nähe zu, der deine Hilfe braucht; deine Einfühlungsgabe wird euch beide heilen.

219. Unter jedem Machtkampf liegt altes Herzeleid

Wir lassen uns auf Machtkämpfe ein, suchen sie sogar, um uns vor früher erlittenem seelischem Schmerz zu schützen. Zwei Menschen, die einen solchen Kampf um die Vorherrschaft austragen, nehmen gegensätzliche Positionen ein. Der andere zeigt das Verhalten, das dir schon in der Vergangenheit Schmerzen bereitete. Vielleicht handelt es sich nicht um genau dasselbe Verhalten, aber doch um eines, das der mit Schmerzen verbundenen damaligen Situation sehr ähnlich ist. Dein Unwille, auf den anderen zuzugehen, ist tatsächlich nichts anderes als dein Unwille, voranzugehen und das alte Herzeleid hinter dir zu lassen. Du hast Angst davor, dasselbe werde sich immer und immer wieder ereignen und du könntest immer wieder verletzt werden. Wenn du aber bereit bist, das Herzeleid unter diesem Machtkampf freizulegen und offen darüber zu sprechen, wirst du beginnen, den Machtkampf zu heilen.

Nimm dir heute eine Situation vor, in der du in einen Machtkampf verstrickt bist, und sei bereit, deine Sichtweise ehrlich darzustellen. Was geht, nach deiner Auffassung, eigentlich vor? Sei bereit, darüber zu sprechen, was dich vor langer Zeit so sehr verletzte; mache dir klar: Kommunikation ist der erste Schritt, um dem Machtkampf ein Ende zu bereiten.

220. Wenn du mit dem Gefühl zu kämpfen hast, wertlos oder bedeutungslos zu sein, bitte um die Hilfe des Himmels

Manchmal werfen uns die Lebensumstände in Situationen, in denen wir uns wertlos oder bedeutungslos vorkommen. Ein Verlust mag uns so sehr zusetzen, daß wir völlig aus der Bahn geworfen werden, oder eine Enttäuschung mag so tief sein, daß wir am Boden zerstört sind. Manchmal nehmen wir uns fest vor, ein bestimmtes Ziel zu erreichen und setzen alle unsere Kraft dafür ein, und wenn das Ziel erreicht ist, erkennen wir, daß es nichts mit unseren Vorstellungen gemein hat. Menschen können ihr ganzes Leben damit zubringen, ein Vorhaben zu verwirklichen, und wenn sie vor dem Abschluß stehen, haben sie unter Umständen das Gefühl, daß alles sinnlos war. Wertlosigkeit und Bedeutungslosigkeit sind Zustände des Bewußtseins, einfach die andere Seite der Erleuchtung. Wenn du mit dem Gedanken zu kämpfen hast, wertlos oder bedeutungslos zu sein, brauchst du, um einen bedeutsamen Durchbruch zu erreichen, nur eines zu tun: Bitte darum, daß dir der im Himmel geltende Wert und die dort geltende Bedeutung gegeben werde.

Bedeutungslosigkeit ist das Schlachtfeld des Ego und deines Höheren Selbst. Dein Ego ist dabei, den Versuch zu unternehmen, dich in einen weiteren nutzlosen Kreuzzug hineinzuziehen und dir weiszumachen, sinnhafte Bedeutung sei irgendwo in dieser Welt zu finden. Wenn du aber um den Sinn bittest, wie ihn der Himmel versteht, wirst du eine ruhige Stimme ganz einfache Dinge sagen hören, wie zum Beispiel „Gib!“ oder „Liebe!“ oder „Sei glücklich!“. Diese Worte tragen in sich die Gnade, die dich voranbringt und dich das Besondere dieser Weisung erkennen läßt. Wo du Pein und Bedeutungslosigkeit empfindest, wo alles in Trümmern zu liegen scheint, bitte um den himmlischen Sinn. Obwohl Bedeutungslosigkeit eine der schmerzlichsten Erfahrungen ist, kann sie dennoch leicht transzendiert werden. Dasselbe gilt für Wertlosigkeit, die die Möglichkeit behindert, Meisterschaft zu erlangen. Bitte lediglich um den Wert, den der Himmel dir beimißt.

Ob du dich in einem Zustand der Wertlosigkeit oder Bedeutungslosigkeit befindest oder nicht, versuche die Unordnung in deinem Geist zu beseitigen, und immer wenn ein Gedanke darin auftaucht, sage einfach:

„Dieser Gedanke spiegelt ein Ziel, das mich von wahrem Sinn fernhält." Nach ungefähr zehn Minuten, wenn dein Geist frei ist, bitte darum, daß dir himmlischer Wert und himmlische Bedeutung vermittelt werden. Die Begriffe, die in dir aufsteigen, werden dir wahrhaften Frieden bringen, und mit diesen Begriffen wird die Gnade dir wahrhafte Erfüllung bringen.

221. Vertrautheit schafft Heilung

Vertrautheit schafft die Sicherheit, ohne die weder Kommunikation möglich ist noch die Nähe, durch deren Hilfe alter Schmerz ans Licht gebracht werden kann. Vertrauter Umgang schafft Heilung, denn je näher du einem Menschen kommst, um so weniger können Probleme zwischen euch beiden stehen. Das Wort „Intimität" (vertrauter Umgang, Vertrautheit) geht zurück auf die lateinischen Wörter „in" und „timere" und bedeutet „nicht fürchten". Grundsätzlich ist uns allen eine Urangst zu eigen, die etwa sagt: „Wenn ein Mensch mich richtig kennenlernt, wird er mich nicht mögen." Das ist der Grund, warum wir häufig sehr bald nach Beginn einer Beziehung unseren Partner fallenlassen; wir haben Angst, wir seien nicht liebenswert genug, und wir fürchten, all unsere Attraktivität zu verlieren, wenn man uns erst einmal kennt. Allein die Bereitschaft, den vertraulichen Umgang aufrechtzuerhalten, schafft den Mut, über diese den Beginn einer Beziehung bestimmende Furcht hinauszugehen.

Denke an einen Menschen, zu dem du ein innigeres Verhältnis schaffen könntest; vielleicht geht es um deinen Partner, einen Elternteil oder einen Freund. Sei bereit, auf ihn zuzugehen und die von Sicherheit und Wärme und Vertrautheit bestimmte Atmosphäre zu schaffen, die zur Heilung führt.

222. Die Kirschen in Nachbars Garten schmecken immer süßer

Die sprichwörtliche Wendung, die behauptet, die Kirschen in des Nachbarn Garten seien immer süßer, handelt vom Komplott unseres Ego und auf welche Weise es versucht, uns in eine Falle zu locken oder aufzuhalten. Hier seien ein paar Beispiele für solche Fallen genannt. Die Beziehung zu deinem Partner besteht schon seit einiger Zeit, und ganz plötzlich triffst du jemanden, der erheblich anziehender auf dich wirkt. Wenn du gerade zu dieser Zeit einen Machtkampf mit deinem Partner austrägst oder dich durch die Todeszone kämpfst, wird dir jeder andere anziehender vorkommen. Es ist nun einmal so, daß die erste Phase einer Beziehung, die von einem romantischen Zauber bestimmt ist, den neu in unser Leben getretenen Menschen anziehender erscheinen läßt. Und ebenso unbestreitbar ist, daß du, würdest du die Beziehung fortsetzen, auch mit diesem Menschen schließlich in einen Machtkampf verwickelt würdest und auch mit ihm die Todeszone erreichen würdest.

Eine andere, ebenfalls nicht seltene Falle wird aufgestellt, wenn unser Geist, obschon wir eine Beziehung unterhalten, anfängt, sich mit jemandem zu beschäftigen, mit dem wir früher zusammen waren. Das Aufstellen dieser Fallen wird möglich, weil du davon ausgehst, dein Glück liege nicht in deiner jetzigen Beziehung, sondern irgendwo sonst. Das Ego arbeitet daran, dich in eine Falle zu locken und dich damit um das in der Gegenwart mögliche Glück zu bringen.

Erkenne den Wert deiner jetzigen Beziehung dankbar an. Erkenne den Wert deines Partners wie auch der Umstände, die dein Leben bestimmen, dankbar an. Du kannst dich der Verbindungen mit jedem Menschen in deiner Umgebung voll und ganz erfreuen, ohne dein gegenwärtiges Glück aufs Spiel zu setzen. Gehe nicht in die Falle, indem du davon ausgehst, die Kirschen seien irgendwo süßer. Es ist ganz normal, daß dein Ego, in der Absicht, die gegenwärtige Beziehung fade und uninteressant erscheinen zu lassen, dich von jemandem träumen läßt, der dir früher einmal vertraut war. Wenn du diesen Träumen folgst, entfernst du dich immer weiter von deiner jetzigen Beziehung, bis dir nichts bleibt außer deinen Phantasievorstellungen von der gerade aufgegebenen und der zuvor aufgegebenen Beziehung.

223. Alle Dreiecksbeziehungen gehen zurück auf Konkurrenzkämpfe in der Familie, der du entstammst

Der Zweck aller Dreiecksbeziehungen ist es, uns am Vorangehen zu hindern. Eine Dreiecksbeziehung ist eine Form des Konkurrenzkampfs, die in der Unausgeglichenheit, vielleicht auch Disharmonie der Familie wurzelt, in der wir aufgewachsen sind. Fast alle Familien heutzutage könnten ausgeglichener und harmonischer sein und ein höheres Maß an Zusammenhalt vertragen. Unausgeglichenheit führt zu einem Gefühl von Mangel und schafft damit eine Situation, in der wir meinen, mit anderen in einem Konkurrenzkampf um Liebe zu stehen, für die Erfüllung unserer Bedürfnisse kämpfen und unseren Anteil an uns reißen zu müssen, bevor es ein anderer tut. Dieser „ungeheilte" Zustand der Familie entläßt „ungeheilte" Menschen in das Leben. Und deshalb geraten wir immer wieder in neue Situationen, in denen sich der uns vertraute Konkurrenzkampf um Muttis und Papas Liebe wiederholt.

Stelle dir vor, daß du, als Erwachsener, in deine ursprüngliche Familie zurückkehren und dich selbst, in deiner damaligen Situation als Kind, so stärken könntest, daß es dir möglich wäre, auch den Rest der Familie zu stabilisieren. Unterstützung führt einen Zustand der Ausgeglichenheit herbei. Unterstützung beendet Konkurrenzkämpfe. Die Heilung des Ungleichgewichts in deinem Geist bringt Heilung in deine jetzigen Lebensumstände. Du wirst nicht länger befürchten, etwas oder jemanden in dieser Dreiecksbeziehung zu verlieren. Wenn du dich in einer Dreiecksbeziehung befindest und bereit bist voranzugehen, wird es dem Menschen, der wahrhaft für dich bestimmt ist, möglich werden, mit dir gemeinsam voranzugehen. Eine der raffiniertesten Fallen des Ego kann auf diese Weise leicht unschädlich gemacht werden. Du mußt nur um den nächsten Schritt bitten, der über die Dreiecksbeziehung hinausführt. Vertraue dir selbst und dem Himmel, daß der wahrhaft für dich bestimmte Partner hervortreten wird, derjenige, der im Vergleich mit dem anderen die besseren Eigenschaften besitzt. Dein wahrer Partner wird kommen, entweder derjenige, mit dem dich eine Beziehung verband, oder ein anderer, besserer, treuerer. Und er wird bereit sein, sich voll und ganz für eure Beziehung einzusetzen.

224. Opferhaltung ist Ausdruck der Überzeugung, unwürdig zu sein

Jedes Opfer wird erzwungen von der Überzeugung, unwürdig zu sein; wenn wir uns selbst schätzen, sind wir überzeugt, kreativ genug zu sein, um zu einer Lösung zu kommen, ohne unsere Position oder gar unsere Individualität aufzugeben. Opferhaltung ergibt sich aus der Illusion, daß ein anderer Mensch uns vorantragen werde, wenn wir uns nur selbst aufgeben. Wir sind bereit, alles für einen Menschen zu tun, damit wir seine Identität als Ersatz für unsere Identität nutzen können. Aber unser Opfer ist nicht nur Betrug an unserem Partner, sondern auch an uns selbst. Wir können die besonderen Gaben unseres Partners nicht empfangen, und er erhält von uns (so zumindest empfinden wir es) Waren zweiter Wahl, etwas, das wir als Sonderangebot erstanden haben.

Heute ist der Tag, an dem du damit anfangen wirst, dich selbst zu schätzen und deine wahre Mitte zu finden. Lebe heute deine Wahrheit und nicht die eines anderen. Mache dir heute das wertvollste Geschenk, das du dir denken kannst – dich selbst. Bitte deinen Höheren Geist, dich zurück in deine innere Mitte zu tragen. Dies ist ein Ort des Friedens, der Unschuld, des wahren Wertes und der Verbundenheit.

225. *Deine Erfahrung wird bestimmt von dem, was du gibst*

Bedeutung und Wert im Leben sind bestimmt davon, wieviel du gibst. Wenn du sehr wenig gibst, wirst du feststellen, daß die Lebensumstände sehr wenig für dich bereithalten. Wenn du dich selbst voll und ganz gibst, wirst du feststellen, daß das Leben dich nicht nur an dich selbst zurückschenkt, sondern dich um ein Mehrfaches größer und stärker machen wird.

Heute ist der Tag, an dem du den Wert dessen, was du empfängst, erhöhen kannst, indem du dich selbst ohne jede Einschränkung gibst. Was du gibst, bestimmt deine Erfahrung. Was du deinem Partner gibst, läßt einen reicheren, tieferen Sinn in deiner Beziehung entstehen. Je mehr du heute gibst, um so mehr wirst du empfangen.

226. Angst geht auf deine aggressiven Gedanken zurück

Viele von uns sind überzeugt, daß Angst von äußeren Faktoren ausgelöst wird. Angst beginnt aber tatsächlich in unserem Geist, nämlich mit aggressiven Vorstellungen, Groll oder Klagen. Da unser Geist mit Projektionen arbeitet, ist die Welt, die wir sehen, eine Reaktion auf unser Denken. Wenn aggressive Vorstellungen von uns ausgehen, haben wir die Empfindung, daß die Welt ihrerseits uns angreift. Wir empfinden die Welt als bedrohlich, und das versetzt uns in Angst. Die Angst aber begann früher, in unserem eigenen Geist. Im Gegensatz zu Angst steht Liebe. Unsere Liebe, in der wir ganz selbstverständlich über uns hinauswachsen und auf die Situation und die Menschen um uns zugehen, schafft Heilung.

Sei heute bereit, deine von Furcht bestimmten Gedanken, deine aggressiven Vorstellungen in von Liebe erfüllte Gedanken, in Segenswünsche zu verwandeln. Segne jemanden in deiner Nähe, wünsche ihm das Allerbeste, beschenke ihn mit deiner Energie, die sich danach sowohl für ihn als auch für dich vervielfachen wird. Alles Segensreiche, das du tust, ist ein Segen, der zu dir zurückfindet. Die segensreiche Tat, die von dir ausgeht, heilt dich von deinen aggressiven Gedanken und deiner Angst.

227. Jeder Machtkampf verbirgt eine Geburt

Möchtest du diesen sich sehr in die Länge ziehenden Krieg, diesen Kampf um die Vorherrschaft, nicht endlich überwinden? Das ist jederzeit möglich, vorausgesetzt, du hast den Mut dazu; Mut ist wirklich notwendig, denn unter jedem Machtkampf liegen derart schmerzliche Gefühle, daß man im allgemeinen alles tut, um diesen Ort zu meiden. Dir ist eine lange, äußere Auseinandersetzung mit dem damit verbundenen Leiden lieber, als all den Schmerz in wenigen Momenten oder Stunden zu durchleben. Aber deine Bereitschaft, dieser Tiefe des Gefühls standzuhalten, wird dich an einen Ort tragen, an dem eine neue Geburt möglich ist. Sobald du diesen Ort erreichst, kannst du dich frei entscheiden, einem anderen Menschen zu geben. Indem du so wählst, werden die schöpferischsten Kräfte, die deinem Geist zur Verfügung stehen, eingesetzt, um eine ganz neue, von Liebe, Transzendenz, tiefer Einsicht und Entschlossenheit geprägte Situation zu schaffen. Wenn es nicht zu dem einfachen Akt des Gebens kommt, bleiben wir auf der Ebene extremen Schmerzes gefangen. Wenn es dazu kommt, kann es einen Geburtsvorgang einleiten.

Wenn du dich in der beschriebenen Weise entscheidest, kannst du heute einen Riesenschritt nach vorne tun. Dein Bewußtsein, daß es einen solchen Ort der Geburt gibt, und deine Bereitschaft, ihn zu finden, führen dazu, daß sich dieser Ort dir zeigt. Sobald du das wahrnimmst, gib – und dein Geben wird den Schmerz in einen ganz neuen Bereich der Transzendenz verwandeln.

228. *Unbeschwertheit bedeutet nichts zurückzuhalten*

Das Maß deiner Unbeschwertheit zeigt auch das Maß, in dem du nichts zurückhältst. Wenn du jedes Wagnis eingehst, empfängst du von dir selbst und vom Leben. Unbeschwertsein bedeutet ein lebendiges, auf Partnerschaft beruhendes Verhältnis mit deiner Höheren Kraft, deiner Familie und den von dir geliebten Menschen und mit all deinen Arbeitskollegen. Wenn du alles gibst, das dir zur Verfügung steht, geht alles leicht von der Hand und du näherst dich dem Zustand innerer Leichtigkeit. Wenn du dich selbst in irgendeiner Weise zurückhältst, wird dir alles schwerer fallen.

Schwierigkeiten entstehen durch Schuldgefühle und die Überzeugung, wir könnten für unsere Schuld bezahlen, wenn wir uns selbst das Leben schwermachen. Zum Beispiel: „Ich muß ja ein guter Mensch sein; schau nur, wie schwer mir das Leben gemacht wird." Wir kompensieren Schuldgefühle durch unsere Rollen, Regeln und Pflichten. In jedem Fall handelt es sich dabei um Abwehr- und Schutzmaßnahmen, die uns vom Empfangen ausschließen. Sie führen zu Schwierigkeiten, schließen Weiterentwicklung aus und verursachen ein Gefühl der Leere und Erstarrung.

Tue heute nichts routine- oder gewohnheitsmäßig, sondern entscheide dich ganz bewußt dafür, dich selbst in jeder Situation voll und ganz zu geben, zu einhundert Prozent, und eine innere Unbeschwertheit wird nicht nur Chancen, sondern das Leben selbst näher an dich heranführen. Diese innere Ausgeglichenheit wird dich auch in deiner Partnerschaft voranbringen, und dir immer wieder sagen: „Wir können dies gemeinsam tun. Wir können gemeinsam derart vorangehen, daß sich niemand als Verlierer fühlen wird." Du weißt dies, weil du dich selbst voll und ganz gegeben hast. Wenn ihr gemeinsam vorangeht, gibt es nichts, das euch aufhalten könnte.

229. Opferhaltung ist falschverstandene Liebe

Opferhaltung sieht wie das Wahre und Echte aus, ist aber falsch. Es ist nichts anderes als Geben, ohne zu empfangen. Deshalb ist es kein wahrhaftes Geben. Die Opferhaltung besagt: „Ich bin nicht in Ordnung, du bist in Ordnung." Auf diese Weise bringst du den anderen um das größte Geschenk, das du machen kannst – dich selbst. Das Bringen von Opfern ist an ganz bestimmte Gefühle gebunden, wie zum Beispiel Unwürdigkeit, Schuld und Versagen. Die Opferhaltung versucht immer zu beweisen, woran sie selbst nicht glaubt. Sie ist eine Kompensationshandlung, die darauf abzielt, einen Ausgleich für das Gefühl zu schaffen, versagt zu haben.

Die Bereitschaft sich aufzuopfern, entsteht aus der Aufgabe der eigenen Identität, in der Absicht, sich eine wertvollere Identität anzueignen, nämlich die des Menschen, für den das Opfer gebracht wird. Opferhaltung ist gefälschte Liebe, während echte Liebe über sich hinauswächst, schöpferisch ist; Opferhaltung entwürdigt sich in hochmütiger Weise selbst und setzt den Wert des angebotenen Geschenks herab, denn es wird nichts empfangen. Es stellt sich keine Öffnung ein, keine Befreiung, und die weibliche Seite bleibt unerlöst. Das Bringen von Opfern ist die am weitesten verbreitete Form falsch verstandener Liebe, denn es handelt sich dabei um ein verstohlenes Sich-Zurückhalten, um die mangelnde Bereitschaft, Entwicklung und Veränderung zuzulassen. Die Opferhaltung sieht lediglich wie hingebender Einsatz aus, weil sie zurückhält, was eine Beziehung am dringendsten braucht – dein Geben und Empfangen.

Die Zeit ist gekommen, deine Opferhaltung aufzugeben. Du darfst dir selbst die Wahrheit nicht vorenthalten. Verschaffe dir Klarheit über das, was du wirklich tun möchtest, und bitte deinen Höheren Geist, dich in deine innere Mitte zu tragen. Erkenne, daß alles, was dich heute erreicht, deinem wahrhaften Geben entspringt.

230. Eine Beziehung ist kein Geschäft auf der Basis halbe-halbe, es ist ein Geschäft zu hundert Prozent

Wenn du fünfzig Prozent gibst und darauf wartest, daß dein Partner seine fünfzig Prozent beisteuert, dann kannst du möglicherweise lange warten. Du beklagst dich darüber, daß dein Partner dir gewisse Dinge nicht gibt; genau das mußt du eurer Beziehung geben. Wenn du einhundert Prozent gibst, kann sich die Beziehung entwickeln. Wenn du einhundert Prozent gibst, wird dein Partner auch damit beginnen, eurer gemeinsamen Beziehung zu geben, was zu geben er aufgerufen ist. Wenn du aber nur fünfzig Prozent gibst, kannst du durchaus den Eindruck gewinnen, dein Partner gebe überhaupt nichts. Jeder Bereich, in dem sich kein Erfolg einstellt, ist ein Bereich, in dem du nicht einhundert Prozent gibst.

Unterziehe heute dein Leben einer gründlichen Überprüfung und stelle fest, wo du ohne weiteres die Entscheidung treffen könntest, einhundert Prozent zu geben, um auf diese Weise vieles in deinem Leben und in deiner Beziehung leichter zu machen.

231. Phantasievorstellungen dienen dazu, das Offenlegen deines wahren Wesens zu verhindern

Mit Phantasievorstellungen gelingt es dir, alle Menschen in deiner Nähe so zu „kostümieren“, damit sie deinen Bedürfnissen gerecht werden. Obwohl wir alle unsere Phantasievorstellungen haben, ist es doch wichtig, sich nicht von ihnen abhängig zu machen, denn je stärker wir in unseren Phantasievorstellungen gefangen sind, um so weniger zeigen wir von unserem wahren Wesen. Erst wenn wir unser wahres Selbst freigelegt und uns selbst gegeben haben, können wir die Gaben des Lebens wirklich empfangen. Auch wenn wir mal wieder ein wenig mit Wunschvorstellungen spielen, ist es unerläßlich, sich vor Augen zu halten, daß unsere wirkliche Zufriedenheit in erster Linie davon abhängt, wer wir sind. Uns selbst einzubringen, unser wahres Wesen freizulegen, uns selbst zu öffnen mit all unseren Wünschen, unseren Mängeln, unseren Bedürfnissen, unseren Freuden, unserer Zufriedenheit – das ist es, was es dem Leben möglich macht, uns zu beschenken.

Denke nach über all deine kleinen Phantasie- und Wunschvorstellungen: sexuelle Phantasien, die Vorstellung, in der du ein Held bist, die Träume, wie dein Leben immer besser werden wird. Sei bereit, all das loszulassen. Wenn du dich selbst bei einer solchen Phantasievorstellung ertappst, frage dich: „Wer benötigt meine Hilfe viel dringender?“ Laß deine Liebe auf diesen Menschen zuströmen. Während du das tust, wirst du ein erheblich größeres Gefühl der Befriedigung und eine viel größere Offenheit spüren, die Gaben des Lebens zu empfangen. Warte nicht bis zum Ruhestand, um Freude am Leben und an dir selbst zu haben. Warte nicht, bis es zu spät ist, dich deines Partners wirklich zu erfreuen. Schaue deinen Partner an. Nimm ihn begierig auf. Fühle ihn in deinem Inneren. Erfreue dich all seiner Fähigkeiten. Warte nicht länger, um die Luft des Lebens in vollen Zügen einzuatmen. Warte nicht länger damit, so lebendig zu sein, daß jedem das Wasser im Mund zusammenläuft nach so einem Leben, wie du es ausstrahlst. Zögere nicht damit, einem Menschen zu sagen, wie sehr du ihn liebst oder schätzt. Denke an die Menschen, die für dich und dein Leben bedeutsam gewesen sind. Heute ist der Tag, ihnen Anerkennung zu zollen. Setze dich mit ihnen in

Verbindung, rufe sie an, sage ihnen aus vollem Herzen Dank. Dankbare Anerkennung löst Freude aus. Zögere nicht, dich deiner selbst und des Lebens zu freuen. Öffne dich, und nimm das Leben begierig auf. Alles wird dir nun gegeben. Öffne deine Augen, damit du es sehen kannst.

232. Du kannst dich in deiner Beziehung für Drama oder auch für Kreativität entscheiden

Wenn deine Beziehung von erregendem, dramatischem Geschehen bestimmt ist, bedeutet das, daß deine kreative Energie mißbräuchlich eingesetzt wird. Wir sorgen für Drama, damit wir uns nicht langweilen. Wir haben eine Vorliebe für Dramatisches, weil wir dann das Gefühl haben, so richtig am Leben teilzuhaben. In unseren Machtkämpfen führen wir manchmal bewußt dramatische und immer dramatischer werdende Situationen herbei. Wir könnten natürlich all diese Energie dazu einsetzen, die Lösung zu finden, statt die Situation immer stärker dramatisch aufzuheizen.

Setze deine Energie in positiver Weise ein. Suche nach kreativen Lösungen; dabei werden deine Kreativität und dein enger Kontakt zum Leben für die gewünschte Erregung sorgen. Deine Kreativität wird dich deine besten Seiten erkennen lassen. Deine Kreativität ist ein Akt der Liebe. Statt immer mehr dramatische Situationen in deiner Beziehung herbeizuführen oder immer mehr Probleme, immer mehr Hysterie, greife auf deine Kreativität zurück, um die Antworten zu finden.

233. Kreativität ist das Gegenmittel gegen Verlust

Wenn wir meinen, einen Verlust erlitten zu haben, haben wir die Neigung, mit Angst, Traurigkeit, unguten Gefühlen, manchmal auch Schuldgefühlen zu reagieren. Wir könnten eine solche Situation aber auch nutzen, um unsere schöpferischen Kräfte zu aktivieren. Dies würde uns von dem unmittelbaren Schmerz über den Verlust hinwegtragen. Sogar in dieser schmerzlichen Situation können wir die uns zur Verfügung stehende Energie verwandeln, so daß sie unserer eigenen Heilung dient, zu einem Geschenk der Liebe an die Menschen in unserer Nähe wird und zu einem Gegenmittel gegen den Verlust, den auch sie erlitten haben.

Beschäftige dich mit einer Situation, die durch Verlust oder Angst vor Verlust belastet ist. Dies ist ein Ort, an dem deine kreativen Kräfte gefordert sind. Setze dich entspannt hin, schließe deine Augen, laß zu, daß in deinem Geist die Vorstellung entsteht, wie du, geleitet von deiner Liebe, anderen geben kannst und dabei die Situation durch deine Kreativität völlig veränderst.

234. Vergib, wenn du ein Bedürfnis erfüllt haben möchtest

Wenn du ein bestimmtes Bedürfnis hast, dann kannst du dich sehr leicht von diesem Bedürfnis befreien, indem du Vergebung erweist. Dein Verzeihen nimmt dir das Urteil, das du über andere abgibst, und auch deine Schuldgefühle weg. Ohne Schuldgefühle kannst du nun vorangehen, und im Vorangehen wird dein Bedürfnis befriedigt. Dein Verzeihen bedeutet weiteres Geben. Jeder Akt des Gebens gibt auch dir und erfüllt deine Bedürfnisse. Wenn es scheint, daß die Situation von dir nicht beeinflußt werden kann, bitte deinen Höheren Geist, sich einzuschalten und dazu beizutragen, daß sich deine Vergebungsbereitschaft entfalten kann. Wenn du wirklich umfassend vergeben hast, wirst du zu innerem Frieden zurückfinden und deine eigene Ganzheit spüren.

Zähle drei wesentliche Bedürfnisse auf, die dein Leben zur Zeit bestimmen. Stelle dir selbst die Frage: „Wer ist es, dem ich nicht verziehen habe?“ Was auch immer notwendig ist, um Verzeihung zu gewähren, tue es, damit deine Bedürfnisse erfüllt werden und du inneren Frieden erlangen kannst. Denke daran, daß Vergebungsbereitschaft eine der vornehmsten Aufgaben deiner Höheren Kraft ist; laß also zu, daß sich deine Vergebungsbereitschaft ungehindert entfalten kann, indem du sie deiner Höheren Kraft übergibst.

235. Ohne engagierten Einsatz für ein gemeinsames Ziel kann jeder Konflikt eine Beziehung zerstören

Wenn du und dein Partner sich für ein gemeinsames Ziel ganz bewußt entschieden haben, bedeuten aufkommende Konflikte keine Gefährdung eurer Beziehung; ihr durchschreitet sie einfach auf dem Weg zu dem angestrebten Ziel. Mit der Beilegung eines jeden Konflikts erschafft ihr eine neue Ebene der Partnerschaft. Wenn ihr aber kein gemeinsames Ziel habt, könnte jeder x-beliebige Konflikt der letzte in eurer Beziehung sein, der Konflikt, der das Ende eurer Beziehung bedeutet.

Schließe deine Augen und verschaffe dir Klarheit darüber, welche Absicht du mit der Beziehung verbindest. Was genau versprichst du dir? Wofür hast du dich entschieden? Spüre, wie dein Partner, Hand in Hand mit dir, verbunden durch gemeinsame Zuversicht, auf dieses Ziel zugeht. Sei dir bewußt, daß ihr auf eurem Weg zu diesem Ziel gemeinsam jeden Konflikt durchschreiten könnt. Wenn du dich hingebungsvoll für die gemeinsame Beziehung einsetzt, wird die Macht des Konflikts eingeschränkt und gleichzeitig die in eurer Beziehung steckende Energie erhöht.

236. Das Paradies kann nur in der Gegenwart betreten werden, niemals aber im Rahmen einer „Wiederholungssendung“

Das Paradies ist ein Bewußtseinszustand, den man nur jetzt erreichen kann. Viele von uns denken zurück an die idyllischen, längst vergangenen Zeiten; dabei dienen diese idyllischen Zeiten, die nur in unserem Kopf existieren, lediglich dazu, uns für den Mangel zu entschädigen, den wir zur Zeit spüren. Der Versuch, in der Vergangenheit zu leben, macht uns nicht glücklich. Diese idyllischen Zeiten vor unserem geistigen Auge immer wieder heraufzubeschwören, ist nichts als eine Lüge; schließlich müssen wir ja auch damals etwas vermißt haben, sonst wären wir wohl nicht weitergegangen. Jetzt aber bietet sich uns die Chance, unsere Lektion zu lernen und Glückseligkeit in einem viel umfassenderen Sinn zu erreichen. Dieser Glückszustand, dieses Paradies, kann nur in diesem Augenblick betreten werden.

Schließe deine Augen und stelle dir vor, alle Freude und alles Glück dieser Welt steige in dir auf. Laß es deine Zehen füllen, deine Füße, deine Fußgelenke, deine Beine, deine Geschlechtsorgane, deine Hüften, deinen Körper, dein Herz, deine Lungen, alle deine Organe, deine Arme, deinen Hals, dein Gesicht, deinen Kopf, deine Augen, deine Ohren, bis hin zu deinem Scheitel, laß es dein ganzes Inneres ausfüllen. Fühle, wie es überfließt. Der Himmel ist nun in uns, die meisten Menschen sind aber in einem Bild von sich selbst gefangen, dem sie nur durch eine bestimmte Menge an Streß und Betriebsamkeit gerecht werden können. Ein solches Selbstbildnis ist Teil unseres Bemühens, ein Bedürfnis zu erfüllen oder den Beweis für irgend etwas anzutreten; beides ist überflüssig, weil die tiefere Schicht unseres Bewußtseins von nichts anderem als von Einssein und dem Paradies erfüllt ist.

237. Dein Werturteil zwingt dich in die Opferhaltung

Deine Werturteile zwingen dich in die Opferhaltung, denn du fühlst dich schlecht, wenn du wertest. Denke an jemanden, über den du zur Zeit urteilst. Wenn du über ihn urteilst, wie fühlst du dich in diesem Augenblick? Je mehr du verurteilst, um so schlechter fühlst du dich und um so unwürdiger fühlst du dich – und aus diesem Grund bringst du immer mehr Opfer. Du wirst schließlich eine Rolle spielen. Aus jedem Urteil wird eine Rolle, die auf Kompensation abzielt, auf den Beweis, daß du ja gar nicht so bist, wie es scheint; all dies verhindert, daß du empfängst. Anders gesagt: Deine Bereitschaft, auf das Abgeben von Urteilen zu verzichten, entspricht voll deiner Bereitschaft, die Opferhaltung abzulegen. Jedes Urteil, auf das du verzichtest, und jeder Mensch, dem du verzeihen kannst, erspart dir eine Menge Zeit, eine Menge Traurigkeit und Unzufriedenheit und eine Menge undankbarer Arbeit.

Stelle dir deine Mutter als ganz kleines Mädchen vor, das auf deinem Schoß sitzt und dir von all den Hoffnungen und Träumen berichtet, die sie, dich betreffend, erfüllten, als sie ein Mädchen war und davon träumte, ein Kind zu haben. Dann stelle dir deinen Vater als einen kleinen Jungen vor, der auf deinen Knien sitzt und dir berichtet, wie sehr er sich wünschte, erwachsen zu sein, ein Mann zu sein und eigene Kinder zu haben, und wie sehr er sich vorgenommen hatte, für sie zu sorgen und sein Bestes zu geben, damit sie sich geliebt fühlen würden. Erinnere dich nun, einen Augenblick lang, wie du deine Kindheit empfandest; erinnere dich an dein Verlangen, es besser zu machen, dein Verlangen, Kinder zu haben, denen du ganz bestimmt all deine Liebe schenken würdest, dein Verlangen, den geliebten Menschen das Beste zu geben. Und nun, wenn du die Bereitschaft dazu spürst, laß alle deine Urteile über deine Eltern los. In Anbetracht ihrer Erziehung, ihres Werdeganges und der inneren und äußeren Zwänge taten sie wirklich ihr Bestes. Deine Bereitschaft, allen Groll ihnen gegenüber aufzugeben, macht dich frei. Jedes Urteil, das du über deine Eltern fällst, zwingt dich in die Opferhaltung, zwingt dich in eine Rolle. Du kannst dich noch heute befreien, indem du dich neu entscheidest, indem du beschließt, dich von der Vergangenheit nicht knebeln zu lassen.

238. *Wenn du etwas in deinem Leben vermißt, dann deshalb, weil du dich damit rächst*

Wir alle klagen über das, was unserem Leben fehlt. Wirf deshalb einen sorgfältigen Blick auf das, was du in deinem Leben vermißt und wovon du gern mehr hättest. Frage dich danach selbst: „An wem übe ich Vergeltung, indem ich dies nicht habe? Wem versuche ich etwas heimzuzahlen?“ Es ist immer richtig, mit „Ich selbst bin es!“ zu antworten, aber das ist nicht die ganze Antwort. Vergeltung handelt immer davon, es auch einem anderen heimzuzahlen, nicht nur dir selbst. Wer also ist es, dem du es unbedingt heimzahlen willst? Lohnt es sich wirklich, diesen Machtkampf weiterzuführen, der dich darum bringt, hier und jetzt glücklich zu sein?

Die Zeit ist gekommen, dich von deinen Rachegelüsten zu trennen und es dir möglich zu machen zu empfangen.

239. Deine gegenwärtige Opferhaltung geht zurück auf die Überzeugung, daß deine Bedürfnisse in der Vergangenheit nicht erfüllt worden seien

Urteile, die wir über Menschen abgeben, die früher einmal unsere Bedürfnisse nicht erfüllt haben, zwingen uns aus zwei unterschiedlichen Gründen in eine Opferhaltung. Der eine ist, daß wir, wenn wir erst einmal zu der Auffassung gelangt sind, unsere Bedürfnisse seien nicht erfüllt worden, uns nach Menschen umschauen, die jetzt diese Bedürfnisse erfüllen könnten – dies macht die Erfüllung der Bedürfnisse von vornherein unmöglich. Oder aber weil wir nun einmal davon ausgehen, unsere Bedürfnisse seien in der Vergangenheit nicht erfüllt worden, versuchen wir den entsprechenden Menschen zu zeigen, wie man es machen müßte, und deshalb schlüpfen wir in eine auf Kompensation ausgerichtete Rolle, die uns das Gegenteil dessen tun läßt, was wir den anderen vorgeworfen haben. Oberflächlich betrachtet, könnte man den Eindruck gewinnen, wir machten alles viel besser als sie. Was dabei übersehen wird ist, daß wir unfähig sind zu empfangen, was wiederum dazu führt, daß wir uns selbst immer größere Opfer abverlangen und uns immer stärker verausgaben. Sobald wir diese Zusammenhänge aber verstehen und den betreffenden Menschen aus der vergangenen Situation heraus verzeihen, können wir voranschreiten.

Betrachte sorgfältig die Bereiche, in denen du dir immer noch Opfer auferlegst, und frage dich selbst: „Wem werfe ich immer noch etwas vor?" Bitte darum, daß die Vergebung vollzogen werde. Bitte den Teil deines Geistes, in dem Vergebung und Erleuchtung liegen, nämlich deinen Höheren Geist, dich davon zu befreien, so schwere Anstrengungen auf dich zu nehmen und so wenig zu empfangen. Bitte deinen Höheren Geist, dich von dem aus der Vergangenheit stammenden Hunger zu befreien, der in der Gegenwart ganz offensichtlich nicht gestillt werden kann.

240. Dein Glücklichsein ist das schönste Geschenk, das du der Welt machen kannst

Dein Glück ist das schönste Geschenk, das du der Welt machen kannst, einfach deshalb, weil Glück ansteckend ist. Glück erhellt die Sinne. Glück gibt Hoffnung. Es ist eine Form der Liebe, die sich um jeden Glücklichen ausbreitet. Stelle dir vor, daß du, als Vater oder Mutter, glücklich wärest. Stelle dir vor, wie gut das deinen Kindern täte. Stelle dir vor, daß du, als Partner, glücklich wärest, erfüllt von der Liebe, die Glück schafft. Stelle dir vor, wie das deinen Partner anrühren würde, wie es auf ihn überfließen würde. Wenn du nicht vorankommst und in dieser Situation dein Glück einbringst, wirst du vieles bewegen können, denn in Glücksgefühlen steckt eine Menge an schöpferischer Kraft.

Viele von uns glauben, unser Glück sei von äußeren Faktoren abhängig und wir müßten einfach darauf warten, daß einige dieser äußeren Faktoren zu unseren Gunsten beeinflußt werden. Sei heute rundherum glücklich, auch wenn ein Grund dafür nicht so ohne weiteres ersichtlich ist. Gib dein Glück weiter auch ohne unmittelbar ersichtlichen Grund, aber aus jedem guten Grund.

241. Wenn dein Partner verliert, wirst du schließlich die Rechnung dafür zahlen müssen

Manchmal kannst du ohne dein Zutun in einen Machtkampf mit deinem Partner geraten. Aber wenn dein Partner verliert, wirst du die Zeche zahlen müssen, denn du bist das andere Mitglied des Teams. Es ist wirklich wichtig, daß du dein Bemühen darauf ausrichtest, alle Formen des Konkurrenzkampfes und des Machtkampfes hinter dir zu lassen und Unterstützung und Zusammenarbeit an die Stelle zu setzen, damit dein Partner immer erfolgreich ist. Entweder wirkt sich jeder Erfolg deines Partners auch zu deinem Vorteil aus, oder du wirst schließlich die Zeche zu zahlen haben.

Unterstütze deinen Partner heute besonders bereitwillig. Ganz gleich, ob dir nun danach ist oder nicht, gib ein wenig mehr, um dafür zu sorgen, daß dein Partner erfolgreich ist. Sein Erfolg ist dein Erfolg.

242. Liebe hält die Zeit an und läßt die Ewigkeit beginnen

Die Liebe hält die Zeit an und läßt die Ewigkeit, den Zustand der Zeitlosigkeit, beginnen. In diesem Zustand gibt es reine, unverfälschte Kreativität. Freude ist im Überfluß vorhanden und läßt sich durch nichts eindämmen. Das Ausmaß, in dem unser Leben von Liebe erfüllt ist, legt auch fest, inwieweit es uns erspart wird, andere Orte auf der Suche nach Liebe anzusteuern. Wir brauchen uns nicht abzumühen, einen anderen Ort zu erreichen, denn die Liebe ist da, hier und jetzt. Die Liebe sagt, daß ein Mittel zum Zweck nicht gebraucht wird, denn das Mittel ist immer der Zweck. Liebe ist immer das Mittel, und Liebe ist immer der Zweck. Du mußt nicht irgendwo sonst suchen. Die Liebe beginnt in diesem Augenblick. Wenn deine Liebe stark genug sein könnte, könntest du die Zeit anhalten. Du könntest mit Hilfe eines anderen, wahrhaften Zeitgefühls erfahren, was Liebe ist und wie du selbst Heilung erreichen kannst. Der Ort, an dem die Zeit stillsteht, ist ein Ort, an dem du selbst Jahre gewinnen und dir Jahre harter Arbeit und Jahre der Schmerzen ersparen könntest.

Wehre dich nicht, laß diese heilende Kraft jetzt in dein Leben kommen. Wem könntest du mehr Liebe geben? Wer steht unmittelbar vor dir? Dein Partner, dem du so viel Liebe schenken könntest, daß die Zeit stillzustehen scheint und die Ewigkeit beginnt.

243. Ein Werturteil richtet sich immer gegen das Äußere eines Menschen, seine Persönlichkeit oder seine Fehler

Zu einem Urteil über einen Menschen kommt es nur dann, wenn du sein Äußeres, seine Persönlichkeit oder seine Fehler betrachtest. Wenn du aber auf all das jenseits dieser Gesichtspunkte schaust, auf sein wahres Wesen, seine Begabungen und Fähigkeiten und seine liebenswerten Seiten, wird dein Urteil sich erübrigen. Wenn du ausgehst von dem, was du an diesem Menschen schätzt, wird es gar nicht mehr zu einem Urteil kommen. Ein Urteil, das wir über andere abgeben, ist immer ein zweischneidiges Schwert, mit dem wir gleichzeitig andere und uns selbst angreifen.

Schließe deine Augen und stelle dir vor, daß du über das Äußere eines Menschen, seine Persönlichkeit und seine Fehler hinausschaust und nur das betrachtest, was du an ihm schätzt. Schau auch über das hinaus. Schau über seine besonderen Gaben hinweg und betrachte den Ort in seinem Inneren, an dem sein Licht leuchtet. Verweile eine Zeitlang vor diesem Licht. Du kannst einfach kein Urteil über ihn abgeben, wenn du in das hell leuchtende Licht seines Geistes schaust. Diesen Teil des anderen zu erkennen und dich mit diesem Teil zu vereinen, das bedeutet Befreiung für dich.

244. Wenn du dir in der Gegenwart zuviel Mühen zumutest, hast du Vergangenes noch nicht losgelassen

Übermäßig schwer zu arbeiten ist eine Kompensation für ungute Gefühle. Sehr häufig liefern wir in unserer beruflichen Tätigkeit so gute Arbeit ab, daß wir glauben, nur im Beruf unsere besten Seiten entfalten zu können. Wenn Arbeit derart zur Sucht wird, steckt dahinter immer etwas aus unserer Vergangenheit Stammendes, das wir noch nicht losgelassen haben. Es bedeutet, daß dahinter so etwas wie ein Urteil, ein Konflikt, ein Schmerz oder ein anderes Gefühl steht, das uns bis in die Gegenwart verfolgt. Sobald wir das loslassen, stellen wir fest, daß sich in unserem Verhältnis zu unserer Arbeit ein harmonisches Gleichgewicht einstellt, und zwar in dem Sinne, daß wir das notwendige Maß an Arbeit leisten und auch den Mut aufbringen, uns mit allen Gefühlen auseinanderzusetzen, die aus unserem Inneren aufsteigen. Wenn du eine Möglichkeit finden möchtest, deine Arbeit zuverlässiger und erfolgreicher zu tun, so bemühe dich herauszufinden, woran du dich noch immer klammerst, und löse dich davon.

Überprüfe heute Situationen, in denen du zu hart arbeitest und in denen das Leben dir eine Bürde zu sein scheint. Erkenne, daß es sich dabei um einen Bereich handelt, auf dem du dich von irgend etwas noch nicht gelöst hast, wo du einen Groll hegst. Stelle dir die Frage, um was es sich dabei handelt, und sei bereit, dich heute davon zu lösen, weil du weißt, daß es dabei ist, dein Leben zu vergiften.

245. Wenn jemand deinetwegen in Zorn gerät, gibt es für dich dabei etwas zu lernen

Wenn jemand dich zornig angeht, höre einfach zu, denn von diesem Menschen geht etwas aus, das du lernen sollst. Du bist nicht ganz unschuldig an seinem Zorn, und deshalb kannst du nicht einfach sagen: „Ach, das ist allein sein Problem!" Laß dich auch nicht von seinem Zorn anstecken, laß es nicht dazu kommen, daß noch mehr Porzellan zerschlagen wird. Entscheidend ist allein, daß es für dich eine Lektion zu lernen gibt. Sei hellwach, dann kannst du jede Gelegenheit, und sei sie noch so negativ, zu deiner eigenen Entwicklung nutzen. Laß zu, daß der Zorn des anderen dir die Augen öffnet für etwas, daß du bisher nicht gesehen hast und das dir helfen könnte, deine Entwicklung voranzutreiben.

Sei bereit, jede Energie, die auf dich zukommt, zu deiner eigenen Entwicklung zu nutzen. Kämpfe nicht gegen den Zorn eines anderen an, ergreife vor ihm nicht die Flucht, sondern höre zu, um herauszufiltern, was für dich bedeutsam ist. Der Zorn mag völlig unberechtigt sein, und dennoch kann er dazu dienen, dich auf etwas hinzuweisen, das überaus wichtig für dich ist. Nutze jeden Zornesausbruch als eine willkommene Gelegenheit zur Selbstprüfung.

246. Partnerschaft ist gleichbedeutend mit einem gemeinsamen Ziel

In unserem Leben sind wir schon die Partner vieler verschiedener Menschen gewesen. Wir waren Partner jedes Mitglieds der Familie, der wir entstammen. Wir waren Partner im Geschäftsleben, und auch die zwischenmenschliche Beziehung, die wir unterhalten, ist eine Partnerschaft. Für alle diese Partnerschaften gilt, daß wir nur in dem Maß erfolgreich sind, in dem es uns gelingt, uns an einem gemeinsamen Ziel zu orientieren. Hand in Hand ein gemeinsames Ziel anzustreben läßt uns die Gnade spüren, die darin liegt, auch Schwieriges mit Leichtigkeit und Ausgeglichenheit bewältigen zu können. Chancen und Erfolge stellen sich in einer echten Partnerschaft ganz natürlich ein. Der Erfolg der Partnerschaft hängt aber letztlich davon ab, ob ein gemeinsames Ziel gewählt wurde oder nicht.

Beginne mit der für dich wichtigsten Partnerschaft, der mit deinem Liebespartner; mache dir euer gemeinsames Ziel bewußt, und sieh vor deinem geistigen Auge, wie ihr gemeinsam auf dieses Ziel zugeht. Stelle dir dann alle anderen Partnerschaften vor, an denen du beteiligt bist: die mit deinen Kindern, mit deinen Eltern, mit deinen Geschwistern, deinem Geschäftspartner und anderen. Mache dir in jedem einzelnen Fall klar, welches das gemeinsame Ziel ist; wenn du dies klar vor dir siehst, wirst du bemerken, wie sehr es dich anspricht, wie es dich fordert und wie es dich mühelos vorangehen läßt.

247. Meisterschaft in einer Beziehung ist die Bereitschaft, denen, die du liebst, mit unschuldiger Reinheit zu begegnen

Deine Unschuld und Reinheit ist eines der größten Geschenke, das du der Welt machen kannst. Den Zustand der Unschuld zu erreichen heißt, einen Zustand der Meisterschaft, der Vollendung zu erreichen, weil du der Notwendigkeit enthoben bist, irgendwo sonst hinzugehen. Wo du bist, ist das Leben, hier und jetzt. Unschuld läßt dich sicher sein, daß du dich nicht länger bestrafen, nicht länger beweisen mußt. Dir selbst etwas beweisen zu wollen, kostet eine Menge Zeit und führt zu nichts, weil es nichts als der Versuch der Kompensation für eine negative Überzeugung ist. Sobald du aber von deiner Unschuld weißt, hast du die Möglichkeit, dich aus dem Teufelskreis von Schmerz und Kompensation zu befreien. Du machst es dir damit selbst möglich, zu empfangen und die Welt mit deinem Herzen aufzunehmen. Dank deiner Unschuld wird dein Partner zu einem Quell der Heilung, des Wunderbaren, der Freude. Unschuld gestattet dir, du selbst zu sein und anderen die schönsten Geschenke zu machen. Unschuld spendet Freude, ist ausgelassen und, vor allem, sie verkörpert dein wahres Wesen. Wenn du bereit bist, diese Wahrheit zu leben, schaffst du eine Kraft, die eine Quelle der Heilung für die Welt, besonders aber für deinen Partner darstellen wird.

Schließe deine Augen und stelle dir vor, vor Gott zu stehen. Gott weiß, daß du wahrhaft unschuldig bist, denn das Unschuldige kennt nur die Unschuld, und die Liebe kennt nur die Liebe. Es ist allein deine Anmaßung, die zu einem anderen Urteil kommt. Trenne dich heute von allem, das sich deiner Unschuld in den Weg stellt, denn je mehr Unschuld du in dir hast, um so mehr kannst du geben, um so mehr kannst du von all der Liebe, die dich umgibt, empfangen und um so klarer wirst du erkennen, wieviel dir jetzt schon gegeben wird.

248. Alles Nicht-Loslassen-Können beruht auf Phantasievorstellungen

Wenn du dich an etwas klammerst, lebst du in der Vergangenheit. Und wenn du in der Vergangenheit lebst, lebst du in einer Phantasiewelt, die du dir selbst erschaffen hast. Wende dich von den Geistern der Vergangenheit ab, denn von ihnen ist kein Glück zu erwarten. Dich an etwas zu klammern wird dich niemals glücklich machen. Phantasievorstellungen sind Illusionen. Trenne dich von dieser Phantasiewelt, weigere dich nicht länger zu empfangen, was das Leben jetzt schon für dich bereithält; das Leben wird dich mit etwas beschenken, das besser ist als die Schatten der Vergangenheit, von denen du dich lossagst. Das Leben hält etwas bereit, das wahr ist, das dich voranbringt, etwas, das dir wahrhafte Verbindungen ermöglicht und dich zufrieden machen wird.

Überlege, woran oder an wen du dich immer noch klammerst. Wer ist es? Wenn du immer noch an einer bestimmten Eigenschaft dieses Menschen festhältst, löse dich davon. Andernfalls wird dein Geist sich mit dem schattenhaften Bild zufriedengeben und dich um die jetzt mögliche, für dein Leben wichtige Erfahrung bringen.

249. Alle Probleme lassen sich auf Gedächtnisschwund zurückführen

Glück, Heilung und Vergebung haben damit zu tun, daß wir nie aus den Augen verlieren, wer wir sind und welche Aufgabe uns auf dieser Welt zugewiesen wurde. In der wahren Verbindung mit anderen Menschen, wenn die Trennungslinien sich aufzulösen beginnen, wenn Urteile oder Angst im Verhältnis zu den anderen keine Rolle mehr spielen, werden wir frei für uns selbst und das Einssein. Mit „Gedächtnisverlust" läßt sich umschreiben, daß wir vergessen haben, Kinder Gottes zu sein; dieses Wissen allein, hätten wir es bloß, würde uns erfüllen und glücklich machen. Wir leiden alle an Gedächtnisverlust. Wir sind die geistigen Prinzen und Prinzessinnen eines Königreichs, das wir vor langer Zeit verließen. Wir haben alle vergessen, daß wir einen reichen Vater haben.

Sobald dir wieder bewußt wird, wer du bist und weshalb du auf dieser Welt bist, wirst du den Frieden finden, in dem eine Fülle von Möglichkeiten liegt, den Frieden, der Heilung bringt. Du wirst wissen, daß alles auf dich zukommt, daß alles einer Verbesserung und Veredelung zustrebt, daß Gott immer über dich wacht, dich liebt und sich um alles kümmert.

Schließe deine Augen, und dringe bis in die tiefsten Schichten deines Wesens vor. Erinnere dich daran, wer du bist und welche Aufgabe dir zugedacht ist. Erinnere dich an das Königreich, das du vor so langer Zeit verlassen hast, das aber immer noch für dich offensteht. Erinnere dich, daß du das Licht bist. Das Licht ist dein Verbündeter. Du stehst in Diensten der Wahrheit, und deine Aufgabe ist es, die Welt anzurühren und zu verändern. Erinnere dich an das, was dir hinterlassen wurde, und an all die Freude, die dir gehört.

250. Wenn du etwas in deinem Leben vermißt, dann deshalb, weil deine Schuldgefühle es blockieren

Schuldgefühle verderben alles. Sie lassen uns nichts empfangen, weil wir das Gefühl haben, daß wir das Empfangen nicht verdienen. Natürlich neigen wir dazu, sobald wir etwas Bestimmtes in unserem Leben vermissen, irgend jemanden verantwortlich zu machen, vorzugsweise unseren Partner. Wir glauben nun einmal, er tue nicht, was er sehr wohl tun könnte, und er verhindere auf diese Weise, daß alles besser wird. Bei sorgfältigerer Betrachtung würdest du aber sehen, daß es deine eigenen Schuldgefühle sind, die das Empfangen verhindern. Wenn wir uns schuldig fühlen, fühlen wir uns auch unwürdig und gehen davon aus, daß uns all das Gute, das das Leben bereithält, nicht zusteht. Aber Schuldgefühle basiern auf einem Mißverständnis.

Stelle dir beispielsweise vor, du hättest ein Kind, das einen dummen, unbedeutenden Fehler gemacht hat, und dieses Kind würde sich für den Rest seines Lebens gegen deine Liebe und alle die Gaben sperren, die du oder andere Menschen ihm geben möchten. Was würdest du angesichts dieser Schuldgefühle empfinden? Würdest du nicht das Bedürfnis spüren, einzuschreiten und deinem Kind zu helfen, den Stand der Unschuld wieder zu erreichen? Die meisten unserer Schuldgefühle entstehen aus ähnlichen Umständen. Die meisten lassen sich zurückführen auf Verhaltensmuster, die sich auf Grund von Fehlern ausprägten, die wir in unserer Kindheit machten. Wenn du weißt, daß du selbst unschuldig bist, kannst du denen, die du liebst, helfen, ihre Unschuld zu finden.

Sprich heute mit dem Kind in dir. Sprich zu diesem Kind von seiner Unschuld und hilf ihm einzusehen, daß es sich angesichts des Wissens, das es damals hatte, wirklich nicht besser verhalten konnte. Vergib heute dem Kind in dir; dieses Kind in dir wird dann dich, den Erwachsenen, befreien und es möglich machen, daß du die Liebe und alle anderen Gaben empfangen kannst, die du in reichem Maße verdienst.

251. Bitte berühren!

Berührung bestätigt, stärkt und heilt. Wenn du dich mitten in einer heftigen Auseinandersetzung befindest und deinen Partner berührst, beteuerst du damit aufs neue, daß es Wichtigeres als den Grund für die Auseinandersetzung gibt. Je häufiger du deinen Partner berühren kannst, um so mehr Verbundenheit schaffst du. Deine Berührung hat eine derart heilende und bestärkende Wirkung, daß allein durch sie die innige Verbundenheit geschaffen wird, die zur Überwindung des Problems unerläßlich ist. Deine Berührung gibt Hoffnung.

Sei heute bereit, deinen Partner, deine Kinder, deine Eltern, deine Freunde zu berühren. Schüttle ihre Hand, umarme sie oder lege einfach deine Hand auf die Schulter eines anderen Menschen. Vermittle heute das Gefühl der Bestätigung, das in einer Berührung liegt. Liebkose deinen Partner. Gib ihm die Berührung, die ja zum Leben sagt und deutlich zum Ausdruck bringt: „Das hast du gut gemacht. Dem Himmel sei dank, daß du mein Partner bist!“

252. Schuldvorwürfe anderer treffen dich nur dann, wenn du dich bereits schuldig fühlst

Man kann dich aller möglichen Dinge bezichtigen, zum Beispiel, daß du ein Bankräuber, sexuell abartig, selbstsüchtig oder ein schlechter Vater oder eine schlechte Mutter seist. Die einzigen Anschuldigungen aber, die dir wirklich zu schaffen machen, sind die, die auf schon vorhandene Schuldgefühle treffen. Niemand kann dich dazu bringen, Schuld zu empfinden, wenn sie nicht schon irgendwo in deinem Inneren vorhanden ist.

Wenn heute jemand Schuldgefühle in dir auslöst, nimm die folgende Möglichkeit zur Heilung wahr. Mache dir bewußt, daß es sich um einen Ort handelt, an dem du Schuld empfandest und deine eigene Entwicklung anhieltest. Mache dir weiterhin bewußt, daß du die Möglichkeit hast, deine Schuld völlig zu verwandeln. Niemand hat Macht über dich, wenn du sie ihm nicht gibst. Niemand kann dich dazu bewegen, dich als schlecht zu empfinden, außer in den Bereichen, auf denen du selbst von deiner Schlechtigkeit überzeugt bist. Sage zu dir selbst: „Da ich nun dieses Gefühl wirklich kenne und einschätzen kann, weiß ich auch, was ich tun kann, um es zu verändern. Ich weiß, diese Schuld ist eine Täuschung, die auf einen früheren Fehler zurückgeht. Ich werde die Lektion jetzt lernen und weiter voranschreiten. Ich werde diesem Gefühl standhalten, bis es verschwindet. Ich entscheide mich heute bewußt dafür zu empfangen."

253. Du wirst zu dem, was du bekämpfst

Je stärker wir gegen etwas ankämpfen, um so stärker nehmen wir die Eigenschaften dessen an, wogegen wir uns wenden. In jedem Rebellen verbirgt sich, mal stärker, mal schwächer ausgeprägt, ein Tyrann. Wenn also der Rebell in uns den Tyrannen tötet, der uns die ganze Zeit angetrieben hat, dann wird der Rebell zum Anführer. Unglücklicherweise aber wird der Rebell, wenn man ihm nur genügend Zeit dazu läßt, Eigenschaften ausprägen, die denen des Tyrannen gleichen. Was du bekämpfst, hat Bestand, denn wogegen du auch immer in deinem Leben ankämpfst, du verleihst ihm damit zusätzliche Kraft und Macht.

Mache dir klar, wogegen du heute ankämpfst; verschaffe dir vor allem Klarheit über die Eigenschaft in deinem Inneren, mit der du im Krieg liegst. Schließe deine Augen und laß dich zu dem Ort deines Lebens zurücktreiben, an dem du genau diese Eigenschaft zu haben glaubtest, bevor du sie den Blicken entzogst. Dadurch, daß du etwas derartiges von dir glaubtest und es dann verstecktest, erschaffst du einen Menschen, der diese Eigenschaft besitzt und in seinem Verhalten zeigt. Je stärker du dagegen ankämpfst, um so stärker wird diese Eigenschaft in deinem Leben in den Vordergrund treten. Kehre also heute zu dem Teil deiner selbst zurück, den du verstecktest. Nimm diesen Teil in deine Arme, gib ihm das Gefühl der Sicherheit und nimm ihn an, denn er gehört zu dir. Mache dir selbst begreiflich, in welch schwieriger Situation du damals warst. Wenn du diesen Teil deiner selbst förderst, wird er sich zu entwikkeln beginnen, bis er deiner augenblicklichen Entwicklungsstufe entspricht. Er wird sich leicht und selbstverständlich ganz mit dir vereinen, und du wirst feststellen, daß sich der Widerstand und die Kampfbereitschaft, die außerhalb von dir lagen, einfach auflösen werden.

254. Deine Gefühle wirklich zu fühlen ist eine grundlegende Form der Heilung, des Loslassens, des Vorangehens

Deine Gefühle wirklich zu fühlen ist eine ganz elementare Form der Heilung. Wenn du deine Gefühle wirklich fühlst, bis sie sich verwandeln, dann wird Negatives positiv, und das Positive wird noch positiver. Dies ist eine der einfachsten Heilmethoden, die es gibt. Du weißt, daß der Schmerz, den du spürst, eine Illusion ist, ein Fehler, daß du aber bereit bist, ihn zu spüren, weil es nun einmal deiner Erfahrung entspricht. Wenn die negative Empfindung verschwunden ist, erreichst du eine vollständig neue Ebene. Jedesmal wenn du deine Gefühle wirklich fühlst, überwindest du deine von Verweigerung bestimmte Haltung, läßt Vergangenes hinter dir und machst Vorangehen möglich. Deine Gefühle wirklich zu fühlen macht die Trennung zwischen dir und deinen Gefühlen rückgängig. Bis wir den Zustand der Unabhängigkeit erreichen, haben wir uns von Tausenden und Abertausenden von Gefühlen abgetrennt. Abspaltung ist das Gegenstück zu Hysterie. Obgleich Hysterie von einer Unmenge an Gefühlen bestimmt zu sein scheint, läßt sie doch das wahre Gefühl nicht zu, das uns voranbringen würde. Unsere Bereitschaft, bewußt mit unseren Gefühlen umzugehen und sie wirklich zu erfahren, führt uns aus der Erstarrung heraus und in die Partnerschaft hinein. Durch unsere Bereitschaft, unsere wahren Gefühle zu fühlen, können wir auch Freude empfinden und empfangen.

Erinnere dich heute daran, daß das Fühlen deiner Gefühle der Schlüssel ist, der dich das Leben genießen läßt. Laß es zu, mehr zu fühlen. Es mag sein, daß nach deiner Entscheidung, dich mit dieser Übung zu beschäftigen, eine gewisse Zeit verstreicht, bis du deine wahren Gefühle erkennen kannst. Dies zeigt lediglich, zu welchem Grad du von ihnen abgespalten bist. Manche Menschen brauchen eine ganze Woche, um dem auf die Spur zu kommen, was sie fühlen. Aber wie lange das auch immer dauern mag, wichtig ist, daß du bereit bist, damit zu beginnen, mit deinen Gefühlen bewußt umzugehen. Das Ausmaß, zu dem du eine neue Verbindung zwischen dir und deinen Gefühlen herstellst, wird Erfolg und die Fähigkeit, diesen Erfolg zu genießen, in dein Leben bringen. Und es wird dir ermöglichen, dich selbst zu erkennen und das Leben in seiner ganzen Fülle anzunehmen.

255. Erstarrung in einer Beziehung kann geheilt werden, indem du um die Hilfe des Himmels bittest und auf deinen Partner zugehst

Wenn uns unsere Beziehung gleichgültig geworden ist, wenn es nicht vorangeht, sie uns so anödet und so kalt läßt, daß unsere Abneigung unüberwindlich zu sein scheint, können wir um die Hilfe des Himmels bitten. Um die Hilfe des Himmels zu bitten heißt, darum zu bitten, daß ein Teil deines Geistes, nämlich dein Höheres Selbst, dir zumindest soviel Energie gibt, daß du den nächsten Schritt tun kannst. Manchmal hast du mit einem Zustand chronischer Erschöpfung zu kämpfen, der es nötig macht, bei jedem einzelnen Schritt um Hilfe zu bitten. Entscheidend ist in jedem Fall, daß du auf deinen Partner zugehst, denn erst wenn du deinen Partner erreicht hast, wird dir sowohl Ruhe als auch Energie zuteil werden. Immer wenn du in diesen Zustand völliger Erschöpfung gerätst und fühlst, daß du nichts mehr zu geben hast, bitte um die Hilfe des Himmels, gehe auf deinen Partner zu, bis du eins mit ihm wirst, und du wirst das Gefühl der Erleichterung verspüren.

Beschäftige dich mit einer Situation, in der es nicht vorangeht und die dir so zuwider ist, daß du dich überhaupt nicht mehr bemühst. Bitte um die Hilfe des Himmels, damit du dich mit deinem Partner vereinen und vorangehen kannst.

256. Schuld kann dich nur dann belasten, wenn du in der Vergangenheit lebst

Alle Versuche, in der Vergangenheit zu leben, müssen scheitern, einfach weil sie nicht mehr existiert. Wenn du von Schuldgefühlen geplagt wirst, lebst du in der Vergangenheit, verbringst eine Menge Zeit in deinem Geist, anstatt wahrhafte Verbindungen mit den Menschen in deiner Nähe aufzubauen.

Laß heute das Vergangene los, trenne dich von Schuldgefühlen, erlaube der Sitution, die du zu lernen hast, sich zu zeigen, so daß du wieder voranschreitest. Ohne Schuldgefühle wirst du ganz von selbst anziehender, und das Leben behandelt dich besser.

257. Jedes „Sollen“ ist Ausdruck eines Konflikts

Alle deine „Ich sollte eigentlich!“ oder „Du solltest eigentlich!“ führen zu keinem Erfolg, weil sie Ausdruck eines Konflikts sind. Ein Teil deiner selbst will das tun, was du, nach deiner Überzeugung, nun einmal tun solltest, aber ein anderer Teil widersetzt sich. Je stärker du dich dem näherst, was du glaubst tun zu sollen, um so stärker macht sich der Widerstand bemerkbar.

Versprich dir keine Belohnung von den Dingen, die du glaubst tun zu sollen; du spürst doch, daß du dich nicht aus freien Stücken dafür entschieden hast, sondern daß es etwas ist, dem du dich nicht entziehen kannst, das von dir erwartet wird, das du tun mußt. Sage dich heute los von allem „Sollen“ und erlaube dir bewußte und freie Entscheidung. Deine freie Entscheidung und das Formulieren eines Ziels läßt alles in Fluß geraten, während die Orientierung am „Sollen“ Widerstände auslöst, hinter denen sich Forderungen und unerfüllte Bedürfnisse verbergen.

258. Zu lieben heißt, alles zu geben und sich an nichts zu klammern

Liebe ist Geben, und nichts als das! Liebe möchte ALLES geben, was sie hat. Und wenn es wirklich und wahrhaftig Liebe ist, klammert sie sich an nichts. Sie kennt keine Erwartungen und keine Bedingungen. Sie ist nicht darauf aus, einen Vertrag zu schließen: „Ich werde dir dies geben, wenn du mir dafür das gibst!" Wenn du alles gibst und dich an nichts festklammerst, wird ein Gefühl der Stärke, der Liebe und der Kreativität sich in dir entwickeln. Dein Herz wird sich öffnen. Die Grenzen der Zeit werden überschritten. Eine höhere Ebene des Bewußtseins scheint greifbar nahe, wo alles Graue, Öde, Farbe bekommt und voller Leben ist.

Präge dir heute ein, daß Lieben heißt, alles zu geben und sich an nichts festzuklammern. Alles, woran du dich klammerst, jede Handlungsweise oder Verbindung, die Abhängigkeit begründet, blockiert deine Fähigkeit, Freude zu empfinden, wie auch deine Fähigkeit zu empfangen. Dich an etwas zu klammern, das ist lediglich Ausdruck deines Sicherheitsbedürfnisses. Der Liebe geht es aber nicht um Sicherheit, ihr geht es darum, dich wahr und aufrichtig zu machen, dir wirkliches Leben zu schenken, dich in die Nähe Gottes zu führen, dir vor Augen zu führen, wie sehr Liebe all dem entspricht, was du immer wolltest.

259. Mit uns selbst ehrlich umzugehen heißt, auch mit anderen kein falsches Spiel treiben zu können

Wenn wir uns selbst treu sind und in unserer inneren Mitte stehen, hat unser Leben eine klare Richtung und einen erkennbaren Sinn. Manchmal verunsichert es andere Menschen, wenn wir unsere innere Mitte gefunden haben, denn die Tatsache, daß wir leben, was wir als wahr erkannt haben, öffnet ihnen die Augen. Unser Verhalten fordert sie auf, sich nicht in scheinbar angenehme Bereiche zurückzuziehen, in denen sie doch nur Rollen und Pflichten verhaftet sind. Aber obwohl wir dazu beitragen, daß sie sich unbehaglich fühlen, können wir sie nicht betrügen. Wenn du dich hingebungsvoll bemühst, ehrlich mit dir selbst zu sein, ist es dir nicht möglich, einen anderen zu hintergehen. Da Wahrheit und Wahrhaftigkeit dich bestimmen, kannst du sie auch an andere weitergeben.

Beschäftige dich mit all den Bereichen, in denen du ehrlicher mit dir selbst umgehen könntest. Die Bereiche, in denen du dir selbst treu bist, sind die, in denen du weder überlastet noch zu ständigen Opfern gezwungen bist. In diesen Bereichen findest du Anerkennung und Belohnung, und du kannst vieles mit einer selbstverständlichen Leichtigkeit erledigen. Wo dir die Dinge schwerfallen, da bist du dir nicht treu. Es mag gut sein, daß du etwas tust, weil es dir Anerkennung bringt und, zumindest für kurze Zeit, von Vorteil für dich ist; auf lange Sicht aber wird diese Haltung zum Versagen führen. Jetzt ist die Zeit gekommen, ehrlich mit dir selbst umzugehen; da Wahrheit dein Leben erfüllt, wirst du auch allen anderen Menschen gegenüber wahr und ehrlich sein.

260. Wenn du etwas Bestimmtes in deinem Leben vermißt, dann deshalb, weil du dich in einem Machtkampf befindest

Wenn es etwas gibt, von dem du glaubst, es haben zu müssen, das sich aber nicht einstellt, so frage dich selbst: „Mit wem trage ich einen Machtkampf aus? Wen bekämpfe ich?“ (Die Antwort „Mit mir selbst!“ oder „Mit jedem!“ muß im Rahmen dieser Übung als eine ausweichende Antwort gelten.)

Schreibe alles, was du in deinem Leben haben oder erreichen möchtest, untereinander; laß dir anschließend bewußt werden, gegen wen du ankämpfst. Schreibe diese(n) Namen in eine zweite Spalte neben die erste. Dort könnten deine Eltern auftauchen oder auch der Name eines Toten. Auch dein Partner könnte in dieser Spalte auftauchen. Oder Gott. Was du in deinem Leben zum gegenwärtigen Zeitpunkt vermißt, hat mit einem Machtkampf zu tun. Also! Was liegt dir mehr am Herzen: Der Machtkampf oder all die Dinge, die du wirklich haben möchtest? Gib den Machtkampf auf, der ohnehin nicht wahr ist, sondern lediglich dazu dient, dich zurückzuhalten, weil du Angst davor hast, du könntest das wirklich erreichen, was du haben möchtest. Lege nun eine dritte Spalte an, in die du hineinschreibst, welche Angstvorstellung es ist, die dich vor dem zurückschrecken läßt, was du möchtest. Ein Machtkampf ist nichts als der Versuch, einen anderen Menschen vorzuschieben, um dem wirklichen Problem, nämlich der verborgenen Furcht, aus dem Wege zu gehen. Du hast es in der Hand, eine neue Entscheidung zu treffen.

261. Sexuelle Erstarrung kann durch den nächsten Schritt geheilt werden

Wenn Sexualität dir in deiner Beziehung überhaupt nichts mehr bedeutet, beschäftige dich mit Bereichen, in denen du auf der Stelle trittst. In der einen oder anderen Hinsicht hast du Angst davor voranzugehen. Deine Bereitschaft voranzugehen wird dich aber vom Gefühl des Überdrusses befreien und du wirst, zumindest für kurze Zeit, wieder vorangehen. Mit dem einen Schritt voran darfst du nicht die für dein weiteres Lebens gültige Antwort erwarten, aber dieser eine Schritt bedeutet eine Antwort für heute Nacht, und das ist gut genug für jetzt.

Schließe die Augen und male dir aus, du seist mitten in der Erstarrung, an der deine Beziehung leidet. Nun stelle dir vor, daß du zu sinken beginnst, in den Boden einsinkst, immer tiefer, vorbei auch an dem Ort, an dem es keine Bewegung, keine Entwicklung für dich gibt. Du wirst feststellen, daß du durch alle Schichten sinkst, bis du an einen Ort gelangst, der wirklich offen ist, wirklich frei, ein Ort, an dem du wirklich atmen kannst. Ganz gleich, wie lange du schon auf der Stelle trittst, diese Übung kann dich, deine Bereitschaft vorausgesetzt, vorantragen. Wenn du das wirklich willst, so kannst du auch einfach die Entscheidung treffen voranzugehen.

262. *Eifersucht kann neues Leben hervorbringen*

Eifersucht gehört zu den schlimmsten Gefühlen, die wir kennen. Wenn wir Eifersucht empfinden, besonders wenn es sich um stark ausgeprägte Eifersucht handelt, durchzucken Theta-Gehirnwellen unseren Geist. Dies sind die Gehirnwellen, die bei Wutanfällen auftreten – aber sie stellen sich auch in außergewöhnlich kreativen Phasen ein. Daraus folgt, daß wir diese Spielart des Wutanfalls in einen Ort der Geburt, des Neubeginns, verwandeln können. Befreie dich von dem bohrenden, bleiernen Schmerz der Eifersucht und ermögliche eine geburtsähnliche Situation, indem du aus vollstem Herzen gibst. Da du trotz deiner Eifersucht zu geben bereit bist, wird aus dem Ort des Stillstands das Sprungbrett, das dich in die Zukunft, auf eine höhere Bewußtseinsebene und in die Liebe trägt. Sobald du die dich knebelnden Bindungen und Bedürfnisse in diesem Geburtsvorgang abgeworfen hast, wirst du das Wesen bedingungsloser Liebe in einem bisher nicht bekannten Maße verstehen. Niemand kann deine Liebe aufhalten. Wenn du diesen Ort der Geburt mit deinem Geben durchdringst, kann der durch Eifersucht ausgelöste Schmerz eine völlig neue Ebene der Liebe für dich selbst hervorbringen.

Stelle dir eine Mauer aus Eifersucht vor, die dich von deinem Partner trennt, eine Mauer aus heftigsten Gefühlen. Durchdringe heute deine Eifersucht mit deinem Geben, und laß deine Liebe und deine Bereitschaft, anderen zu dienen, durch die Mauer dringen. Der Dienst, den du anderen leistest, hilft dir, zu wachsen und über dich hinauszureichen; die Mauer stellt dabei für dich keinerlei Hindernis mehr dar. Auf diese Weise wird der Schmerz völlig verwandelt, ohne daß ein Leiden damit verbunden wäre, und eine neue Geburt wird ganz leicht möglich.

263. Allein die Bereitschaft, den nächsten Schritt zu tun, ermöglicht dir zu erkennen, was er bedeutet

Viele Menschen fragen sich, welchen Schritt sie als nächsten tun sollen. Sie möchten am liebsten genau wissen, was auf sie zukommt, bevor sie bereit sind, diesen einen Schritt zu tun. Dabei ist die Wahrscheinlichkeit groß, daß dieses Wissen um den nächsten Schritt dich sehr wahrscheinlich davon abhalten würde, ihn zu tun, selbst wenn dir bewußt wäre, daß du nichts Besseres tun könntest. Nur wenn du eine uneingeschränkte Bereitschaft hast, den nächsten Schritt zu tun, wird er dir gezeigt werden. Schon im Vorwärtsgehen wird dir klar werden, daß du einen Ort erreichen wirst, der viel besser ist als der, an dem du dich zur Zeit befindest.

Mache dich ohne jede Einschränkung bereit, den nächsten Schritt auf dich zukommen zu lassen. Er wird sich einstellen, allein auf Grund deiner Entscheidung und deiner Bereitschaft. Laß dich von nichts ablenken, von nichts in Versuchung führen noch von irgendwelchen Problemen von deinem Weg abbringen. Bejahe das Leben.

264. Ob es dir gelingt, deine Bestimmung zu leben, hängt entscheidend davon ab, in welchem Maß du deinen Eltern vergibst und sie annimmst

Deine Bestimmung zu leben, hat nicht unbedingt etwas mit deinem Tun und Handeln, sondern eher mit deinem Sein zu tun. In dem Maß, in dem du deinen Eltern verzeihst und ihnen gibst, schenkst du ihnen, was dich frei macht und dir die Einsicht in dein Lebensziel ermöglicht. In genau dem Maße, in dem du bereit bist, beide Elternteile als gleichwertig anzusehen und entsprechend zu behandeln, so daß dieselbe Liebe und Harmonie dich mit beiden verbindet, wird es dir auch möglich werden, die psychologischen Pole, die beide für dich darstellen, harmonisch mit dir und deinem Leben zu vereinen.

Deinen Eltern zu vergeben und deine Liebe gleichermaßen beiden zu schenken läßt dich erkennen, daß du ein solches Gleichgewicht sowohl in deinen Beziehungen als auch im Beruf erreichen kannst. Sobald du deine Eltern wahrhaft integrierst, wirst du erkennen können, welchen Schatz jeder der beiden für dich darstellt, und du wirst zunehmend auf deine schöpferischen Kräfte zurückgreifen können. Je stärker du sie integrierst, um so stärker überschreitest du die dir bisher gezogenen Grenzen und um so stärker näherst du dich ihnen. Denke auch daran, daß das, was dir deine Eltern, sehr zu deinem Unmut, nicht gegeben haben, bezeichnenderweise genau das ist, was du aufgerufen bist, ihnen zu geben.

Spüre der Frage nach, was du von deinen Eltern erwartetest, aber nicht erhieltest. Nun stelle dir vor, wie du als Kind ihnen genau das zum Geschenk machst. Nachdem du ihnen diese Geschenke gemacht hast, stelle dir vor, wie du beide umarmst. Male dir dann aus und spüre, wie du und deine Eltern verschmelzen, wie aus euch reinste Energie wird. Aus dieser Energie ersteht dein neues Ich.

Reiße heute nacht, gemeinsam mit deinem Partner, alle Mauern ein, die euch voneinander trennen. Lade ihn in dein Herz ein. Lade ihn ein, mit dir eins zu werden. Laß dich von keiner Meinungsverschiedenheit aufhalten. Laß dich von den Verhältnissen nicht beeindrucken. Bitte ihn herein. Du bist von allen im Universum wirkenden Kräften gesandt, um ihm die Heimkehr zu ermöglichen. Das Zuhause ist in deinem Herzen. Sobald du ihn voll und ganz in deinem Inneren birgst, wird sich dir ein

Pfad zeigen, der dich den ganzen langen Weg nach Hause bringt. Hier kannst du dich selbst erkennen und begreifen, daß dein Partner der Weg zum Paradies ist. Hier kannst du sogar Gottes Angesicht sehen. Die Zeit ist gekommen, das Geschenk zu preisen, das dein Partner für dein Leben darstellt. Lade ihn heute nacht ganz zu dir ein, und es wird euch beide voranbringen.

265. Worum es sich in einem Konflikt auch immer handelt, du kämpfst im Grunde nur gegen dich selbst

Was auch immer in deiner Beziehung geschieht, es ist der Widerschein eines Teils deines Geistes. Worum auch immer der Konflikt kreist, du kämpfst letztendlich nur gegen dich selbst. Wenn du die Auseinandersetzung in deinem Inneren heilen könntest, wäre auch der Konflikt zwischen deinem Partner und dir zu heilen. Hör auf damit, gegen dich selbst, in der Verkleidung deines Partners, vorzugehen. Sei bereit, den Teil deiner selbst anzunehmen, der sich in deinem Partner zeigt. Wenn du diese Bereitschaft in den Konflikt hineinträgst, wirst du mit neuer Zuversicht belohnt, die dich vorangehen läßt. Höre also damit auf, gegen dich selbst und gegen deinen Partner zu kämpfen. Es gibt Größeres für euch beide.

Stelle dir vor, daß diejenigen, mit denen du eine Auseinandersetzung hast, eine Faschingsmaske tragen. Nimm ihnen die Maske herunter. Stelle dir vor, daß du dich selbst hinter der Maske entdeckst. Wie alt bist du? Wie alt das hinter der Maske auftauchende Ich auch immer sein mag, frage dich: „Auf welche Weise kann ich dir helfen?" Um was gebeten wird und was du diesem Teil deiner selbst gibst, entspricht genau der Gabe, die der Mensch benötigt, mit dem du dich in einem Konflikt befindest. Sobald du es dir selbst schenkst, wird dir aufgehen, daß es dem anderen ebenfalls zuteil wird und daß ihr deshalb beide voranschreitet.

266. Wenn du nicht in der Lage bist, Schönes, Wunderbares und Freudvolles zu erleben, bist du im Verurteilen gefangen

Immer, wenn wir schwere Zeiten durchmachen, sagt uns das, daß wir verurteilen. Aber auch jedesmal, wenn wir nicht genießen oder wenn wir all das Schöne in uns und um uns nicht erfahren können, sind wir ebenfalls im Verurteilen gefangen. Immer, wenn wir das Staunen verloren haben, verurteilen wir etwas oder jemanden. Wer ist es, was ist es, worauf dein Urteil gerichtet ist? Es bringt dich um eine wirklich schöne, kreative Zeit. Triff heute eine neue Entscheidung. Was ist dir lieber, Urteile abzugeben oder Freude zu empfinden?

Wehre dich nicht dagegen, daß dir bewußt wird, was oder wen du be- oder verurteilst. Es mag sein, daß du vor deinem inneren Auge eine lange Reihe von Menschen auf dich zukommen siehst. Sei an dieser Stelle bereit, ihnen ohne jede Vorbedingung zu verzeihen. Segne jeden Menschen, der dir heute begegnet, so daß du beginnen kannst, die Schönheit, das Wunderbare und die Freude, die im Leben liegt, in dich aufzunehmen.

267. Das Paradies kann man immer nur zu zweit betreten

Das Paradies ist ein Bewußtseinszustand, der bestimmt ist von Freude, Liebe und Ekstase. Nur durch Vergebungsbereitschaft, Hingabe und Einsatz aller schöpferischen Kräfte geben wir uns selbst vollständig und erreichen die Ebene der Liebe, die das Paradies öffnet. All die genannten Voraussetzungen – Vergebungsbereitschaft, Hingabe, Einsatz aller schöpferischen Kräfte – sind nicht denkbar ohne Zusammengehörigkeitsgefühl. Das Paradies kann man immer nur zu zweit betreten. Jeder Groll, jeder Mißstand hält euch beide zurück, aber deine Vergebungsbereitschaft befreit den anderen und dich selbst. Die Hölle ist ein Bewußtseinszustand, in dem man sich unsagbar einsam und gequält vorkommt, während das Paradies Gemeinsamkeit, Einheit und Einklang bedeutet.

Laß den Menschen in dir Gestalt gewinnen, der dich am ehesten ins Paradies führen kann. Es könnte sich dabei um einen Menschen handeln, dessen Verhältnis zu dir ganz und gar nicht unbelastet ist, oder aber um den Menschen, den du am meisten liebst. Fühle, wie du die Kluft zwischen diesem Menschen und dir selbst überbrückst. Fühle, wie du ihm vergibst, ihm die Hände reichst, ihn annimmst, ihn in dich hineinziehst. Fühle, wie sich das Licht in deinem Inneren vereinigt. Und während du das tust, fühle, wie die Fähigkeit in dir wächst, Freude zu empfinden.

268. *Preise, was dir gegeben wird*

Etwas zu preisen und feiern ist eine der höchsten Ausdrucksformen des Bewußtseins und ein wahrhaft gottähnlicher Zustand. Wenn du also preist, was dir gegeben wird, ganz gleich, worum es sich handelt, verwirklichst du eine der höchsten Formen des Bewußtseins und ermöglichst den Beginn des Prozesses, der Freude und Heilung bringen wird. Stelle dir vor, dir sei etwas geschenkt worden, das dunkel und bedrohlich wirkt. Dieses mit preisender Haltung zu empfangen, mag zunächst seltsam wirken, mag zumindest als einigermaßen kühn verstanden werden. Andererseits fördert die Haltung, die es möglich macht, preisende Worte in die Dunkelheit zu tragen, die Ausbildung all der Eigenschaften, die zu den besten eines menschlichen Wesens gehören.

Auch wenn deine Situation einen Tiefstand erreicht hat, kann diese Haltung als Sprungbrett zu den höchsten Höhen der Liebe und Freude dienen. Wenn du preist, was dunkel zu sein scheint, schaffst du die Voraussetzungen dafür, daß in dieser Situation ein Lichtstreifen sichtbar wird und sich die Lösung abzuzeichnen beginnt. Preisen macht es möglich, daß alle Beteiligten der Liebe teilhaftig werden können; es ist nun einmal die Liebe, die es den Menschen gestattet, sich trotz aller Schwierigkeiten zu behaupten, die sie zu ertragen haben. Es ist die Liebe, die ihnen gestattet, jede Belastungsprobe, der sie ausgesetzt sind, zu transzendieren, sei es im Bereich des Körperlichen, Gefühlsmäßigen oder Geistigen. Laß dich nicht von Illusionen einlullen. Preisen heißt, alles, was dir gegeben wird, in ein Geschenk zu verwandeln. Und wenn du ein wahres Geschenk empfängst, wirst du es erst mit preisenden Worten voll und ganz erfahren können.

Heute ist ein Tag, den großen Tanz des Lebens zu tanzen. Was auch immer dir gegeben wird, mache das Beste daraus. Was auch immer dir gegeben wird, tanze und feiere, erkenne die darin liegende Freude. Laß dich nicht von den Verstellungskünsten und Täuschungsmanövern der Welt in die Falle locken. Erkenne, daß es nichts gibt, dessen Kern nicht mit Freude, Liebe und Lobpreisen zu tun hat.

269. Wenn wir von unseren Gefühlen abgeschnitten sind, schaffen wir dramatische Situationen und Schmerz, um uns lebendig zu fühlen

Wenn wir von unseren Gefühlen abgeschnitten sind, können wir weder die in uns vorhandene Energie noch die ganz natürliche Erregung spüren, die sich einstellt, sobald wir von Emotionen gepackt werden. Und so führen wir dramatische oder auch schmerzliche Situationen herbei, um überhaupt noch etwas zu fühlen. Wenn wir nicht in der Lage sind, unsere Gefühle zu fühlen, lassen wir uns zu immer unglaublicheren Dingen hinreißen, nur um etwas zu fühlen – manchmal sogar bis zur Anwendung von Gewalt. Allein die Bereitschaft, unsere Gefühle zu aktivieren, uns wirklich zu öffnen, würde uns wieder gestatten, am Leben teilzuhaben, und würde uns der Notwendigkeit entheben, auf dramatisch Aufgebauschtes, auf Negativität oder auch auf Schmerz zurückzugreifen.

Wehre dich nicht dagegen, dich auf Gefühle einzulassen; nimm dir Zeit dafür. Wenn du so bewußt mit deinen Gefühlen umgehen könntest, dann würdest du sogar bei negativen Gefühlen eine eher angenehme Erregung verspüren, weil dir bewußt wäre, daß das zu deiner Heilung gehört. Du würdest dir, während du deine Empfindungen spürst, auch all der Schattierungen dieser Gefühle bewußt sein. Jede Empfindung, jedes Gefühl zu erfahren und bereitwillig aufzunehmen setzt sowohl körperlichen als auch seelischen Schmerz frei und entfaltet ihn. Achte ganz genau darauf, in welcher Form sich die Energie offenbart. Was wir gemeinhin Emotion und Schmerz nennen, ist in Wirklichkeit nichts als eine Ausdrucksform, die die Energie in bestimmten Situationen wählt. Heil zu werden durch die Erfahrung des wahren Selbst ist wunderbar. Es ist ein herrliches Gefühl voranzuschreiten. Wähle eine Situation, die dramatisch, schmerzlich oder unangenehm ist, und nimm dir vor, dich auf das stärkste auftretende Gefühl zu konzentrieren und es anzunehmen. Sperre dich nicht dagegen, es so lange zu spüren, bis es sich völlig verwandelt hat und die zweitheftigste Empfindung aufsteigt. Wenn du dich in dieser Weise dir widmest, wirst du eine Methode der Selbstheilung entdecken, auf die du auch in jeder anderen Situation zurückgreifen kannst.

270. Jeder unbefriedigende Bereich in deiner jetzigen Beziehung geht auf Konkurrenzdenken zurück

Auf eine kaum merkliche oder auch deutlich feststellbare Weise bringt Konkurrenzdenken eine Partnerschaft zum Stillstand, blockiert die Zusammenarbeit und unterbricht den Erfolg. Wenn ein Konkurrenzkampf ausgebrochen ist, kämpft jeder nur noch für sich selbst und denkt nicht daran, sich für den Erfolg der Partnerschaft einzusetzen. Konkurrenzdenken ist eine niedere Form des Bewußtseins, kann zu Machtkämpfen oder Erstarrung führen und deine Beziehung völlig zerstören. In einer von Konkurrenzdenken belasteten Beziehung ist an ein gemeinsames Ziel nicht zu denken. Du wirst lediglich versuchen, deine eigenen Bedürfnisse in den Vordergrund zu stellen, dein Partner wird nur an seine Bedürfnisse denken, und ihr werdet nicht mehr zusammenarbeiten. Du wirst dich für den Überlegenen oder den Unterlegenen halten, und von dieser Überzeugung kann keine Unterstützung für eure gemeinsame Beziehung ausgehen.

Beschäftige dich sorgfältig mit den Bereichen, die in deiner Beziehung unbefriedigend sind. In welchem Bereich trittst du als Konkurrent deines Partners auf? Wenn du einige Antworten gefunden hast, die verdeutlichen, was du alles tust, um in diesem Konkurrenzkampf zu bestehen, sprich mit deinem Partner, laß ihn an deinen Einsichten teilhaben. Entschuldige dich bei deinem Partner. Mit deiner Bereitschaft, die Dinge anzuerkennen, die du an dir selbst festgestellt hast, macht deine Beziehung einen mächtigen Sprung nach vorne. Deine Offenheit und deine Bereitschaft, all die verborgenen Gesichtspunkte in der Beziehung zu heilen, bereiten den Boden für Vertrautheit, Verbindung und Kommunikation. Das bedeutet Erfolg.

271. Das Entscheidende an einer Beziehung ist das Dehnen, nicht die Dehnungsstreifen

Wesentlich an einer Beziehung ist es zu wachsen, sich zu entwikkeln, Risiken einzugehen, die völlig neue Bereiche erschließen, über sich selbst hinauszuwachsen und dabei den Bereich, in dem man sich behaglich und bequem eingerichtet hat, weit hinter sich zu lassen. Alle deine Dehnungsstreifen sind Narben der Vergangenheit, die dunklen und freudlosen Lektionen, die immer noch nicht umgestaltet worden sind. Das Entscheidende in deiner Beziehung sind jedoch nicht die Narben, weder die alten noch die frischen, entscheidend sind die Gaben, die du in dir selbst gefunden hast als Belohnung für dein Bemühen, deine Schwächen und die auf Rollen und Pflichten zurückgehende Opferhaltung hinter dir zu lassen, um die Wahrheit zu finden.

Sobald du dich in einer Beziehung wahrhaft selbst gibst, wirst du lernen, Verbindungen herzustellen, ohne dich dabei aufzuopfern. Dehnungsstreifen dienen dazu, anderen zu zeigen, wie schwer alles gewesen ist und wie tapfer und ehrenhaft du doch bist. „Schau dir bloß diese Schwangerschaftsstreifen an. Diese Schwangerschaft war eine harte Belastung, oder? Schau, wie schwer dieser Abschnitt meines Lebens war. Mache dir klar, wieviel Kraft mich das alles gekostet hat. Bin ich nicht zäh und entschlossen? Bin ich nicht gut?“ Manchmal haben unsere Dehnungs- und Schwangerschaftsstreifen nur eine Aufgabe, nämlich die, das Bild zu bestätigen, das wir von uns selbst haben. Mit Selbstbildnissen aber wird eine Menge Zeit und Energie verschwendet, ohne daß sie jemals Erfüllung bringen. Entscheidend für eine Beziehung sind eben nicht die Dehnungsstreifen, sondern das Dehnen, das Sich-aus-Dehnen.

Beschäftige dich mit der Frage, welchen Stand du dank der von dir unterhaltenen zwischenmenschlichen Beziehungen erreicht hast. Mache dir bewußt, welche Erfahrungen und Einsichten du in jeder dieser Beziehungen gewonnen hast und wie sehr du dabei gewachsen bist. Beschäftige dich vor allem mit deiner jetzigen Beziehung. Denke zurück und stelle fest, wer du warst, bevor du diese Beziehung aufbautest. Erinnere dich daran, was deinem Leben damals fehlte. Erinnere dich, was dir als störend auffiel.

Führe dir vor Augen, welche Entwicklung du und auch dein Partner durchgemacht haben. Führe dir vor Augen, wieviel reifer, verständnisvoller und geduldiger du inzwischen bist. Mache dir bewußt, welch hohe Zahl verborgener Gefühle zutage getreten ist, um geheilt zu werden. Sieh ein, wieviel Mut aufgebracht werden mußte, um mit einigen konfliktbeladenen Bereichen in deinem Inneren umgehen zu können. Überlege, wieviel Mut aufgebracht werden mußte, um mit Empfindungen umzugehen, die du dir selbst gegenüber hattest und die du unter Rollen versteckt hieltest, unter Dingen, die zwar gut aussahen, aber schlecht rochen. Wenn du dich mit all den genannten Gesichtspunkten beschäftigst, wirst du bemerken, daß eine natürliche Dankbarkeit dich ergreift, eine Dankbarkeit gegenüber dir selbst, deinem Partner und der Beziehung.

272. Mit jedem Menschen, der dir begegnet, kannst du einen Zustand höchsten Glücks erreichen

Glaubst du, du könntest es zulassen, einen derart wundervollen Zustand mit jedem Menschen zu erreichen, der dir begegnet? Du könntest es schon! Du könntest dich sehr wohl entscheiden, ob du jemanden mit deinem Urteil konfrontierst oder ihm deine Zuneigung schenkst. Die Entscheidung, die du triffst, zeigt, was du von dir selbst hältst. Im Paradies zu sein heißt nichts anderes, als jedem, der dir begegnet, soviel wie möglich von dir selbst zu geben. Wenn du den Himmel, d. h. all das in dir liegende Gute, weitergibst, so schlägst du die in dem anderen Menschen liegende Hölle aus dem Feld und eröffnest ihm die Möglichkeit, mit dir einen paradiesähnlichen Zustand zu erleben.

Sei mit jedem, der dir begegnet, im Paradies. Gib ihm so viel, daß dieser Wunsch sich erfüllen wird. Laß es dir gut gehen. Tanze! Dein Höherer Geist tanzt; nimm deshalb freudig die Gelegenheit wahr, mit jedem Menschen zu tanzen, der dir von nun an begegnet, heute, morgen, übermorgen. Wenn du erwachst, beginne zu tanzen.

273. Die größte Kunst liegt darin, du selbst zu sein

Du kannst auf ganz natürliche Weise erreichen, daß du wirklich du selbst bist, indem du deiner Bestimmung entsprechend lebst und nicht nach der Anerkennung durch die anderen schielst. Dein Lebenszweck ergibt sich aus dem, was du besser als alle anderen auf dieser Erde lebenden Menschen tun kannst. Wenn du es nicht tust, wenn du dir nicht treu bist, wer sonst wird es tun können? Wenn du nicht tust, was dir für dein Leben zugedacht ist, dann kann es niemand tun. Es bleibt solange ungetan, bis du dich bereit erklärst, deiner Aufgabe gerecht zu werden, bis du bereit bist, du selbst zu sein.

Die meisten Menschen schrecken vor ihrer Bestimmung und der Größe, die diese von ihnen zu verlangen scheint, zurück. Sie übersehen dabei, daß dies Zurückschrecken vor der Lebensaufgabe zugleich ein Zurückschrecken vor der eigenen Liebe, der eigenen Leidenschaftlichkeit und dem eigenen Glück ist. Deine Lebensaufgabe führt zur Erfüllung. Viele von uns fühlen sich unwürdig, oder aber wir bemühen uns, die wohltuenden Gefühle unter Kontrolle zu halten, aus Angst, sie könnten uns überwältigen. Das sind lediglich Symptome, Anzeichen der Furcht, und sie führen dich weg von deiner Wahrheit, deiner visionären Kraft und deiner Größe. Die größte Kunst, das größte Geschenk ist es, du selbst zu sein. Du selbst zu sein in all deiner einzigartigen Größe, das ist Ausdruck der Liebe, die du für die Welt empfindest. Laß das Besondere und Einzigartige deines Wesens sich entwickeln und sichtbar werden, und gib dich selbst als das schönste Geschenk, das du dem Leben machen kannst.

Stelle dir vor, du seist dabei, ein wundervolles Bild, ein Meisterwerk, zu malen – das Meisterwerk, das du selbst bist. Du malst das Bild deines Lebens. Du selbst zu sein heißt in diesem Zusammenhang, der Pinsel des Malers zu sein, der, von einer genialen Hand geführt, naturgetreue Farben aufträgt. Die größte Kunst liegt darin, du selbst zu sein. Gib dich heute selbst als dein Geschenk an das Leben.

274. Du kannst Bedürfnisse aus der Vergangenheit nicht in der Gegenwart erfüllen

Viele von uns wählen ganz bestimmte Partner, um auf diese Weise eine Art Entschädigung für Bedürfnisse zu finden, die in der Vergangenheit unerfüllt geblieben sind. Das ist der Grund, warum wir immer wieder Situationen herbeiführen, von denen wir uns einen Ausgleich für das versprechen, worauf wir in der Vergangenheit verzichten mußten. Das Problem ist, daß unser Partner auf diese Weise zur Geisel für das werden kann, was uns unsere Vergangenheit angetan hat. Wir bemühen uns, sie von uns abhängig zu machen, sie dazu zu bringen, uns in verschiedenster Weise zu beschenken, für uns da zu sein, die Bedürfnisse der Vergangenheit in der gegenwärtigen Situation zu erfüllen. Die Bedürfnisse der Vergangenheit können nie und nimmer in der Gegenwart erfüllt werden.

Es gibt nur einen Ausweg: Sei bereit, Vergangenes loszulassen und deinen Partner bereitwillig so zu nehmen, wie er nun einmal ist. Der Versuch, die Vergangenheit hier und heute zu leben, legt deiner Beziehung Fesseln an. Der Versuch, in der Vergangenheit zu leben, schränkt die Möglichkeiten deines Partners ein, hindert ihn, dir all das zu geben, das er dir geben möchte. Wenn du die Vergangenheit losläßt, tritt Heilung ein, und du wirst das empfangen, was du damals zu erhalten versuchtest. Das Paradox liegt darin, daß erst das Loslassen des Vergangenen die Erfüllung früherer Bedürfnisse möglich macht. Wenn du aber versuchst, Vergangenes immer wieder neu erstehen zu lassen, wirst du immer unerfüllt und unausgefüllt bleiben.

Beschäftige dich heute mit Situationen, die als unerfüllt gelten müssen. Gehe davon aus, daß es dir in diesen Situationen darum geht, alte Bedürfnisse erfüllt zu bekommen. Wer hat dir die Erfüllung dieser Bedürfnisse verweigert? Sobald Vergangenes in dir aufsteigt, mache dich bereit, es loszulassen. Sei bereit, es in Gottes Hände zu legen, so daß du vorangehen und all das genießen kannst, das darauf wartet, dir gegeben zu werden. Höre auf, über die Blume zu klagen, die gerade verwelkt ist. Du befindest dich auf einem Spaziergang im Blumengarten. Mache deine Sinne frei und nimm wahr, wieviel Schönheit und Wohlgeruch dich umgibt.

275. Schuldgefühle verstärken, was du zu vermeiden suchst

Eine einfache psychologische Tatsache ist, daß das eintritt, was du verstärkst. Schuldgefühle tragen in hohem Maße zur Verstärkung bei. Schuldgefühle verstärken genau das, was du zu vermeiden suchst, denn das, wovor du auf Grund deiner Schuldgefühle weglaufen möchtest, lastet doch immer auf dir und läßt sich nicht abschütteln. Wegen einer solchen Zwangsvorstellung kann es dazu kommen, daß du dich völlig von dir selbst und vom Leben zurückziehst, um den einmal gemachten Fehler nicht noch einmal zu machen. Manchmal auch tust du genau das, was du eigentlich um keinen Preis tun möchtest, einfach weil dich der Gedanke ständig verfolgt, weil er zur fixen Idee geworden ist. Schuldgefühle bringen dich nicht weiter. Wenn, zum Beispiel, ein Mensch einen Mord begangen hat, dann könnte ihn die Schuld, die ihn belastet, dazu bringen, sich selbst gewissermaßen innerlich zu töten, oder aber er könnte nach einiger Zeit das unstillbare Verlangen in sich spüren, erneut zu töten – alles, um sich gegen seine eigenen Schuldgefühle zu wehren. Dies begründet einen Teufelskreis.

Verzeih dir heute selbst. Lege deine Schuld in Gottes Hand. Gott weiß es besser. Gott weiß, daß es nichts gibt, das vergeben werden müßte, denn für Gott bist du ohne Tadel. Wir machen alle ständig Fehler. Aber Fehler können behoben werden, und eine Lektion kann gelernt werden. Schuldgefühle halten uns davon zurück, zu Gott zu gelangen und zu all denen, die wir lieben. Schuld ist etwas Selbstzerstörerisches, und wir setzen sie ein, um Lektionen, Geschenken und Menschen aus dem Weg zu gehen. Laß nicht zu, daß sich heute deine Schuld zwischen dich und einen Menschen stellt, den du liebst. Laß nicht zu, daß deine Schuld dich vom Leben trennt. Trenne dich heute von deiner Schuld. Sperre dich nicht gegen die zu lernende Lektion. Gehe voran. Deine Unschuld heilt die Welt.

276. Jeder Sumpf bekommt seinen Felsen

Jeder Sumpf bekommt seinen Felsen. Diese Metapher verweist auf zwei völlig verschiedene Arten von Kommunikation, wie sie in jeder zwischenmenschlichen Beziehung auftreten. Grundsätzlich läßt sich sagen, daß einer der Partner sumpf-ähnlich, der andere fels-ähnlich wird. Der Sumpf ist gefühlsbetont und hat die Neigung, Kommunikation zu personalisieren, während der Felsen dazu neigt, abstrakt vorzugehen, das Allgemeingültige in den Vordergrund zu stellen und die Dinge distanziert zu betrachten. Der Felsen hat die Neigung, sich unerschütterlich zu geben, während der Sumpf eher hysterisch reagiert. Der Felsen verleugnet sich selbst und opfert sich auf, während der Sumpf selbstsüchtig ist und dazu neigt, nachsichtig mit sich selbst umzugehen. Der Sumpf ist von Natur aus gesprächig, und der Felsen ist ein geborener Zuhörer. Felsen stellen immer wieder fest, daß sie sich in Sümpfe verlieben, weil sie die Veränderlichkeit und Ungewißheit wie auch die Freizügigkeit in sexuellen Dingen schätzen, die sie ausstrahlen. Sümpfe fühlen sich natürlich von dem Selbstvertrauen des Felsens angezogen. Sie spüren die Anziehungskraft der Führungspersönlichkeit – zumindest während der ersten Minuten. Danach setzt der Konkurrenzkampf ein. Sümpfe besitzen natürliche sexuelle Energie und Unbeständigkeit, während Felsen sich an zahlreichen Regeln ausrichten und manchmal den Teich so sehr reinigen, daß die Wasserlilien sich dort nicht länger halten können. Felsen sind Gebernaturen, und Sümpfe sind geborene Nehmer. Sümpfe können überaus empfindlich sein, während Felsen eher den Eindruck erwecken, unzugänglich zu sein.

Es ist wichtig, diese Kommunikationsarten zu durchschauen, weil sich aus ihnen Konkurrenzdenken und Machtkämpfe entwickeln, die sich sogar bis in die Todeszone fortsetzen. Sobald einem der beiden Partner bewußt wird, daß das Verhalten beider von Rollen(-Erwartungen) bestimmt ist, kann der Sumpf beginnen, fester zu werden, während es dem Felsen nun möglich wird, lockerer zu werden. Wenn Konkurrenzdenken und -kampf aufgegeben werden und der Sumpf seine Emotionen in ganz natürliche Wasserläufe hineinfließen läßt, werden Quellen aus dem Felsen herausströmen. Dies schafft fruchtbares Land, in dem Wasser fließt.

Beschäftige dich mit der Frage, wer in deiner Beziehung der Sumpf und wer der Felsen ist. Beginne damit, eine Brücke zu deinem Partner zu bauen, denn ihr werdet beide auf ganz selbstverständliche Weise zu den Siegern gehören, sobald ihr gemeinsam voranschreitet.

277. Du wirst nicht lange mit der Kommunikationsbereitschaft deines Partners rechnen können, wenn du nur über dich redest

Dieses ist eines der wichtigsten Geheimnisse: Wenn du dafür sorgst, daß jedes Gespräch vor allem um dich kreist und du nur selten euch beide oder deinen Partner zum Thema machst, kannst du zur Zerstörung der Beziehung beitragen. Die Beziehung, die du eingegangen bist, gehört nicht dir allein, sondern euch beiden. Dies ist ein Beispiel für ein Problem, das sich in einer Beziehung zwischen einem Felsen und einem Sumpf einstellt. Sümpfe sind von Natur aus mitteilsam. Üblicherweise personalisieren sie die Dinge, sie sprechen gern über sich selbst und über ihre eigenen Gefühle.

Felsen betrachten ihre eigenen Gefühle eher distanziert. Sie haben die Neigung, von sich selbst abzurücken und sich stoisch zu verhalten; sie können mit Gefühlen nicht sonderlich gut umgehen. Ein Fels wird, solange eine Beziehung besteht, seine Gefühle ungefähr dreimal zu erkennen geben und insgesamt siebenmal, bevor er dies als nutzlos ansieht und aufgibt. Bei diesen seltenen Gelegenheiten kann es dazu kommen, daß ein Fels sein Herz öffnet und offen ausspricht, was in ihm vor sich geht und welches seine intimsten Gefühle sind. Dabei kann es geschehen, daß sich ein Sumpf so weit in die Situation hineinsteigert, daß er die persönlichen Bekenntnisse des anderen in einen Angriff auf sich selbst ummünzt – auch eine Methode, sich auf Kosten des anderen wieder in den Mittelpunkt zu stellen.

Wenn der Sumpf diese Kommunikationssituation ausnutzt, um alles Gesagte auf sich selbst zu beziehen, so geht eine wundervolle Chance verloren. Es ist ganz wichtig, daß Sümpfe diese seltenen Gelegenheiten erkennen, bei denen ein Felsen ein solches Risiko eingeht, die Zugbrücke herunterläßt und seine tiefsten, seine innersten Gefühle offenlegt. Wenn es dem Sumpf gelingt, zuzuhören und die Gesprächsbereitschaft des Felsens behutsam zu stärken, wird der Felsen auch weitere Risiken der beschriebenen Art eingehen.

Wenn du ein Fels bist, gehe das Risiko ein, offen und ehrlich auszusprechen, was nach deiner Auffassung im Gange ist, und hilf deinem Sumpf, indem du ihm deutlich machst, daß dein Beitrag nicht darauf abzielt, ihn ins Unrecht zu setzen. Wenn du ein Sumpf bist, wende dich deinem Felsen voller Hilfsbereitschaft zu, so daß er sich sicher genug fühlt, um die Zugbrücke herunterzulassen. Manchmal unternehmen Sümpfe Anstrengungen, um ihre Felsen zu ermutigen, ihre Gefühle offenzulegen; wenn der Fels dies aber wirklich tut, läuft der Sumpf vor ihm davon. Vergewissere dich also, daß du den Felsen einerseits nicht aufforderst, dich in seine Gefühle einzuweihen, ihn andererseits aber, voller Angst vor dem, was er dir sagen könnte, von dir weist. Sümpfe, laßt es nicht geschehen, daß das, was der Fels euch im Vertrauen mitteilt, zu einem weiteren armseligen Beweis dafür wird, daß ihr nun einmal unliebenswert seid. Die Felsen sprechen lediglich aus, was sie empfinden, und das muß aus ihnen heraus, bevor sie weitergehen können. Sie brauchen nichts als ein bißchen Unterstützung und Mitgefühl. Dies ist der Moment, sich der angeborenen Neigung und Fähigkeit des Felsens zur abstrahierenden Betrachtung zu bedienen und seine Worte losgelöst von allen persönlichen Bezügen zu betrachten.

278. Sümpfe fühlen sich ungeliebt, und Felsen fühlen sich mißverstanden

Ein Sumpf hat immer das Gefühl, das ihm nicht genügend Liebe zuteil wird, unabhängig davon, wieviel er tatsächlich erhält. Ein Felsen geht davon aus, daß niemand genügend Anteil an ihm nimmt und niemand wirklich versteht, was er empfindet. Ein Felsen ist so etwas wie eine zweischalige Muschel, in der sich ein Sumpf verbirgt. Beide, sowohl der Sumpf wie auch der Felsen, haben das Gefühl, daß es an Unterstützung mangelt und an Verständnis. Der Felsen hat das Gefühl, daß ein Sumpf ihn einfach nicht unterstützen kann, während der Sumpf das Gefühl hat, daß der Felsen ihm keinerlei Beachtung schenkt. Der Sumpf spürt noch immer all die Dinge, auf die er in seiner Kindheit verzichten mußte; das ist auch der Grund, warum er sich immer wieder in den Mittelpunkt stellt. Der Felsen wird das Gefühl nicht los, daß in seiner Kindheit einfach nicht genügend Liebe für alle da war und daß er sich selbst aufgeben, aufopfern mußte. Immer wenn Mißverständnisse auftreten, möchte der Felsen der Sache auf den Grund gehen und das Problem lösen. Ein Sumpf kennt diesen Wunsch nicht. Er möchte einfach berührt werden, die körperliche Nähe des anderen spüren, geliebt, verstanden und anerkannt werden. Wenn es um das Lösen von Problemen geht, möchte der Sumpf zunächst einmal zärtlich berührt werden, und er geht davon aus, danach werde sich alles übrige finden, während es für einen Felsen ganz typisch ist, daß er keine Berührung möchte, bevor das Problem gelöst worden ist. Ein Felsen ist zunächst einmal ein visueller Typ, er nimmt die Welt in erster Linie sehend wahr. Ein Sumpf dagegen ist ein kinästhetischer Typ, er nähert sich der Welt über das Ertasten und Erfühlen. Grundsätzlich gilt, daß der Felsen nicht mit den Augen aufnehmen kann, was der Sumpf erfühlt, und daß der Sumpf nicht ertasten kann, was der Felsen sieht. Ein Felsen hat den Hang zum Helden, sogar zum tragischen Helden, zum Märtyrer. Irgendwie ist er immer bemüht, einen anderen oder die ganze Welt zu retten, weil er in seinem Innersten davon überzeugt ist, selbst keine Chance zu haben. Ein Sumpf ist einfach darauf aus, sich selbst zu retten, und deshalb stört er sich daran, daß der Felsen seine Zeit mit anderen Menschen, nicht aber mit ihm verbringt. In dieser Hinsicht aber hat der Sumpf recht: Würde ein Felsen seine Zeit und seine Energie wirklich und wahrhaftig einsetzen, so würde die sich daraus ergebende Verbindung zur Grundlage eines vollkommenen Gleichgewichts werden und ein erheblich höheres Maß an Erfolg ermöglichen.

Sprich mit deinem Felsen oder deinem Sumpf über diese Ideen. Helft euch gegenseitig, Einsicht in die Unterschiede zu gewinnen, und bleibt im Gespräch darüber, wie ein gemeinsames Ziel und, auf diesem Wege, ein höheres Maß an Verständnis gefunden werden könnte.

279. Felsen leiden an Gedächtnisschwäche, und Sümpfe können grundsätzlich nichts vergessen

Felsen leiden an Gedächtnisschwäche; sie neigen dazu, sich nur mit dem zu beschäftigen, was sie in der jeweiligen Situation für eine große Sache halten. Für einen Sumpf kann es nichts Größeres geben, als über sich selbst nachzudenken. Ein Felsen vergißt sehr leicht wichtige Dinge wie Jubiläen und Geburtstage und ähnliches. Gewöhnlich streicht er auch Vergangenes aus seinem Gedächtnis, während ein Sumpf niemals vergißt. Ihm wird es nicht passieren, daß er einen wichtigen Termin oder ein Rendezvous vergißt, daß er ein Jubiläum übergeht, und er wird nie und nimmer etwas vergessen, woran der Felsen nicht ganz unschuldig war und wofür er sich noch nicht entschuldigt hat. Der Sumpf kann nicht anders als die Empfindungen mitzuteilen, die die Erinnerung an Vergangenes in ihm auslöst, und der Felsen muß den Sumpf wissen lassen, daß er ihn trotz allem, was gewesen ist, wirklich liebt. Einem Sumpf muß immer und immer wieder gesagt werden, daß er wirklich geliebt wird, weil er in seinem Gedächtnis alle möglichen Beweise dafür gespeichert hat, daß dies nicht der Fall sein kann. Und deshalb fordert er von dem Felsen die Bestätigung dafür, daß er geliebt wird. Der Felsen hat natürlich längst vergessen, was er einmal gesagt oder auch nicht gesagt hat, und er geht davon aus, es müsse ja wohl ausreichen, wenn er seinem Sumpf einmal gesagt hat, daß er ihn liebe. Es ist die Bereitschaft des Felsens, dem Sumpf die Hand zu reichen und ihm auf diese Weise seine Zweifel zu nehmen, und die Bereitschaft des Sumpfs, die Vergangenheit loszulassen, die beiden die Möglichkeit eröffnet, gemeinsam voranzugehen. Das Geben liegt in der Natur des Felsens, wie das Nehmen in der Natur des Sumpfs liegt. Der Felsen ist von seiner Natur her ein Romantiker. Wenn er es nicht versäumt, den romantischen Zauber in der Beziehung zu erhalten und seinem Sumpf in höchst einfallsreicher und immer neuer Weise zu geben, kann er die Beziehung beständig vorantreiben. Ein Sumpf hat die ganz natürliche Fähigkeit zu empfangen, was der Felsen ihm gibt. Aber auch ein Sumpf kann, seinen Willen dazu vorausgesetzt, die Beziehung vorantreiben, wenn er dem Felsen gibt. Das wird unbeschreibliche Freude in dem Felsen auslösen. Genau dieselbe Wirkung tritt ein, wenn der Felsen seine Gefühle zeigt; damit kann er, bildlich gesprochen, den Sumpf aus dem Wasser treiben.

Felsen, erinnere dich heute an deinen Sumpf. Gehe auf ihn zu in der Absicht, ihm zu geben. Rufe dir alle wichtigen Angelegenheiten ins Gedächtnis und begegne deinem Sumpf in sehr persönlicher Weise. Sumpf, heute ist es wichtig, zur Abwechslung auch über deinen Partner nachzudenken. Für euch beide gilt: Widmet euch eurem Partner, obwohl er ein Felsen oder ein Sumpf ist. Entscheide dich ganz bewußt für deinen Partner, weil diese Verpflichtung den nächsten Schritt ermöglicht und euch eine höhere Ebene des Verständnisses und der gegenseitigen Vertrautheit erreichen läßt.

280. Ein Felsen zu sein heißt, niemals sagen zu müssen, daß dir etwas leid tut

Ein Felsen haßt Schuldgefühle. Er haßt Schuldgefühle, eben weil er sich schuldig fühlt. Er wird das Gefühl nicht los, daß ihm irgendwann in seinem Leben etwas völlig mißlungen ist, und er kann sich diesen Fehler einfach nicht verzeihen. Dies ist auch der Grund, warum er ständig bemüht ist, die Welt zu retten – als Wiedergutmachung für seine Schuld. Er geht davon aus, so sehr versagt zu haben, daß ihm gar nichts anderes übrigbleibt als sich zu opfern. Aber welches Opfer er auch immer bringt, es ist angesichts der ihn belastenden Schuld niemals ausreichend.

Ein Felsen haßt es, sich zu entschuldigen, weil das wie das Eingeständnis einer überaus großen Schuld wirken könnte. Im Gegensatz dazu entschuldigt, ja erniedrigt sich ein Sumpf ständig. Es ist nicht etwa so, daß ein Sumpf das Gefühl hat, etwas falsch gemacht zu haben; er geht grundsätzlich davon aus, daß mit ihm etwas nicht stimmt. Aus diesem Grund wurde ihm schon in seiner Kindheit die ersehnte Liebe und Aufmerksamkeit vorenthalten, und aus demselben Grund erhält er auch als Erwachsener nicht genügend Liebe – so meint er jedenfalls.

Es spielt keine Rolle, wie viele Opfer der Felsen bringt oder wie sehr er den Sumpf beschenkt, es reicht nie aus, ihm das Gefühl der Sicherheit zu geben. Ein Sumpf besitzt die ausgeprägte Neigung, andere wissen zu lassen, was nicht in Ordnung ist, und entsprechend geschickt ist er, wenn es gilt, Beschwerden oder Kritik vorzubringen. Der Felsen aber haßt Kritik, und in seinem Bemühen, Kritik von vornherein unmöglich zu machen, neigt er dazu, sich ein Übermaß an Arbeit aufzuladen und Strittiges bis in die kleinste Einzelheit zu überdenken. Der Felsen hat seinen naturgegebenen Partner im Sumpf gefunden, für den nichts auch nur ansatzweise gut genug ist. Der Felsen bemüht sich immer darum zu demonstrieren, wie es ihm gelang, trotz schwieriger Verhältnisse zu überleben.

Manchmal tut er dumme Dinge, die seine Kräfte übersteigen, weil er sich ständig beweisen muß in dem Versuch, die Grenzen zu überschreiten, die von seinem Gefühl, schuldig zu sein, gezogen wurden. Sein Motto lautet: „Wie schwer es auch immer wird, ich kann es ertragen." Ein Sumpf dagegen kann gar nichts ertragen. Wenn er sich Klagen oder Kritik gegenübersieht, neigt er dazu, zusammenzubrechen, sich zurückzuziehen, wegzulaufen oder noch stärker sumpfähnliches Verhalten zu zeigen. Situationen dieser Art führen im allgemeinen zu wechselseitigen Mißverständnissen.

Nimm dir die Zeit zu zeigen, daß du deinen Partner schätzt. Er kann nicht anders als in seinem Verhalten das zu leben, was dir fehlt. Die Über-Empfindsamkeit des Sumpfs gleicht den Mangel an Empfindsamkeit auf seiten des Felsens aus. Im gleichen Maße, in dem der Felsen über die Dinge hinweggeht, wird der Sumpf über alles Klage führen. Gemeinsam aber könnt ihr ein harmonisches Gleichgewicht erreichen und voranschreiten. Wenn ihr euch versteht und Verständnis für die Rolle aufbringt, die jeder von euch gespielt hat, könnt ihr vieles mit Humor bewältigen. Jetzt ist die Zeit gekommen, das Rollenspiel aufzugeben und zu einer Art des Meinungs- und Gedankenaustauschs zu finden, die euch beiden zum Vorteil gereicht.

281. *Aus einem Felsen kannst du kein Blut pressen*

Wenn ein Felsen und ein Sumpf in einen Machtkampf eintreten, dann ist das gewiß kein schöner Anblick. Der Felsen wird noch fels-ähnlicher. Er gibt vor, daß ihm das alles nichts ausmache. Er sorgt dafür, daß keines seiner Gefühle nach außen dringt, außer wenn er droht, wie ein Vulkan zu explodieren. Er setzt seinem Partner zu, indem er dessen Bemühungen hartnäckig ignoriert. Ein Sumpf wird in dieser Situation noch sumpfiger, noch hilfsbedürftiger.

Wenn sich die Gegensätze noch weiter verschärfen und der Machtkampf noch heftiger wird, wird aus dem Sumpf ein Vampir. Er wird aus jeder Kleinigkeit ein ihn betreffendes Problem machen. Er wird versuchen, aus dem Felsen jede Empfindung, jede Aufmerksamkeit, jeden Liebesbeweis wie auch jede Art von Energie herauszusaugen. Der Felsen wird sich dem natürlich widersetzen, indem er die für ihn typischen Verhaltensweisen noch verstärkt. Damit läßt er den Sumpf wissen, daß er von einem Felsen nun einmal kein Blut erwarten kann.

Wenn sich ein Sumpf in einen Vampir verwandelt, zeigt der Felsen die Neigung, sich zurückzuziehen, sich abzuwenden und ganz von der Bildfläche zu verschwinden. Es ist häufig der Fall, daß ein Felsen in seiner Kindheit von einem Elternteil ausgesaugt wurde und er deshalb eine ganz natürliche Abwehrhaltung gegenüber Vampiren einnimmt. Die Haltung, die dem Motto folgt („Aus einem Felsen kannst du kein Blut pressen"), ist immer dann festzustellen, wenn der in einer Beziehung tobende Machtkampf außer Kontrolle geraten ist.

Versetze dich in deine Kindheit zurück, und vergib dem Elternteil, das felsengleich war und dem offensichtlich nicht sonderlich an der Erfüllung deiner Bedürfnisse gelegen war, oder vergib dem Elternteil, der ein Vampir war und den Versuch unternahm, dich auszusaugen. Bist du selbst ein Felsen, so kannst du um die Hilfe des Himmels bitten und kannst die ganze Energie des Himmels durch dich fließen lassen, um deinen Partner damit zu erfüllen. Bist du selbst ein Sumpf, so kannst du die Hilfe des Himmels dadurch erbitten, daß du deinem Felsen wahrhaft gibst. Die Feuerprobe für wahres Geben ist, ob der Felsen sich von dir zurückzieht. Wenn er sich nicht von dir zurückzieht, hast du ihm wahr-

haft gegeben. Wenn er sich von dir abwendet oder sich vor dir verschließt, hast du lediglich gegeben, um zu nehmen. Bitte um die Hilfe des Himmels, damit du in dir selbst die Energie findest, ohne die es dir nicht möglich ist, deinem Partner wahrhaft zu geben.

282. *Ein Sumpf will, was einem Felsen gegeben wird, aber nicht in der Lage ist, es zu empfangen*

Auf Grund seiner Empfindsamkeit verfügt der Sumpf über ein natürliches Mitgefühl. Auf Grund seiner naturgegebenen Großzügigkeit wird dem Felsen ein gewisses Maß an Beifall und Anerkennung von seiten der Menschen in seiner Umgebung zuteil. Wenn sich die Gegensätze mehr und mehr verschärfen, gibt der Felsen anderen Menschen genau das, was der Sumpf am dringendsten benötigt. Den Beifall aber, der dem Felsen zuteil wird, beeindruckt ihn nicht sonderlich, weil er an nichts glauben mag, das dem Wandel unterworfen ist.

Als Kind war der Felsen glücklich, bis sich aus heiterem Himmel etwas ereignete, das ihn den Glauben an die Menschen verlieren ließ. So kommt es, daß der Felsen den lieben Dingen, die man ihm sagt, und all den Komplimenten, die man ihm macht, keinen Glauben schenkt. Der Sumpf würde nur allzugern solche Zustimmung und Anerkennung erhalten. Der Sumpf aber fürchtet sich davor, sich zu stark auf andere einzulassen, weil er Bedenken hat, er könne deren Gefühlen nicht gewachsen sein. Ein Sumpf scheint keinen naturgegebenen Grenzen unterworfen zu sein. Er fühlt nicht nur seine eigenen Gefühle, die fast schon zuviel für ihn sind, sondern er spürt auch die Empfindungen anderer, und deren Gefühle lassen ihn mitschwingen.

Während der Sumpf höchst sensibel ist, fällt der Felsen durch Unzugänglichkeit auf, weil er früher einmal das Gefühl hatte, daß andere sich seiner bemächtigen und seinen Gefühlen Gewalt antun wollten. Der Felsen ist üblicherweise gleichermaßen unzugänglich gegenüber der Freude, die im Geben liegt, wie auch gegenüber einem Menschen, der zu nehmen versucht. Er neigt dazu, unzugänglich zu sein, ob man ihm nun Komplimente macht oder Kritik an ihm übt.

Im Gegensatz dazu ist ein Sumpf im höchsten Maße empfindlich. Er hat seine wahre Freude an einem freundlichen Kompliment, und es tut ihm gut, Anerkennung zu finden. Er zehrt lange von einem anerkennenden Wort, aber Kritik trifft ihn hart. Die Fähigkeit, Kritik losgelöst von seiner eigenen Person zu betrachten, geht ihm völlig ab. Er weiß nicht zu unterscheiden, welcher Teil der Kritik eher den Kritiker betrifft und was an dieser Kritik für ihn, den Sumpf, durchaus bedenkenswert sein könnte. Statt dessen gibt er der Neigung nach, zurückzuschlagen oder sich selbst zu erniedrigen – und wird auf diese Weise wahrhaft von der Situation überwältigt. Aus diesem Grund ist es ganz typisch für einen Sumpf, seine Bereitschaft einzuschränken, anderen Menschen zu geben. Der Felsen scheint alle Anerkennung auf sich zu ziehen, während der Sumpf dringend benötigt, was dem Felsen zuteil wird, der es aber nicht empfangen kann.

Gib, was du dir selbst wünschst. Wenn du ein Sumpf bist und dich nach Anerkennung sehnst, gib anderen Anerkennung. Anerkennung auszusprechen wird dir Zufriedenheit schenken. Wenn du ein Felsen bist, mißtraue nicht dem, was dir gegeben wird, halte es nicht einfach für eine Falle, in der man dich fangen möchte, sondern sei bereit, es aufzunehmen und dich tief in deinem Inneren berühren zu lassen. Du kannst sicher sein, daß es dir bewußt wird, wenn Menschen dir nicht einfach geben, sondern geben, um von dir zu nehmen, und in dieser Situation kannst du über deine eigenen naturgegebenen Grenzen offen sprechen, anstatt davon auszugehen, etwas Wertvolles solle aus dir herausgelöst werden.

283. Ein Felsen haßt das Gefühl, glücklich zu sein, weil er Angst hat vor dem, was danach kommen könnte

Ein Felsen haßt das Gefühl, glücklich zu sein, weil er Angst hat vor dem, was danach kommt. Er traut dem Frieden nicht, wenn es ihm gut geht. Er traut keinem Kompliment. Alle Felsen wissen nur zu genau, daß auf Palmsonntag der Karfreitag folgt. Ein Felsen ist nicht bereit, etwas auch nur für eine kurze Zeit zu genießen und dabei die Kontrolle über sich selbst aufzugeben. Ein Felsen weiß, daß das Glück, das sich einstellt, mit Sicherheit von einem Konflikt abgelöst wird. Ein Felsen achtet immer darauf, daß er nicht weich wird, er ist folglich immer auf Auseinandersetzungen eingestellt. Es ist in schlechten Zeiten immer gut, einen Felsen in der Nähe zu haben, denn auch wenn irgend etwas seine schlimmstmögliche Wendung nimmt, ist ein Felsen davon nicht zu überraschen.

Ob du nun ein Sumpf oder ein Felsen bist, du kommst an der Einsicht nicht vorbei, daß du immer dann, wenn du in deiner Beziehung eine neue Ebene der Vertrautheit oder in deinem Leben einen neuen Höhepunkt erreicht hast, von diesem Gipfelpunkt wieder in das nächste Tal absteigen mußt. Ja, die nächste Auseinandersetzung ist unvermeidlich, aber sie stellt sich nur deshalb ein, weil du, mit wirklichem Verständnis ausgestattet, eine Ebene erreicht hast, von der aus du das nächste Problem angehen und bewältigen kannst. Erinnere dich, daß sich die Antworten gleichzeitig mit den Problemen einstellen und daß du durchaus nicht zulassen mußt, daß sich der Konflikt hinzieht. Die beste Möglichkeit, Konflikte unbeschadet hinter sich zu bringen, ist die, in einem solchen Ausmaß zu geben, daß du von Gipfelpunkt zu Gipfelpunkt schreitest.

284. Deine Beziehung ist ein Spiegelbild deiner selbst

Wenn du ein Felsen bist und dein Partner ein Sumpf, wirst du die Beziehung so sehen, wie das nun einmal typisch für einen Felsen ist. Anders gesagt, du wirst die Erfahrung machen, daß die Beziehung dir nicht gibt, was du erwartest, vor allem aber nicht das Verständnis, dessen du bedarfst. Du wirst die Beziehung als zu hart und dich beherrschend empfinden. Du wirst die Beziehung als einen Ort des Opfers und als Belastung erfahren.

Wenn du der Sumpf bist und dein Partner der Felsen, wird die Beziehung dir sumpfig, ohne feste Basis, vorkommen. Sie wird dir nicht die Unterstützung geben, die du brauchst, und sie wird nicht persönlich genug für dich sein. Die Beziehung wird dich eine Menge Kraft kosten, Kraft, von der du meinst, daß sie eigentlich dir gehört. Manchmal wirst du das Gefühl nicht loswerden, du müßtest geradezu einen Eiertanz vollführen. Die Beziehung wird bestimmt sein von ständig unkontrolliert aufbrechenden Gefühlen, und es wird dir scheinen, als gäbe es keine klare Richtung für dich.

Beginne damit, deine Beziehung unter einem erweiterten Blickwinkel zu betrachten. Wenn du ein Felsen bist, betrachtest du die Beziehung mit einem versteinerten Blick, und wenn du ein Sumpf bist, betrachtest du die Beziehung wie durch schmutzige Brillengläser. Stelle dir nun vor, du wärest auf irgendeine Weise zu reiner Energie eingeschmolzen worden, und dein Partner, ob Felsen oder Sumpf, wäre ebenfalls zu reiner Energie eingeschmolzen worden. Laß all diese Energie zusammenfließen; beobachte, während dies geschieht, was daraus geboren wird. Du wirst eine ganz neue Form für die Beziehung vorfinden. Es mag sein, daß du den Unterschied spürst, du magst ihn auch sehen, aber wie auch immer du diesen Unterschied wahrnimmst, es ist ein Riesenschritt voran.

285. *Hysterie und stoische Gelassenheit sind nichts als unterschiedliche Formen der Feigheit*

Ein Sumpf neigt von Natur aus zu weit überzogenen Gefühlsäußerungen. Ein Fels neigt von Natur aus zu demonstrativem Gleichmut. Wenn Felsen unangenehme Gefühle verspüren, versuchen sie, sie zu unterdrücken und sich nicht weiter mit ihnen zu beschäftigen. Sie vergraben die Gefühle in ihrem Inneren, um auf diese Weise über die unangenehme Situation hinwegzukommen. Sümpfe haben die Neigung, über alles in Wehklagen auszubrechen, nur nicht über das tatsächlich vorhandene Gefühl, das ihnen zusetzt. Hysterie und Stoizismus, unkontrollierte Gefühlsausbrüche wie auch demonstrativer Gleichmut, sind Formen der Kommunikation, die darauf abzielen, Zurückweisung zu vermeiden. Sie sind tatsächlich Formen der Kommunikation, mit denen Anerkennung angestrebt wird – dabei führen sie geradewegs in Machtkämpfe und Uneinigkeit.

Wenn du der Sumpf bist, so beschäftige dich sorgfältig mit der Frage, auf welchem Wege du deinen wahren Gefühlen ausweichst und wo du das eigentliche Risiko siehst. Wenn du der Fels bist, überwinde die Distanz zu dir selbst, und finde heraus, was du um keinen Preis offenlegen möchtest. Wenn du das Risiko eingingest, die für dich entscheidenden Fragen offen und ehrlich zu benennen, würdest du die Beziehung damit verbessern.

286. Was du einem anderen anlastest, verhindert, daß du dich geliebt fühlst

Wenn du ein Urteil über jemanden abgibst oder glaubst, Grund für Klagen oder Beschwerden zu haben, gehst du auf Distanz und verschließt die Tür, so daß du nicht empfangen kannst. Was du also einem anderen zum Vorwurf machst, verhindert, daß du selbst dich geliebt fühlst. Die Menschen in deiner Nähe könnten dich wirklich sehr lieben, du aber bist nicht in der Lage, das zu spüren, weil du die Tür vor ihnen verschlossen und dich von ihnen abgesetzt hast.

Löse dich von allen Klagen und Beschwerden, die du gegen einen anderen Menschen vorbringen möchtest, und segne ihn. Fühle, wie du mit diesen Segenswünschen die Tür wieder aufstößt und all die Liebe und all die Fülle des Lebens empfangen kannst, die auf dich zuströmen.

287. Visionäre Kraft überspringt den Abgrund, der sich zwischen dir und der Liebe auftut, und läßt eine Brücke zurück, auf der andere dir folgen können

Visionäre Kraft zu haben bedeutet, so viel von dir selbst zu geben, daß du dabei geradezu dein Inneres nach außen kehrst. Diese Art, Liebe zu geben, diese Art, andere zu beschenken, eröffnet dir die Möglichkeit, weit in die Zukunft zu schauen; dies wird sich als Vorteil für alle in deiner Nähe erweisen. Es gestattet dir, den Abgrund des dir nicht Bewußten zu überspringen und das Nichts zu transzendieren. Es gestattet dir, der Liebe einen viel größeren Bereich als je zuvor zu erschließen und dort neue Antworten vorzufinden. Sobald du diese Antworten siehst, bist du in der Lage, eine Brücke zu bauen, auf der andere folgen können. Du bist in der Lage, Worte zu finden, mit denen du das Unsagbare ausdrücken kannst. Wenn du von visionärer Kraft erfaßt bist, lebst du wahrhaft deinen Lebenszweck. Du gibst anderen das Geschenk, das du selbst bist, in einer derart kreativen Weise, daß der Weg, auf dem andere dir folgen, sicher wird.

Wisse, daß das, was vor dir liegt, eine Gelegenheit zur Entfaltung visionärer Kraft ist. Ob die Situation nun schwer oder leicht ist, Liebe auf einer viel höheren Ebene als bisher kann geboren werden. Deine Bereitschaft, dich selbst vollständig und umfassend zu geben, wird zur Bereitschaft, diese Art von Liebe wieder auf die Erde zurückzubringen.

288. Alle Beschuldigungen sind Selbst-Beschuldigungen

Jede Beschuldigung, die du an die Adresse eines anderen Menschen richtest, ist eine Beschuldigung an dich selbst. Wirf einen Blick auf dein Leben. Auf welchen Gebieten sind nach deiner Empfindung Klagen und Urteile berechtigt und unvermeidlich? Wo auch immer du andere Menschen beschuldigst oder angreifst, da beschuldigst du dich selbst, greifst dich selbst an oder bestrafst dich selbst, da fühlst du dich schuldig.

Begreife heute, was wahre Freiheit ist. Wenn du deine gegen andere Menschen gerichteten Beschuldigungen aufgibst und bereit wirst, ihnen zu geben, so denke daran, daß alle diese Menschen sich nur deshalb so verhalten, wie sie sich verhalten, weil sie etwas brauchen. Wenn du bereit bist, ihnen zu geben, sie zu unterstützen und ihnen zu vergeben, dann wirst du bemerken, daß sie aufblühen und du aus der unangenehmen Situation befreit wirst. Vergib dem anderen, damit du dich aus einer Situation, in der du dich gefangen fühlst und in der es nicht vorangeht, befreien kannst; die Beschuldigung, die du fallenläßt, gestattet es dir, die Freiheit und Unschuld zu erfahren, die du in dir selbst findest.

289. Wenn du das Gefühl hast, daß du den Erwartungen deiner Eltern nicht gerecht wurdest, dann glaubst du eigentlich, das sie deinen Erwartungen nicht gerecht wurden

Viele Menschen glauben, daß sie den Erwartungen ihrer Eltern nicht gerecht wurden, und so fühlen sie sich immer unzulänglich, als ob sie in keiner Lebenssituation genügend anzubieten hätten. Manche dieser Menschen flüchten sich in Perfektionismus, und andere kultivieren das Gefühl der Unzulänglichkeit, in dem nichts gut genug für sie ist und das zur Neurose werden kann. In diesem Zusammenhang ist ein interessantes Phänomen zu beobachten. Wenn du das Gefühl nicht abschütteln kannst, daß du den Erwartungen deiner Eltern nicht gerecht wurdest, dann gilt tatsächlich das Gegenteil: Sie wurden deinen Erwartungen nicht gerecht. Sie waren nicht gut genug für dich. Sie wurden dem nicht gerecht, was sie nach deiner Einschätzung als Eltern hätten tun sollen. Unabhängig davon, wie sich deine Eltern tatsächlich verhielten, hält dich diese Einstellung in dem Glauben fest, du seist ihren Erwartungen nicht gerecht geworden.

Die heutige Übung umfaßt drei Teile. Schließe deine Augen. Stelle dir deine Eltern genau so vor, wie du sie als Kind erlebt hast. Stelle dir vor, daß du sie, in ihrer Aufgabe als Eltern, als völlige Versager empfunden hast. Stelle fest, welche Empfindungen sich auf Grund dieser Einstellung ergeben.

Der zweite Teil der Übung verlangt wieder von dir, dir deine Eltern vorzustellen, diesmal aber sollst du Mitleid mit ihnen haben. Bedauere sie. Zeige dein Mitleid, indem du sagst: „Oh, mein armer Papa. Oh, meine arme Mama." Sie waren nicht gerade überragende Eltern, aber du fühlst dich ihnen an Einsicht überlegen und bedauerst sie. Verschaffe dir Klarheit darüber, welche Gefühle dich nun erfüllen und welche Gefühle du dir selbst gegenüber empfindest.

Im dritten Teil der Übung sollst du dir vorstellen, daß deine Eltern immer noch genau so sind wie während deiner Kindheit. Laß deine Einstellung von der Überzeugung bestimmt sein, daß sie alles so gut tun, wie sie es nur irgend können, vor allem, wenn die inneren und äußeren Umstände, ihre Kindheit und die sie prägenden Einflüsse berücksichtigt werden. Angesichts ihrer Kenntnisse ist dies das Beste, das sie anzubieten haben. Stelle fest, welchen Einfluß diese geänderte Einstellung auf dich hat, wie du dich fühlst und welche Gefühle, dich selbst betreffend, dich erfüllen. Wenn du dieses Experiment ehrlich durchgeführt hast, wird dir aufgehen, daß es nur deine Einstellung gegenüber deinen Eltern ist, die die Erfahrung bestimmt, die du mit ihnen machst. Wenn deine Einstellung nicht zu den bestmöglichen Ergebnissen geführt hat, kannst du dich neu entscheiden.

Schließe nun einen weiteren Übungsteil an. Stelle dir vor, du habest deine Eltern zu einem ganz bestimmten Zweck gewählt, weil sie nämlich die zwei wichtigsten, bisher aber noch nicht klar erkennbaren Bereiche deines Geistes spiegeln, die du heilen, miteinander verbinden und in das Ganze integrieren sollst.Du wähltest sie aus, weil du an ihnen, besser an als anderen, lernen kannst, was zu lernen dir aufgegeben ist. Wie fühlst du dich, wenn du sie in dieser Weise betrachtest? Welche Gedanken erfüllen dich, dich selbst betreffend?

290. Deine Beziehung wird sich ändern, wenn du dich änderst

Hier ist der Ratschlag, mit dem du einen schnellen Wandel für dich selbst und für deine Beziehung herbeiführen kannst: Höre auf zu klagen, höre auf, deinen Partner für alles mögliche verantwortlich zu machen, und laß deinen Groll fallen. Deine Bereitschaft, dich selbst zu wandeln, wird die Beziehung verbessern. Der Schritt, der dich voranträgt, hat eine Wirkung auch auf deinen Partner; er bringt ihn an deine Seite, und auch er beginnt, sich zu wandeln. Jeder Bereich, in dem dein Partner auf der Stelle tritt, ist ein Bereich, in dem du keine Bereitschaft zum Vorangehen und zum Wandel zeigst. Jeder Stillstand in einer Beziehung kann durch deine Bereitschaft aufgehoben werden, einen Schritt nach vorne zu tun.

Beschäftige dich mit den Gebieten, auf denen sowohl dein Partner als auch eure gemeinsame Beziehung auf der Stelle zu treten scheinen. Wie sollen sich die Dinge nach deinen Wünschen entwickeln? Sei bereit, deinen Höheren Geist zu bitten, diese Änderungen für dich herbeizuführen; sei auch bereit, deinen Höheren Geist zu bitten, dich überall da voranzutragen, wo diese Änderungen möglich sind, so daß deine Beziehung, dein Partner und du selbst das Neue und all die Verbesserungen bewußt wahrnehmen können. Deine Bereitschaft bringt dich natürlich und leicht voran.

291. Deine Bereitschaft herauszufinden, welches Gefühl von einem Konflikt verdeckt wird, eröffnet eine bedeutende Gelegenheit zur Entwicklung

In jedem Konflikt gibt es verborgene Gefühle auf beiden Seiten. Wenn du bereit bist, das wahrhaft zu fühlen, was du verborgen hast und was du nicht fühlen wolltest, und wenn du bereit bist, diesen Gefühlen standzuhalten, wirst du dich ganz selbstverständlich vorwärts bewegen, und die konfliktbelastete Situation wird auf eine neue Ebene der Heilung und des Zusammengehörigkeitsgefühls gehoben, wo Kommunikation beginnen kann.

Wenn du dich in einem Konflikt befindest, so stelle fest, welches Gefühl du verborgen hast. Fürchte dich nicht vor diesem Gefühl. Fühle es, laß es lodern, bis es verschwindet, und du wirst feststellen, daß sich alles zum Besseren wendet.

292. *Wenn du es wirklich möchtest, findet sich auch ein Weg*

Wenn du etwas wirklich möchtest, dann machen die Kraft des Geistes und die Kraft des Wählens es dir möglich, den Weg zu entdecken, der zum Ziel führt. Dein Verlangen und deine Bereitschaft öffnen die Tür, durch die die Lösung eintreten kann. Es mag schon sein, daß du in einer Situation bist, in der das Kommende dich verletzen würde – oder aber du glaubst lediglich, daß dies so sein würde. Du bist in einem Konflikt gefangen. In dieser Situation bist du immer von widersprüchlichen Gefühlen bestimmt, so daß du das Gewünschte nicht mit voller Kraft anstreben kannst. Aber wenn du es wirklich möchtest, findet sich auch ein Weg. Das Wunder wird sich ereignen, damit du zum Erfolg kommst. Wenn du es wirklich voll und ganz wünschst, wird sich die Situation so entfalten, daß du empfangen kannst, worum du gebeten hast.

Manche Menschen bitten im Angesicht des Todes um Heilung, und sie tritt wirklich ein und trägt diese Menschen auf eine höhere Ebene des Verstehens und des Lebens. Andere Menschen, ebenfalls im Angesicht des Todes, bitten um ein Wunder, fürchten sich aber davor, das Wunder könne tatsächlich eintreten, weil es im Gegensatz zu ihrem eigenen Glaubenssystem steht. Sie würden lieber sterben und recht behalten als alle ihre Überzeugungen ändern zu müssen. Wenn du also bereit bist, deine Überzeugungen zu ändern und alles andere zu verändern, das in deinem Inneren verschlossen liegt, dann gibt es einen Weg, selbst wenn du an einem bestimmten Punkt nicht die Vorstellungskraft besitzt, diesen Weg zu sehen. Notwendig ist allein, daß du es wirklich willst.

Aus manch einer Situation in deinem Leben könnte sich ein unglaublicher Erfolg ergeben. Dazu wäre nichts anderes nötig als die Entschlossenheit, für ein paar Sekunden alle Kraft auf das Gewünschte zu richten und einen Weg dorthin wahrhaft zu wollen. An diesem Punkt würde sich alles zu deinen Gunsten wenden.

293. Die größte Furcht ist die Furcht vor dem Glück

Es ist nicht schwer einzusehen, daß die Menschen weniger Angst vor dem Tode als vor dem Glück haben; schließlich ist die Zahl derer, die tot sind oder im Sterben liegen, viel höher als die Zahl derer, die glücklich sind. Oder um etwas noch Selteneres zu erwähnen: Wie viele Beziehungen kennst du, die glücklich sind? Die größte Furcht ist die Furcht vor dem Glück. Man könnte auch sagen, daß dies die Furcht vor der Liebe oder die Furcht vor Gott ist. Gott zu finden würde bedeuten, daß du absolut gehorsam wärest, daß du alle Antworten auf die wichtigen Fragen des Lebens hättest und daß du absolut glücklich wärest. Hinter der Furcht vor dem Glück verbirgt sich die Furcht, sich selbst in einem kaum vorstellbaren Ausmaß aufgeben zu müssen, auf eigenes und eigene Entscheidungen verzichten zu müssen und all die von dir aufgebauten Blockaden, Kontrollmechanismen und Regeln einschmelzen zu müssen, um danach dein Leben so zu leben, wie es deinem wahren Wesen entspricht.

Deine heutige Übung soll es sein, alle Gedanken an das fallenzulassen, was dir nach deiner Einschätzung Glück verheißt. Die Zeit ist gekommen, als dein eigener Lehrer abzutreten und den Himmel zu bitten, dir ausdrücklich und genau zu zeigen, was dich glücklich machen würde, und dir auch die Stärke zu geben, dich dessen zu erfreuen.

294. Wir befinden uns immer an der geeignetsten Stelle, um die Lektion zu lernen, die wir am nötigsten lernen müssen

Wenn du dich mit diesem Buch wirklich intensiv beschäftigt hast, ist dir sicherlich die Einsicht gekommen, daß alles in einem offensichtlichen Zusammenhang steht und sich absolut nichts zufällig ereignet. Wir befinden uns deshalb auch immer an der geeignetsten Stelle, um das zu lernen, was wir dringender als anderes lernen müssen. „Wenn der Student bereit ist, erscheint der Lehrer." Wenn du bereit bist, stellt sich auch die Situation ein, in der dir ganz genau gezeigt wird, was du zu lernen hast und woran du an dieser Stelle deines Lebens wachsen sollst. Und auch die Menschen sind da, die dir helfen voranzugehen, die dich anleiten und die dich unterstützen.

Nimm dir die Zeit, um erkennen zu können, daß du dich an einer Stelle befindest, die gleichermaßen ideal ist für die Lektion, die du zur Zeit zu verstehen suchst, für das Heilen, um das du dich bemühst, und für den Entwicklungsschritt, der an diesem Punkt in deinem Leben ansteht.

295. Dein Verhältnis zum Glück entspricht in Wahrheit deinem Verhältnis zu dir selbst

Wie bist du in deinem bisherigen Leben mit dir umgegangen? Es ist leicht zu erkennen, wie glücklich du bist, denn dein Glück entspricht dem, was du dir selbst gibst und was du für dich selbst zuläßt. Oft erkennen wir nicht, wie sehr wir geliebt werden und daß wir alles bekommen, das wir zu empfangen bereit sind. So viele Wohltaten, Geschenke, glücklich machende Erfahrungen und Situationen voller Freude und Liebe gehen unerkannt an uns vorüber, weil wir nicht offen für sie sind. Deine grundsätzliche Entscheidung, dir in deiner Beziehung zu dir selbst mehr Glück zu gestatten, führt tatsächlich dazu, daß alle deine Beziehungen von einem höheren Maß an Glück bestimmt werden, vor allem die Beziehung zu deinem Liebespartner.

Beschäftige dich sorgfältig mit der Frage, wieviel Glück dir zuteil wird. Wieviel es auch immer sein mag, du könntest sehr viel mehr Glück erfahren. Der Schlüssel, mit dem du dein Glück vermehren kannst, liegt in deiner Beziehung zu dir selbst. Gehe mit dir selbst nicht so hart ins Gericht. Sei bereit, alles etwas entspannter zu betrachten und erfreue dich heute deiner selbst. Sei bereit, dich heute selbst zu beschenken.

296. Was du empfängst, entspricht dem, was du zu verdienen meinst

An der Menge dessen, was du von anderen empfängst, könntest du ablesen, was du von dir selbst hältst und was du zu verdienen meinst. Wenn du von dem Gefühl bestimmt bist, überhaupt nichts zu verdienen, wirst du zu verhindern wissen, etwas zu empfangen. Du verdienst alles – aber wieviel davon gestattest du dir zu empfangen?

Heute ist ein Tag, an dem du anerkennen sollst, daß du würdig bist, daß du allein auf Grund deines wahren Wesens einen Wert besitzt, nicht auf Grund deiner Taten. Du besitzt diesen Wert, weil du ein Kind Gottes bist, das geliebt wird und in Gottes Geist nie vergessen werden wird. Du besitzt diesen dir innewohnenden Wert, weil du die Fähigkeit hast, Leben zu schaffen und zu schenken, und weil du mit deiner Liebe dafür sorgen kannst, daß die Welt neu geboren wird.

297. Deine Bestimmung ermöglicht Erfüllung

Deiner Bestimmung entsprechend zu leben, das ist einer der Schlüssel zum Glück. Viele Menschen fragen sich, welches ihr Lebensziel sein könnte, und sie vergessen häufig, daß das Lebensziel wirklich nicht in dem liegt, was sie tun, sondern in dem, was sie sind. Je mehr du dich selbst entfaltest, je mehr du dich entwickelst, um so stärker und deutlicher hörst du den Ruf, das zu tun, was du wahrhaft tun willst, und um so stärker findest du dein Glück. Ausschließlich das zu tun, was du tun willst, und dich dabei nicht beirren zu lassen, wird dir Glück und Erfüllung bringen.

Sei bereit, auf das zu hören, was du wirklich tun willst, und es unbeirrt zu tun. Dies ist der Pfad, der in die Heimat führt. Dein Lebensziel ermöglicht Erfüllung, und deine Erfüllung ist ein unglaublich kostbares Geschenk, das du deinem Partner vermitteln und mit ihm teilen kannst.

298. Die Menschen in deiner Nähe stehen zu Diensten deines Geistes. Gott nähert sich dir in tausend Verkleidungen, um dir zu zeigen, auf welche Weise du dich von ihm entfernt hältst.

Jeder Mensch in deiner Nähe steht in deinen Diensten. Jeder Mensch in deiner Nähe möchte dir helfen, wieder zu einem Teil des Ganzen zu werden. Jeder Mensch in deiner Nähe ruft dich mit Gottes Stimme. Wenn du die Menschen nicht lieben kannst, die du siehst, wie kannst du dann Gott lieben, den du nicht sehen kannst? Sei bereit, hinter all die vielen Verkleidungen zu schauen und Gott in jedem Menschen zu erkennen. Laß dich von deinen eigenen Urteilen nicht aufhalten, mit denen du nichts anderes erreichst, als den Menschen in deiner Nähe Beschränkungen aufzuerlegen. Die Werturteile, die du über die Menschen in deiner Nähe fällst, entsprechen dem, was du von dir selbst glaubst und was du vor deinen eigenen Blicken mehr oder weniger gut verborgen hältst. Sei bereit, Gott in den anderen zu sehen, und Freude und Erfolg werden sich einstellen, die Situation wird sich mit nicht für möglich gehaltener Kraft und innerhalb kürzester Zeit zum Guten entwickeln, und du wirst spüren, wie sehr du geliebt wirst. Gott in jedem anderen Menschen zu sehen macht es dir möglich, die Freude zu spüren, die dich in jedem beliebigen Augenblick umgibt.

Wende das Gelernte heute an jedem Menschen an, der dir nahesteht. Schaue den ganzen Tag über in ihre Augen, schaue über das äußerlich Erkennbare hinaus – und erkenne das Lächeln Gottes. Nimm wahr, daß du Gott in allen Menschen erkennst, und erfreue dich der Liebe und all der anderen Gaben, die Gott für dich bereithält.

299. Du kannst nichts verlieren, dessen Wert du voll anerkennst

Uns allen hat das Leben schon schwer zugesetzt; wir alle hatten Verluste zu beklagen, sind verlassen worden und hatten uns mit Situationen herumzuschlagen, die sich so schnell veränderten, daß wir uns ausgeschlossen fühlten. Aber was du wahrhaft schätzt und für was du dich ganz einsetzt, gehört dir. Irgendwann hörtest du auf, einen Menschen oder eine Sache zu schätzen, sonst würdest du jetzt nicht unter einem Verlust leiden. Wo auch immer du einen Verlust zu beklagen hast, da bist du verhaftet, ist ein Ort der Selbstaufgabe. Du hängst an etwas außerhalb von dir Liegendem, dem du einen Wert beigemessen hast in der Absicht, dein Gefühl zu kompensieren, wertlos zu sein. Eine derartige Bindung ist niemals wahr und läßt das Wahre unwahr werden. Das Maß, in dem wir an etwas verhaftet sind, ist auch das Maß, in dem wir uns von unserer inneren Mitte entfernt haben. Dies führt unweigerlich zu Enttäuschungen, Opfern und sogar Selbstzerstörung. Das, woran wir hängen, wird zur Quelle unseres Glücks und wir müssen dann durch Kontrollmechanismen sicherstellen, daß diese Quelle unseres Glücks nicht versiegt. Das Glück, das von außen kommt, kann dich aber niemals ausreichend unterstützen und erhalten. Kontrollmaßnahmen sind auf Abwehr gerichtet und führen immer zu seelischem Schmerz. Es ist viel leichter, den Wert anderer und deiner selbst voll anzuerkennen.

Sei bereit, dich von deinem Höheren Geist in deine innere Mitte zurücktragen zu lassen. Sei bereit, Glück und Wertschätzung wieder in dein Inneres aufzunehmen, anstatt dich von etwas abhängig zu machen, das außerhalb liegt. Erinnere dich, welche Kraft sowohl in einer frei getroffenen Entscheidung als auch in hingebungsvollem Einsatz liegt. Alles wird dir gehören, wenn du ihm aus vollem Herzen gibst. Die Situation wird sich dir öffnen, und die natürliche Verbindung zwischen dir und einem bestimmten Menschen, zwischen dir und einer bestimmten Situation wird sich einstellen.

300. In deiner Beziehung spiegelt sich dein Glaubenssystem

Wenn du nicht daran glaubst, daß du in deiner Beziehung wirklich alles erreichen kannst, dann wirst du es schon schaffen, recht zu behalten. Wenn du von einer bestimmten Überzeugung über das andere Geschlecht ausgehst, wird es dir schon gelingen, recht zu behalten. Was du auch immer für richtig hältst, wird sich in deiner Beziehung, deinem Partner und dir selbst zeigen. Wenn du also mit deinen Lebensumständen nicht zufrieden bist, so verwandele sie, indem du deine Auffassungen änderst.

Beschäftige dich mit dem, was in deiner Beziehung zutage tritt. Welche Auffassung, Männer oder Frauen betreffend, läßt sich erkennen? Welche Auffassung, Sexualität betreffend, Liebe betreffend, Hilfe und Unterstützung betreffend, Kommunikation betreffend, läßt sich erkennen? Wenn du es für hilfreich hältst, deine Gedanken schriftlich festzuhalten, so tue es. Schreibe zuerst die Gesichtspunkte auf, wie z. B. Sex, Geld, Liebe, Männer, Frauen usw. Schreibe in die Spalte daneben, wie sich deine Beziehung im Blick auf diese Gesichtspunkte darstellt. Trage in der dritten Spalte ein, welche Grundauffassung dafür verantwortlich sein muß, daß sich die Situation so und nicht anders entwickelt hat. Betrachte jede einzelne deiner unterschiedlichen Überzeugungen, und wenn du die eine oder andere nicht als wahr ansehen kannst, nimm dir die Zeit zu sagen: „Dies war eine Fehlentscheidung. Ich entscheide mich jetzt für ...“ Auf diese Weise wirst du die Kraft deines Geistes nutzen, um dich selbst voranzubringen.

301. Alle Schuldgefühle führen zu Rückzug oder zu aggressivem Verhalten

Wenn du dich schuldig fühlst, ziehst du dich zurück, einfach weil du Angst hast, dasselbe Verhalten immer wieder neu zu zeigen. Du entfernst dich vom Pfad des Lebens, oder aber du greifst die Menschen in deiner Nähe an, um von deinen Schuldgefühlen wegzukommen. Dasselbe gilt, wenn du den Menschen in deiner Nähe die Schuld für irgend etwas in die Schuhe schiebst; auch sie werden sich dann entweder von dir zurückziehen oder aber ihre Aggressionen gegen dich wenden. Jeder Mensch haßt Schuld. Schuld ist die heiße Kartoffel, die wir immer an andere weiterzugeben suchen. Wir sind nie bereit, uns unserer Schuld zu stellen, weil wir das Gefühl, das sich dann einstellen würde, nicht ertragen können. Diese Haltung führt unweigerlich zu einer zerstörerischen Selbsttäuschung, weil sie nämlich in dir oder in deiner Umgebung genau das schafft, was sie verhindern möchte.

Beschäftige dich mit Bereichen in deinem Leben, die entweder von Rückzug oder aggressivem Verhalten geprägt sind. Hier handelt es sich um Bereiche, in denen nichts so ist, wie es sein könnte. Spüre der Frage nach, welcher Gesichtspunkt dich so sehr quält, daß du dich in das beschriebene Verhalten flüchtest. Deine Bereitschaft, deine Schuldgefühle loszulassen, dir deine Unschuld bewußt zu machen, die Menschen in deiner Nähe ebenso zu unterstützen wie dich selbst, wird es dir gestatten, zu einer neuen Ebene des Erfolgs vorzustoßen.

302. Deine Unschuld ist eines der schönsten Geschenke für deinen Partner

Deine Unschuld ermöglicht es deinem Partner, sich dir zu öffnen und dir alle Gaben und all die Liebe zu schenken, die er dir immer schenken wollte. Im Stande der Unschuld fühlst du dich gänzlich geliebt, du wirst kreativ sein, alles wird sich auf allen Gebieten deines Lebens zum Besten wenden. (Das macht natürlich auch das Leben für deinen Partner viel leichter.) Deine Unschuld ist das Maß, in dem du deinen Partner und jeden Menschen in deiner Nähe uneingeschränkt lieben und die Gabe deiner schöpferischen Fähigkeiten der Welt bereitwillig geben kannst. Die Unschuld bringt das Wunder und die Schönheit in deine Beziehung zurück, sie bringt den Zauber zurück. Die Unschuld bereichert deinen Partner und ermöglicht es ihm, sich geliebt und geschätzt zu fühlen und zu spüren, welch großer Schatz das Leben ist. Sie ermöglicht dir die Liebe, von der du immer geträumt hast. Das Gefühl der Schuld kommt aus unserem Inneren, wir entscheiden uns dafür. Es kommt mit Aufgaben, die wir übernehmen, die nicht uns, sondern Gott zustehen.

Entscheide dich heute für die Unschuld. Fühle dich in jeder Lage so unschuldig wie möglich. Jedes negative Gefühl, das du verspürst, verspürst du heute nur, um es abzulegen und dich davon zu befreien. Sei offen für alles, was dir heute in den Sinn kommt oder was von außen zu kommen scheint, und laß deine Unschuld die Wahrheit sein, die dich von schlechten Empfindungen schneller befreit, so daß du alle Gaben annehmen kannst, die dir gegeben werden, und alle Gaben an deinen Partner weitergeben kannst. Unschuld ist ein Zustand der Schuldlosigkeit. Das bedeutet, deinen wahren Wert zu erkennen – daß du wertvoll bist, weil du bist und nicht dafür, was du bist oder was du tust.

303. Deine Sorge ist eine Form des Angriffs

Deine Sorge ist eine Form der Angst, und deine Angst kommt aus deiner Angriffslust. Die Sorge sagt dir, daß etwas Unangenehmes passieren könnte. Wenn du dir um jemanden Sorgen machst, dann hast du kein Vertrauen in diesen Menschen oder traust den Dingen nicht, und so setzt du die Kraft deines Geistes dazu ein, das Mißtrauen der Person gegenüber wachsen und Angst in dieser Situation entstehen zu lassen.

Jedesmal, wenn du in Versuchung gerätst, dir über jemanden oder über etwas Sorgen zu machen, gib deinen Segen dazu. Du bewirkst mit deinem Vertrauen und deiner Entscheidung das Positive zu wollen, daß für alle Beteiligten in der Situation das Bestmögliche geschehen wird.

Segnen ist das Heilmittel gegen Sorgen. Sorgen sind destruktiv, das Beste zu wollen ist konstruktiv.

304. Was du liebst, zu dem wirst du selbst

Wir fühlen uns natürlicherweise stark zu dem hingezogen, was wir lieben. Und je mehr wir uns auf das zubewegen, was wir lieben, um so mehr mögen wir uns selbst und fangen an, das in uns ertönen zu lassen, was wir lieben. In diesem Widerhall entdecken wir, daß das, was wir lieben, auch in uns ist. Das ermöglicht ein Geben und Nehmen der Liebe, die uns als uns selbst erkennen läßt. Was wir lieben, pflanzen wir in unserem Herzen und lassen es wachsen wie eine wunderschöne Blume. Was wir lieben, wollen wir auch anderen Menschen geben, so daß sie empfangen können, was wir empfangen, und sich an dem erfreuen, woran wir uns erfreuen, denn geteilte Freude ist doppelte Freude.

Prüfe, wen du liebst und was in deiner Liebe du wirklich genießt. Laß deine natürliche Dankbarkeit für diesen Menschen oder diesen Umstand zu. Dankbarkeit ermöglicht dir einen noch stärkeren Einklang mit dem Geschenk, das du erfährst. Dankbarkeit öffnet nicht nur das Tor zur Liebe, sie verstärkt die Liebe auch.

305. Mißtrauen anderen gegenüber ist Zweifel an dir selbst

Wenn du anderen Menschen nicht vertraust, traust du in Wirklichkeit nur dir selbst nicht im Hinblick auf andere. Du hast Angst davor, mißbraucht und ausgenutzt zu werden. Du hast in dieser Hinsicht kein Zutrauen zu dir. Wenn du an dich selbst glaubtest, hättest du sogar im Umgang mit offenbar wenig vertrauenswürdigen Menschen das natürliche Vertrauen, eine erfolgreiche Begegnung zu schaffen. Wenn du kein Vertrauen hast, dann kannst du mit höchst vertrauenswürdigen Menschen umgehen und dich trotzdem betrogen fühlen, weil dir das Vertrauen fehlt, das zu vermitteln, was für ein Weiterkommen in der jeweiligen Situation wichtig wäre.

Achte darauf, wo du den Menschen mißtraust, und vertraue dir selbst in diesem Bereich. Habe genügend Vertrauen zu dir, um das zu vermitteln, was jede Situation zu einem größeren Erfolg werden läßt.

306. Das Ausmaß des Mangels in einer Beziehung bestimmt das Konkurrenzdenken

Jeder Bereich in deiner Beziehung, in dem nicht Fülle und Reichtum vorhanden sind – sei es Kommunikation, Geld, Sex, Freizeit, Glück oder was auch immer – ist ein Bereich, in dem du dich im Recht fühlst. Du glaubst, ein bißchen besser zu sein als dein Partner. Es ist ein Bereich, in dem du darum kämpfst, bestimmte Bedürfnisse durch deinen Partner oder die Situation erfüllt zu sehen, bevor die anderen etwas bekommen. Das Ausmaß von Mangel ist der Grad, in dem du noch nicht partnerschaftlich lebst. Jeder von uns hat viele solcher unterbewußten Bereiche. Mache dir heute diese Bereiche bewußt und entscheide dich neu.

Betrachte die Bereiche, in denen du in deiner Beziehung mehr erwartest, und baue in diesen Bereichen eine Partnerschaft auf. Unterstütze deinen Partner, denn dort, wo du deinem Partner hilfst, fällt der Mangel weg.

307. Du bist nie zu alt für ein Rendezvous

Wenn du deine Beziehung lebendig erhalten möchtest, schenke ihr immer wieder Leben. Schaffe Zeit für dich und deinen Partner, euch auf die Beziehung selbst zu konzentrieren, Freude aneinander zu haben und die Zeit gemeinsam zu genießen. Wenn du glaubst, deinen Partner zu kennen, dann täuscht du dich so lange, bis du seine wahre Größe kennst. Je besser du deinen Partner kennenlernst, um so mehr wirst du ihn wirklich lieben und um so mehr Freude werdet ihr haben. Was du sonst noch in deinem Partner siehst, sind Urteile über dich selbst, die du auf ihn projizierst.

Du bist nie zu alt für ein Rendezvous. Nimm dir Zeit für dich selbst. Nimm dir Zeit für deinen Partner. Erneuere dich selbst und deine Beziehung, und schreite vorwärts. Tue etwas Außergewöhnliches. Sei kreativ. Tue etwas, das dir wirklich Spaß macht. Verabrede dich heute.

308. *Unglücklichsein ist eine Form der Rache an deinen Eltern*

Das sagt alles. Wenn du unglücklich bist, sagst du der Welt: „Meine Eltern haben mich nicht richtig erzogen." Eine großartige Möglichkeit, an deinen Eltern Rache zu üben, ist, zu versagen oder unglücklich zu sein. Du gehst durchs Leben mit einem traurigen Gesicht, das sagt: „Schaut her, liebe Eltern, was ihr aus mir gemacht habt. Weil ihr versagt habt, ist aus mir nichts geworden." Du spuckst dir damit selbst ins Gesicht. Du tust dir weh, um deinen Eltern etwas heimzuzahlen. Aber du und deine Eltern, ihr gehört zusammen. Wenn sie versagt haben, dann nur, weil du auch versagt hast. Es wird dir nur Leid bringen, wenn du dein Glück vom Verhalten anderer abhängig machst. Höre auf damit, in der Vergangenheit zu leben. Deine Vergebung befreit euch von der Vergangenheit. Jeder Lebensbereich ohne Erfolg ist eine Form der Rache an deinen Eltern, unabhängig davon, was du oberflächlich über sie sagst. Das kannst du jetzt ändern.

Vielleicht ist es jetzt an der Zeit, eine reifere Einstellung zu haben, die dein Selbstbewußtsein stärkt und dich voranbringt. Vielleicht ist es Zeit, dein Glück mit deinen Eltern zu teilen, was sowohl ihr als auch dein Leben bereichern würde. Das beste Geschenk, das du dir machen kannst, ist auch das beste Geschenk für sie. Glücklich zu sein ist für alle Beteiligten das beste Prinzip.

309. Wahrer Reichtum bedeutet nicht, Gewinner und Verlierer zu haben, sondern nur Gewinner

Wenn es in einer bestimmten Situation Gewinner und Verlierer gibt, trägt die Verständigung untereinander noch keine echten Früchte. Dann gibt es immer noch Gebiete der Furcht und des Verletztseins, und auf irgendeiner Ebene wird noch gekämpft. Wenn es Verlierer gibt, wird der Glaube an einen Mangel wieder verstärkt. Führe das Bemühen um Verständigung so lange fort, bis es nur noch Gewinner gibt.

Gewöhne dich nicht an den Schmerz. Führe jede Kommunikation so lange fort, bis beide Seiten das Gefühl haben, gewonnen zu haben, bis es nur noch Gewinner gibt.

310. Du selbst zu sein heißt, ein Stern zu sein

Ein Stern ist jemand, der so hell glänzt, der seine Gaben so ganz gibt, der so uneingeschränkt liebt, daß jeder vom Licht dieses Sternes angezogen wird und den Weg nach Hause findet. Um dich wirklich zu kennen, mußt du wissen, daß du ein Stern bist. Erkenne deine Gaben, um wirklich du selbst zu sein. Denke daran, welch großes Geschenk du für jeden in deiner Umgebung bist. Sterne mögen sehr leise Dinge tun, aber sie strahlen ein starkes Liebes-Licht aus, das durch die Dunkelheit dringt.

Erkenne heute, daß du ein solcher Stern bist, und laß alles an dir abgleiten, das dich daran hindert, hell zu strahlen. Entscheide dich, anderen zu vergeben, oder löse dich von jeder Klage und jeder Entscheidung, die Kontrolle über dich, andere oder die Situation zuläßt. Entscheide dich dafür, nichts und niemanden dazu zu benutzen, dich selbst zurückzuhalten. Entscheide dich dafür, voll und ganz zu lieben. Etwas anderes wird dich nicht glücklich machen. Etwas anderes entspricht dir nicht.

311. Schmerz entsteht durch fehlendes Verstehen

Leiden bedeutet, es gibt etwas, das du nicht verstehst. Wirkliches Verstehen heilt alle die Bedürfnisse, die sich im Schmerz äußern, und ermöglicht es dir, den Widerstand zu brechen, der aus dem Schmerz entsteht. Immer dort, wo du einhältst und dich weigerst weiterzugehen, stößt du auf Schmerz, Angst und unerfüllte Bedürfnisse. Aber das Verstehen ermöglicht es dir, dich zu entfalten, die Angst zu überwinden und die Bedürfnisse zu stillen, so daß du mit den Menschen in deiner Umgebung auf natürliche Weise harmonierst.

Stelle eine harmonische Verbindung zu den Menschen um dich herum her. Das Gefühl der Verbundenheit ermöglicht das Verstehen, das Schmerz und Angst heilt und Bedürfnisse stillt.

312. Wenn du dich mit jemandem verbindest, der dich angreift, gibt es keinen Widerstand mehr und damit keinen Angriffspunkt

Abwehr reizt zum Angriff, weil die Abwehrhaltung wie eine leicht verwundbare Stelle ist, die darauf wartet, verletzt zu werden. Jeder Schmerz, der sich in uns befindet, zieht weiteren Schmerz an. Gewalt in uns, ob bewußt oder unbewußt, bewirkt Gewalt von außen, die uns trifft. Aber wenn dich jemand angreift, gehe auf ihn zu, denn wenn du keinen Widerstand leistest, gibt es keinen Angriffspunkt. Wenn du dich mit dem Menschen, der dich angreift, innerlich verbindest, zerstörst du die Angriffslust. Jeder Angriff auf dich ist ein besonderer Hilferuf. Tief im Inneren glauben diejenigen, die dich angreifen, daß du ihnen vielleicht helfen kannst. Natürlich leisten sie dagegen auch Widerstand und kämpfen dagegen an. Sie sind geradezu verärgert, sich zu dir hingezogen zu fühlen, und manchmal führt dieses zwiespältige Gefühl zum Angriff. Aber wenn du mit Nähe reagierst und dich diesem Zwiespalt ganz bewußt widmest, kann der Kampf enden, und beide Konkurrenten können sich auf einer neuen Ebene begegnen.

Gehe auf jemanden zu, der dich angreift. Rufe ihn an. Schreibe ihm. Laß ihn deine Zuneigung spüren. Wenn dich im Augenblick niemand angreift, dann schaue in die Vergangenheit und rufe dir eine Situation, in der du angegriffen wurdest, wieder ins Bewußtsein. Suche jemanden, der dir widerspricht, dich kritisiert oder angreift, und gehe auf ihn zu, um ihm zu helfen.

313. Alles zu erreichen ist die Hoffnung, die in einer Beziehung liegt.

Es ist wichtig zu wissen, daß wir alles erreichen können. Es ist kein Zeichen von Reife, wenn man sich Einschränkungen auferlegt und nicht mehr darum bemüht ist, wahren Überfluß zu erhalten, oder keinen Wert mehr darauf legt, daß alles im Leben erfolgreich verläuft. Eine gute Beziehung kann dich dazu inspirieren, deine Grenzen zu überschreiten. Die Liebe in einer Beziehung kann dich durch Erstarrung und Kampf hindurch auf immer höhere Ebenen führen. Jedes Problem, das du überwindest, und jede Versuchung, der du widerstehst, führen dich auf eine neue Ebene, auf der du selbst, deine Beziehung und dein ganzes Leben eine größere Bereicherung erfahren. Was eine Beziehung verspricht ist, daß du dich entfaltest, wie sie sich entfaltet, und daß mehr und mehr Gnade über dich kommt und dein Leben erfüllt.

Entspanne dich und stelle dir vor, daß du neben deinem Partner stehst und plötzlich in den Boden hineinsinkst, vorbei an allen Konflikten und an der Leere. Stelle dir vor, daß ihr beide euch durch den Boden in die Tiefe bewegt, bis ihr an einem lebenswerteren Ort ankommt. Ob diese Stelle eine Wiese ist, ein offener Raum oder ein Ort des Lichtes – fühle nur dich selbst, erkenne den wahren Charakter deiner Beziehung und ihre Möglichkeiten, und sei gewiß, daß diese Bewegung durch alle Mißverständnisse hindurch dich dazu führt, alles zu erreichen.

314. Die Rivalität in deiner gegenwärtigen Partnerschaft begann in der Familie, in der du aufgewachsen bist

In allen Familien, egal, wie intakt sie sind, gibt es unterschwellige oder offene Konkurrenzkämpfe. Ein solcher Konkurrenzkampf tritt dann auf, wenn es irgendeinen Mangel gibt – nicht genug Liebe für alle, nicht genügend Harmonie, als daß sich jeder am anderen ohne jede Einschränkung erfreuen könnte. Die Rivalität, die du jetzt empfindest, begann vor langer Zeit, als du deine Persönlichkeitsstruktur ausgebildet hast. Deine Wesensmerkmale bauen sich alle auf der Basis des Vergleichens auf: „Verdiene ich etwa keine Liebe?" Und daher: „Verdiene ich nicht etwas mehr Liebe als meine Geschwister oder sonst jemand?" Diese Überlegungen gehören zu uns wie eine zweite Haut. Jeder Teil der Persönlichkeit nimmt einen Platz ein, wo wir etwas in uns aufgegeben haben, um die Anerkennung eines anderen zu gewinnen und uns integriert zu fühlen. Aber deine Persönlichkeit kann wie ein Stück Zellophan zwischen dir und anderen Menschen sein: Sie hindert dich daran, etwas zu empfangen. Sie macht dich befangen. Sie verhindert, daß du anderen die Hand reichst, offen, spontan, ausgelassen und lustig bist.

Richte dein Augenmerk auf die Rivalitäten in deinem Leben und darauf, wann sie vor langer Zeit begonnen haben. Nimm zur Kenntnis, daß in deiner jetzigen Beziehung für jeden genug da ist. Wenn du das jetzt erkennst, kannst du auch das Gleichgewicht in der Vergangenheit wieder herstellen: Die Gegner, die sich in meiner Familie herausgebildet haben, werde ich jetzt als Verbündete ansehen, denn je mehr Erfolg sie haben, um so erfolgreicher bin auch ich. Je erfolgreicher mein Partner ist, um so mehr Erfolg habe ich. Ich werde alle Rivalitäten hinter mir lassen und meinen Partner unterstützen. Ich werde sein wahres Selbst finden. Wenn ich mich befangen fühle, mich selbst quäle oder innerlich aufgewühlt bin, will ich mich jemandem anvertrauen, und wir werden beide frei sein.

315. Was du von anderen erwartest, ist das, was du ihnen selbst nicht gibst

Alle Erwartungen kommen aus Forderungen, die man aus Angst stellt, vielleicht nicht das zu bekommen, was man benötigt. Deshalb fordern wir es, statt darum zu bitten. Aber wenn du etwas von jemand anderem erwartest, hast du Angst, es nicht zu bekommen, weil du es selbst auch nicht gibst. Du könntest aus deiner Forderung eine Einladung machen, auf die man viel natürlicher reagiert, indem du gewillt bist, das zu geben, was du offensichtlich von deinem Partner oder von anderen Menschen in deinem Umfeld erwartest.

Bleiben deine Erwartungen unerfüllt? Dann untersuche das, was du von anderen – deinem Partner, deinen Eltern, deinem Kind oder deinem Vorgesetzten, von wem auch immer – erwartest. Wenn du etwas von jemandem erwartest, dann gib ihm genau das, was du von ihm bekommen möchtest. Bald wird es zwischen beiden Beteiligten zu einem harmonischen Geben und Nehmen kommen.

316. Die Helferrolle erlaubt es dir, dich überlegen zu fühlen, während du dich vor einem gleichwertigen Partner fürchtest

Die Helferrolle bedeutet, dich ein bißchen besser fühlen zu können als diejenigen, die du betreust. Deshalb ist es eine Rolle. Diese Rolle überspielt das Gefühl, minderwertig, nicht gut genug, nichts wert zu sein. Die Rolle kompensiert all dies. Wir neigen außerdem dazu, jemanden zu wählen, der sich von uns abhängig fühlen kann, jemanden, der auch wirklich Angst davor hat weiterzugehen. Wir bewegen uns in ein trügerisches Einverständnis hinein in einer Beziehung, in der wir uns zurückhalten und einer eindeutig die Problemperson ist. Eine andere Art, die Helferrolle zu verstehen, ist, jemandem solange zu helfen, bis er mit uns gleichgestellt ist. Aber genau an diesem Punkt, an dem wir wirklich eine Beziehung auf gleicher Basis erreichen könnten, stoßen wir den anderen weg, und er schreitet weiter voran und läßt uns mit leeren Händen zurück. Wir haben Angst davor, ein gleichwertiger Partner zu sein, weil wir Angst davor haben, verletzt zu werden. Wir meinen, wir seien es nicht wert, daß die Beziehung wirklich Erfolg hat. Wir glauben, weder genügend Kraft noch Vertrauen zu haben, um mit einem gleichberechtigten Partner umzugehen.

Erinnere dich an alle die Situationen im Leben, in denen du jemanden auserwählt hast, um ihm zu helfen. War es so, daß ihr beide nicht weitergehen wolltet? Oder hast du dich zwar zunächst an den Möglichkeiten orientiert, die im anderen liegen, ihn aber im Stich gelassen, als sich ihm die Chance bot, geheilt zu werden und dir ebenbürtig zu werden? Wenn du in eine solche Lage kommst, sei bereit, gleich zu sein, teile deine Gefühle, und teile auch deine Erfahrung darüber mit, dich nicht vollständig gleichwertig zu fühlen. Gehe weiter in deinem Leben, nicht, indem du eine Rolle spielst, sondern indem du dein Gefühl zuläßt. Wenn du es zuläßt, daß auch du etwas empfängst und dein Partner als gleichberechtigt angesehen wird, tust du dir selbst genauso viel Gutes wie dem anderen.

317. Wahrheit schafft Fülle

Was man erlebt, ohne darüber zu sprechen, kann zum Hindernis in einer Beziehung werden. Ohne Gespräch gibt es keine gedankliche Verbindung und keine Entwicklung. Die Wahrheit verbindet. Wenn du Angst davor hast, deinem Partner etwas mitzuteilen und es nicht sagst, entsteht Stillstand. Alles, was du zurückhältst, deine eigenen Gefühle beziehungsweise etwas, das geschehen ist oder womit man sich befassen muß, stellt ein Hindernis zwischen dir und deinem Partner dar. Wo es keine Verbindung gibt, kann auch keine Fülle geschaffen werden. Die Intensität der Verbundenheit mit deinem Partner bringt wahren Reichtum hervor – nicht lediglich Materielles, sondern Freude, Glück, Kreativität und all das Gute, das das Leben bereithält.

Deine Ehrlichkeit schafft Reichtum und Fülle. Erforsche, wo du dem anderen etwas vorenthältst. Es mag vielleicht nicht wirklich so sein, aber du empfindest es in diesem Augenblick als Wahrheit. Sobald du diese Wahrheit mit deinem Partner geteilt hast, kannst du sie in eure Beziehung mit einschließen, und ihr könnt gemeinsam weiter voranschreiten.

318. Wenn du etwas in deinem Leben nicht hast, dann deshalb, weil du Kontrolle ausübst

Dein Bestreben, Kontrolle auszuüben, steht deinem Erfolg im Weg. Den größten Erfolg hast du, wenn du auf einer Welle schwimmst, nicht, wenn du etwas planst. Du kontrollierst die Welle nicht, auf der du reitest, oder den Berg, den du als Skifahrer bewältigst, du überläßt dich dem Fluß. Und je intensiver du das tust, um so erfolgreicher bist du. Die Kontrolle läßt dich glauben, eine bessere Antwort geben zu können, nicht nur dir selbst, sondern auch jedem anderen, der auf dein Urteil hört. Die Kontrolle verbirgt deine Angst vor Verlust und Verletzung oder davor, überwältigt sein zu müssen, weil etwas so gut ist. Du möchtest lieber etwas nicht ganz so Gutes erfahren als überwältigt zu sein. Es wäre dir lieber, wenn etwas nicht so gut wäre, anstatt mit altem Schmerz kämpfen zu müssen, der vielleicht noch da sein könnte.

Sei bereit, dein Bemühen aufzugeben, die Fäden in der Hand zu halten, und warte, welche Antwort das Leben dir gibt. Denke daran, daß du nicht jeden Morgen die Sonne aufgehen lassen mußt. Denke daran, daß du den Fluß nicht antreiben mußt. Denke daran, daß das Weltall einfach perfekt funktioniert und alles sich zum Erfolg wendet, wenn du dich nur nicht länger in den Weg stellst. Vertraue darauf, daß alles sich entwickelt, wie du es dir vorstellst. Lege deine Zukunft in Gottes Hände.

319. Ganz gleich, welchen Schmerz du erleidest, das Geben führt zur Heilung

Fühlst du dich wie taub? Fühlst du dich „mies“? Fühlst du dich gequält, gehemmt, beschämt, verlegen, verletzt, neidisch, ängstlich, verzweifelt, leer, überflüssig, nutzlos oder verloren? Wenn du dich dafür entscheiden könntest, dich durch eines dieser Gefühle hindurch ganz zu schenken, um anderen zur Verfügung zu stehen, würdest du einen Durchbruch schaffen. Wo du gibst, wirst du neu geboren. Wenn du gibst, trittst du aus der Erstarrung in den Fluß des Lebens. Du befreist dich von deiner Befangenheit und deinem selbstquälerischen Verhalten und findest die Gnade. Sich hinzugeben ist das, was am meisten heilen kann. Durch dein Geben wird dir vieles geschenkt.

Schaue dich um, wo das Geben die Lebensumstände verbessern könnte, wo du auf andere Menschen zugehen und einiges positiv verändern könntest. – Tue es jetzt gleich!

320. Machtkämpfe sind die Forderungen an den anderen, Bedürfnisse zu stillen, die für beide erfüllt werden könnten, wenn du den nächsten Schritt tätest

In einem Machtkampf sehen wir andere Personen als Quelle für all das an, was wir empfangen. Sie sind diejenigen, die uns glücklich machen sollten. Deshalb kämpfen wir mit ihnen, damit sie unsere Bedürfnisse nach unseren Vorstellungen stillen. Aber der Kampf mit deinem Partner hindert dich nur daran, im Leben voranzuschreiten. Deine Bereitschaft, einfach den nächsten Schritt zu tun, könnte hingegen zur Erfüllung deiner Bedürfnisse und auch der deines Partners führen.

Schließe die Augen, entspanne dich und laß den nächsten Schritt auf dich zukommen. Sage ja zu allem, was in deinem Leben geschieht, in der Gewißheit, daß du Antworten darauf erhältst, was dich jetzt bedrückt. Sage nur ja. Sei bereit, darüber belehrt zu werden, wie sich die Lage zum besten wenden könne. Sei bereit, von deinem Standpunkt abzuweichen und für dich und deinen Partner Veränderungen zuzulassen.

321. Wenn du ein Bedürfnis erfüllt haben möchtest, dann fordere nichts

Bedürfnisse sind ausgesprochene oder unausgesprochene Forderungen. Je nachdem, ob du dir dessen bewußt bist, lassen sie einen Widerstand gegen deine Bereitschaft zum Empfangen entstehen. Kein Bedürfnis kommt von außen. Auf der tiefsten Ebene sind Bedürfnisse Täuschungen. Es sind Dinge, die wir zu brauchen glauben, wenn wir unser wahres Ganzes nicht erkennen.

Lasse heute von deinen Bedürfnissen ab. Stelle dir vor, du könntest die Augen schließen und in dich hinein versinken, bis du an einen Ort des völligen Einsseins mit dir selbst kommst, an einen Ort ohne Bedürfnisse. Oder stelle dir vor, wenn das leichter für dich ist, in der Zeit voranzuschreiten, selbst über dieses Leben hinaus, zu einem Ort großer schöpferischer Kraft, wo du ganz du selbst bist. Wenn du diesen Ort der Ganzheit erreicht hast, wirst du merken, daß deine Bedürfnisse wie von selbst aufgegeben sind. Diese Ganzheit ist der wichtigste Teil von dir. Aber in unserem Alltag, den wir durchhetzen, um alles zu bekommen, was wir zu brauchen glauben, vergessen wir, daß unsere Bedürfnisse im tiefsten Inneren Täuschungen sind und daß unsere Ganzheit das eigentliche Wesen unseres Geistes ist.

322. Jede Wohltat, die du jemandem erweist, segnet dich

Wenn du jemandem Gutes wünschst oder jemandem Liebe schenkst, fühlst du dich wohl. Jede Wohltat, die du anderen erweist, ist auch ein Segen für dich. Jedesmal, wenn du jemandem hilfst, bereichern die Hilfe, die du gewährst, und die Heilung, die erlangt wird, dein Leben.

Schließe deine Augen und stelle dir Menschen vor, die deine Wohltaten benötigen, die auf deine Liebe warten. Sie brauchen die Kraft deines Geistes in ihrem Leben. Wenn du sie beschenkst, dann spüre, wie gut es dir selbst tut. Denke daran, daß deine Bereitschaft zum Geben die Kraft deiner guten Taten vervielfacht. Jedesmal, wenn du anderen begegnest – Menschen auf der Straße, an denen du vorbeiläufst, Menschen an deinem Arbeitsplatz – wünsche ihnen etwas Gutes.

323. Je mehr du dich einem anderen Menschen schenkst, um so deutlicher erkennst du, wer er ist

Wenn du einen anderen Menschen kritisierst, schränkst du deine Fähigkeit ein, ihn zu erkennen und zu verstehen. Der Dichter Rainer Maria Rilke sagt, ein Kunstwerk könne man nur durch Liebe erfassen. Wie viel mehr gilt das für einen Menschen. Wenn wir diese Liebe, die uns das Verständnis ermöglicht, aufbringen, öffnen sich uns Welten über Welten und zeigen uns ihre Geheimnisse. Je mehr du gibst, um so mehr kannst du erkennen, wie der andere wirklich ist. Je mehr Liebe du für den Menschen aufbringst, mit dem du zusammenbist, um so stärker fühlst du dich veranlaßt, zu fördern und zu genießen, wer er wirklich ist. Wenn du keine Freude an jemandem hast, liegt es daran, daß du ihm nichts gibst. Je mehr du jemandem gibst, um so mehr Freude wirst du haben. Das gilt nicht für Opfer, die du bringst. Daher kannst du leicht erkennen, wann du nur vorgibst, etwas zu schenken.

Stelle dir Menschen in deinem Leben vor, die wichtig für dich sind, die du aber nicht magst. Jetzt ist es Zeit, auf sie zuzugehen, dich solange zu öffnen, bis du sie magst. Du wirst merken, wie weit du dich von einigen entfernt hast. Jetzt schenke dich ihnen, bis du ihre Schönheit erkennst und merkst, wieviel Freude es bereitet, mit ihnen zusammenzusein. Wenn es keine Freude macht, dann schenkst du nicht genug von dir.

324. Das Bild, das du dir von dir selbst machst, tötet dich

Jeder möchte ein gutes Bild von sich selbst haben, weil wir glauben, eine gute Meinung über uns selbst trage zu größerem Wohlbefinden bei. Aber alles, was wir über uns denken, entspricht nicht der Wahrheit, weil es nur eine Vorstellung ist. Wenn es nicht meditativ oder schöpferisch ist, dann fällt das Denken immer einen Schritt hinter das Geschehen zurück und ist somit eine Form des Widerstandes und der Kontrolle. Dein wahres Wesen ist etwas Ganzheitliches, an dem man eigentlich nie zweifeln muß. Aber weil wir Zweifel an uns selbst haben und uns als schlecht ansehen, schaffen wir uns positive Selbstbildnisse. Wir haben eine ganze Palette all der guten Dinge parat, die wir für uns in Anspruch nehmen, die aber nur kompensieren.

Wenn man diese Schicht durchdringt, findet man eine Müllhalde negativer Selbstbildnisse tief im Unterbewußtsein oder sogar im Bereich des Unbewußten. Wenn wir wirklich wüßten, was wir über uns selbst denken, könnten wir es wahrscheinlich nicht ertragen. Das Tröstliche daran ist jedoch, daß auch die negativen Vorstellungen von uns selbst nicht der Wirklichkeit entsprechen. Wenn du diese Vorstellungen hinter dir läßt, erreichst du eine neue Tiefe, in der du positive Gedanken über dich findest, Ansichten, die nicht nur bloße Kompensation sind. Das ist der Bereich, der kurz vor der Seligkeit und der Ekstase liegt, das ist die Dimension vor der Erleuchtung. Es ist das Tor zur Erkenntnis der Dinge, wie sie wirklich sind.

Jedes Bildnis von dir selbst ist etwas, das du zu bestätigen versuchst. Was du damit beweist, glaubst du jedoch nicht wirklich, sonst sähest du nicht die Notwendigkeit, es dir zu beweisen. Das Maß an Energie jedoch, das jedes einzelne Selbstbildnis fordert, geht auf deine Kosten. Die Energie, die du bewußt oder unbewußt verbrauchst, wenn du bestimmte Dinge beweisen möchtest, um mit dem Negativen, das du über dich glaubst, nicht in Berührung zu kommen, diese Energie raubt dir das Glück.

Wir haben Tausende solcher Vorstellungen von uns selbst. Alle laugen sie uns aus, kosten Energie und verleiten uns, für jedes einzelne Selbstbildnis einen weiteren unnützen Kreuzzug zu unternehmen, um uns etwas zu beweisen, das nicht bewiesen werden muß.

Bringe heute die Bereitschaft mit, durch jedes Selbstbildnis, sei es positiv oder negativ, hindurchzugehen, so daß du das Bewußtsein deines wirklichen Wesens und deiner Ganzheit erreichst. Du wirst merken, wann du dort ankommst, weil du dich gut und glücklich fühlen wirst. Du wirst spüren, wie sehr du geliebt wirst und wie stark du liebst. Du wirst deine natürliche Kreativität verspüren. Wirf alle deine Selbstbildnisse über Bord. Sie berauben dich deines wahren Wesens.

325. Wenn du in deiner Partnerschaft ein Problem siehst, dann ist es ein Problem, das du selbst hast

Wenn es ein Problem gibt, ist es eines deiner Probleme. Es hilft nichts, es zu verleugnen, denn das Problem wird dich belasten, ob du es annimmst oder nicht. Wenn du die Schlange im Gras nicht siehst, heißt das nicht, daß sie dir nichts anhaben kann, wenn du auf sie trittst. Wenn du ein Problem siehst, ist es dein eigenes, und du bist aufgefordert, etwas dagegen zu tun. Wenn du eine Arbeit siehst, die erledigt werden muß, dann ist es deine Aufgabe, zu reagieren und die Situation zu verbessern. Erkenne, daß das, was du siehst, auch in deine Verantwortung fällt. Je mehr du dir dessen bewußt wirst, um so mehr bereicherst du dein Leben. Menschen, die helfen wollen, bemerken die Hilferufe um sie herum. Deine Bereitschaft, die Hilferufe zu hören und darauf zu antworten, bringt dich voran. Du wirst deinen natürlichen Platz im Zentrum des Heilens finden. Deine natürliche Aufgabe wird darin bestehen, beispielhaft jede Situation zu verbessern. Du kannst das leisten und trotzdem noch dein eigenes Leben führen. Wenn du ein Problem siehst, ist es dein Problem. Es hilft nichts, wegzuschauen; du mußt darauf reagieren.

Schaue dich in der Welt um, wer wirklich Hilfe braucht. Welche Probleme kannst du lindern? Reagiere jetzt gleich!

326. Alles, was in deinem Leben geschieht, ist Kommunikation mit einem für dich wichtigen anderen Menschen

Alles im Leben beruht auf Verständigung. Daher ist alles, was mit dir geschieht, oder alles, was du tust, Kommunikation mit einem für dich wichtigen anderen Menschen. Erinnere dich an einige Mißgeschicke in deinem Leben, und frage dich:"Mit wem habe ich kommuniziert, und welche Botschaft habe ich überbracht?" Wenn du wirklich wahrnimmst, was geschieht, dann siehst du, daß du dir immer selbst eine Botschaft bringst oder Gott, deinen Eltern, anderen wichtigen Menschen, Menschen, die früher einmal wichtig für dich waren, oder jedem, mit dem du in dieser Situation zu tun hast.

Pannen passieren in erster Linie, weil wir Angst davor haben, uns mitzuteilen, so daß es uns lieber ist, wenn uns etwas passiert, als mit uns selbst in Verbindung zu treten und mit einer anderen Person direkt kommunizieren zu müssen. Kommunikation im Unterbewußtsein hat viel weniger Aussicht auf Erfolg. Manchmal wirst du feststellen, daß das Negative, das dir zustößt, nur ein Racheakt an anderen ist. Manchmal wirst du es als Hilferuf von deiner Seite erkennen. Manchmal wirst du merken, daß Negatives in deinem Leben eine Möglichkeit ist, einem anderen Menschen zu zeigen, daß du ihn liebst. Aber dann ist es lediglich ein Opfer und schadet dir selbst. Wenn du dich opfern mußt, um die Liebe oder Anerkennung eines anderen Menschen zu erhalten, dann gibt es in entscheidenden Fragen nach wie vor Mißverständnisse.

Wähle drei bedeutende Ereignisse in deinem Leben aus. Frage dich, was du den Personen, die dir wichtig sind, dabei vermittelt hast. Wenn du verstehst, welche Botschaften du gegeben hast, dann verstehst du auch, was mit dir geschehen ist, daß du einen solchen Anlaß in deinem Leben geschaffen hast. Indem du lernst, Kommunikation im Unterbewußtsein zu einer bewußten Verständigung werden zu lassen, kannst du viel mehr Erfolg im Leben haben. Bringe das, was im Dunkeln liegt, ans Licht, und du erreichst Heilung.

327. Wenn du kein Vertrauen hast, kannst du nicht lieben

Vertrauen ist die Kraft deines Geistes, die du anderen schenkst, um ihnen zu helfen, ihrem wahren Wesen und der Wahrheit näherzukommen. Wenn du jemandem nicht vertraust, dann empfindest du auch keine Liebe. Du verspürst vielleicht ein Bedürfnis, das den anderen attraktiv erscheinen läßt, oder du verspürst vielleicht Verlangen in irgendeiner Form – aber das ist keine Liebe. Wenn du dem anderen nicht vertraust, traust du dir selbst nicht, denn du kannst einem anderen Menschen nur so viel Vertrauen entgegenbringen wie dir selbst. Wenn du nichts gibst, kannst du nichts empfangen. Wenn du diese lebenswichtige Voraussetzung, die Hand in Hand mit der Liebe geht, nicht schaffen kannst, dann kannst du auch nicht lieben. Dann spielt sich etwas anderes ab, das vielleicht als eine Form der Kontrolle bezeichnet werden kann.

Schenke deinem Partner und allen Menschen in deiner Umgebung, die es wert sind, heute dein Vertrauen. Hast du dieses Vertrauen? Wenn du dir selbst und deiner eigenen Kraft wirklich vertraust, kannst du jedem trauen. Vertrauen ist das größte Geschenk, das du deinem Partner heute machen kannst. Es macht dich sicher und stark. Leichtgläubigkeit hat mit Vertrauen jedoch nichts zu tun. Vertraue auf dein instinktives Gefühl, und dann laß das Vertrauen zum Werkzeug der Transformation werden. Es gibt kein Problem, das man nicht mit Vertrauen heilen kann.

328. Nur in der Hingabe kannst du empfangen

Viele Menschen, besonders viele unabhängige Menschen, glauben, es gebe kein Leben mehr, wenn sie sich rückhaltlos einsetzen. Aber sie sprechen nicht von wirklicher Hingabe, sondern von Einschränkung, Opfer und Selbstverleugnung. Sie denken an die Zeit, als sie Sklaven der Liebe waren und vieles taten, um Anerkennung zu erlangen. Je unabhängiger sich jemand fühlt, um so mehr fürchtet er sich davor, wieder Opfer bringen zu müssen. Aber weder „Opfer" noch „Unabhängigkeit" haben irgend etwas mit der Hingabe gemeinsam. Hingabe ist die Entscheidung, sich dem anderen in jeder möglichen Form zu schenken, sich ganz zu schenken. Je mehr du freiwillig schenkst, um so mehr wirst du erhalten. Hingabe bedeutet im Lateinischen, sich selbst mit jemand anderem auf den Weg zu schicken (com-mittere). Die Bereitschaft, mit jemandem zu gehen, ermöglicht es wiederum, von ihm etwas zu empfangen.

Erforsche, in welcher Situation du zu wenig Hingabebereitschaft gezeigt hast, weil du sie als eine Art Opfer falsch verstanden hast. Sei bereit, diese Opferhaltung abzulegen und zu erkennen, daß du bessere Entscheidungen treffen kannst, daß du dich jetzt wirklich hingeben kannst, ohne Angst haben zu müssen, gefesselt zu werden. Du kannst die Wahrheit sagen, ohne ausgenutzt zu werden. Erkenne heute, wovor du Angst hast, und entscheide dich für die Hingabe an einen anderen Menschen, damit du Erfolg hast.

329. Liebe begegnet dir überall und zu jeder Zeit

Liebe begegnet uns überall. Aber uns fehlt der Blick und das Bewußtsein dafür, sie überall zu empfangen. Unsere Urteile, die wir über andere abgeben, und unser Groll wecken in uns ein ungutes Gefühl über uns selbst, so daß es uns nicht möglich ist, all das Gute zu sehen, das es um uns herum gibt und das wir empfangen könnten, wenn wir es nur wahrnehmen würden.

Stelle dir vor, du wärest an deinem Lieblingsort und erführest die ganze Liebe deiner Familie. Stelle dir vor, all die Liebe derjenigen, die jemals an dich geglaubt haben,würde dir jetzt geschenkt – die ganze Liebe deiner Lehrer, Freunde, Arbeitskollegen und geistigen Vorbilder. Jetzt fühle auch die Liebe Gottes in dir. Sie ist immer in dir. Laß es zu, sie wahrzunehmen und zu empfangen. Dies ist ein großer Tag, wenn du in jedem Augenblick spüren kannst, wie sehr du geliebt wirst.

330. Wenn wir jemanden als schlechten Menschen abstempeln, verlieren wir alle

Wenn wir einen Menschen als schlecht verurteilen, treten wir in einen Machtkampf mit ihm. Wir meiden ihn oder greifen ihn an, wenn es auch nur in Gedanken ist. Wir beginnen einen Kampf, in welchem wir versuchen, entweder nicht von ihm beeinträchtigt zu werden oder ihn zu besiegen. Aber es ist ganz gleich, wer gewinnt – wir haben alle verloren. Wir haben eine Situation geschaffen, in der einer die Rechnung bezahlen muß. Rate, wer das sein wird? Deshalb bemühe dich, über die Kategorien „gut“ und „böse“ hinauszudenken. Diese Einteilung ist nämlich nur ein Mittel, etwas zu verbergen, das angepackt oder zumindest angesprochen werden muß. Wenn du die Bereitschaft aufbringst, über das Wettbewerbsdenken hinauszuschauen, dann findest du einen Ort, an dem paradoxerweise jeder von euch beiden Erfüllung finden kann – nicht nur jetzt, sondern auch in der Zukunft.

Schließe die Augen, entspanne dich und denke an den Menschen, über den du heute urteilst. Jemand hat unrecht, jemand ist böse. Bitte dem Bereich deines Geistes, der alle Antworten kennt, dieses Problem zu übernehmen und dir den paradoxen Weg zu zeigen, auf dem jeder gewinnen kann, nicht nur jetzt, sondern bis in die Ewigkeit. Laß dir diesen Weg zeigen. Gib nicht auf, bis jeder gewinnen kann.

331. Hingebungsvoller Einsatz ist nur dann möglich, wenn wir uns selbst achten

Der Grund dafür, daß uns der engagierte Einsatz für andere so schwerfällt und wir glauben, dies auf lange Sicht gesehen nicht durchhalten zu können, liegt darin, daß wir niemanden, uns selbst eingeschlossen, für wert erachten, diese Art des ständigen Gebens verdient zu haben. Wir achten uns selbst nicht, also achten wir auch andere Menschen nicht. Je weniger wir uns selbst achten, desto stärker finden wir uns in Rollen, Verpflichtungen und Regeln verstrickt und tun das Richtige, aber aus den falschen Gründen. Doch es gibt eine Lebensform in größerer Aufgeschlossenheit, ein Leben der freieren Entscheidung und der höheren Moral.

Heute bist du aufgefordert, dich selbst zu achten und dir selbst wirklich etwas zu geben. Wenn du lernst, dich selbst zu achten, wirst du eine fortwährende Entfaltung deiner eigenen Persönlichkeit und der anderer Menschen feststellen können.

332. Es dient niemandem, wenn du dich ausnutzen läßt

Es dient niemandem, wenn du dich ausnutzen läßt. Verlange von den Menschen in deiner Nähe, dich zu achten. Gib ihnen keine Gelegenheit, dich zu verletzen, denn später werden ihre Schuldgefühle in einen Teufelskreis führen, indem sie eine distanzierte Haltung einnehmen oder dich wiederholt angreifen. Manchmal bringt uns unser Ego in Situationen, in denen wir ausgenutzt werden, und wir lassen es zu, weil wir keine Gewalt anwenden wollen oder uns zu schwach fühlen. Aber es ist wichtig, sich selbst grundsätzlich zu achten. Du manövrierst dich nur in eine Situation, in der du ausgenutzt werden kannst, weil du dich schuldig fühlst oder das Bedürfnis verspürst, dich zu opfern. Achte dich! Laß es nicht zu, mißbraucht zu werden, denn es hilft niemandem.

Betrachte jede Situation, in der du dich vielleicht seelisch oder körperlich mißbraucht gefühlt hast. Setze alles daran, dich nicht von anderen ausnutzen zu lassen. Manchmal mußt du sehr deutliche Worte sprechen, ein andermal mußt du vielleicht distanzierter sein, weil es die Situation erfordert. Wenn du die Situation verläßt, aber dem anderen Menschen immer noch Liebe und Hilfe schenkst, dann wird sich die Lage für dich bald bessern.

Jede Form des Mißbrauchs ist eine Situation, in der wir andere dazu bringen, uns für eine Schuld zu bestrafen, die wir im Unterbewußtsein empfinden. Aber wenn du den Willen aufbringst, die Ursache, die zu dieser Situation führt, zu erforschen, dann kannst du die Lage sofort verändern. Frage dich, ob du erfahren kannst, in welchem Alter du diese Schuld verspürt hast und mit wem sie kam. Dann frage dich, wodurch sie kam. Denke daran, Schuld ist ein Fehler. Es ist eine Entscheidung, die du über dich selbst gefällt hast. Nimm sie zurück, um sie zu heilen. In welcher Lage du auch immer warst, du hast deine Mitte verlassen. Laß dich von deinem Höheren Geist in deine Mitte zurücktragen, und laß von dort das Licht in dir erstrahlen, um mit der Hilfe deines Höheren Geistes jeden in seine Mitte zurückzubringen. Spüre, wie gut ihr euch alle an diesem Ort fühlt und wie dies deine gegenwärtige Lage beeinflußt.

333. Gemessen an unseren inneren und äußeren Möglichkeiten tun wir alle unser Bestes

Wenn du nicht verstehst, warum jemand sich auf eine bestimmte Weise verhält, frage dich: „Welche Gefühle müßten mich bedrängen, damit ich ein solches Verhalten zeige?“ Menschen handeln nach ihrem Gefühl, und was wir empfinden, hängt damit zusammen, was wir glauben, denken oder schätzen. Das ist das Ergebnis unterschiedlicher Erfahrungen und Entscheidungen in unserem Leben. Aber wenn wir erkennen, daß wir nach unseren Möglichkeiten alles tun, was wir können, dann können wir Verständnis und Mitgefühl für uns selbst und andere in unserer menschlichen Beschränkung aufbringen.

Schließe die Augen und versetze dich in eine Situation zurück, in der du eine schwerwiegende Entscheidung gegen dich und dein Leben getroffen hast. Wer war bei dir? Wie haben andere sich verhalten? Was müssen sie empfunden haben, um so zu handeln? In einer traumatischen Situation reagiert jeder anders, aber alle fühlen das gleiche. Du weißt, wie schmerzlich diese Situation für dich war. Jeder, der dabei war, fühlte im Unterbewußtsein das gleiche, sonst hätte es sich so nicht ereignen können. Wenn du dieses Gefühl erreichst, kannst du Mitleid für dich und andere aufbringen und die Entscheidung über dich und dein Leben ändern. Wenn du dir diese Situation vorstellst, wirst du erkennen, daß das Verhalten der anderen ein Hilferuf nach Liebe war. Spüre, wie dein Licht jeden Beteiligten erreicht und euch verbindet. Spüre jetzt, wie in der Verbundenheit Schmerz und Kampf von jedem abzufallen scheinen.

334. Schmerz kann ein ausgezeichneter Lehrer sein

Gewinne eine andere Einstellung zum Schmerz. Nimm den Schmerz als deinen Lehrer an, und versuche nicht, ihn zu unterdrücken oder vor ihm wegzulaufen. Wenn du den Schmerz umgehst, bringst du dich um lehrreiche Erfahrungen. Sei bereit, Mut aufzubringen und den Schmerz durch und durch zu erfahren, zu sehen, was er dich lehrt und was er dir gibt. Wenn du den Schmerz ganz durchlebst, wird er sich auflösen. Deine Bereitschaft, diese neue Einstellung dem Schmerz gegenüber anzunehmen, wird es dir dann gestatten, dich in bestimmte Situationen hineinzubegeben, die du sonst umgehen würdest, und Lösungen für andere Probleme zu finden, bei denen du andernfalls jemanden angegriffen oder zumindest gemieden hättest. Sobald du nicht mehr gegen den Schmerz ankämpfst, findest du richtige und schnelle Wege, ihn zu durchleben.

Sei bereit, die Gefühle zu akzeptieren, die du in deinem Inneren hegst und die durch äußere Umstände in dir ausgelöst werden. Diese Bereitschaft wird dir das Reaktionsvermögen und die Kraft verleihen, die jetzt noch fehlen. Sieh den Schmerz als deinen Lehrer an. Er wird ein verständnisvoller Lehrer sein, wenn du dich ihm nicht widersetzt.

335. Das Ego ist all das, was außerhalb der Einheit mit anderen liegt

Einheit zeigt sich in Zusammenarbeit, Verbundenheit und gegenseitiger Hilfe. Das Ego jedoch steht alleine, hortet alles für sich selbst, um seine eigenen Bedürfnisse zu stillen, und besteht darauf, sich abzusondern und mehr als andere zu haben. Der Grad deiner Isoliertheit ist der Grad, in dem du Schmerz empfindest, Probleme hast oder Bedürfnisse verspürst. Dein Ego veranlaßt dich zu vielen unnützen Taten, um ein Gefühl der Sicherheit für dich und Vorstellungen von dir selbst aufzubauen. All dies jedoch ist Zeitverschwendung, denn dein wahres Selbst ist wesentlicher als irgendeine Vorstellung, und es ist ganzheitlich. Dein Ego ist eine Form der Abspaltung, die die Einheit verhindern will.

Gehe heute auf andere zu und verbinde dich mit ihnen. Erkenne die Gebiete, auf denen du dich abspaltest, und lerne zu verstehen, daß diese Abspaltung völlig unnötig erfolgt. Dein Wille, dich mit dem anderen zu verbinden und mit ihm zusammenzuarbeiten, schafft eine neue Grundlage der Partnerschaft, in der du die Freuden der Einheit erfährst, Fülle, Liebe, Glück und Kreativität.

336. Wenn du dich nicht dort annimmst, wo du gerade bist, kannst du nicht weiterkommen

Stelle dir vor, du wärest in einer sehr schwierigen Lage, die du ablehnst und der du dich widersetzt. Wenn du das tust, kommst du nicht weiter. Sobald du annimmst, was dir widerfährt, bist du in der Lage, den nächsten Schritt zu tun. Stelle dir vor, du wärest in eine starke Strömung geraten und kämpftest dagegen an, indem du versuchtest herauszuschwimmen. Wenn du das tätest, würdest du bis zur Erschöpfung schwimmen und dann ertrinken. Wenn du aber einfach entspannst und dich von der Strömung treiben läßt, wird sie dich in einem großen Bogen aus der Gefahrenzone heraustreiben, bis du wieder frei schwimmen kannst.

Wenn du dich weigerst, etwas so anzunehmen, wie es ist, vergeudest du deine Energie. Indem du Widerstand leistest, verfängst du dich in der Situation. Wenn du dich bemühst, deine Lage anzunehmen, um daraus befreit zu werden, du aber dennoch nicht weiterkommst, dann hast du dich vermutlich der Situation unterworfen und dich notgedrungen angepaßt. Warum aber solltest du dich einer Sache unterordnen, der keine Wahrheit zugrunde liegt? Deine Unterordnung ist nur eine Form des Opfers und des Kompromisses, wenn du das Gefühl hast, verloren zu haben. Schließe keinen Kompromiß, sondern finde zu echter Kommunikation. Finde dich nicht einfach mit etwas ab, sondern finde eine Lösung. Lehne dich aber auch nicht gegen die Situation auf, sondern akzeptiere, was geschieht.

Sei bereit, jede schwierige Lage zu akzeptieren, in der du dich befindest, und spüre, wie du sie durchläufst. Statt sie zu verurteilen, entscheide dich heute dafür, jede Situation anzunehmen, mit der du konfrontiert wirst.

337. Fehler müssen nur berichtigt, aber Schuld muß bestraft werden

Wenn wir uns schuldig fühlen, erteilen wir uns selbst eine Strafe, um unser schlechtes Gewissen zu besänftigen. Nachdem wir uns bestraft haben, fühlen wir uns eine bestimmte Zeit lang recht gut. Aber die Strafe verstärkt die Vorstellung von unserer Schuld, die nicht der Wahrheit entspricht. Manchmal kann man das an Kindern beobachten, die sich verhalten, als seien sie darauf aus, eine Tracht Prügel auf sich zu ziehen. Sie fühlen sich sehr unwohl, daß sie sich so verhalten müssen, um eine Bestrafung heraufzubeschwören, aber wenn das geschehen ist, fühlen sie sich ausgeglichen und ruhig. Wenn du sie schlägst, wirst du natürlich die Schlacht gewinnen, aber den Krieg verlieren, weil dieses Verhalten Kindern gegenüber genau das in sie hineinprügelt, was die Schläge zu verhindern suchen.

Das gleiche gilt auch für Erwachsene. Wir suchen nach allen möglichen Mitteln, uns selbst zu bestrafen: körperliche Gebrechen, Unfälle, Unglück, Versagen, finanzielle Sorgen – jede Form der Strafe hilft uns, unser Schuldgefühl zu verdrängen. Aber was uns bestraft, weckt auch negative Gefühle in uns. Diese wiederum verstärken das Schuldgefühl. Wenn du dich schlecht fühlst, handelst du auch schlecht, indem du dich zurückziehst oder andere angreifst – und dieses Verhalten ruft einen anderen Angriff hervor, so daß man sich im Teufelskreis der Schuld dreht. Wenn wir aber erkennen, daß das, was wir falsch gemacht haben, einfach Fehler waren, dann können wir daraus lernen und sie verbessern. Alle Schuldgefühle können dann fallengelassen werden. Wenn du Schuld empfindest, schlägst du dich dafür, und dann bist du viel weniger empfänglich für das, was du daraus lernen sollst. Wenn du meinst, gesündigt zu haben, dann schlägst du dich dafür, und so kommt Sünde zur Schuld, statt den Fehler einfach zu korrigieren. Aber selbst das Wort „Sünde" geht zurück auf einen altgriechischen Begriff, der der Kunst des Bogenschießens entlehnt ist und soviel bedeutet wie „das Ziel nicht treffen". Es ist somit lediglich als Fehler zu verstehen, der korrigierbar ist.

Löse dich von allen negativen Gefühlen, so daß du daraus lernen kannst. Was will das Leben dich lehren? Deine Bereitschaft, das zu ler-

nen, befreit dich von der Vorstellung, dich selbst bestrafen zu müssen. Das ist der einfachste Weg. Schuldgefühle hindern dich daran, deine Lektion zu lernen, deshalb wird sich das Problem wiederholen. Schuld ist eine Vorstellung von uns selbst, die wir aufgebaut haben. Sie wird vom Ego erzeugt, das uns in bestimmten Vorstellungen eingeschlossen halten will. Schuldgefühle kommen nicht aus der inneren Wahrheit und können somit heute und immer abgelegt werden.

338. Jede Partnerschaft krankt an einem chronischen Problem

In jeder Partnerschaft gibt es einen Bereich, der als Sammelbecken für alle Mißverständnisse, Sorgen und fehlende Verbundenheit dient. Alles, was in einer Beziehung besonderer Beachtung bedarf, findet sich darin. Alles mögliche kann ein Anzeichen für Probleme in einer Beziehung sein, zum Beispiel fehlendes Verständnis, finanzielle Sorgen, sexuelle Probleme, Erfolglosigkeit, gesundheitliche Schwierigkeiten. Wo die chronische Schwachstelle in deiner Partnerschaft auch immer liegt, erkenne, daß eine solche Schwierigkeit normal ist und daß es in jeder Beziehung einen Bereich gibt, der als Schublade für unerledigte Aufgaben dient. Widme deine Aufmerksamkeit diesem Bereich, aber erkenne, daß er nur ein Symptom ist für viele wunde Punkte in deiner Beziehung. Wenn du mit deinem Partner eine wirkliche Verbindung eingehst, dann wirst du sehen, daß auch dieser chronische Punkt langsam besser wird. Verzweifle nicht, wenn es in deiner Beziehung ein chronisches Problem gibt. Das gibt es in jeder Partnerschaft.

Erkenne das chronische Problem. Stelle dir vor, es stünde zwischen dir und deinem Partner. Aber aus deinem Herzen kommt ein Strahl des Lichtes und der Liebe, der mitten durch dieses Problem hindurchläuft und mit dem Herzen deines Partners verschmilzt. Das führt euch zusammen. Jetzt stelle dir einen Lichtstrahl vor, der von deinem Kopf aus durch das Problem hindurch mit dem Kopf deines Partners verschmilzt. Auf gleiche Weise verbinden sich eure Kehlen, eure Genitalien und eure Gedärme. Jetzt stelle dir ein Licht vor, das sich vom Ende deiner Wirbelsäule aus durch das Problem hindurch mit deinem Partner verbindet. Da all dieses Licht durch das Problem hindurchscheint, könnt ihr durch das Problem hindurch aufeinander zugehen und euch umarmen. Und während ihr euch umarmt, verschmelzt ihr ganz miteinander. Aus dieser Verschmelzung erwächst der nächste Schritt auf eurem Weg.

339. Die Haltung des Gewährenlassens ist segensreich für deinen Partner und alle Menschen in deiner Umgebung

Im Gewährenlassen zeigt sich Souveränität. Es ist ein Zeichen natürlicher Autorität, die du erlangt hast, indem du in einer Situation, in der du dich sonst selbst eingeschränkt hättest, über die Grenzen deiner Persönlichkeit hinausgingst und dabei Spontaneität und die Fähigkeit, offen auf andere zuzugehen, entdeckt hast. Wenn wir am Anfang einer Partnerschaft stehen, gibt es bestimmte Bereiche, in denen wir die Fähigkeit des Geschehenlassens schon erworben haben. Wenn wir diese Haltung zeigen können und unser Partner noch unsicher scheint, sollten wir natürlicherweise zulassen, daß er sie von uns empfängt, dank der natürlichen Autorität, die wir durch die Wahrheit und unsere eigene Weiterentwicklung empfangen haben.

Es liegt in unserer Hand, unseren Partner aus seinem Konflikt zu befreien, und wir können ihn ermuntern und ihn darin unterstützen, auf eine neue Ebene des Verstehens und der bewußteren Wahrnehmung zu gelangen. Jemanden gewähren zu lassen ist der einfachste Weg, ihn aus seinem Gefängnis zu befreien, in das er sich selbst eingeschlossen hat. Wir lassen die Menschen in unserer Nähe gewähren, und das befreit sie. Die Haltung des Geschehenlassens ist segensreich für deinen Partner und alle Menschen in deiner Umgebung, so wie auch du durch deinen Partner und andere Menschen, die dir nahestehen, bereichert worden bist, und zwar dort, wo andere schon Souveränität erlangt haben.

Schaue dich um. Auf welchen Gebieten würdest du deinen Partner am liebsten gewähren lassen? Welche Freiheit möchtest du denen schenken, die sich heute mit dir verbinden? Je mehr Toleranz du zeigst, um so mehr befreist du andere und gewinnst dabei ihre Dankbarkeit und ihre Unterstützung.

340. Du brauchst nicht mehr für Gott zu tun als an den Himmel zu denken

Das schönste Geschenk, das du Gott machen kannst, ist, dich an dein Zuhause zu erinnern. Dein Zuhause ist ein Ort des Glücks, ganz gleich, welche Erfahrung du auch machst; so könntest du zum Beispiel in einer sehr schwierigen Lebenssituation an den Himmel denken. Oder, um ein anderes Bild zu verwenden, du könntest dich an das absolute Glück erinnern und die Entscheidung fällen, es zu erfahren. Wenn man in einer schwierigen Lage an den Himmel denkt, weckt das in all deinen Brüdern und Schwestern und in jedem, den du liebst, die Vorstellung, daß alles, was nicht Glück, was nicht Himmel ist, nur eine Täuschung darstellt, die an irgendeinem Punkt zerfällt. Je häufiger du an den Himmel denkst, um so stärker bringst du den Himmel zur Erde. Deshalb brauchst du nichts anderes für Gott zu tun. Du mußt weder Kreuzzüge unternehmen noch andere große Projekte durchführen. Du brauchst nur an die Liebe und das Glück zu denken, das den Himmel bedeutet. Wenn du in jeder Situation daran denkst, wird jeder befreit, allen voran du selbst.

Erinnere dich heute an den Himmel. Hefte einen Zettel mit diesem Wort an den Kühlschrank, an die Wand im Badezimmer und an deinen Arbeitsplatz, so daß es deine Aufmerksamkeit auf sich zieht und du daran denkst, glücklich zu sein, an den Himmel zu denken, daran zu denken, was auch immer geschieht, daß du die Wahl hast, es zu ändern, indem du dich für den Himmel entscheidest. Du brauchst kein Märtyrer Gottes zu sein. Warum sollte die höchste Macht wollen, daß du leidest? Wenn Gott uns so sehr liebt, warum sollte er uns dann leiden lassen? Wenn wir glauben, Gott lasse uns leiden, dann ist das unsere Vorstellung, die wir von Gott haben, unsere Entscheidung, Gott zu erniedrigen.

Das Bibelzitat „Die Rache ist mein, spricht der Herr" bedeutet nicht, daß Gott sich an uns rächen will. Es bedeutet, daß wir unsere Rache Gott überlassen sollen. Lediglich unsere Vorstellung läßt uns glauben, Gott verfolge uns. Deshalb bestrafen wir uns selbst und bringen so viele Opfer – aus Schuldgefühl. Wir sagen: „Gott, gib Dich nicht damit ab, mich zu bestrafen – ich bestrafe mich selbst. Sende keinen Blitz, ich sorge selbst für meine Strafe. Schau doch, wie sehr ich leide! Bin ich nicht ein guter Mensch?" Aber alles, was zu tun bleibt, um die Liebe

Gottes zu erfahren, ist, sie zu empfangen und glücklich zu sein. Das heißt, sich an den Himmel, unser Zuhause, zu erinnern. Mit deiner Freude kannst du heute jemandem wirklich helfen. Verbinde den Himmel mit der Erde, indem du dich an den Himmel erinnerst.

341. Jede Beziehung hat eine Bestimmung

So wie jeder Mensch eine persönliche Bestimmung hat, hat auch jede Beziehung eine Bestimmung. Der grundlegende Sinn jeder Beziehung ist es, Glück zu schenken und zu erfahren. Wenn man in einer Beziehung unglücklich ist, liegt ihr Sinn in der Heilung, die immer mit einer Form der Vergebung verknüpft ist. Das ist eine Möglichkeit, auch dort zu geben, wo wir eine distanziertere Haltung einnehmen. So hat jede Beziehung den Sinn, Glück und Heilung zu bewirken. Aber darüber hinaus hat jede Beziehung, wenn in ihr echte Partnerschaft besteht und Kreativität erreicht wird, eine ganz persönliche Funktion zu erfüllen, nämlich der Welt mehr Kreativität zu schenken.

Das geschieht manchmal durch Kinder, durch kreative Vorhaben oder durch eine neue Stufe der bewußteren Wahrnehmung, die jedem als Folge einer zwischenmenschlichen Beziehung zuteil wird. Manchmal ist der Zweck einer Beziehung die Inspiration, die als heilender Bestandteil auf alle Menschen in deiner Umgebung wirkt und ihnen zeigt, daß es noch Hoffnung für Partnerschaften gibt, daß man die Hoffnung haben kann, lieben zu können und trotzdem als Person erhalten zu bleiben.

Jede Beziehung hat einen Zweck. Welche Bestimmung hat deine Beziehung? Was erwächst aus deiner Vereinigung mit deinem Partner für die Menschheit? Eure gegenseitige Liebe ist ein Geschenk für die Welt.

342. *Was immer an Fülle und Reichtum du dir zu empfangen erlaubst, damit beschenkst du auch deinen Partner*

In jeder Beziehung findet man Bereiche, in denen der Partner noch nicht zur Vollendung gelangt ist, Bereiche, in denen dein Sachverstand überwiegt oder in denen du dich mit ganzem Herzen engagierst. Als Ergebnis dieses Gebens und dieser Kreativität fließt ein natürlicher Reichtum auf dich zurück. Indem du ihn empfängst, machst du auch deinem Partner ein Geschenk.

Jedes besondere Talent, jede Gabe, die in dir anklingt, wird sich durch eure Nähe und Vertrautheit auf deinen Partner übertragen. Er wird Fähigkeiten in verschiedenen Bereichen entdecken, von deren Existenz er vorher nichts wußte. Der Grad deiner Verbundenheit mit ihm bestimmt, in welchem Ausmaß er diese besondere Gabe, dieses Talent, nutzt und auch ohne deine Hilfe weiter empfangen kann. Aber bevor das geschieht, bringst du die Fähigkeiten in die Beziehung mit ein, die du in bestimmten Bereichen schon erworben hast.

Jeder von euch bringt etwas in die Beziehung mit ein, und dieser Reichtum, den ihr einbringt, ist euer Beitrag, die Beziehung wachsen zu lassen. Wenn du dich manchmal beklagst, daß dein Partner dir etwas nicht geben kann, solltest du erkennen, daß du es aus deiner Fülle heraus so lange für beide schöpfen kannst, bis es beide Partner in Fülle haben.

Suche, was von dem, das dir eigen ist, ein Geschenk für deinen Partner sein kann. Du hast dich immer beklagt, bestimmte Dinge von deinem Partner nicht zu bekommen; dabei besitzt du genau das, was du vermißt, in einem solchen Maße, daß es für beide reicht. Wenn du es teilst, fühlst du dich glücklich. Auf dieser neuen Ebene der Partnerschaft wirst du sowohl die Bereitschaft zum Teilen als auch neue Gaben für euch beide entdecken.

343. Ohne die Fähigkeit zu fühlen, kann man nicht leben

Ohne Gefühle können wir uns nicht lebendig fühlen. Wir können keine Freude wahrnehmen und Schmerz empfinden, der uns wissen läßt, daß wir unser Verhalten ändern müßten. Aber vor allem helfen uns unsere Gefühle, herauszufinden, was für uns bedeutungsvoll ist. Das Bedeutungsvolle in unserem Leben geht Hand in Hand mit dem Gefühl. Beides gibt uns eine Richtung und verleiht uns einen Sinn.

Wenn wir unsere Bestimmung erfüllen, wenn wir den wahren Sinn unseres Lebens erkennen, dann leben wir im Sinne des Himmels und nicht wegen der unwichtigen kleinen Aufgaben, die wir für uns selbst erfüllen. Dann erreichen wir einen Zustand der Freude, der Liebe und der Kreativität. Daher ist es wichtig, soviel wie möglich zu fühlen, um uns selbst entfalten zu können. Wenn wir nichts empfinden, sterben wir. Auch das Negative kann man erfühlen und sich ohne Schwierigkeiten davon lösen, wenn man sich bewußt entsprechend entscheidet. Alles, was schmerzhaft ist, dient uns als Barometer und zeigt uns die Notwendigkeit an, eine bestimmte Entscheidung in unserem Leben rückgängig zu machen.

Heute ist der Tag, an dem du aufhören mußt, zu den im Eis eingeschlossenen Gotteskindern zu gehören. Fange an, wirklich zu fühlen. Laß dich von deinem Gefühl durch alle Phasen der Liebe, der Freude, des Spaßes und des Glücklichseins leiten. Wenn du ein negatives Gefühl verspürst, durchlebe es, bis es sich auflöst, oder verändere etwas in deinem Leben. Fühle dich einfach richtig gut heute. Lerne, bewundernd „Aaah!“ vor dem Leben allgemein und deiner heutigen Lebenssituation zu sagen.

344. Angst ist das Gefühl, das jeder negativen Erfahrung zugrunde liegt

Angst liegt jeder schmerzhaften Empfindung zugrunde. Die Antwort, die natürliche Reaktion auf diese Angst, liegt darin, zu lieben, zu verzeihen, zu helfen, zu geben, zu vertrauen und den Himmel um Hilfe zu bitten – alle diese Reaktionen nehmen die Angst, alle schaffen Vertrauen – das Loslassenkönnen, das Akzeptieren, das Verstehen. Alle zeigen eine Möglichkeit, die Angst zu durchlaufen. Wenn du dir die Frage stellst, was in einer negativen Lebenssituation abläuft, dann frage dich, wovor du Angst hast, was du nicht verlieren möchtest.

Schreibe drei negative Erfahrungen oder Lebenssituationen auf, die wenig rühmlich waren. Schreibe daneben, wovor du Angst hast. Empfinde die Situation nach, um zu sehen, was es ist. Daneben wiederum schreibe das Gegenteil, das dir spontan einfällt und das diese Angst heilen könnte. Welche Antwort sich auch ergibt, wende sie auf die spezielle Situation an. Selbst in einer schwierigen Lage wirst du deine Angst durchlaufen können und auf deinem Lebensweg voranschreiten.

345. Dein wahres Wesen ist immer anziehend

Dein wahres Wesen ist der Teil von dir, der nicht nach Anerkennung durch irgend jemand anderen strebt. Das wahre Wesen schafft sich keine eigene Persönlichkeit. Es bringt keine Opfer, um akzeptiert zu werden. Dein wahres Wesen ist so attraktiv, lustig und keck – und überaus anziehend! Die Menschen mögen diese Energie, wenn sie aus dir herausströmt. Es ist egal, wie jung oder wie alt du bist, ob du Unter- oder Übergewicht hast, welchen Körperbau oder welchen Intelligenzquotienten du hast. Es kommt nur darauf an, daß du dein wahres Wesen zu erkennen gibst. Es schafft deine Aura. Es bewirkt Charisma und verleiht dir Einfluß in deiner Umgebung, und jeder schätzt dein wahres Wesen. Es strahlt nach außen und läßt deine Schönheit erkennen. Es bewirkt das Aufregende, das Anregende, die Spannung an dir.

Wenn du in dir selbst, in deinem inneren Wesen ruhst, nimmst du eine natürliche Führungsposition ein. Wenn du deine Ganzheit erreicht hast und aus deinem wahren Wesen heraus handelst, können die Menschen auf dich zugehen, und du bist in der Lage, dich auf vielfältige Weise auf die wahre Form der Vereinigung hin zuzubewegen, die von anderen nicht verlangt, ihre Talente aufzugeben und in der Masse aufzugehen. Dein wahres Selbst ist immer anziehend und bestätigt dich, und es bewirkt, daß andere sich auch wohl fühlen.

Hör damit auf, etwas zu tun, was andere deiner Meinung nach von dir erwarten. Handele nicht mehr so, wie es deine Persönlichkeit in vielen kleinen Dingen vorschreibt. Entscheide dich heute nur aus deinem inneren Wesen heraus. Erstrahle von innen. Zeige dein wahres Selbst und genieße das Leben!

346. Geldmangel in einer Beziehung bedeutet einen Mangel an gegenseitigem Geben und Empfangen

Wieviel Kapital an Wärme und Zärtlichkeit gibt es in deiner Partnerschaft? Beziehungen können Reichtum erzeugen, aber das hängt davon ab, wie groß in einer Beziehung das Ausmaß des Gebens und Empfangens ist. Geldprobleme in einer Beziehung sind Energieprobleme. Vielleicht habt ihr euch in einem Machtkampf festgefahren, in einer Form der Rache, in Rollen, Verpflichtungen oder in Schuldgefühlen. Aber das hat mit wahrhaftem Geben und Empfangen nichts zu tun.

Um das Geldproblem zu beheben, mußt du ehrlich sein und zu einem echten Geben und Empfangen finden. Knüpfe eine wahre Verbindung zu deinem Partner. Du wirst glücklich darüber sein, nicht nur wegen der größeren Vertrautheit und des größeren Wohlbefindens, sondern auch, weil entschieden mehr Geld dasein wird, um die Kreativität in eurer Beziehung zu fördern, und du wirst viel mehr Freude haben.

347. Wenn du Gott in allen Dingen siehst, kann dich die Liebe nach Hause geleiten

Wenn du Gott in allem siehst, dann wirst du erfahren, daß dein Leben in guten Händen liegt und du nicht ständig derartige Anstrengungen unternehmen mußt. Deine Vision läßt dich die Liebe in allem, was es gibt, erkennen und läßt dich spüren, wie sehr du geliebt wirst. Sobald du das erkennst, brauchst du nicht mehr so zu kämpfen. Sei nur bereit, etwas zu empfangen.

Wenn du Gott in allen Dingen und in jeder Situation siehst, erfährst du ein Gefühl der himmlischen Gnade und der göttlichen Ekstase. Du kannst die freudige Erkenntnis verspüren, daß Gott dich tausendmal mehr liebt als du weißt, daß er dich ganz umschließt und in allen Dingen verkörpert ist. Wenn du das weißt, stehst du dir nicht mehr selbst im Weg, du kannst deinen Schmerz und die falschen Vorstellungen von dir selbst freisetzen und dich ganz in den Bann dieser Liebe gezogen fühlen. Dann bist du bereit, den Himmel auf der Erde zu schaffen.

Sieh Gott heute in allen Dingen. Erkenne ihn in den Augen deiner Kinder, deiner Arbeitskollegen und in den Augen deines Partners.

348. Einen anderen wahrhaft zu schätzen, befreit uns von Neid und vom Wettbewerbsdenken

Sich mit anderen zu vergleichen ist immer schmerzhaft. Manchmal glaubst du besser zu sein als andere, aber es ist nur eine Frage der Zeit, bis du auf jemanden triffst, der dich überragt. Wir messen uns mit anderen, weil wir die Hoffnung haben, besser als andere zu sein und damit etwas mehr Liebe verdient zu haben. Aber wir sollten wissen, daß wir jetzt, so wie wir sind, liebenswert sind. Neid ist ein Gefühl, das uns völlig in die Sackgasse führt. Wir schätzen jemanden höher ein als uns selbst und beneiden ihn um etwas, ohne zu bemerken, daß wir das, worum wir ihn beneiden, selbst besitzen, sonst könnten wir es im anderen nicht wahrnehmen.

Die ehrliche Wertschätzung eines anderen hingegen heilt unseren Neid und ermöglicht es uns, voranzuschreiten, denn sie läßt uns an den Gaben anderer Freude haben. Indem wir uns an ihren Talenten erfreuen, empfangen wir sie auch. Wenn wir sie empfangen, wird die Energie in uns geweckt und beginnt sich zu entfalten. Deine Bereitschaft, jemandem zu Diensten zu sein, obwohl du ihn beneidest, das heißt, ihm aus tiefer Wertschätzung heraus zu geben, gibt dir selbst die Möglichkeit, die Talente zu entwickeln, die du im anderen siehst. Somit ist die hohe Wertschätzung des anderen der schnellste Weg, diese Talente und Fähigkeiten selbst zu genießen.

Erkenne, daß Wertschätzung eine Gabe für dich und jeden in deiner Nähe ist. Achtung und Anerkennung bewirken einen Fluß, auf dem du voranschwimmst und dich von den Menschen in deiner Umgebung und ihren Gaben beschenkt fühlst, weil du auch genießen kannst, was andere besitzen. Und indem du dich daran erfreust, fühlst du, wie sich die Gabe auch in dir ausbreitet.

349. Wenn du dich unverstanden fühlst, liegt es daran, daß du kein Verständnis für andere aufbringst

Viele von uns haben seit ihrer Kindheit das Gefühl, nicht verstanden zu werden, oder befinden sich gegenwärtig in einer Beziehung, in der sie sich unverstanden fühlen. Aber wenn du deine Kindheit oder die jetzige Beziehung genauer betrachtest, dann merkst du, daß du dieses Gefühl nur haben kannst, wenn du nicht verstehst, was in deinen Eltern vorging beziehungsweise was jetzt in deinem Partner vorgeht. Also schau genauer hin. Menschen handeln aus ihrem Gefühl heraus. Manchmal sind sie so in ihrem eigenen Schmerz verfangen, daß sie nicht die Kraft, die Energie oder die Zeit aufbringen, sich auf dich zu konzentrieren und zu sehen, was dir fehlt. Aber dein Verständnis für die Situation bewirkt, daß deine eigenen Bedürfnisse geheilt werden. Verständnis befreit dich, befreit dich von der Angst und verwandelt Trennung in enge Verbundenheit.

Erinnere dich an Situationen in deinem Leben, in denen du dich mißverstanden gefühlt hast, und frage dich: "Was daran verstehe ich nicht?" Sobald du Verständnis dafür aufbringst, was in dieser Situation geschah oder was jetzt noch geschieht, wirst du merken, daß du einen natürlichen Sinn dafür besitzt, was es heißt, verstanden zu werden.

350. Wenn der Empfänger bereit ist, stellt sich die Gabe von selbst ein

Hier ist ein weiteres Geheimnis, welches dir helfen soll, daran zu denken, daß du für deine Welt verantwortlich bist, daß du dich nicht auf etwas versteifst, was du haben willst, was du aber nicht erhältst. Sobald du bereit bist zu empfangen, stellt sich die Gabe auch ein. Was kostet es dich, dich darauf einzustellen, die Gaben, die du in deinem Leben haben möchtest, auch zu empfangen? Es bedeutet natürlich, die Angst zu überwinden. Es bedeutet auch, sich selbst für wert zu erachten. Sei also bereit zum Empfangen. Öffne dich, um alles zu erhalten, was du dir wünschst. Erkenne deinen eigenen Wert. Bitte um die Gnade, die Angst und die Selbstkonzepte zu überwinden, die dich daran hindern, das zu empfangen, was auf dich wartet.

Tue all das, was du in deinem Inneren intuitiv tust, um bereit zu sein, die Gaben zu empfangen, die du dir wünschst. Was hindert dich daran? Wie könntest du dich entscheiden, was könntest du tun, daß sich dein Herz öffnet für die Gabe, die dir jetzt geschenkt werden soll?

351. Sich zu beklagen ist nichts als eine arrogante Form deines Minderwertigkeitsgefühls

Deine Klagen kommen aus einem Minderwertigkeitsgefühl heraus, aus dem Gefühl, nicht genügend Macht in der entsprechenden Situation zu besitzen. Sie sind jedoch eine Form der Überheblichkeit. Du fühlst dich in der Situation überlegen, so als dürfe jemandem wie dir so etwas nicht zugemutet werden, und deine Klage ist ein verbaler oder mentaler Angriff auf die Gegebenheiten um dich herum. Auf arrogante Weise erwartest du, daß sich die Lage ändert. Aber du bist derjenige, der sich ändern muß. Eine Sache, die du leicht ändern könntest, um dich selbst besser zu fühlen, ist, dir selbst Anerkennung, Wertschätzung und Achtung zu gewähren. Und sowie du dich innerlich wandelst, spiegelt auch die äußere Situation diesen Wandel wider.

Schaue dich genau an. Worüber führst du vor dir selbst Klage? Wo beklagst du dich über dich selbst? Dies ist ein Bereich, in dem sich nichts ändert, und du verstärkst dein Minderwertigkeitsgefühl nur noch. Gehe einen Schritt weiter, oder entscheide dich dafür, deinen eigenen Wert höher einzuschätzen. Beides wird die Situation, aus der es keinen Ausweg zu geben scheint, ändern können.

352. Wenn ihr nicht werdet wie die Kinder, könnt ihr nicht ins Himmelreich eingehen

Der Schlüssel hierzu liegt nicht etwa darin, kindisch zu werden, sondern vielmehr kindlich zu sein. Das ist kein Zustand der Unreife, sondern in Wirklichkeit die einzig richtige Verbindung mit Gott. Ein Kind lebt ein einfaches Leben, und die Einfachheit ermöglicht es dem Geist, sich auf Wesentliches zu konzentrieren. Ein Kind ist offen für alles, was es erlebt. Ein Kind lebt ein Leben des Staunens und hat Freude daran, alles zu entdecken. Ein Kind ist unschuldig. Ein Kind weiß intuitiv um seinen Wert. Ein Kind schaut auf seine Eltern und erkennt, daß sie ihm alle guten Dinge im Leben geben werden.

In der gleichen Weise könnten wir in aller Unschuld auf unseren Vater, Gott, und auf die Welt um uns herum schauen, in der Erwartung, daß uns das Gute im Leben begegnet. Sobald wir uns öffnen, sobald wir den Gedanken fallenlassen, daß wir alles tragen müssen, daß wir alles tun müssen, daß wir alles besser machen müssen, wenn wir uns von all dem lösen, dann erleben wir echte Freude und sich ganz selbstverständlich einstellende gute Laune, wie es eine Stelle aus dem Musical „Porgy und Bess“ deutlich macht:

> *„Es ist Sommer, und das Leben ist leicht. Die Fische springen hoch, und die Baumwolle wächst.*
> *Dein Papa ist reich und deine Mama schön. Also schlaf, Kindchen, und weine nicht.“*

Laß heute alle Sorgen und allen Kummer, den du hast, dein Pflichtbewußtsein und das Gefühl, etwas tun zu müssen, hinter dir. Stelle dir ein sehr einfaches Leben vor. Es wäre ein Leben der Freude und der Liebe. Das ist das Leben eines Kindes und das eines Meisters. Frage dich: „Was wird mir der Tag heute bringen? Was wird geschehen? Welche Wohltaten werde ich heute empfangen?“

353. Die Liebe bewirkt, daß du dir selbst nicht mehr im Wege stehst

Dein Ego ist der verfestigte Glaube an deine eigene Abkapselung. Dies trennt dich von anderen Menschen und von Gott. Dein Ego ist deine Angst und deine Unsicherheit. Je mehr Angst und Unsicherheit du in der Welt verbreitest, um so mehr Hindernisse auf dem Weg zum Erfolg baust du auf, was dein Ego auf einer bestimmten Ebene ja auch möchte. Es möchte dich aufhalten, weil du glauben sollst, dies sei richtig für dich. Aber das Ego ist nur ein winzig kleiner Teil unseres Geistes, obwohl es so zu handeln versucht, als sei es unentbehrlich auf deinem Weg. Die Liebe jedoch macht es möglich, uns selbst als Hindernis zu beseitigen. Die Liebe ermöglicht es, diese Furcht und diese verknöcherten Verhaltensweisen auf eine neue Ebene des Betrachtens zu heben. Die Liebe läßt uns frei empfangen. Die Liebe erhebt uns über Kummer und Sorgen und schafft die Aufgeschlossenheit, die eine enge Verbundenheit und Freude mit sich bringen sollten. Die Liebe kommuniziert, öffnet sich und spielt.

Laß heute dein Ego hinter dir und kapsele dich nicht ab, sondern sei bereit zu lieben. Stehe dir nicht länger selbst im Wege. Liebe jeden, dem du begegnest.

354. Opfer beruhen auf einem Teufelskreis des Über- und des Unterschätzens der eigenen Möglichkeiten

Wenn wir uns opfern, indem wir uns in der falschverstandenen Helferrolle um andere kümmern, fühlen wir uns überlegen. Wir haben das Gefühl, besser als andere zu sein, deshalb kümmern wir uns um sie. Aber in Wirklichkeit ist der eigentliche Grund, warum wir uns überlegen fühlen, unser Minderwertigkeitsgefühl. Wir wollen nämlich nicht ohne Schutzschild gesehen werden. Wir meinen, wir müßten eine Rolle einnehmen, die uns über uns selbst erhebt. Und so haben wir die Opferrolle inszeniert: Wir befanden uns in einer Situation, in der wir einen Verlust erfuhren, und anstatt weiterzugehen und den Verlust zu durchleben, schreckten wir davor zurück. Wir meinten, es sei zu viel für uns. Also übernahmen wir die Rolle, den Menschen um uns herum zu helfen, um so unseren Verlust zu vergessen. Aber wegen dieses Verhaltens treten wir auf der Stelle. Wir haben die Trauer nicht beendet, wir haben den Verlust nicht verkraftet. Das Ergebnis unseres Selbstschutzes gegen das alte Gefühl des Verlustes und neue Verluste ist, daß wir uns in eine Situation hineingestürzt haben, in der wir uns über andere stellen. Aber unser Minderwertigkeitsgefühl, unser alter Schmerz, schafft eine Situation, die uns daran hindert, etwas zu empfangen, und die uns damit zugrunde richtet.

Betrachte die Bereiche deines Lebens, in denen du dich in gewisser Weise überlegen fühlst, wo du dich herabläßt zu helfen, oder andere, in denen du dich unterlegen fühlst und glaubst, andere Menschen müßten dir helfen, sich um dich kümmern. In solchen Situationen opferst du dich. In beiden Fällen bist du nicht in der Lage, ein wirklicher Partner zu sein. Du tust nur alles, was andere deiner Meinung nach von dir erwarten. Jetzt versetze dich in die Situation der unbewältigten Trauer zurück. Kehre dorthin zurück und erbitte die Hilfe Gottes. Schenke jedem etwas, der mit dir in der gleichen Lage ist. Laß die Liebe und die Gnade durch dich hindurchfließen, und laß jeden daran teilhaben. Dies kann die gegenwärtige Situation, in der du dich opferst, beenden und es dir ermöglichen, auf dem Weg zu einer gleichwertigeren Partnerschaft voranzuschreiten.

355. Sexuelle Kälte oder Erstarrung in deiner Beziehung können durch eine ausgewogene Verbundenheit zu deiner Familie geheilt werden

Meist liegen die Wurzeln für eine Erstarrung deiner Partnerschaft in deiner Beziehung zu dem Elternteil, das dem jeweils anderen Geschlecht angehört. Selbst mit dem gleichgeschlechtlichen Elternteil gab es vielleicht einen Konkurrenzkampf oder einen Mangel an Nähe und Liebe, wodurch wir unsere emotionale Bindung verloren haben. Wenn wir uns mit diesem Elternteil symbiotisch verschmelzen, gelangen wir an einen Punkt des Abscheus und der Ablehnung, weil wir das Gefühl haben, wir seien diesem Elternteil zu nahe und wir könnten unser wirkliches Leben innerhalb natürlicher Grenzen nicht mehr leben. Aber wir können natürliche Grenzen ziehen, indem wir unseren Eltern verzeihen und ihnen etwas von uns geben; das würde es uns leichter machen, unser Leben zu führen und nicht das, welches unsere Eltern für uns wollten, ein Leben in Selbstaufgabe. Unsere Bereitschaft, unseren Eltern oder Geschwistern, mit denen wir zu sehr verbunden sind, etwas zu geben, läßt ein harmonisches Gleichgewicht entstehen, das auch unserer gegenwärtigen Partnerschaft Leben und Zukunft verleiht. Eine zu intensive Verschmelzung mit deinem Partner jedoch bedeutet falsche Verbundenheit, falsche Vertrautheit und falsche Nähe. Sie führt zu Situationen, in denen wir uns ausgebrannt fühlen und dann Ärger oder Zorn auf unseren Partner haben, weil wir so erschöpft sind. Manchmal empfinden wir sogar Abscheu, weil uns das Gespür dafür fehlt, wo die Grenze zwischen ihrem und unserem Leben verläuft. Symbiotische Verschmelzung ist daher mißverstandene Vertrautheit und nicht etwa eine Form des höheren Bewußtseins. Es ist eine Form des Ausweichens, des Vermeidens.

Betrachte dein Leben genau und erbitte die Hilfe des Himmels, um Vergebung und Harmonie in vergangenen Lebenssituationen mit Eltern und Geschwistern zu erreichen, so daß deine jetzige Beziehung auch mit Leben erfüllt werden kann. Schließe die Augen und stelle dir das Leben in deiner Familie vor, wie es früher war. Jetzt bitte deinen Höheren Geist darum, ein natürliches Gleichgewicht mit dir im Mittelpunkt herzustellen, welches alle Machtkämpfe und die Selbstaufgabe in zu starker Verschmelzung beendet.

356. Freude zu empfinden ist eine der positivsten Reaktionen, zu denen wir fähig sind

Freude kommt aus einer der höheren Bewußtseinsebenen. Es ist ein Zustand der Inspiration, wodurch wir Humor und Bewegung in unser Leben bringen. Freude in irgendeine Situation zu bringen heißt, freudig erwartungsvolle Energie zu schaffen. Freude besitzt die gleiche Dynamik wie das Glück. Wenn du also Freude empfindest, erfährst du gleichzeitig auch größeres Glück. Auch Spaß und Humor sind eng miteinander verknüpft. Spaß, Wertschätzung und Anerkennung, Inspiration, Spontaneität und eine Portion kecken Draufgängertums gehören zu den Führungsqualitäten. Freude zu empfinden ist eine der positivsten Reaktionen, zu denen wir fähig sind.

Vergiß die Freude heute nicht, egal, wie schwierig alles ist. Wenn etwas zu schwierig oder ernst ist, kommt man nicht weiter. Ernst und Schwere resultieren aus Rollen und Verpflichtungen. Also sei heute eine Führungspersönlichkeit und gehe auch schwierige Situationen mit Spaß und Humor an. Deine Schalkhaftigkeit, deine Unwiderstehlichkeit und deine Späße sind große Geschenke für deinen Partner und bei jeder Form von Arbeit. Tanze den Freudentanz ununterbrochen, denn du willst das, was sich dir als Realität darstellt, sicherlich nicht wirklich ernst nehmen, oder etwa doch?

357. Immer wenn du glaubst, jemand nutze dich aus, dann benutzt du jemanden dazu, dich selbst zu behindern

Wenn wir glauben, jemand nutze uns aus, dann sind wir es, die andere dazu benutzen, uns selbst nicht vorankommen zu lassen. Wenn wir nicht das Gefühl haben, der passende Partner für jemanden zu sein, dann geben wir uns selbst auf und lassen uns ausnutzen. Die Folge davon ist, daß wir uns verletzt fühlen oder vieles als Opfer empfinden. Aber in Wirklichkeit nutzen wir den anderen aus. Wenn wir wirklich Einblick hätten in das, was sich in unserem Unterbewußtsein abspielt, würden wir merken, daß wir die Lage nutzen, weil wir Angst vor dem Voranschreiten haben und davor, uns selbst oder einer engeren Bindung an den Partner ins Auge zu sehen. Unsere Bereitschaft voranzuschreiten kann unsere Lebenssituation völlig verändern.

Wenn du glaubst, jemand nutze dich aus, dann erkenne, daß du es bist, der andere dazu benutzt, dich selbst einzuschränken. Weigere dich, irgend jemanden oder irgend etwas dazu zu benutzen, dich zurückzuhalten. Sei bereit, voranzuschreiten und ja zu sagen zum nächsten großen Schritt in deinem Leben.

358. Alle deine Probleme resultieren aus dem Gefühl der Isolation

Es gibt nur ein einziges Problem, welches alle anderen hervorruft: Es ist das Gefühl, isoliert zu sein. Jedem Problem, das wir haben, liegt ein Gefühl mangelnder Verbundenheit zugrunde, und aus diesem Mangel an Verbundenheit entsteht das Gefühl der Angst. Dieses wiederum führt eher zu unterschiedlichen Interessen und Konflikten als zu allgemeinem Wohlbefinden.

Analysiere die Probleme, die du heute hast, und überprüfe, wo oder von wem du dich abgeschnitten fühlst. Dann stelle dir vor, du seist mit all diesen Menschen verbunden – denn die Wahrheit ist, daß wir alle miteinander verbunden sind, aber aus unterschiedlichen Gründen sorgen wir für gedankliche Angriffe und Unzufriedenheiten, die den Eindruck der Isolation herbeiführen. In Wirklichkeit stehen wir mit allen Menschen und allen Dingen, die existieren, in Verbindung. Fühle diese natürliche Verbundenheit, denn sie wird das Problem sofort lösen.

359. *Je mehr du nimmst, desto mehr verlierst du*

Was du dir nimmst, verlierst du wieder. Das ist ein interessanter Prozeß, denn je mehr du nimmst, desto leerer fühlst du dich, desto mehr versuchst du zu bekommen, desto unsicherer wirst du. Paradoxerweise bist du um so unzufriedener, je mehr du nimmst. Das Nehmen setzt einen Prozeß in Gang, in dem du nicht empfangen kannst und dadurch deine eigene Angst verstärkst. Deshalb verlierst du, wenn du nimmst. Du verlierst an Selbstwert und an Zufriedenheit, die du sonst vielleicht erreicht hättest.

Im Grunde hat das Nehmen die gleiche Eigendynamik wie die Genußsucht, und Genußsucht führt nicht zu Zufriedenheit. Das Nehmen erfrischt oder erneuert dich nicht. Es knüpft keine Verbindung. Wir nehmen, weil wir uns nicht für wert erachten, einfach zu empfangen. Wenn wir voneinander unabhängig sein wollen, versuchen wir, unser Nehmen zu verbergen und so zu tun, als brauchten wir nichts. In einem Zustand der Unabhängigkeit leben wir wie innere Asketen, die vorgeben, wenig zu benötigen. Aber dann kommt es zu einem heimlichen Nehmen. Was du dir nimmst, verlierst du wieder. Was du jedoch gibst, ist das, was du auch empfängst. Du hast die Wahl.

Untersuche Bereiche, in denen du eher nimmst als gibst, denn die heimliche Schuld, die beim Nehmen entsteht, gestattet es dir nicht, das Genommene zu genießen. Es bewirkt, daß du dich minderwertig fühlst. Sobald du dich also beim Nehmen ertappst, setze alles daran, dich beim Geben beobachten zu können.

360. Zweifel ist eine Falle, mit der du dich selbst zu Fall bringst

Zweifel ist eine der besten Fallen deines Egos, dich selbst am Voranschreiten zu hindern. Wenn du an einem Punkt angelangt bist, an dem du bereit wärest, eine höhere Ebene des Bewußtseins, des Lebensflusses zu erklimmen, wirst du vom Zweifel befallen. Das ist eine Falle, die deinen nächsten Schritt verhindern soll. Viele Menschen kommen in einer Beziehung einmal an einem solchen Punkt des Zweifels an. Sie zweifeln, ob ihr Partner der richtige Partner ist, und weil sie zweifeln, wird ihre ganze Beziehung zweifelhaft. Erkenne, daß der Zweifel nur eine Falle ist.

Du kannst leicht eine neue Ebene der Verbundenheit erreichen, indem du dich selbst fragst, wer deine Hilfe benötigt. Wenn du auf diesen Hilferuf eingehst, wird dein Zweifel verfliegen, denn der Zweifel engt dich ein und macht dich klein und taub für Hilferufe. Wenn du auf jemanden zugehst, bringst du damit Erstarrtes in Bewegung. Wenn du im Augenblick nicht alle deine Zweifel ablegen kannst, dann wenigstens einen Teil. Tritt nicht in die Falle des Zweifels. Laß dich vom Zweifel nicht aufhalten.

Wenn du Zweifel an deinem Partner hast, ist jetzt der günstigste Zeitpunkt gekommen, dich für ihn zu entscheiden und durch deine Entscheidung die Beziehung zu bereichern. Jetzt sind deine Verbundenheit und dein Vertrauen am nötigsten, um die Beziehung auf eine höhere Ebene zu heben. Deswegen lege heute den Zweifel ab und laß dich vom Strom des Lebens tragen.

361. Geben schenkt neues Leben, wenn dein Herz am Zerbrechen ist

Seelischer Kummer verengt und verschließt uns. Aber im Moment des Zerbrechens kannst du alle die Gefühle, die dich beherrschen, in dir sammeln, und wenn du dich für das Geben entscheidest, weiten sich dein Herz und dein Bewußtsein wieder. Wenn du dich im Kummer zum Geben entschließt, werden all die Gefühle, die mit deinem Kummer eng zusammenhängen, wie Verzweiflung, Sinn- und Nutzlosigkeit, Einsamkeit, Leere, Neid, durch dein Geben geheilt. Das Geben im Leid öffnet eine hohe Bewußtseinsstufe und weckt Liebe. Deine Bereitschaft, weiterhin zu geben, wird dich verwandeln. Anstatt den ganzen Schmerz deines seelischen Kummers zu durchlaufen, wirst du neu geboren werden. Also gib, wenn du Kummer hast, so viel du kannst, weil es dein Leben retten, den Schmerz verwandeln, dein Herz heilen und dir die Zeit schenken wird, die du im Kummer vertan hättest.

Sei bereit, in jeder Situation, in der du dich auf irgendeine Weise verletzt fühlst, zu geben, um dich selbst leichter einer neuen Geburt zu nähern.

362. Das Glück macht niemanden zum Gefangenen

Wenn du glücklich bist, hast du auch Vertrauen. Es gibt keinen Grund zur Kontrolle. Wenn du glücklich bist, fühlst du Liebe und Kreativität in dir. Wenn du schöpferisch frei bist, warum solltest du dann andere kontrollieren wollen? Warum solltest du Sklaven halten wollen? Wenn du jemanden gefangen nimmst, verlierst du viel Zeit, denn du mußt ihn bewachen. Du machst dich selbst damit ebenso unfrei wie deinen Gefangenen. Das Glück macht niemanden zum Gefangenen.

In jeder Lebenslage, in der du heute meinst, jemanden gefangen nehmen oder ihn mit Hilfe der Gefühle unter Druck setzen zu müssen, um ihn an dich zu fesseln, solltest du dich für das Glück entscheiden. Schaffe das Glück, und während du das tust, wirst du eine Ebene des Bewußtseins erreichen, auf der du dich nicht selbst behinderst, indem du andere zu deinen Gefangenen machst.

363. Liebe heißt, alles zu geben und sich an nichts festzuklammern

Liebe verlangt keine Sicherheit, Liebe will nur lieben können, und nichts kann die Liebe aufhalten. Es spielt keine Rolle, ob du abgelehnt wirst oder ob man vor dir wegläuft – nichts kann dich daran hindern, den anderen zu lieben. Liebe fordert keine Garantie. Liebe will keine Versicherung. Liebe will nur lieben und alles geben. Diese Liebe bedeutet Geburt. In dieser Liebe brennt ein reinigendes Feuer. In dieser Liebe liegt die Größe unseres Daseins. Solche Liebe beinhaltet den ganzen Lebenszweck und jede visionäre Kraft. Die Liebe, die du schenkst, eröffnet dir eine neue Dimension des Fühlens und einen neuen Grad der Freude.

Schenke heute, indem du losläßt. Sei bereit, dort loszulassen, wo du Sicherheit gesucht hast oder eine Möglichkeit zum Festhalten. Jetzt stelle dir vor, du schenkst dich ganz, so gut du kannst, in vollem Umfang, alles von dir, denn wenn das geschieht, ist keine Kontrolle mehr nötig.

364. *Jedes Versagen ist verborgene Rache*

Wenn wir versagen, rächen wir uns an Personen, die uns etwas bedeuten, besonders an unserem Partner. Jedes Versagen im Leben ist auch eine Form der Rache an unseren Eltern. Also untersuche alle Situationen, in denen du in deinem Leben versagt hast, besonders die, in denen du jetzt noch versagst. Frage dich: „An wem will ich mich rächen? Wofür will ich mich rächen?" Sobald du eine kurze Liste mit Antworten zu diesen Fragen aufgestellt hast, frage dich, ob du weiterhin im Leben versagen willst, um dich an diesen Menschen zu rächen. Wenn wir bereit sind, alle diese Gedanken fallenzulassen, öffnet sich uns ein Weg zum Erfolg.

Kränkung und Rache gehen Hand in Hand. Eines ist ohne das andere nicht vorstellbar. Wo du dich verletzt fühlst, wirst du Rache üben. Jede Kränkung verengt dich. Jedesmal, wenn du verletzt wirst, schrumpft dein Herz. Wenn wir verletzt werden, ziehen wir uns zusammen, weil wir uns durch das gekränkt fühlen, was passiert ist. Wir fühlen uns, als wären wir kleiner geworden. Wenn wir uns gekränkt fühlen oder Widerwillen in uns aufsteigt, nutzen wir die Lage aus, uns noch kleiner zu fühlen als wir sind. Es ist wichtig, einen Weg zu finden, der uns davor bewahrt, uns zu verschließen. Jede Form der positiven Reaktion trägt dazu bei, jede Art des Vergebens und des Gebens. Auch vieles andere bringt uns in den Lebensfluß zurück, wie Achtung, Verständnis, Vertrauen, Integration, Loslassenkönnen und Verbundenheit. All das befreit uns aus der Starre des Rückzuges, wo unser Herz zu Eis wird, wo wir uns in einer ganz bestimmten Handlungsweise – einer Verteidigungshaltung – festfahren, bis wir mit dem Schmerz fertig werden. Rache und Versagen können noch lange anhalten, nachdem der alte Schmerz vergessen oder unterdrückt wurde.

Nutze heute deine ausgelassene Stimmung dazu, jede Form der seelischen Verengung abzulegen. Sei bereit, alles zu teilen, das geteilt werden muß, aber teile spielerisch. Versuche heute, möglichst oft eher spielerisch an die Dinge heranzugehen, denn dies führt dich in den Fluß des Lebens zurück. Allgemein gilt, daß diese Einstellung den Lebensfluß fördert, denn Spielen ist die kleine Schwester der Kreativität. Behandle sie gut. Das Spiel wird dich von früheren Gefühlen der Kränkung und der Rache erlösen, wenn du es nur geschehen läßt.

365. Jeder will in den Himmel kommen, aber niemand will sterben

„Jeder will in den Himmel kommen, aber keiner will sterben" – so lautete ein Schlagertitel vor einigen Jahren. Was man sich auch immer unter dem Himmel vorstellt, er ist anders als das, was wir jetzt gerade erleben. Um in den Himmel zu gelangen, müßte unser gegenwärtiges Selbst vergehen. Wir müßten uns verwandeln. Wir müßten einander vergeben und loslassen, um einen Zustand der Freude und Liebe in neuem Bewußtsein zu erlangen. Wir müßten uns darauf besinnen, wer wir wirklich sind.

Worauf wartest du noch? Werde gleich aktiv. Bewege dich auf den Himmel zu. Stelle dir die Person vor, der du vergeben kannst, und durch deine Vergebung machst du einen Riesenschritt auf den Himmel zu. Wenn dir andere Menschen einfallen, untersuche, was du ihnen nicht verziehen hast. Frage dich, ob du dies zum Anlaß nimmst, dich selbst aufzuhalten, ob du diese Sache gegen dich selbst verwendest. Wenn du das nicht tust, bist du frei. Bitte den Himmel um seine Hilfe, die Vergebung zu vollenden, es für dich zu übernehmen. Deine Bereitschaft zur Vergebung dient der Situation und bringt dich voran. Stelle dir vor, du gibst deine momentane Selbsteinschätzung auf, denn sie führt dazu, daß du alle möglichen Aufgaben übernimmst, die eigentlich gar nicht die deinen sind und die dich erschöpfen und aushöhlen.

366. Gott spricht zu uns durch andere: „Wenn du mich in dieser Gestalt lieben kannst, dann kannst du den Weg zum Himmel gehen“

Darin liegt die Schönheit einer Beziehung: Wenn wir einem Menschen in einer bestimmten Angelegenheit Vergebung schenken können, dann vergeben wir allen anderen in dieser Situation auch. Jedesmal, wenn wir einem verzeihen, verzeihen wir allen. Manchmal stehen wir Menschen außerhalb unserer Familie näher als dem eigenen Partner. Das liegt daran, daß der Mensch, der uns am nächsten steht, natürlich auch unsere verborgenen Konflikte am ehesten weckt. Wenn dieselbe Person weiter entfernt wäre, kämen wir auch nicht in Konflikt miteinander. Aber unsere Konflikte helfen uns, herauszufinden, was in uns geheilt werden muß. Wenn wir in der Lage wären, den ganzen Weg zum uneingeschränkten Verzeihen und zur Liebe mit einem einzigen Menschen zu gehen, dann könnten wir den Himmel finden.

Sieh deinen Partner vor dir stehen und schaue ihn an. Schaue in ihn hinein und erblicke Gott, der dich anlächelt und seine Liebe über dich durch deinen Partner ausgießt. Schaue deinen Partner an und spüre, wie die ganze Liebe über dich kommt, die dir alle Gaben des Universums verleihen möchte. Nimm diese Belohnung einfach an, und spüre, wie sehr du geliebt wirst. Du wirst mehr geliebt, als du jemals erfahren wirst.

„Der tiefere Grund für meine ganze Arbeit ist der Herzenswunsch, Psychologie allen Menschen in allen Schichten der Gesellschaft zugänglich zu machen. Durch eine klare und verständliche Sprache möchte ich die Prinzipien im Alltag anwendbar machen, damit Menschen in sich die Kraft und die Werkzeuge erkennen, sich selbst in jeder Situation und in jeder Beziehung zu wandeln."

Chuck Spezzano

Psychology of Vision-Seminare sind verdichtete Lebenserfahrung. Sie sind eine Gelegenheit, die vielen Facetten unserer Persönlichkeit zu erkunden und die praktischen Schritte zu erlernen, die uns von dort, wo wir jetzt sind, zum lebendigen Ausdruck des vollen menschlichen Potentials führen. Jedes Seminar ist ein einzigartiges Erlebnis, eine Entdeckungsreise in die Welt des Bewußtsein.

An *Psychology of Vision*-Seminaren treffen sich Menschen jeden Alters, aus vielen Ländern, mit verschiedenstem beruflichen und persönlichem Hintergrund, alleinstehende Frauen und Männer (rund die Hälfte der Teilnehmer sind Männer), Paare, ja sogar ganze Familien. Was alle verbindet, ist die Bereitschaft, sich für Veränderung zu öffnen, um mehr Lebendigkeit, mehr Erfolg, liebevollere Beziehungen in ihrem Leben zu verwirklichen.

Als Team und Ehepaar verbinden sich in Chuck und Lency Spezzano zwei außergewöhnliche Persönlichkeiten zu einer Intensität, die tiefgreifende Veränderungen in den Menschen auszulösen vermag, und zwar auf allen Ebenen menschlichen Seins: spirituell, psychisch-emotionell, körperlich.

Information:
Psychology of Vision Schweiz,
Deutschland, Österreich
Vom Staal-Weg 3
CH-4500 Solothurn
Tel.: +41 (0)78 638 27 70
FAX: +41 (0)32 622 89 49
E-Mail: DACH@psychologyofvision.com
Internet: www.psychologyofvision.com

Danksagung

Ich erkenne dankbar die Leistungen meiner vielen Patienten und der Teilnehmer an meinen Kursen an, von denen ich soviel gelernt habe und die mir immer wieder neu bewußt machen, wie wenig ich tatsächlich weiß.

Ich bedanke mich bei Sam Hazo, dem Dichter, von dem die Überschrift für das 35. Kapitel stammt; er ist für mich und alle Menschen höchst bedeutsam.

Ich bedanke mich bei Roxi Lewis, die das Manuskript dieses Buches in die Maschine geschrieben und meinem Buch auch sonst große Aufmerksamkeit geschenkt hat.

Ich danke Betty Sue Flower, PhD. Ihre Großzügigkeit, ihr Weitblick, ihre Freundschaft und auch ihre Erfahrung als Verlegerin waren die notwendigen Voraussetzungen, ohne die dieses Buch nie entstanden wäre. Ohne ihre bereitwillig gewährte Hilfe wäre aus meiner Idee nie ein Buch geworden.

Ich bedanke mich bei Marcia Crosby, die dieses Buch abschließend redigiert und die Veröffentlichung in einer konzentrierten Anstrengung vorbereitet hat.

Ich danke auch Jane Corcoran und Susan How, deren Kompetenz im Umgang mit dem Computer dazu beigetragen hat, diesem Buch seine abschließende Gestalt zu geben.

Ich danke meiner Frau Lency, die mich voller Liebe zur Einsicht geführt hat, was es bedeutet, wahrhaft zu lieben. Stärker als jemals zuvor ist ein Buch heutzutage das Ergebnis der gemeinsamen Anstrengung einer Gruppe gleichgesinnter Menschen. Ich danke deshalb noch einmal meiner Frau und meinen Kindern Christopher und Jaime, die viel Zeit für dieses Buch geopfert haben. Und ich danke meinen Freunden und Lesern, deren Zuwendung ebenso wie ihre Vorschläge zur Gestaltung des Buches beitrugen.

Abschließend möchte ich darauf hinweisen, daß das „Buch über Wunder" eine weitreichende Wirkung hatte auf mein Leben und meine Heilung; es bereicherte mich, meine Patienten und auch dieses Buch in vielfältiger Weise.